全国高职高专物流管理专业"十三五"规划理论与实践结合型系列教材

校企合作优秀教材

物流法律法规
（第三版）
WULIU FALÜ FAGUI

主　编　王　玫
副主编　张　欢　徐艳萍　吴海芳
参　编　王　频　陶　晶　曾海珠

华中科技大学出版社
http://www.hustp.com
中国·武汉

内 容 简 介

本书本着以学生为主体,以能力为本位的宗旨,对物流活动各环节涉及的相关法律法规进行了阐述。全书共有十一个项目,主要包括物流法律法规基础,以及物流主体、物资采购、货物运输、仓储、包装、装卸搬运、流通加工与配送、报关与检验检疫、物流保险、物流争议方面的法律法规,并积极引入相关的国际公约与国际惯例。本书采取理论中穿插小资料和案例的写法,包含了丰富的实践性内容。每个项目开篇均有知识目标、能力目标和任务导入,课后有案例分析和相应的实训项目,具有很强的实用性和可操作性。

本书可作为高职高专院校相关专业的教学用书,也可作为物流行业及其他相关企业从业人员的参考用书或专题培训用书。

未以许可,不得以任何方式复制或抄袭本书之部分或全部内容。
版权所有,侵权必究。

图书在版编目(CIP)数据

物流法律法规/王玫主编. —3版. —武汉:华中科技大学出版社,2019.1
全国高职高专物流管理专业"十三五"规划理论与实践结合型系列教材
ISBN 978-7-5680-4356-4

Ⅰ.①物… Ⅱ.①王… Ⅲ.①物流管理-法规-中国-高等职业教育-教材 Ⅳ.①D922.29

中国版本图书馆 CIP 数据核字(2019)第 006834 号

物流法律法规(第三版)	王 玫 主编
Wuliu Falü Fagui(Disan Ban)	

策划编辑:彭中军
责任编辑:杨 辉
封面设计:孢 子
责任监印:朱 玢
出版发行:华中科技大学出版社(中国·武汉)   电话:(027)81321913
　　　　　武汉市东湖新技术开发区华工科技园   邮编:430223
录　　排:华中科技大学惠友文印中心
印　　刷:武汉市洪林印务有限公司
开　　本:710mm×1000mm　1/16
印　　张:19.5
字　　数:414千字
版　　次:2019年1月第3版第1次印刷
定　　价:49.00元

本书若有印装质量问题,请向出版社营销中心调换
全国免费服务热线:400-6679-118　竭诚为您服务
版权所有　侵权必究

第三版前言

现代物流业要保持健康、快速的发展,必然要以良好的法制环境为依托和保障。我国物流业在进行结构性升级换代的过程中,健全的法律制度尤为重要,同时现代物流的发展也需要大量兼备物流技术和法律知识的复合型人才。现今我国所有与物流直接相关的法律规范都散见于各个部门法之中,只是行业法律法规的集合。我国物流业发展迅速,而物流行业的经营和物流活动所涉及的法律法规体系又十分庞大,对现代物流业的从业人员提出了更高、更严、更全面的要求,而相关的国际公约和国内法律法规又在不断调整和完善之中,故我们对2010年出版的教材进行了相关部分的修改,使教材处于动态完善之中。在实际工作中,希望读者能更好地掌握和运用法律知识来解决实际问题。

《物流法律法规(第三版)》具有以下鲜明的特点:

1. 内容安排以应用为导向

本书在内容安排上侧重于学生参加工作后经常会遇到的物流法律问题,对物流法律法规基础知识、货物运输、仓储及保管、包装、装卸搬运、流通加工及配送、报关与检验检疫、保险等方面的内容做了较为全面的阐述,参照国际条约和惯例,系统梳理了与物流相关的法律法规知识。

2. 教学模式以任务为驱动

本书采用项目编写的教学模式,每一项目前编有知识目标和能力目标,便于学生在课前有的放矢地预习所要学习的内容,同时有任务导入,中间穿插小资料和各种案例,项目结束后有项目小结,便于学生更好地对知识进行回顾总结。此外,项目最后还附有"能力形成考核",包括案例分析和实训项目,推动学生进行持续自主学习,培养学生在实际工作中利用法律手段分析和解决问题的能力。

3. 教学方法丰富多彩

本书跟踪了最新的物流法律法规,吸收了众多专家学者理论研究的最新成果,收集了大量物流典型案例,授课老师可以根据实训项目,通过角色扮演、分组讨论、模拟法庭等方式组织课堂活动,将项目内容进行有效整合,提高学生的思辨能力,增强互动性,使学生更全面掌握课堂所学知识。

本书在编写的过程中参考或引用了国内外有关方面的论著和资料,吸收了部分专家、学者的观点或成果,作者已尽可能地在参考文献中列出,谨在此深表谢忱。由于时间仓促,加上理论水平有限,书中难免有不妥之处,敬请读者批评指正。

编　者
2019 年 1 月

目 录

项目一　物流法律法规基础 ·· (1)
　　第一节　物流与物流法概述 ·· (2)
　　第二节　物流法律关系 ·· (9)
　　第三节　物流服务合同 ·· (12)
　　第四节　物流法的现状与发展 ·· (18)
项目二　物流主体法律制度 ·· (29)
　　第一节　物流法主体概述 ·· (30)
　　第二节　物流企业的设立 ·· (34)
　　第三节　物流企业的变更 ·· (42)
　　第四节　物流企业的解散与清算 ·· (45)
项目三　物资采购法律法规 ·· (53)
　　第一节　买卖合同 ··· (54)
　　第二节　招标投标法 ·· (57)
　　第三节　联合国国际货物销售合同公约 ·· (66)
　　第四节　国际贸易术语 ·· (77)
项目四　货物运输法律法规 ·· (86)
　　第一节　货物运输概述 ·· (87)
　　第二节　公路货物运输法律法规 ·· (96)
　　第三节　铁路货物运输法律法规 ··· (100)
　　第四节　水路货物运输法律法规 ··· (106)
　　第五节　航空货物运输法律法规 ··· (117)
　　第六节　多式联运法律法规 ··· (121)
　　第七节　邮政快递相关法律法规 ··· (127)
项目五　仓储法律法规 ·· (132)
　　第一节　保管与仓储概述 ·· (133)
　　第二节　仓储合同 ··· (135)
　　第三节　保管合同和仓单 ·· (147)
　　第四节　保税货物仓储 ··· (155)
项目六　包装法律法规 ·· (162)
　　第一节　物流包装概述 ··· (163)

第二节　普通货物包装法律法规……………………………………(171)
　　第三节　危险品包装法律法规………………………………………(176)
　　第四节　国际物流中的包装法律法规………………………………(178)
项目七　装卸搬运法律法规……………………………………………(184)
　　第一节　港站经营人的法律地位和责任……………………………(185)
　　第二节　港口货物作业规则…………………………………………(190)
　　第三节　铁路装卸搬运法律关系……………………………………(198)
　　第四节　公路装卸搬运法律关系……………………………………(201)
项目八　流通加工与配送法律法规……………………………………(205)
　　第一节　流通加工与配送概述………………………………………(206)
　　第二节　加工承揽合同………………………………………………(211)
　　第三节　配送合同……………………………………………………(222)
项目九　报关与检验检疫法律法规……………………………………(229)
　　第一节　我国口岸管理制度…………………………………………(230)
　　第二节　报关法律法规………………………………………………(236)
　　第三节　检验检疫法律法规…………………………………………(245)
项目十　物流中的保险法律法规………………………………………(260)
　　第一节　保险法概述…………………………………………………(261)
　　第二节　保险合同……………………………………………………(264)
　　第三节　货物运输保险………………………………………………(268)
项目十一　物流争议的解决……………………………………………(285)
　　第一节　物流争议及其解决的基本途径……………………………(286)
　　第二节　物流争议的调解……………………………………………(287)
　　第三节　民事诉讼法律制度…………………………………………(290)
　　第四节　仲裁…………………………………………………………(297)
　　第五节　其他解决争议的途径………………………………………(302)
参考文献…………………………………………………………………(306)

项目一
物流法律法规基础

▶ **知识目标**

掌握物流法的概念及特点,了解物流法的渊源;了解物流法律关系的构成要素、物流服务合同的订立和效力;了解我国物流法的现状与发展。

▶ **能力目标**

通过本项目的学习,使学生对物流法律法规的重要性有所了解,熟悉我国物流法律体系的构成及其特点,能够根据物流服务合同的相关知识,分析简单的案例,进而为后面物流法律制度的学习打下一定的基础。

▶ **任务导入**

某物流公司曾发生一起运货纠纷案。一客户通过外贸公司长期委托一家物流公司办理出口运输,双方在业务中的习惯做法是:货物出运后,物流公司为客户开具正式发票,客户收到发票一段时间后,按发票金额向物流公司付款。其中一票货物由于客户在贸易中发生亏损,就以种种借口拒付物流公司运费,物流公司在多次催收无望的情况下向法院提起诉讼。在诉讼中,客户辩称已将这笔运费以现金形式付给了物流公司,有物流公司为其开具的正式发票为证,因物流公司无法拿出对方未付款的有力证据,以致在一审中被法院驳回诉讼请求。

任务问题:

物流公司应从中吸取什么教训?

现代物流作为我国一个新兴产业,在国内受到了前所未有的关注,发展十分迅速。目前,我国已经将物流业作为第三产业发展的重点。任何一项活动的进行,都要遵循一定的规则,物流行业需要良性发展,也需要完善的法律环境,并有精通该行业法律的专业人士提供法律服务。这些专业人士,在西方国家被通称为产业律师,而在我国习惯称为专业律师,比较典型的如房地产律师、金融律师、保险律师等,但这样的律师少之又少。就物流而言,因为其本身所具有的综合性、开放性、国际性等特点,包含了运输、仓储、包装、装卸搬运、流通加工、配送、信息处理等七大环节,涉及公路、铁路、航空、海运等众多从事物流的企业,这些企业的设立以及在从事物流服务活动的时候,应遵循什么样的规则,怎么样预防纠纷、消除纠纷,如果出现纠纷该如何处理等,这些都需要物流法律及精通法律的专业人士来解决。所以物流业,从经济角度来说,是一个蓬勃发展的产业;从法律来说,是一个亟待正视之并进一步完善的法律领域。但从目前现状来说,从事物流的,缺乏法律专业知识;而从事法律工作的,对专业的物流又隔行如隔山,不甚了解。在这种现状下,就需要一大批把为物流产业提供专业法律服务作为自己使命的物流产业律师出现。换言之,"物流法律法规"课程的学习也就势在必行了。

现阶段,对于物流法律法规问题,我们可以从两个层面进行分析:第一个层面,关于我国的物流立法,由于目前没有形成专门、系统的物流法律法规,导致物流发展在个别领域出现了无序竞争、诚信缺失等大家都不愿意看到的现象,直接影响物流产业的整体形象和声誉;第二个层面,关于法律实务,我国尚未形成专门为物流产业提供专业法律服务的法律人团队。

第一节　物流与物流法概述

一、物流概述

(一) 物流的概念

物流是一个十分现代化的概念,由于它对商务活动的影响日益明显,所以越来越引起人们的注意。物流(physical distribution)一词源于国外,最早出现在美国。经过近一个世纪的演变,现在大多数西方国家把物流称作"logistics",而物流的确切定义目前各国表述不尽相同。根据中华人民共和国国家标准《物流术语》的规定,物流是指物品从供应地向接收地的实体流动过程。它可以根据实际需要将运输、储存、装卸、搬运、包装、流通加工、配送、信息处理等基本功能进行有机结合。

物流活动是指在一定时间和空间里,对物流各种功能的实施与管理过程。主要包括以下几个方面:

1. 运输

运输是指将商品进行场所或空间移动的物流活动。运输包括供应及销售物流中的车、船、飞机等方式的运输,生产流通中的管道、传送带等方式的运输。对运输活动的管理,要求选择技术经济效果最好的运输方式和联运方式。合理确定运输路线,以实现安全、迅速、准时、廉价的要求。

2. 仓储

仓储是商品流通中的储存、保管的阶段。它包括堆放、保管、保养、维护等活动。仓储的主要设施是仓库,在商品出入库基础上进行在库管理,要求正确确定库存数量,明确仓库以流通为主还是以储备为主,合理确定仓储制度和流程以及对库存物品采取有区别的管理方式,力求提高仓储效率,降低损耗,加速物资和资金的周转。

3. 包装

包装是指在商品输送或保管过程中,为保证商品的价值和形态而进行的物流活动。包装主要是对产品进行出厂包装,生产过程中在制品、半成品的包装以及在物流过程中的换装、分装、再包装等活动。从功能上看,包装分为运输包装和销售包装。

4. 装卸搬运

装卸搬运是对运输、仓储、包装、流通加工等物流活动进行衔接,以及在仓储等活动中为进行检验、维护、保养所进行的装卸搬运活动,伴随装卸活动的小搬运一般也包括在这一活动中。在所有物流活动中,装卸搬运活动是频繁发生的。对装卸搬运的管理,主要是确定最恰当的装卸搬运方式,力求减少装卸搬运次数,合理配置及使用装卸搬运工具。

5. 流通加工

流通加工是指物品在从生产地到使用地的过程中,根据需要施加包装、分割、计量、分拣、组装、价格贴附、标签贴附、商品检验等简单作业的总称。这种加工活动不仅存在于社会流通过程,也存在于企业内部的流通过程中。目前为了提高商品附加价值,促进商品差别化,流通加工的重要性越来越大。

6. 配送

配送是指根据客户要求,对物品进行拣选、加工、包装、分割、组配等作业,并按时送达指定地点的物流活动。它是物流进入最终阶段,以配货、送货形式最终完成社会物流,并最终实现资源配置的活动。

7. 信息处理

信息处理是指对与上述各项活动有关的计划、预测、动态(运量、收、发、存数)的信息,以及有关的费用信息、生产信息、市场信息活动、财务信息活动的管理。其内容包括建立信息系统和信息渠道,正确选定信息科目和信息的收集、汇总、统计、使用方式,以保证其可靠性和及时性。

(二) 物流的分类

社会经济领域中的物流活动无处不在。对于各个领域的物流,虽然其基本要素都存在且相同,但由于物流对象不同,物流目的不同,物流范围、范畴不同,形成了不同的物流类型。在对物流的分类标准方面目前还没有统一的看法,主要的分类方法有以下几种:

1. 根据物流系统性质分

(1) 社会物流。社会物流是企业外部的物流活动的总称。这种社会性很强的物流往往是由专门的物流承担人承担的,社会物流的范畴是社会经济大领域。社会物流研究再生产过程中随之发生的物流活动,研究国民经济中的物流活动,研究如何形成服务于社会、面向社会又在社会环境中运行的物流,研究社会中物流体系结构和运行,因此带有宏观性和广泛性。

(2) 企业物流。企业物流是指企业内部的物品实体流动。企业物流又可以分为以下具体的物流活动:

①生产物流。它是指生产过程中,原材料、在制品、半成品、产成品等在企业内部的实体流动。

②供应物流。它是指为生产企业提供原材料、零部件或其他物品时,物品在提供者与需求者之间的实体流动。

③销售物流。它是指生产企业、流通企业出售商品时,物品在供方与需方之间的实体流动。

④回收物流。它是指不合格物品的返修、退货以及周转使用的包装容器从需方返回到供方所形成的物品实体流动。

⑤废弃物物流。它是指将经济活动中失去原有使用价值的物品,根据实际需要进行收集、分类、加工、包装、搬运、储存等,并分送到专门处理场所时所形成的物品实体流动。

2. 根据物流活动的空间范围分

(1) 区域物流。区域物流是指在一国内按照行政区域或者经济区域划分所进行的物流活动。区域物流是相对于国际物流而言的,一个国家范围内、一个城市内、一个经济区域内的物流通常都处于同一法律、规范、制度之下,受相同文化和社会因素的影响,处于基本相同的装备水平之中,因而都有其独特的区域特点。

(2) 国际物流。国际物流是指不同国家或地区之间开展的跨国的物流活动,包括两国或多国之间开展的物流活动。

3. 根据物流活动的组织者分

(1) 自主物流。自主物流是指生产企业为满足自身的需要,利用自己的人工、机械设备和场所,安排全部物流计划,自己从事货物实体流动全过程的物流活动。

(2) 第三方物流。第三方物流是指由供方与需方以外的物流企业提供物流服务的业务模式。其具有节省费用、减少资本积压和库存、实现企业资源的优化配置、提升企业形象等诸多优点。

(3) 第四方物流。第四方物流是指建立在第三方物流基础上的,对不同的第三方物流企业的管理、技术等物流资源做进一步整合,为用户提供全面意义上的供应链解决方案的一种更高级的物流模式。

二、物流法概述

依据法的调整对象的不同,可将法律分为宪法、行政法、民商法、刑法、经济法、劳动法、自然资源与环境保护法以及诉讼程序法等部门法。所谓调整对象,是指法律所调整和规范的社会关系。公民、法人和组织参与社会活动,必然要形成各种各样的社会关系,不同类型的社会关系由上述不同的法律来调整和规范。应该指出的是,在这种分类方法中,并没有"物流法"的分类结果一说,之所以出现"物流法"的概念,一方面是因为物流行业已经成为世界各国特别是发展中国家新的经济增长点甚至是国民经济的支柱行业,现代物流水平成为衡量一个国家综合国力的重要标准;另一方面是因为我国物流法制建设比较落后,最明显的表现就是缺乏一个统一的物流技术标准,这恰恰是制约我国物流业发展的一个主要因素。现代市场经济是法治经济,企业的物流活动和政府对物流行业的管理行为均应纳入法治的轨道。加强对物流法的研究,建立、完善我国物流法体系是亟待解决的问题。

【小资料】

据了解,目前,昆明市从事货运的经营户有500多家,但形成规模的只有少数几家。约90%的货运站场没有仓库,所收到的货品大多临时堆放在一起,管理又不规范,大多数货运公司与客户在整个交易活动中的凭证就是一张货运单,而货运单还不属于正式的合同文本,混货、损货现象时有发生;由于大部分物流货运业主没有权利,也没有对所托运货品进行检查的意识,有些不法业者趁乱托运一些违法、违禁品。昆明曾发生过托运象牙、刀具、珍稀动物尸体、毒品的案件。

(一)建立中国物流法规的必要性

(1)建立物流法规是发展中国物流业的内在要求。中国物流业经过几十年的发展,取得了巨大的成就。随着经济体制改革的不断深入,国家通过行政手段对物流业的直接调控相对减弱,转向以间接调控为主,主要通过经济手段、法律手段来调控经济运行,因此,要使这种调控方式的转变真正落到实处,就必须围绕市场,建立健全一系列的物流法规。

(2)建立物流法规是深化物流法体改革的必然要求。中国的经济体制改革已经进入了整体推进、重点突破的攻坚阶段,中央陆续出台了财政、金融、投资、税收、外贸、计划等六个方面的改革措施,改革的广度、深度、难度和力度是前所未有的,其产生的效果必然影响到物流业的发展,因此,建立并维护良好的经济秩序,直接关系到这些改革措施在物流业的顺利执行。

(3)建立物流法规是打击物流业经济犯罪的需要。建立物流法规、加强市场执法与加快物流业的发展,是相辅相成、互相促进的。当前,中国的经济秩序还存在着一些问题,经济违法犯罪活动还比较严重,一定程度上影响了经济建设的顺利进行,其主要原因是立法滞后,法规不健全。因此,我们必须充分认识到建立健全物流法规的重要性,不能把加强市场执法与促进物流发展对立起来。邓小平同志早在1982年就指出:"没有打击经济犯罪活动这一手,不但对外开放政策肯定要失败,对内搞活经济的政策也肯定要失败。有了打击经济犯罪这一手,对外开放、对内搞活经济就可以沿着正确的方向走。"

(二)物流法的概念和特点

物流活动纷繁复杂,涉及生产领域、流通领域、物品流动的各个方面,活动范围广以及关系人众多,世界各国均无统一、完整的物流基本立法。一般来说,所谓物流法,是指为了保障物流活动的正常秩序,维护有关当事人的合法权益,由国家制定或承认的关于原材料和产成品的运输、储存、装卸、包装、流通加工和信息处理等物流活动的法律规范的总称。它的主要特点如下。

1. 广泛性

物流系统的运行过程和物流活动内容的多样性决定了物流法的广泛性,具体表现在以下几个方面。

(1) 内容的综合性。物流活动包括物品从原材料经过生产环节的半成品、产成品,最后经过流通环节到达消费者手中的全过程,还包括物品的回收和废弃物的处理过程,涉及运输、储存、装卸搬运、包装、流通加工、配送、信息处理等诸多环节。物流法对在这些环节中产生的各种各样的社会关系进行调整,既有规范各物流当事人之间的物流法律行为的法律,又有有关国家机关进行物流管理的法律,因此内容非常广泛。

(2) 表现形式的多样性。物流活动的多样性决定了物流法不可能仅限于某一效力层次,或某一种表现形式。法律有许多表现形式,有国家最高权力机关正式颁布的宪法和法律,有国家最高行政机关颁布的行政法规,有省、自治区、直辖市权力机关发布的地方性法规,有国务院各主管部门制定的规章、办法,有国际组织、团体制定的国际公约和国家与国家之间的条约以及大量的国际惯例,还有相关的技术标准或技术法规等。不同的表现形式使物流法表现出不同的效力层次,其中,法律具有最高效力;法规的效力其次;部门规章起到补充和帮助法律实施的作用;当物流活动在世界范围内进行时,会受到国际公约、国际条约和国际惯例的制约;技术标准和技术法规,则根据不同的情况而在使用中具有不同的效力。

(3) 物流活动的参与者众多。物流活动的参与者涉及不同行业、不同部门,例如生产者、仓储经营者、包装服务商、各种运输方式下的承运人、装卸作业者、承揽加工业者、配送商、信息服务供应商等。

2. 复杂性

物流活动的广泛性和综合性决定了物流法具有复杂性,具体表现在以下几个方面。

(1) 物流法包括横向的民事法律规范和纵向的行政法律规范,以及各种技术法律规范,表现出物流法本身的多样性。

(2) 即使在同一类法律法规中,因物流活动所涉及的领域众多,涵盖了运输、仓储、装卸、加工等环节,各环节中的运行方式又有所不同,主体权利义务和责任的承担亦适用不同的法律法规。

(3) 物流活动参与者的多样性,也使得物流法律关系变得复杂。而且,同一物流服务提供者经常处于双重或多重法律关系中,因而,形成了不同领域对主体行为的规范。

（4）随着国际物流的发展，物流活动跨越了区域性，在物流活动中必然产生各国规范物流法律法规的法律适用问题，从而使物流法呈现出复杂性的特点。

3. 技术性

由于物流活动是由运输、包装、仓储、装卸等多个技术性较强的物流环节组成的，整个物流活动过程都需要运用现代信息技术和电子商务，所以物流活动自始至终都体现出较高的技术含量。物流法作为调整物流活动的法律规范，必然涉及物流活动的专业术语、技术标准等，从而具有技术性的特点。

4. 国际性

现代物流是经济全球化、一体化发展的产物。国际物流的出现和发展，使得物流超越了国家和区域的界限，走向了国际化。通过在全世界范围内构建体现因特网技术的智能性、服务方式的柔性、运输方式的综合多样性，并与环境协调发展的国际性物流系统，以最低廉的成本实现货物快速、安全、高效、通达和便利送达最终消费者手中的目标，进而促进国际经济全球化。与国际物流相适应，物流法也呈现出国际化的趋势，这具体表现在一些领域内出现了全世界通用的国际标准。

（三）我国物流法的渊源

法律渊源是指法律的表现形式，是不同国家机关依法制定的各种具有不同法律效力的规范性文件。它们因制定其的国家机关不同而具有不同的效力。目前，我国物流法规的表现形式即法律渊源大致包括下列几个层次。

1. 法律

法律是指由拥有立法权的国家机关（在我国为全国人民代表大会及其常务委员会）按照立法程序制定和颁布的规范性文件。在有关物流法规的各种表现形式中，法律具有最重要的地位。在由国家制定的现行法律之中，直接为物流制定或与物流有关的法律，有《中华人民共和国合同法》（第十七章"运输合同"、第二十章"仓储合同"和第二十一章"委托合同"）、《中华人民共和国海商法》（简称《海商法》）、《中华人民共和国民用航空法》（简称《民航法》）、《中华人民共和国铁路法》、《中华人民共和国公路法》、《中华人民共和国港口法》（简称《港口法》）等。

2. 行政法规

行政法规是指由国家最高行政机关即国务院为了实施宪法和有关法律，组织领导社会主义现代化建设，在自己职权范围内制定的基本行政管理规范性文件的总称，其法律地位和法律效力仅次于宪法和法律。目前，我国有关物流方面的行政法规有直接为物流制定的法规，以及与物流有关的法规，从内容和行业管理上看，基本上属于海上、陆地和航空运输管理以及消费者权益保护、企业管理、合同管理等方面的法规。涉及物流的行政法规有《中华人民共和国海港管理暂行条例》、《中华人民共和国公路管理条例》、《中华人民共和国国际海运条例》、《中华人民共和国航道管理条例》等。

3. 规章

规章是指由国务院各部、各委员会，包括一些直属机构为实施法律、行政法规而在自己权限范围内依法制定的规范性行政管理文件。由国家铁道部、交通部、信息产业部和商务部所颁布的条例、办法、规定和通知都有涉及物流的内容。涉及物流的部门规章有《商业运输管理办法》、《铁路货物运输规程》、《国际铁路货物联运协定》、《国际货物运输代理业管理规定实施细则》、《关于加快我国现代物流发展的若干意见》等。

4. 地方性法规

地方性法规是指由地方国家机关即地方人民代表大会及其常务委员会制定的一种规范性文件。其法律效力低于行政法规，只在地方政府管辖范围内有效，即受地域范围的限制。例如，上海市颁布执行的与物流有关的法律规范等。

由于各省、市、自治区经济发展和立法进程各不相同，所以此类法规的种类和内容在各个地区之间有很大的差异。沿海经济发达地区由于内外贸业务繁多，物资流动频繁，除执行具有全国效力的法律和行政法规外，也通过地方立法的形式制定较具体的物流类法规。与之相比，经济欠发达地区地方立法就弱一些。地方性法规的制定首先考虑的是本地区的经济利益，所以在某种程度上容易形成跨区域物流运行中的壁垒和障碍。

5. 国际条约

国际条约是指国家及其他国际法主体间所缔结的以国际法为基础，确定其相互关系中的权利和义务的一种国际书面协议，也是国际法主体间互相交往的一种最普遍的法律形式。涉及物流的国际条约很多，但并不是所有国际条约都可以无条件地在任何一个国家内生效。根据国际法和国家主权原则，只有经一国政府签署、批准或加入的有关物流的国际条约，才对该国具有法律约束力，才能成为该国物流法规的表现形式。我国加入了多个国际公约，其中海运方面最多，其次是航空和铁路，公路类的国际公约较少。

6. 国际惯例

国际惯例是指在国际上因对同一性质的问题所采取的类似行为，经过长期反复实践逐渐形成的、为大多数国家所接受的、具有法律约束力的不成文的行为规则。国际惯例的成立必须具备两个要件：①实质要件，即一种行为必须是相同或类似的重复行为，并为多数国家或地区所持续采用；②心理要件，要求行为人在采取或进行该项行为时，在心理上认为是在履行法律义务。国际惯例多体现为任意性惯例，即只有当事人通过协商方式在有关协议中明确表示采用该规则时，才对当事人具有法律约束力。

7. 技术标准

除了上述的几种表现形式之外，与物流相关的法律法规还有一种特殊渊源，即技术标准，可分为国家标准和国际标准。

【小资料】

国家标准和国际标准

1. 国家标准由国家质量技术监督管理部门组织制定、批准和颁布。其中有一些强制性标准属于国家的技术法规,其他标准本身虽不具有强制性,但因标准的某些条文由法律赋予强制力而具有技术法规的性质。

2. 国际标准由国际组织制定,本身没有强制力,一般均为推荐性标准。但是,国际公约常将一些国际标准作为公约的附件,从而使其对缔约国产生约束力,例如,国际标准化委员会(ISO)、国际电工委员会(IEC)等制定的针对产品和服务的质量及技术要求的标准等。

物流法的形式如表1-1所示。

表1-1 物流法的形式

物流法的形式	制定主体	地位及效力	表现形式
法律	全国人民代表大会及其常委会	仅次于宪法	中华人民共和国××法
行政法规	国家最高行政机关国务院	仅次于宪法和法律	××条例、××实施细则
规章	国务院组成部门及其直属机构	不得与宪法、法律和行政法规相抵触	××规章、××办法等
地方性法规	省/自治区/直辖市人大及其常委会	仅次于宪法、法律及行政法规	××地方××条例、暂行办法等
国际条约、协定	国际组织、协定参加国	以不与本国法律冲突为原则	公约、换文、协定
技术标准	受委托机构、行业协会等	源于法律授权/可成为法律技术规范	国家标准、行业标准、企业标准

第二节 物流法律关系

一、物流法律关系概述

法律关系是法律在规范人们的行为过程中所形成的一种特殊的社会关系,即由法律规范所确认和调整的人与人之间的权利义务关系。物流法律关系是指物流法律法规在调整物流活动过程中所形成的具体的权利义务关系。

二、物流法律关系的构成要素

物流法律关系的构成要素为主体、客体、内容，缺少其中任何一个要素，都不能构成物流法律关系。

(一) 物流法律关系的主体

物流法律关系的主体是指参加物流法律关系，依法享有权利和承担义务的当事人。在物流法律关系中，享有权利的一方当事人称为权利人，承担义务的一方当事人称为义务人。根据我国相关法律规定，物流法律关系主体包括以下几种：

1. 自然人

自然人是指基于自然条件，按自然规律出生的人。自然人包括本国公民、外国人和无国籍人。自然人具有民事主体资格，可以成为物流法律关系的主体。但是，由于物流活动是经济活动，法律对一些物流行业的主体有特殊规定，因此，自然人要成为物流服务活动的提供者受到很大的限制。

2. 法人

法人是物流法律规范所调整的特定社会关系的主体的主要部分。法人包括企业法人、事业法人和机关法人等。其中，企业法人是物流法律关系的最主要参与者，它通常指以公司或者其他形式的企业形态出现的经济组织，例如，综合性的物流企业、航运企业、货代企业、进出口企业等。

3. 其他组织

其他组织是指依法成立，具有一定的组织机构和财产，但是不具备法人资格，不能独立承担民事责任的组织。《中华人民共和国合同法》(以下简称《合同法》)明确认可其他组织可以作为民事主体参加民事法律关系，这就为其他组织成为物流法律关系的主体奠定了基础。

在我国，其他组织包括：

(1) 依法登记、注册、领取营业执照的个体工商户、个人独资企业、合伙组织；

(2) 依法登记领取营业执照的合伙型联营企业；

(3) 依法登记领取我国营业执照的，但不符合公司形式的中外合作经营企业、外资企业；

(4) 经民政部门批准并登记领取社会团体证的社会团体；

(5) 依法设立并领取营业执照的法人的分支机构；

(6) 经核准并登记领取营业执照的乡镇、街道、村办企业。

其他组织必须符合相应的规定，取得一定的经营资质，才能从事物流业务。

(二) 物流法律关系的客体

物流法律关系的客体是指物流法律关系的主体享有的权利和承担的义务所共同

指向的对象。

物流活动的多样性决定了物流法律关系客体的多样性。在物流法律法规中，由于不同形式的物流活动，产生不同的权利义务关系。民商事物流法律关系，大多为债的法律关系，权利主体要求义务主体为一定行为或不为一定行为，包括进行物的交付、智力成果的交付，或提供一定的劳务等。

行政物流法律关系的客体主要表现为行政物流法律关系主体的活动，包括主体作为和不作为。凡是物流法中有关行政法律规范所规定的行为，都是行政物流法律关系的客体。

（三）物流法律关系的内容

物流法律关系的内容，即物流法律关系主体在物流活动中享有的权利和承担的义务。

物流法律关系主体的权利是指权利主体在物流活动中可以依据法律的强制力和合同的约束力，在法律规定的范围内为一定行为或不为一定行为，以及要求义务主体为一定行为或不为一定行为，以实现自己的权利的可能性。

物流法律关系主体的义务是指义务主体在物流活动中，依照法律规定或合同约定必须为或不为一定行为，以协助或不妨碍权利主体实现其权利的必要性。

总之，物流法律关系三要素中，要注意掌握主体、内容和客体概念，主体的范围，内容和客体的含义。

三、物流法律关系的发生、变更和终止

（一）物流法律关系的发生

物流法律关系的发生，又称物流法律关系的设立，是指因某种物流法律事实的存在而在物流法律关系主体之间形成某种权利和义务关系。

物流法律事实是指由法律所规定的能够引起物流法律关系发生、变更和消灭的客观现象，包括物流法律事件和物流法律行为两大类。

（二）物流法律关系的变更

物流法律关系的变更，又称物流法律关系的相对消灭，是指因某种物流法律事实的出现而使物流主体之间已经存在的物流法律关系发生改变。

物流法律关系变更的结果往往是使已经存在的物流法律关系的主体、客体和内容发生某种变化。如运输过程中遭遇严重的交通事故，使交货的时间推迟或货物损坏，致使原合同无法全面履行。

（三）物流法律关系的终止

物流法律关系的终止，又称物流法律关系的绝对消灭，是指因某种物流法律事实的出现而使已经存在物流主体之间的物流法律关系归于消灭。

第三节　物流服务合同

▶▶ 案例

青岛一家出口公司(以下称为第一方)将一批茶叶交由第三方物流经营人安排装运。该第三方物流经营人和第一方签订物流服务合同。然后,第三方物流经营人将茶叶交由另一家仓储公司(以下称为第二方)装箱。第二方在装箱时将茶叶和丁香配装在同一集装箱内。收货人收到茶叶后对茶叶做质检,质检报告认为茶叶与丁香串味,已经无法饮用。该批茶叶成交价为CIF,并由中国人民保险公司(以下简称为人保)承保。第一方凭保险单向人保提出赔偿要求,人保在赔付之后取得代位求偿权。进而向第三方物流经营人追偿。

问:1. 第一方的经济损失应该由谁承担?为什么?

2. 人保补偿第一方经济损失后,可以向谁行使代位求偿权?

分析:1. 第一方的经济损失应由第二方承担,原因是第一方与第三方签物流经营人订物流服务合同,第三方物流经营人无违约行为,而第一方的经济损失是由第二方的过错造成的。

2. 可以向第三方物流经营人行使代位求偿权,第三方物流经营人赔偿后,可以再向第二方行使代位求偿权。

一、物流服务合同概述

(一) 物流服务合同的概念

物流服务合同的含义有狭义和广义之分。

狭义的物流服务合同,是指第三方物流企业与其他企业约定,由第三方物流企业为后者进行物流系统的设计,或负责后者整个物流系统的管理和运营,承担系统运营责任,而由后者向第三方物流企业支付物流服务费的合同。

广义的物流服务合同,是指第三方物流企业与其他企业约定,由第三方物流企业为后者提供全部或部分的物流服务,而由后者向第三方物流企业支付报酬的合同。

本节所称的物流服务合同,是指狭义的物流服务合同,或者是综合物流服务合同。其中,我们将提供这种物流服务的第三方物流企业,称为物流企业;将接受物流服务的货主企业或者其他企业,称为物流服务需求者。

现代物流服务合同是由用户方和物流服务商针对现代物流服务项目而签订的服务合同,或由总物流服务商与各分服务商签订的物流服务合同。前者是通常意义上的物流服务合同,它是物流服务商凭以收取费用,负责完成或组织完成物流服务的合同。

在一般情况下,单一物流服务涉及的双方比较固定,涉及的环节简单,因此用户方和服务商多签订长期服务合同,一次缔约,分期结算,但有时也有一次结算的情况。

综合物流服务的情况则不一定,因其所涉环节较多,法律关系比较复杂,一般用户方与服务商之间往往是一次缔约,一次结算。

(二) 物流服务合同的特点

1. 物流服务合同是双务合同

根据当事人双方权利义务的分担方式不同,合同可分为双务合同和单务合同。双务合同是指当事人双方相互享有权利并承担义务的合同;单务合同是指仅有一方当事人承担给付义务的合同。现代物流服务合同的双方均负有义务,享有权利。例如,服务商有完成规定服务的义务,并有收取相应费用的权利;而用户方有支付费用的义务,也有获得完善服务的权利和一旦出现服务瑕疵(如在运输过程中出现货物损害)便可向服务商索赔的权利。因而,物流服务合同具有双务合同的特点。

2. 物流服务合同是有偿合同

根据当事人取得权利是否须偿付代价,合同可分为有偿合同和无偿合同。有偿合同是指当事人享有合同权利而必须偿付相应代价的合同。无偿合同是指当事人享有合同权利而不必偿付代价的合同。物流服务商以完成全部服务为代价取得收取报酬的权利,而用户方享受完善服务的权利则以支付费用为代价,因此,物流服务合同属于有偿合同。

3. 物流服务合同是诺成合同

根据合同的成立是否以交付标的物为要件,合同可分为诺成合同与实践合同。诺成合同是指当事人意思表示一致即成立的合同;实践合同是指除当事人意思表示一致外,还必须交付标的物才能成立的合同。一般地,确定合同是诺成的还是实践的,主要根据法律的规定。物流服务合同成立于物流服务需求方和物流企业之间就物流服务协商一致,不需要标的物的交付,因而是诺成合同。

4. 物流服务合同是提供劳务的合同

物流服务合同的标的不是物,而是行为,是物流企业向物流服务需求者提供物流服务的行为。因此,在物流企业为物流服务需求者提供服务的整个过程中,货物的所有权并不转移到物流企业手中,物流企业没有处分货物的权利,必须按物流服务需求者的要求完成物流服务项目。

5. 物流服务合同的一方是特定主体

物流服务合同中的物流企业必须是投资建立的第三方物流企业,专为提供物流服务收取报酬而经营的法人或其他组织。

6. 物流服务合同有约束第三者的性质

物流服务合同的双方是服务商与用户方,而收货方有时并没有参加合同签订,但服务商应向作为第三者的收货方交付货物,收货方可直接取得合同规定的利益,并自动受合同的约束。

二、物流服务合同的主体

依据现代物流服务合同的定义,可以将物流服务合同分为整物流合同和分物流合同。其中,整物流合同的双方当事人为总物流服务商和用户方;分物流合同的双方当事人则为总物流服务商和各分包商。这里所说的主要是整物流合同。

所谓用户方,是指与物流企业签订物流服务合同,或依用户方授权而将货物实际交给物流企业的人。收货方是指有权提取货物的人。总物流服务商是指与用户方签订物流服务合同的服务商。分包商是指实际完成全程物流服务一个或几个环节的服务商,包括承揽仓储、包装、搬运的分包人,以及在多式联运中,实际完成运输全程中某一区段或几个区段货物运输的分运人。

三、物流服务合同的形式

合同的形式是指订立合同的当事人双方达成的协议的表现形式,它是合同内容的外观和载体。

(一) 法定形式

法定形式是指法律直接规定某种合同应采取的特定形式,不允许当事人选择、变更或废止。法定形式的效力取决于法律的规定。由于物流服务合同目前还没有明确的法律规定,更没有对其订立形式的规定,因此,物流服务合同不存在法定的形式。

(二) 约定形式

约定形式是指当事人对于没有法定形式要求的合同所约定采取的形式,它包括以下几种形式。

1. 口头形式

口头形式,即当事人通过使用语言进行意思表示订立合同的形式。口头形式简便易行,一般地,经常进行业务往来的物流双方当事人之间可以通过直接对话或者电话联系,以便在长期使用的合同基础上迅速达成协议。但是,口头合同缺乏证明效力,所以在实践中,经过口头约定后,会有提单、收据等单据在合同当事人之间流通,形成对合同的证明,在一定程度上可以弥补口头合同的欠缺。

2. 书面形式

书面形式,即合同书、信件、数据电文(包括电报、电传、传真、电子数据交换和电子邮件)等可以有形地表现所载内容的形式。物流双方当事人对关系复杂、重要的合同,一般应采用书面形式。

3. 其他形式

其他形式是指除口头形式和书面形式以外的合同形式。

至于在订立合同时采用何种形式,可以由物流双方当事人通过约定对物流服务合同的形式加以确定。

四、物流服务合同的订立

▶ **案例**

吉利公司于 2018 年 2 月 17 日上午用航空信件寄出一份信件给万福公司,信件中注明"不可撤销",并规定万福公司在 2 月 25 日前答复有效。吉利公司于 2 月 17 日下午又用电报给万福公司发出撤回通知,该通知于 2 月 18 日上午送达万福公司。万福公司于 2 月 19 日收到吉利公司航空邮寄的信件。由于价格十分有利,于是万福公司立即发出接受电报。

问:吉利公司与万福公司之间订立的合同是否成立?为什么?

分析:合同不成立,因为吉利公司对之前发出的要约撤回成功。航空信件中是注明"不可撤销"而不是"撤回"。

(一) 订立程序

1. 要约

(1) 要约的概念。要约又称报价、发盘、发价,是订立物流服务合同的必经阶段。要约是指希望和他人订立合同的意思表示。其中,发出要约的一方为要约人,收到要约的一方为受要约人。

(2) 要约的有效要件。一般认为,要约应具有下列要件,才具有效力。

①要约是一种意思表示,是物流服务合同双方将希望在彼此间产生物流法律关系的内在意图表达于外部的过程。

②要约的内容必须具体确定,即要约中应包括所欲订立物流服务合同的基本内容。

③要约既可以向特定的一人或数人发出,也可以向不特定的多数人发出。

④要约应表明一经受要约人承诺,要约人即受该意思表示约束。实践中,物流需求方和第三方物流经营人都可以作为要约人向对方发出要约,表示希望与对方订立物流服务合同的愿望。

(3) 要约的法律效力。根据我国《合同法》规定,要约到达受要约人时生效,如果是采用数据电文形式订立物流服务合同的,收件人指定特定系统接收数据电文的,该数据电文进入该特定系统的时间,视为到达时间;未指定特定系统的,该数据电文进入收件人的任何系统的首次时间,视为到达时间。要约一经生效,要约人即受要约的约束,不得撤回、随意撤销或对要约加以限制或变更或扩张,否则,由此而给受要约人造成损失的,必须承担赔偿责任。

(4) 要约的撤回。要约的撤回是指要约人发出要约后,在要约生效前所做出的收回要约的意思表示。要约可以撤回。撤回要约的通知应当在要约到达受要约人之前或与要约同时到达受要约人,才能有效地撤回要约。如果要约已到达受要约人,该要约便不可撤回。

(5) 要约的撤销。要约的撤销是指要约人在要约生效后,将该项要约取消,使其法律效力归于消灭的意思表示。要约可以撤销。由于要约撤销在要约生效后,因此,撤销要约是受严格限制的。根据我国《合同法》规定,撤销要约的通知必须在受要约人发出承诺通知之前到达受要约人才产生撤销的效力。以下情况,要约人不得撤销其要约。

①要约人确定了承诺期限或者以其他形式明示要约不可撤销。

②受要约人有理由认为要约是不可撤销的,并已经为履行合同做了准备工作。

(6) 要约的消灭。要约的消灭是指要约人发出要约后,要约可因一定事由的发生而丧失法律效力。引起要约失效的法定事由有以下几个方面。

①拒绝要约的通知到达要约人。

②要约人依法撤回或撤销要约。

③承诺期限届满,受要约人未做出承诺。

④受要约人对要约的内容做出实质性变更。

2. 承诺

(1) 承诺的概念。承诺是指受要约人同意要约内容缔结合同的意思表示。

(2) 承诺的有效要件。

①承诺必须由受要约人做出,未经授权,任何第三人做出的同意要约的意思表示都不构成有效承诺。

②承诺必须向要约人做出。承诺是对要约的同意,据此成立合同,必须由要约人作为一方当事人。不是向要约人做出同意要约的意思表示,不为承诺,但向要约人的代理人做出承诺,视为向要约人做出承诺。

③承诺的内容必须与要约的内容一致。所谓要约与承诺内容一致,是指意思表示在实质上一致,如果受要约人在承诺中对要约的内容做出实质性变更,便不构成承诺,而只能视为对原要约的拒绝而发出的一项新要约。有关合同标的、数量、质量、价款或者报酬、履行期限、履行地点和方式、违约责任和解决争议的办法等的变更,是对要约内容的实质性变更。承诺对要约内容做出非实质性变更的,除要约人及时表示反对或者要约表明承诺不得对要约内容做出变更的以外,该承诺有效,合同内容以承诺的内容为准。

④承诺必须在承诺期限内做出。如果要约规定有承诺期限,受要约人应当在规定的期限内做出。没有规定承诺期限的,如果是以对话、电话等方式发出要约的,应当立即承诺;如果是以非对话方式发出要约的,应当在通常合理的时间内承诺。所谓通常合理时间,应考虑习惯、交易的性质以及要约使用的通信方法的迅速程度等因素来界定。

(3) 承诺的撤回。承诺可以撤回,但是,由于承诺一经送达要约人即发生法律效力,合同也随之成立,所以撤回承诺的通知应当先于承诺到达要约人或与承诺同时到达要约人。如果承诺通知晚于承诺到达要约人,鉴于承诺已发生效力,承诺人不得撤回其承诺。

(4) 承诺的法律效力。根据我国《合同法》规定,承诺在承诺期限内到达要约人时生效。承诺的生效意味着合同的成立。承诺需要通知的,承诺通知到达要约人时生效;承诺不需要通知的,根据交易习惯或者要约的要求做出承诺的行为时生效。如果采用数据电文形式订立物流服务合同的,收件人指定特定系统接收数据电文的,该数据电文进入该特定系统的时间,视为承诺到达时间;未指定特定系统的,该数据电文进入收件人的任何系统的首次时间,视为承诺到达时间。

(二) 订立内容

1. 物流服务合同的一般条款

合同条款是当事人达成合意的具体内容。为了保证物流服务合同的履行和双方合同目的的实现,并在发生争议后解决争议时有所依据,当事人设计合同条款时应当具体、完备和全面。同时,为了追求效率,迅速地确立合同关系,当事人订立合同时一定要使合同条款一应俱全。我国《合同法》第12条对合同的一般条款做了明确规定,双方当事人在订立物流服务合同时可以遵循。实践中的物流服务合同一般包含的条款有:

(1) 当事人的名称或者姓名以及住所。

(2) 物流服务的范围和内容。物流企业在提供物流服务时可能涉及物流单证设计和物流业务管理、货物运输服务、承接中介、对外谈判和合同签订业务、咨询业务、综合物流业务等内容。

(3) 合作方式和期限。合同方式和期限,即物流企业以哪种运营模式向物流需求者提供服务,是仅提供运输、仓储等单一或者少数物流功能的组合服务,还是提供仓储、配送、分销、流通加工、采购、咨询和信息以及其他增值作业服务,或者是物流需求者与物流企业建立长期物流服务合同形成一体化供应链物流方案,根据集成方案将所有物流运作以及管理业务全部交给物流企业。

(4) 双方的具体权利和义务。双方的权利义务中,最重要的是物流企业提供物流服务并收取费用,而物流需求者交付费用并享受对方提供的物流服务。

(5) 服务所应达到的指标。物流服务具有很强的技术性,当事人在物流合同中应详细规定技术指标。

(6) 实物交接和费用的结算、支付。物流活动分为很多环节,物流合同应尽量具体地规定每个环节的实物交付和费用支付。

(7) 违约和解除合同的处理。当事人可以在合同中约定何种情况下解除合同以及双方违约责任的承担。

(8) 争议的解决方法。当事人可以约定以仲裁或者诉讼的方式解决纠纷。

其中,物流服务的范围和内容、合作方式和期限、服务所应达到的指标等条款,是实务中双方容易发生纠纷的条款,当事人签订合同时应当注意尽量完善这些条款。

2. 物流服务合同的格式条款

合同格式条款是指当事人为了重复使用而预先拟订,并在订立合同时未与对方协商的条款。根据格式条款订立的合同一般称为格式合同。格式合同条款的特点是:①合同条款具有预先确定性。合同条款由一方当事人预先拟订,或者由某些超然于双方当事人利益之上的社会团体、国家授权机关制定,或由法律直接事先规定;②合同条款形式的标准化。格式合同的条款通常由一方将预先确定的合同条款印制成一定的合同;③合同条款的提供者一般是拥有雄厚的经济实力或行业垄断地位的主体,并且往往凭借此优势规定免责条款以减轻或者免除其责任,而对方当事人却只能被动地接受合同条款。由于合同格式条款具有上述特点,《合同法》对提供格式条款的一方当事人做了诸多限制,以保护对方当事人的合法权益。

目前,多数物流企业有自己的物流格式合同,这些合同当然应当遵守《合同法》的相关规定:①提供格式条款的一方应当遵循公平的原则确定当事人之间的权利义务,并采取合理的方式提请对方注意免除或者限制其责任的条款,按照对方的要求,对该条款予以说明;②格式条款具有《合同法》第52条规定的合同无效的五种情况和第53条规定的免责无效的两种情况,或者免除提供格式条款一方当事人主要义务、加重对方责任、排除对方当事人主要权利的条款无效;③对格式条款的理解发生争议的,应当做出不利于提供格式条款一方的解释,格式条款和非格式条款不一致的,应当采用非格式条款。

五、订立物流服务合同时要注意的事项

(1) 物流服务合同的内容比较复杂,包括物流系统设计、具体物流运作标准、费用计算办法、对物流服务的特殊要求等。

(2) 不同物流服务合同对合同事项约定的差异比较大,并不是上述物流服务合同约定事项在每个物流服务合同中都是齐全的。

(3) 物流过程是一个长期的、合作的过程,物流服务合同必须对此加以体现。对物流环节出现纰漏时或由于一方的过错导致物流中断时,物流服务合同需要约定解决办法、费用及责任的承担。

第四节 物流法的现状与发展

【小资料】

三大不足制约我国物流业

我国物流企业真正实力超群、具有竞争力的很少。绝大多数物流企业具有"小、少、弱、散"的特点,即经营规模小、市场份额少、服务功能少、高素质人才少,竞争力

弱、融资能力弱,结构单一、缺乏网络或网络分散、经营秩序不规范,等等。物流业业内人士指出,物流管理体制和机制存在障碍、法律环境不健全、人才稀缺是目前物流业存在不足的根本原因。目前,全国注册的物流公司虽然多达七十万家,但当中只有低于1%是真正的综合物流企业,其余的大部分是单纯的货运代理、运输或仓储经营者。由传统的国有运输企业发展起来的物流企业,在我国的物流企业中还占有较大的比例。它们受传统经营意识和管理体制的影响,集约化经营优势难以发挥,规模经营、规模效率难以实现,设施利用率低,而新兴物流企业的规模小、资金少,在规划以及经营管理上都缺少经验。据有关资料显示,近十几年来,全国新建的物流园地约70%是闲置的。

一、我国物流法的现状

我国现行的调整物流活动的法律规范,有的包含在其他法律法规当中,有的独立为单行的法律文件,涉及物流活动的各个环节,有法律、行政法规、规章、地方性法规等各种层次。

(一)调整物流主体的法律法规

有关调整物流主体的法律法规众多,主要有:《公司法》、《中外合资经营企业法》及《中外合资经营企业法实施细则》、《外资企业法》及《外资企业法实施细则》、《个人独资企业法》、《合伙企业法》、《国际海运条例》及《国际海运条例实施细则》等。

(二)调整物流活动环节的法律法规

《民法通则》和《合同法》是广泛适用于物流活动各个环节的最主要的法律。另外,还有许多适用于某一物流环节的法律法规。

1. 与供应物流、销售物流相关的法律法规

法律层面主要有《合同法》、《产品质量法》、《对外贸易法》、《进出口商品检验法》等。法规层面主要有《货物进出口管理条例》、《出口货物原产地规则》、《出口许可证管理规定》、《货物进口许可证管理规定》、《出口商品配额管理办法》、《货物自动进口许可管理办法》、《货物进口指定经营管理办法》、《机电产品进口管理办法》、《机电产品进口配额管理实施细则》、《特定机电产品进口管理实施细则》、《机电产品自动进口许可管理实施细则》、《纺织品被动配额管理办法》等。国际条约主要有《联合国国际货物销售合同公约》。国际惯例有《国际贸易术语解释通则》、《跟单信用证统一惯例》等。

2. 与包装、仓储、流通加工相关的法律法规

涉及包装、仓储、流通加工的单独的法律、法规、公约不多,主要以贸易、运输方面涉及的相应要求为基础。

包装方面主要是按现有的相关标准的要求进行作业和检验,如包装国家标准中对一般货物运输包装和危险货物运输包装通用技术条件的规定。

仓储方面在我国的《合同法》中有专门的分则,还有国家标准、国务院及有关主管

部门制定的规范性文件,如《危险化学品安全管理条例》等。

流通加工方面主要以《合同法》中承揽加工合同分则的规定为准。

概括地说,涉及包装、仓储、流通加工的法律、法规、标准、公约主要有《合同法》、《海商法》、《铁路法》、《民用航空法》、《水路危险货物运输规则》、《危险化学品安全管理条例》、《一般货物运输包装通用技术条件》、《危险货物运输包装通用技术条件》、《危险货物包装标志》、《包装储运图示标志》、《联合国国际货物买卖合同公约》、《国际贸易术语解释通则》、《国际海运危险货物规则》等。

3. 与装卸搬运相关的法律法规

同上述与包装、仓储、流通加工相关的法律法规一样,与装卸搬运相关的独立的法律法规也很少,多是与运输、仓储等适用的法律、法规相关,如《海商法》、《铁路法》、《民航法》、《合同法》、《铁路货物运输管理规则》、《汽车货物运输规则》、《国内水路货物运输规则》等。

对这方面比较有针对性的法规、标准或公约有《港口货物作业规则》、《铁路装卸作业安全技术管理规则》、《铁路装卸作业标准》、《汽车运输、装卸危险货物作业规程》、《联合国同际贸易运输港站经营人赔偿责任公约》、《集装箱汽车运输规则》、《国内水路集装箱货物运输规则》、《港口货物作业规则》等。

4. 与运输相关的法律法规

涉及运输方面的法律法规比较健全,体系也较庞大。下面主要对涉及货物运输和交接方面的法律、法规、公约进行简单的介绍。

（1）涉及公路运输方面的,主要有《公路法》、《公路管理条例》、《汽车货物运输规则》、《汽车危险货物运输规则》等。

（2）涉及航空运输方面的,主要有《民航法》、《中国民用航空货物国内运输规则》、《中国民用航空货物国际运输规则》等。

（3）涉及铁路运输方面的,主要有《铁路法》、《铁路合同管理办法》、《铁路货物运输管理规则》等。

（4）涉及水路运输方面的,主要有《海商法》、《国际海运条例》、《国际海运条例实施细则》、《水路危险货物运输规则》、《国内水路货物运输规则》、《中华人民共和国国际货物运输代理业管理规定》(以下简称《国际货物运输代理业管理规定》)、《中华人民共和国国际货物运输代理业管理规定实施细则》(以下简称《国际货物运输代理业管理规定实施细则》)、《国内水路集装箱货物运输规则》等。

（5）涉及多式联运方面的,主要有《国际集装箱多式联运管理规则》。相关的国际公约有《海牙规则》、《维斯比规则》、《汉堡规则》、《铁路货物运输国际公约》、《国际公路货物运输合同公约》、《统一国际航空运输某些规则的公约》(通称《华沙公约》)、《海牙议定书》等。

【小资料】

　　《海牙规则》是《统一提单的若干法律规定的国际公约》的简称。19世纪后期,由于各国立法不一,各轮船公司制定的提单条款也不相同,极大地妨碍了海上货物运输合同的签订,不利于国际贸易的发展,不可能按某一国的法律来处理国际海上货物运输,因此,制定统一的国际海上货物运输公约来制约提单已势在必行。为此,国际法协会所属海洋法委员会于1921年5月17日至20日在荷兰首都海牙召开会议,制定了一个提单规则,定名为《海牙规则》,供合同当事人自愿采纳。以此为基础,1924年8月25日在比利时布鲁塞尔,由26个国家代表出席的外交会议签署,于1931年6月2日起生效,截至1997年2月,加入该规则的国家和地区共有88个。这一公约是海上货物运输中有关提单的最重要的和目前仍普遍被采用的国际公约。我国虽然没有加入该公约,但却把它作为制定我国《海商法》的重要参考依据;我国不少船公司的提单条款也采纳了这一公约的精神。所以,《海牙规则》堪称现今海上货物运输方面最重要的国际公约。

　　《维斯比规则》是《修改统一提单若干法律规则的国际公约的议定书》的简称,因该议定书的准备工作在瑞典的维斯比完成而得名。《维斯比规则》是《海牙规则》的修改和补充,故常与《海牙规则》一起,被称为《海牙-维斯比规则》。

　　《海牙规则》奠定了海上货物运输,尤其是提单法律制度的基础框架。同时,该规则也结束了承运人免责无限的不合理状况,给予货主以最低限度的保障。但是,《海牙规则》是20世纪二三十年代的产物,因而,随着国际经济贸易以及航运的发展,以及国际政治力量对比的变化,《海牙规则》有些规定显得有些过时,甚至不适应新的政治、经贸及航运发展的需要。由此,修订此规则的呼声日益高涨,修改成为共识。于是1978年出台了《联合国海上货物运输合同》,简称《汉堡规则》。《汉堡规则》对《海牙规则》做了根本性的修改,扩大了承运人的责任。

　　5. 与报关、检验检疫相关的法律法规

　　与报关、检验检疫相关的法律有《海关法》、《国境卫生检疫法》、《食品卫生法》、《进出境动植物检疫法》、《进出口商品检验法》等。相关的法规主要有《海关法行政处罚实施细则》、《进出口关税条例》、《海关稽查条例》、《保税区海关监管办法》、《海关关于转关运输货物监管办法》、《海关对暂时进口货物监管办法》、《海关企业分类管理办法》、《国境卫生检疫法实施细则》、《进出境动植物检疫法实施细则》、《进出境集装箱检验检疫管理办法》、《进出口商品检验法实施条例》、《出口食品卫生管理办法》等。相关的国际公约有《国际卫生条例》、《商品名称及编码协调制度国际公约》、《关于货物暂准进口的ATA报关单证册海关公约》、《伊斯坦布尔公约》、《关于货物实行国际转运或过境运输的海关公约》、《1972年集装箱关务公约》、《关于简化和协调海关业务制度的国际公约》及其《附约》、《关于设立海关合作理事会的公约》等。

(三) 调整物流活动争议的程序性规范

关于调整物流活动争议的程序性规范主要有《民事诉讼法》、《仲裁法》、《海事诉讼特别程序法》，以及最高法院相关的司法解释。另外，部分国际公约和国际惯例、国际标准等也可以作为解决争议的程序性规范。

二、我国物流法律制度发展的趋势

(一) 我国物流法律制度的缺陷

随着现代物流理念和管理理论在我国的日渐普及，我国经济持续又好又快地发展，物流业也进入了一个高速发展的时期。但是，我国物流业发展的进程并不是一帆风顺的，制约我国更快发展的一个重要原因，就是缺乏完善的物流法律制度来规范和引导物流活动。

现代物流业的持续发展必然以良好的法律制度环境为依托和动力。市场经济是法治经济。离开相对完善的法律制度，任何行业或产业都不可能得到健康、持续的发展，物流业也不例外。特别是在物流业进行结构性的升级换代的过程中，物流法律制度环境尤为重要。只有健全物流法律制度，同时配合市场机制的正常发挥，现代物流业才能得以健康、持续地发展。

在物流业相对发达的国家，政府普遍对物流产业发展的政策指引、合理规划和法规建设给予高度重视。1990年，日本颁布了《物流法》，该法的颁布实施对日本物流业的发展起到了极大的推动和保障作用。美国、德国、英国、荷兰、比利时等西方国家也非常重视物流法律制度的建设，都通过适时制定符合各自国情的物流产业政策和法律制度，对物流产业进行合理规划、积极引导、严格规范，从而使本国的物流业得以实现健康、快速的发展。

【小资料】

日本的物流法规与政策

日本政府早在1966年就制定了《流通业务城市街道整备法》，统筹规划大城市中心部分物资流通设施的合理布局。1997年制定了《综合物流施政大纲》，目的在于统一指导建立高效的市场竞争环境和必要的基础设施环境。2001年又制定了《新综合物流施政大纲》，目的是：加强国际竞争力；加强环保，构筑循环型社会；开发现代信息技术；发展物流业，满足国民的需求，与国民生活相和谐。目前日本政府正在修订、制定相关的法规，使大纲目标得到落实，努力构筑具有国际竞争力的物流市场。

进入20世纪90年代以后，日本政府对流通产业相关的法规进行清理，制定了"物流二法"，从物流角度对物流事业引进了竞争机制；制定了《中小企业流通业务效率化促进法》，从商业角度对现有的物流现状进行改革，形成有效的纵向的物流组织，把零散的小规模商店业组织起来，统一管理。这使自发形成又落后于时代的日本流通系统开始进入流通现代化的发展阶段。

无论从物流业整体，还是从某个具体物流功能上看，日本的物流政策法规体系都很完备。以运输业为例，在水、陆、空运输，组织管理，基础设施建设，运输安全，争议的解决等方面都制定了法规，如：在行政组织方面有《运输省设置法》等；陆上交通方面有《铁路营业法》等；海上交通方面有《海上运输法》等；航空交通方面有《航空法》等。随着社会的变革，日本政府还在不断对其修订、充实，形成相互协调、配合统一的法律体系。

我国现行调整物流活动的法律法规涉及采购、运输、仓储、包装、配送、装卸搬运、流通加工和信息处理等各个环节，有法律、法规、部门规章等不同的层次，但从法律体系化角度考察，现行的物流法律法规存在着严重的缺陷。

1. 层次较低

我国直接具有操作性的法规多由各部委、各地方制定颁布，规范性不强，一般缺乏法律责任的制约作用。由于大多以"办法"、"条例"、"通知"等形式存在，在具体运用中缺乏普遍适用性，多数只适合作为物流主体进行物流活动的参照性依据，不利于从宏观上引导物流业的发展，也缺乏对物流主体行为的必要制约。

2. 缺乏系统性和专门性

目前，我国实施的物流方面的法律法规，或与物流有关的法律法规，在行业管理和内容上分散于海、陆、空运输，消费者权益保护，企业管理，合同等领域，在形式上散见于各类民事、行政法律法规以及各部委制定的有关规则和管理办法，形成多头而分散的局面，缺乏物流行业系统专门的法律规定。况且这些立法涉及众多部门，如交通、铁道、航空、内贸、外贸、工商等，而这些部门之间协调不够，在制定相关法律法规时基本上是各自为政，进而导致各法律法规缺乏统一性，甚至出现相互冲突的现象。

3. 立法滞后，仍存在法律空白

我国现行的不少物流方面的法律法规已经不适应现代物流业的发展，大部分物流法律法规是在过去计划经济体制或从计划经济体制向市场经济体制过渡的社会经济环境下制定并被沿用下来的。当前，物流业存在和发展所依托的经济体制、管理体制、市场环境等都已经发生了根本性的变化，物流业作为一个新兴的产业，其含义和实际内容也与以前大为不同。所以现行物流法律规范与物流业发展在诸多方面不相适合，难以适应市场经济环境下物流业的发展。

4. 与物流系统化要求不相适应

随着物流产品、物流技术、物流服务方式的不断创新，新型物流行为客体不断涌现，单行法之间泾渭分明、条块分割的传统界限已被突破，交叉综合保护日益重要，而中国现行的物流立法在这些领域颇为薄弱，缺乏协调性和前瞻性。物流法律的体系化，就是要使现行的和未来的物流法律规范构成一个有机的内在和谐统一的整体。当前，物流法律的体系化，符合我国的实际情况，是我国现代物流业持续、健康发展的必然选择。

（二）构建现代物流法律体系

构建相对独立的法律体系是现代物流业的一个发展趋势。在现代物流业的法律体系的构建中，首先应当考虑原有法律对现代物流行为的适用，对于原有法律不能适应现代物流业发展的，应当加以改订。

1. 制定新的法律规范

现代物流法律体系应是本土化和国际化的内在融合。在制定新的物流法律规范时，一方面要与国际惯例、国际规范及国际标准相衔接，借鉴国际先进的物流法制定经验；另一方面要从中国现代物流业发展的独特性出发，切实反映我国现代物流业的发展规律，进而保障我国经济利益，同时，努力把它推广为世界各国能够接受的法律准则。

2. 清理、修改或扩张解释已有的物流法律规范

我国目前尚缺少基本层面的物流立法，主要法律规范表现为层级较低的行政法规和规章以及地方性法规，且不少规定已经不适应新的物流发展形势，因此应抓紧对这些规范的清理。对于陈旧的且已经不再适应物流业新发展的法律规范应及时废止；对于相互重复或相互冲突的法律规范应及时进行整合，制定新的层级较高的法律规范来代替；对于层级本来就较高的法律规范，应及时进行修改、补充和完善。

另外，由于我国传统立法的体系化和理论化的特点，原有的法律规范具有一定的宽泛性，因此，对于许多新兴的现代物流业活动可以主要通过修改或扩张解释已有法律规范的方式来加以规范。这样做的好处是实现物流法律体系的稳定性与适应性，在法律适应现代物流业之特殊性的同时，保持法律的稳定性，不至于过大地影响商家的交易习惯和经济安排，也降低了现代物流业的法律风险。

3. 加强地方物流立法

发展不平衡是我国经济的突出特点。这种不平衡导致不同地区物流发展的规模和水平存在较大差异，因此，在构建全国性物流法律制度体系的同时，各地区应根据自身的情况，在国家物流法律制度的框架内，制定符合本地物流发展需要的物流法规。

4. 提高物流法律制度的系统性

现代物流管理以系统化和综合化的理念，追求物流活动的整体效益。因此，在物流立法方面必须以系统化思想和现代物流管理理念为主导，建立高度系统化的物流法律制度。

特别值得注意的是，在建立我国的物流法律制度的同时，要与国际惯例接轨，适应国际物流惯例系统化在深度和广度上的更高要求。

总而言之，物流法律制度作为调整物流活动的法律规范的总和，涵盖物流活动的各种要素和环节，包括物流活动和物流市场管理的基本法律规范，要体现系统化、综合化的物流法律体系的特性。

【小资料】

集装箱运输的盗骗招术

以集装箱和散杂货为侵害客体的案件具有作案隐蔽、案值巨大、危害严重的特点。如何把握物流领域多发性侵财犯罪新动态,探究打防对策?青岛港公安局进行了有益探索——据交通部最新统计资料显示,近几年,随着物流业的繁荣发展,以集装箱和散杂货为侵害客体的案件呈逐年递增趋势。据交通部公安局对物流犯罪案件统计分析结果表明,交通港航物流犯罪以年均4%的比例增长,有30%的港航单位物流犯罪数量占辖区年发案数的50%以上。八类常见作案手段作为物流链中的"中转站",犯罪分子绞尽脑汁在港口物流环节中寻找漏洞进行盗骗犯罪。

其盗骗招术有以下几种:

一是使用"四假一托"实施诈骗。主要是犯罪分子在空车配货时,使用假机动车牌照、假行车证和驾驶证、假身份证、假冒公司,在所留电话处由同伙负责接听答疑,以骗取配货中介信任,并通过配货站达到诈骗的目的。

二是通过互联网定箱、定舱实施诈骗。犯罪分子通过获取互联网上的货运信息,使用伪造的提箱手续实施诈骗犯罪,有的利用互联网上的货运信息,与代理商或船公司联系,谎称定箱、定舱办理货运,待代理商告知箱站、箱号和船期后,即雇车到箱站将空箱骗走。因犯罪分子在"网吧"通过互联网实施诈骗,手段更为狡诈,给侦查破案增加了难度。

三是以职业作掩护实施侵占、盗窃犯罪。主要是货运公司代理人员为货主代理货运业务,负责货物的制单和发货,掌握货物储运过程中的货损货差比例,并利用货主不核对货物的漏洞,私自涂改已过期的提货单或伪造提货单,非法侵占货物。有的货运代理人员为犯罪分子提供提货单据或相互勾结盗窃作案。

四是在货车和货物重量上做手脚实施盗窃。主要是货运司机采取空车过磅时车轮不完全上磅(减重)和调换车牌轮流过磅骗取"收货单",有的甚至在车上加装水箱、石块等方法增加空车自重,过完磅后放掉水或卸掉石块再去装货,利用重量差窃取货物,有的在运输煤炭、水泥、矿石、化肥等散货时,中途卸下一部分卖掉,然后灌入等重的水过磅蒙混,还有的交叉合伙作案,如甲、乙两车装载成包大豆后,在过磅前,甲先将几包大豆搬到乙车,然后过完磅再返回到乙车,再由乙重复甲作案手段,从中侵占货物。

五是在运输途中实施盗窃、抢劫作案。货运司机单车运输空间大,随意性强,因此作案无须遮掩。如在运送集装箱中,司机钻货主在收货时只注意箱子上有无铅封的空隙,中途将集卡车开到路边店,打开集装箱铅封,窃取货物变卖后,更换铅封或复原铅封。有的货主跟车押货,被司机利用中途吃饭住宿"麻醉"后,轻易将货劫走。

六是利用拼装箱或拆装箱环节实施盗窃。集装箱运输货物多会涉及拼装箱的问题,即一个集装箱内装有多个货主的货。由于箱中货物不能一次性提走或装满,给一些装卸工提供了盗窃货物的机会。由于集装箱运转周期长,有的需要中转多个国家,还要经历拆箱、拼箱等复杂环节,有的进口集装箱在国外已经被盗。

七是利用拼装改装"黑车"乘机盗骗作案。犯罪分子将拼装或改装的集装箱车、散货车等"克隆车"混入运输市场,这部分车大都使用假牌照,伪造车辆购置附加费、道路运输证等,据此,可趁机实施盗窃、诈骗犯罪。由于是"黑车"作案,无车管档案,给侦查破案带来诸多困难。

集装箱和散杂货一般通过接卸、堆存和运输等流程作业,在这一物流链中发生的案件人员复杂、地域跨度大,在经济利益的驱动下,有明显的犯罪成因和盗骗结合的规律性。以集装箱来说,其本身价值高、用途多、需求大,成为"一夜暴富"的侵害目标,而一些经营者明知来路不明却非法收购,客观上为犯罪活动培育了"土壤"。另外,以"黑车"司机为例,随着运输市场需求的多元化,一些个体运输车辆挂靠企业,大多司机属雇佣性质,一有机会,一些心存不轨的司机便肆无忌惮地盗骗作案。再就是犯罪分子利用通讯、交通工具,"南征北战",流窜作案,异地销赃,可谓盗、骗、销"一条龙"。还有一些货主发现货物短缺,不及时向公安机关报案,只是一味地向发货方和保险公司索赔,甚至在民警破案取证时货主还不知道已被盗骗,使犯罪分子得不到有效打击。

【项目小结】

作为本书的第一个项目,本项目从介绍物流及法律的基本知识入手,引出了物流法律制度的内容和特点,分析了物流法律关系的主体、客体和内容,对物流服务合同的概念、主体以及订立进行介绍,总结了物流法律制度促进物流业发展的作用及其地位,重点探讨了我国物流法律制度的现状及发展。

目前,我国物流法律制度存在着层次较低、缺乏系统性和专门性、立法滞后、存在立法空白,以及与物流系统化要求不相适应等缺陷。要制定新的法律规范,及时清理、修改或扩张解释现有的物流法律规范,加强地方物流立法和提高物流法律制度的系统性等,从而加强我国物流法律制度的建设和完善。

▶▶ 任务导出

任务问题要点提示:目前,物流行业多采用物流公司为客户先垫付运费、杂费甚至税费等各项费用,待货物运输完成后,物流公司按双方约定的费用及实际操作中发生的费用,为客户开具发票,客户收到发票后,按发票金额向物流公司付款的做法。这种做法存在许多风险,因此习惯做法应规范,要按照法律法规进行物流活动。

【能力形成考核】

案例分析

1. 甲企业与乙企业达成口头协议,由乙企业在半年之内为甲企业提供50吨钢材。3个月后,乙企业以原定钢材价格过低为由要求加价,并提出如果甲企业表示同意,双方即签订书面合同,否则,乙企业将不能按期供货。甲企业表示反对,并声称如乙企业到期不履行协议,将向法院起诉。

问:双方当事人签订的合同有无法律效力?为什么?

2. 王甲和刘乙系邻居,两家关系很好。因业务需要,王甲被单位派往设在海口的办事处工作,临走拜托刘乙照看自己的房屋及物品。夏天来临,王甲从海口给刘乙打电话,称其在海口买了一台分体式空调,家里原来的窗式空调不要了,请刘乙帮忙以合适的价格卖掉。刘乙的同事李丙听说此事后,表示想买下这台窗机,但他不愿多出钱,李丙就对刘乙说:"你给王甲打个电话,就说空调的制冷机坏了,要想快点出手就得降低价格。"刘乙觉得自己和李丙是同事,不答应他会影响今后的关系,况且他有许多事要求着李丙,于是就按李丙的意思给王甲打了电话,王甲说,既然制冷机坏了,降价就降价吧。于是,刘乙就以 500 元的价格把空调卖给了李丙。过了一阵,王甲从海口回来,准备把立体空调安装上,听人说了卖掉窗式空调的事实,王甲非常生气,找到李丙,要求李丙返还空调。

问:刘乙、李丙买卖空调的行为是否有效?本案应如何处理?

实训项目:查找物流行业不合法事例

一、训练目标

通过在网络或报刊杂志上查找各种与物流法律法规有关实例的训练,了解我国目前物流法律制度的现状,进一步认识学习物流法律法规的重要性。

二、训练准备

分组训练,每组 5~10 人。

三、训练时间

学完物流法律法规基础后由学生课下完成,时间一周,做完后可以利用 2 课时组织学生交流。

四、训练办法

1. 小团队成员召开会议,进行讨论与分工。

2. 采用多种方法查找物流法律法规的资料和案例,确保来源真实可靠、有针对性。

3. 将查找资料进行汇总整理。

五、考核办法

每组派一位同学上台选取有代表性的案例进行观点陈述,表明自己的感想和看法。教师组织大家讨论,然后根据各组资料收集情况、课堂发言情况考核打分。

【资料链接】

https://www.6-china.com/ 中国物流网

http://www.clic.org.cn/ 中国物流信息中心

https://w2279360347.cn.gongchang.com/ 中国物流律师网

https://wenku.baidu.com/view/e41aafc63968011ca2009125.html 构建中国物流法律制度的思考

项目二
物流主体法律制度

▶▶ 知识目标

掌握物流法律关系主体的界定;掌握有限责任公司和股份有限公司设立的条件、组织机构;了解物流企业变更的程序和条件;了解物流企业的解散与清算。

▶▶ 能力目标

通过本项目的学习,学生能够起草制订设立有限责任公司需要的相关材料,并理解特殊物流企业的设立条件,同时可以分析公司法相关案例。

▶▶ 任务导入

2018年1月,5家集体所有制企业依据我国《公司法》共同投资设立了一家食品加工有限责任公司(以下简称"食品公司"),注册资本1000万元。为了进一步扩大食品公司的生产规模,食品公司董事会制订了增资方案,即由现有股东按照目前出资比例继续出资,把公司注册资本增加到1600万元。股东会对该方案表决时,3个股东赞成,2个股东反对,股东会做出增资决议。赞成增资的股东原出资总额为640万元,占食品公司注册资本的64%;反对增资的股东原出资总额为360万元,占食品公司注册资本的36%。股东会结束后,董事会通知所有股东按照股东会决议缴纳增资方案中确定的出资数额。2个反对增资的股东拒不缴纳出资。董事会决定暂停这2个股东2018年度的股利分配,用以抵作出资。这2个股东不服董事会决定,以食品公司为被告,向人民法院提起诉讼,要求确认股东会的增资决议无效。

任务问题:
1. 食品公司是否应当被列为被告?为什么?
2. 人民法院应否支持作为原告的2个股东的诉讼请求?为什么?

第一节　物流法主体概述

随着物流业的发展,物流管理理论越来越受到重视。物流过程中的争议最终还要适用传统相关行业如运输、仓储、港站经营的法律规定。但事实上物流主体有其自身的特点,其与货主订立的物流合同也不同于单纯的运输合同或其他单项服务合同,无法照搬现有法律,所以法学领域有必要对物流主体的界定问题展开讨论。

一、民事法律主体概述

(一) 概念及法律特征

1. 概念

参加民事法律关系,享受权利或承担义务的人,即民事法律关系的当事人。根据我国《民法通则》规定,可以作为民事法律关系主体的,有公民(自然人)和法人等。

2. 法律特征

(1) 主体范围的广泛性。民事法律关系主体,既包括具有自然生命的公民(自然人),也包括不具有自然生命的组织体——法人。在某些特殊的情况下,国家也可以成为民事法律关系的主体。如国家向单位或公民发行国库券,就是以民事法律关系主体的资格进行的。

(2) 主体间的平等性。任何自然人从其出生起至死亡止,都有资格成为民事法律关系的主体;任何法人在其权利能力范围内都有资格成为民事法律关系的主体。在民事法律关系中,双方当事人地位完全平等,一方不得把自己的意志强加给另一方。根据权利义务的承受情况,民事法律关系主体可分为权利主体和义务主体。享受权利的一方称为权利主体,承担义务的一方称为义务主体。在大多数情况下,当事人双方既享受权利,又承担义务,因而既是权利主体,又是义务主体。但在某些场合下,一方只享受权利,另一方只承担义务。

(二) 自然人

1. 民事权利能力

凡具有我国国籍的人都是中华人民共和国公民。自然人的民事权利能力是指享受民事权利、承担民事义务的资格。民事权利能力是法律所赋予的。公民民事权利能力的特征有:公民的民事权利一律平等,内容广泛,民事权利能力不可转让。公民的民事权利能力始于出生终于死亡。民法上的死亡包括生理死亡和宣告死亡。公民一旦死亡,则丧失民事权利能力,不再是民事主体。

2. 民事行为能力

民事行为能力是指民事主体通过自己的行为取得民事权利、承担民事义务的资格。民事行为能力的享有,以享有的民事权利能力为前提。但并非所有民事主体都有民事行为能力。

民事行为能力分为完全民事行为能力、限制民事行为能力、无民事行为能力。

十八周岁以上的公民是成年人,具有完全民事行为能力,可以独立进行民事活动,是完全民事行为能力人。十六周岁以上不满十八周岁的公民,以自己的劳动收入为主要生活来源的,视为完全民事行为能力人。

十周岁以上的未成年人是限制民事行为能力人,可以进行与他的年龄、智力相适应的民事活动。不能完全辨认自己行为的精神病人是限制民事行为能力人,可以进行与他的精神健康状况相适应的民事活动。

不满十周岁的未成年人是无民事行为能力人,由他的法定代理人代理民事活动。不能辨认自己行为的精神病人是无民事行为能力人,由他的法定代理人代理民事活动。限制民事行为能力人、无民事行为能力人的法定代理人为其监护人。

(三)法人

1. 法人的概念

法人是具有民事权利能力和民事行为能力,依法独立享有民事权利和承担民事义务的组织。

法人应具备下列条件:依法成立;有必要的财产和经费;有自己的名称、组织机构和场所;能够独立承担民事责任。

2. 法人的民事权利能力和民事行为能力

法人的民事权利能力从法人成立时产生。法人的民事权利能力到法人终止时消灭。法人民事行为能力开始和消灭的时间,与民事权利能力相同,即从法人成立时产生,到法人终止时消灭。法人民事行为能力的范围各不相同,其大小决定于民事权利能力。

3. 法人的变更和终止

企业法人的变更,指的是企业法人在其存续期间因各种原因而发生的组织上的变更或活动宗旨、经营范围等事项的变化。组织上的变更指的是企业法人的合并、分立。企业法人合并、分立以后,原企业法人的权利和义务由变更后的企业法人享有和承担。法人的终止,指的是法人资格的消灭。法人终止后,其民事主体资格消灭,不再享有民事权利能力和民事行为能力。法人终止的原因,主要有以下几种:依法被撤销;解散;依法宣告破产;其他原因。法人的清算,指清理已发生终止原因的法人的尚未了结的事务,使法人归于消灭的程序。清算终止后,法人最终消灭。

二、物流主体概述

物流是对传统多个相关行业的整合。重新定位使得物流法律关系相当复杂,这种关系的复杂表现在不同物流主体的界定上。其法律特征如下:

(1) 现代物流往往被概括为第三方物流或综合物流。这很能表现出物流合同的特性,即企业将原有分散的物流相关服务合同统一委托于第三方物流经营人,订立对于货主来说主体相对简单的物流合同；然后再由第三方物流服务提供商根据合同约定，决定是通过自己完成合同还是通过委托代理、订立分合同等形式完成物流合同。物流经营人选定的实际履行人，由于他们与物流经营人订立了基于物流合同而产生的相关服务供应合同，实际参与了物流合同的履行，物流法律关系不可能把他们排除在外，发生争议时他们还会与货主、物流经营人在物流相关法律框架内发生各种权利义务关系，所以可将他们视为广义的物流主体。

（2）物流主体负有履行或参与履行物流合同的责任。物流经营人根据物流合同的约定确保货物的及时、可得和信息顺畅的同时，作为附随义务还要确保货物的安全，在存在分合同的情况下还负有合理地选择和监督实际履行人和履行辅助人的责任。对于实际履行人来说，他们并不是基于物流合同而是基于与经营人之间的分合同规定的义务参与物流合同的实际履行，在分合同规定期间承担照管货物、完成具体服务的责任。

（3）物流主体应在各自的责任范围内承担合同约定或相关法律规定的责任。一般来说，物流合同对货主义务的规定相对简单，而对物流经营人则会设计较为详细的义务及责任条款。而由于法律未对整个物流法律关系做出全面明确的规定，物流经营人的责任只能比照相关单项服务的法律规定，虽然这种情况会给经营人带来很多不便，但在目前的法律体系下也只能如此。对于实际履行人来说，虽然他们与经营人之间的合同是基于物流合同产生的，但毕竟不受物流合同约束，而且一般提供的是单项或几项简单相加的服务，他们的责任适用单项相关法律是合适的。

三、货主

【小资料】

"法律上并不存在'货主'（merchant）的概念"，如海商法中只有托运人、收货人的概念，仓储法规体系中则是委托人，港口经营法律关系中称为作业委托人（作业委托人的范围超出货主，有时是承运人或其他实际占有货物的人）。但在实务中，许多合同与单据往往把货物交付人与接收人统称为货主。如一般提单所称的货主包括托运人、受货人、收货人、提单持有人和货物所有人。

物流法律是在继承单项相关的法律体系如运输、仓储等法律规定的基础上发展起来的。事实上，物流中的货主包括物流作业委托人与收货人。

（一）物流作业委托人

在物流合同中，物流服务除了运输、仓储等重要的现场工作环节，物流经营人的很多义务包括文案工作，如物流方案设计、信息反馈处理等都可统一称为作业。因此，物流作业委托人是指与物流经营人订立物流作业合同，并由此得到物流服务的自然人或法人。

（二）收货人

收货人是指有权收取货物的人。收货人存在几种身份。首先，他可能是物流服务购买者，即物流作业委托人本人。其次，他可能是物流合同当事人之外的第三人，此时物流合同是为第三人利益的合同。这个第三人在很多情况下是最终消费者，而不一定是运输合同下的商人或企业法人。

四、物流经营人

物流经营人是与物流作业委托人订立物流合同，并利用自有或外协物流资源，组织实施完成合同约定物流过程的第三方物流供应商。物流经营人具有以下法律特征：

（1）物流经营人组织物流活动的实施，并不要求其自身拥有物流活动所需的全部物流资源。可以通过外购、联盟等多种方式组织实施整个物流活动，为企业提供完整的物流服务。

（2）物流经营人在物流合同范围内为作业委托人提供个性化的服务，导致物流经营人权利义务的差异性。如甲对物流经营人的要求是货物快速获得，而乙的要求是慢速但平稳及时获得，而丙却可能只要求提供高质量的回收物流。正是这种个性化的需求成了物流经营人服务的一个增值点。

（3）物流经营人的履行辅助人是指辅助物流经营人履行债务的人，是根据物流经营人的意思而事实上从事债务履行的人。

【小资料】

按我国物流相关法律的规定，如果是因为履行辅助人的原因导致物流合同无法履行或不完全履行，除以侵权为由向履行辅助人或物流经营人索赔外，大部分情况下是以违反物流合同为由要求经营人承担责任，再由经营人根据实际情况向履行人要求赔偿。如我国《海商法》第54条规定：货物的灭失、损失或者迟延交付是由于承运人或者承运人的受雇人、代理人的不能免除赔偿责任的原因和其他原因共同造成的，承运人仅在其不能免除赔偿责任的范围内负赔偿责任；但是，承运人对其他原因造成的灭失、损坏或者迟延交付应当负举证责任。在这里，承运人对履行辅助人的责任的归责原则是过错推定原则。

五、实际履行人

（一）实际履行人的定义

实际履行人也称物流运作的参与者、物流合同的分包人，是指与物流经营人订立分合同，从事物流全部或部分运作的人，包括接受转委托从事此项运作的人。

（二）法律特征

（1）实际履行人与物流经营人之间订立物流分合同，提供一项或多项物流相关服务。

（2）实际履行人必定自有一定的物流资源，如没有一定的物流资源则无法履行物流分合同。实际履行人的这一特征与物流经营人有区别。

（3）实际履行人在无法履行或不完全履行物流分合同的情况下，一般只对物流经营人承担违约责任，特殊情况下也直接对货主承担侵权责任。

第二节 物流企业的设立

一、一般物流企业的设立

（一）有限责任公司类型的物流企业设立

1. 有限责任公司的概念和法律特征

有限责任公司，是指依照《公司法》在中国境内设立的，由 50 个以下的股东出资，股东以其认缴的出资额对公司承担有限责任，公司以其全部资产对公司的债务承担责任的企业法人。其主要特征如下。

（1）公司责任与股东责任的独立。公司只能以自己拥有的法人财产清偿债务，股东除缴纳出资外，对公司债务不再承担责任，即使公司资不抵债时，也不例外。

（2）公司责任与其工作人员责任的独立。公司的民事活动虽由其董事、经理等管理人员实施，其民事责任亦可能由于管理人员过错行为所致，但不能由此要求公司的管理人员对公司的债务承担责任，特别是在公司无力清偿其债务时，不能随意追加公司的董事长、董事、经理为连带责任人或共同被告。

（3）公司责任与其他公司或法人组织责任的独立。公司与其他法人组织之间虽然存在千丝万缕的联系，或存在母公司与子公司的关系，或存在主管部门与下属企业的隶属关系，但在民事法律地位上它们都是独立的法人，其民事责任也只能由法人各自独立承担。

2. 有限责任公司类型的物流企业设立条件

（1）股东符合法定人数。《公司法》对有限责任公司的股东限定为 50 人以下。

（2）有符合公司章程规定的全体股东认缴的出资额。有限责任公司的注册资本为在公司登记机关登记的全体股东认缴的出资额。法律、行政法规以及国务院决定对有限责任公司注册资本实缴、注册资本最低限额另有规定的，从其规定。

股东可以用货币出资，也可以用实物、知识产权、土地使用权等可以用货币估价并可以依法转让的非货币财产作价出资；但是，法律、行政法规规定不得作为出资的财产除外。股东应当按期足额缴纳公司章程中规定的各自所认缴的出资额。

▶ 案例

股东出资不得擅自抽回

代尔软件技术有限公司是于2017年4月5日经工商登记成立的有限责任公司，公司注册资金50万元，由公司法定代表人甲的15万元和坤施实业有限公司的35万元组成。同年，代尔软件技术有限公司分三次收到金汇科技发展有限公司法定代表人乙(以金汇科技发展有限公司名义，下同)投资的款、物共11.85万元。为确定乙在代尔软件技术有限公司的股东地位，2018年2月16日，甲、丙(坤施实业有限公司法定代表人)、乙签订会谈纪要一份，确认：代尔软件技术有限公司是由甲、乙、丙投资组成。乙对公司出资的10万元已实际到位，甲、丙对此无异议；至2018年2月16日，实际到位投资金额为25万元，由乙的10万元、甲、丙共同投资15万元组成；代尔软件技术有限公司在公司工商登记时遗漏乙为投资股东，三方同意进行变更，追认乙为公司股东。但事后代尔软件技术有限公司未据此协议申请工商变更登记。同年6月13日，金汇科技发展有限公司诉至法院，要求代尔软件技术有限公司归还投资款、物计11.85万元并赔偿相应利息损失。

法院经审理后认为，本案三方投资协议合法有效，虽未经工商变更登记，亦不影响其效力。股东出资可以依法转让，但不得擅自抽回。依照合同法、公司法的有关规定，法院判决驳回金汇科技发展有限公司的诉讼请求。

(3) 股东共同制定章程。公司章程主要包括：公司名称和住所；公司经营范围；公司注册资本；股东的姓名或者名称；股东的出资方式、出资额和出资时间；公司的机构及其产生办法、职权、议事规则；公司法定代表人；股东会会议认为需要规定的其他事项。股东应当在公司章程上签名、盖章。

(4) 有公司名称，建立符合有限责任公司要求的组织机构。

(5) 有固定的生产经营场所和必要的生产经营条件。

3. 有限责任公司的组织机构

(1) 股东会。股东会是有限责任公司的权力机构。除《公司法》有特别规定的以外，有限责任公司必须设立股东会。但股东会是非常设机构，即它不是常设的公司机构，而仅以会议形式存在，只有在召开股东会会议时，股东会才作为公司机构存在。股东会由全体股东组成。股东是按其所认缴的出资额向有限责任公司缴纳出资的人。

(2) 董事会。有限责任公司设董事会，其成员为3~13人。两个以上的国有企业或者两个以上的其他国有投资主体投资设立的有限责任公司，其董事会成员中应当有公司职工代表。董事会中的职工代表由公司职工民主选举产生。

董事任期由公司章程规定，但每届任期不得超过3年。董事任期届满，连选可以连任。董事在任期届满前，股东会不得无故解除其职务。

案例

董事会决议背离公司章程,法院依法判决撤销

晟峰软件公司成立于2013年1月,该公司系中外合资有限责任公司,期间章程、股东和注册资本曾有变化。现注册资本为450万美元,晟峰高科技公司出资230.85万美元,占51.3%;案外人合资方日本株式会社OBS出资181.8万美元,占40.4%;日本株式会社SORUN出资37.35万美元,占8.3%。现晟峰软件公司章程记载:合资公司设立董事会,是公司最高权力机构,共有9名董事组成,董事长由晟峰高科技公司委派,是公司的法定代表人;董事会例会每年至少召开一次,经1/3以上董事书面提议,可召开董事会临时会议;董事长应在董事会开会前20天书面通知董事,写明会议内容、时间和地点。

2017年11月30日,晟峰软件公司在未通知全体董事的情况下召开董事会,董事会形成三份决议:①免去张某某董事长、总经理职务,任命其他3人分别为董事长、总经理和董事职务;②委托陈某某负责公司财务审计的投资清算,一周之内审计结束后向公司董事会汇报;③从即日起公司及相关子公司、投资公司的账务活动全权委托阮某某总经理、徐某某董事长审核,直至工商变更手续完成为止,公司公章、财务章、法定代表人章等委托阮某某、徐某某保管。

2018年1月底,晟峰高科技公司聘请律师起诉到法院,诉称晟峰软件公司形成的董事会决议违反公司章程规定,董事长须由晟峰高科技公司委派;董事会由董事长召集、主持或委托副董事长召集;董事长应在开董事会前20天书面通知董事,写明会议内容、时间和地点,请求判决撤销该董事会三份决议。

上海法院经审理后,以判决的形式,依照《中华人民共和国中外合资经营企业法》确认董事会决议为无效。

(3) 监事会。监事会由股东代表和适当比例的公司职工代表组成,具体比例由公司章程规定。监事会中的职工代表由公司职工民主选举产生。有限责任公司监事会成员不得少于3人。股东人数较少或者规模较小的,可以设一至二名监事。

董事、高级管理人员不得兼任监事。

监事的任期每届为3年。监事任期届满,连选可以连任。

(二) 股份有限公司类型的物流企业设立

1. 股份有限公司的概念和法律特征

股份有限公司是指由一定人数的股东组成,公司资本划分为若干金额相等的股份,股东仅以自己认购的股份为限对公司承担责任,公司以全部资产对公司债务承担责任的企业法人。其主要特征有:

(1) 股东责任的有限性。股份有限公司的股东仅以自己持有的股份为限对公司债务承担责任。公司的债务完全以公司独立的资产清偿;

(2) 股东具有广泛性。股份有限公司股东的人数只有下限没有上限,且公司可

以公开向社会募集资本,股份可以自由转让,这就决定了股份有限公司股东的广泛性和不确定性;

(3) 股份的等额性。股份有限公司的全部资本划分为若干股份,每股金额相等。公司的股份体现为股票形式,股票可以向社会公开发行,持有公司股票即为公司股东;

(4) 股份有限公司的设立程序较为复杂。由于股份有限公司的资本数额较大,股东人数众多,国家对其设立的要求和监督管理也更为严格。

2. 股份有限公司类型的物流企业设立条件

(1) 股份有限公司应当有 2 人以上 200 人以下为发起人,其中须有半数以上的发起人在中国境内有住所。

股份有限公司的设立,可以采取发起设立或者募集设立的方式。发起设立,是指由发起人认购公司应发行的全部股份而设立公司。募集设立,是指由发起人认购公司应发行股份的一部分,其余股份向社会公开募集或者向特定对象募集而设立公司。

(2) 有符合公司章程规定的全体发起人认购的股本总额或者募集的实收股本总额。股份有限公司采取发起方式设立的,注册资本为在公司登记机关登记的全体发起人认购的股本总额。在发起人认购的股份缴足前,不得向他人募集股份。股份有限公司采取募集方式设立的,注册资本为在公司登记机关登记的实收股本总额。法律、行政法规以及国务院决定对股份有限公司注册资本实缴、注册资本最低限额另有规定的,从其规定。出资方式与有限责任公司相同。

(3) 股份发行、筹办事项符合法律规定。发起人认足公司章程规定的出资后,应当选举董事会和监事会,由董事会向公司登记机关报送公司章程以及法律、行政法规规定的其他文件,申请设立登记。以募集方式设立股份有限公司的,发起人认购的股份不得少于公司股份总数的 35%。发起人向社会公开募集股份,必须公告招股说明书,并制作认股书。由认股人填写认购股数、金额、住所,并签名、盖章。认股人按照所认购股数缴纳股款。

(4) 发起人制定公司章程,并经创立大会通过。发起人应当自股款缴足之日起 30 日内主持召开公司创立大会。创立大会由发起人、认股人组成。创立大会应有代表股份总数过半数的发起人、认股人出席,方可举行。

(5) 有公司名称,建立符合《公司法》要求的组织机构。

(6) 有公司住所。

▶▶ 案例

江阴市有 4 家生产经营冶金产品的集体企业,拟设立一股份公司,只发行定向募集的记名股票。总注册资本为 900 万元,每个企业各承担 200 万元。在经过该市有关领导同意后,正式开始筹建。4 个发起人各认购 200 万元,其余 100 万元向其他企业募集,并规定,只要支付购买股票的资金,就即时交付股票,无论公司是否成立。且为了吸引企业购买,可将每股1元优惠到每股0.9元。一个月后,股款全部募足,发起人召开创立大会,但参加人所代表的股份总数只占7%左右。主要原因是有两个发起人改变主意,抽回了其股本。创立大会决定仍要成立公司,就向公司登记机关提交了申请书,但公司登记机关认为根本达不到设立股份公司的条件,且违法之处甚多,不予登记。此时,发起人也心灰意冷,宣布不成立公司了,各股东的股本也随即退回。但这样一来,公司在设立过程中所产生的各项费用以及以公司名义欠的债务达12万元,加上被退回股本的发起人以外的股东要求赔偿利息损失3万元,合计15万元的债务,各发起人之间互相推诿,谁也不愿承担。各债权人于是推选2名代表到法院状告4个发起人,要求偿还债务。4个发起人辩称,公司不能成立,大家都有责任,因此各人损失自己承担。

问:本案中的股份公司在成立过程中有哪些违法之处?

分析:公司发起过程中,没有签订发起人协议,由此对发起过程各方责任没有法定约束,并且,在公司的申请材料中,未准备公司章程。公司不能正常成立,发起人没有承担连带责任。

3. 股份有限公司的组织机构

(1) 股东大会。股东大会作为公司的权力机构由全体股东组成,其职权是特定的,包括《公司法》明确规定的职权(与有限公司股东会的职权相同)和公司法授权公司章程规定的其他职权。

(2) 董事会。董事会是依照有关法律、行政法规和政策规定,按公司或企业章程设立并由全体董事组成的业务执行机关。根据《公司法》规定和公司章程,公司董事会是公司经营决策机构,也是股东会的常设权力机构。其成员为5~19人,由股东大会选举产生,成员中可以有公司职工代表。董事会向股东会负责。

董事会和股东大会在职权上的关系是:二者都行使公司所拥有的全部职权,但股东大会分离或由股东大会授予的决策、管理权。董事会所做的决议必须符合股东大会决议,如有冲突,要以股东大会决议为准;股东大会可以否决董事会决议,直至改组、解散董事会。董事会由股东大会(或股东会)选举产生,按照《公司法》和公司章程行使董事会权力,执行股东大会决议,是股东大会代理机构,代表股东大会(或股东会)行使公司管理权限。

(3) 监事会。监事会由股东代表和适当比例的公司职工代表组成,具体比例由公司章程规定。监事会成员不得少于3人,其中职工代表由公司职工民主选举产生。

董事、高级管理人员不得兼任监事。

监事的任期每届为3年。监事任期届满,连选可以连任。

(三) 合伙企业类型的物流企业设立

1. 合伙企业的概念和法律特征

合伙企业是指在中国境内设立的由各合伙人订立合伙协议,共同出资,合伙经营,共享收益,共担风险,并对合伙企业债务承担无限连带责任的营利性组织。其主

要特征如下:
(1) 合伙企业由各合伙人组成,合伙人的人数不得少于2人,且必须是自然人。
(2) 合伙企业的内部关系是合伙关系,共同出资、共同经营、共享收益、共担风险。
(3) 合伙人对合伙企业的债务承担无限连带责任,当合伙企业的财产不足以清偿其债务时,合伙人应当以自己的个人财产承担该不足部分的清偿责任。
(4) 合伙企业不具有法人资格。

2. 合伙企业类型的物流企业设立条件
(1) 有2个以上合伙人,并且都依法承担无限责任。
(2) 有书面合伙协议。
(3) 有各合伙人实际缴付的出资。
(4) 有合伙企业的名称。
(5) 有经营场所和从事合伙经营的必要条件。

二、特殊物流主体的设立

在一些特殊行业,设立物流主体不仅需要具备一般物流主体的设立条件,还需要经过相应的行业主管部门批准,甚至是国务院批准。

(一) 水路运输服务企业

1. 定义

水路运输服务企业是指从事水路营业性运输,具有法人资格的专业水运企业,即从事代办运输手续,代办旅客、货物中转,代办组织货源,具有法人资格的企业,但为多种运输方式服务的联运服务企业除外。

2. 设立条件
(1) 具有与经营范围相适应的运输船舶,并持有船检部门签发的有效船舶证书,其驾驶、轮机人员应持有航政部门签发的有效职务证书。
(2) 在要求的经营范围内有较稳定的客源和货源。
(3) 经营客运航线的,应申报沿线停靠港,安排落实船舶靠泊、旅客上下所必需的安全服务设施,并取得县级以上航运管理部门的书面证明。
(4) 有经营管理的组织机构、场所和负责人,并订有业务章程。
(5) 拥有与运输业务相适应的自有流动资金。

(二) 航空快递服务企业

经营航空快递业务,应当向民航总局申请领取航空快递经营许可证,并依法办理工商登记。设立条件包括:
(1) 符合民航总局制定的航空快递发展规划、有关规定和市场需要;
(2) 具有企业法人资格;
(3) 企业注册资本不少于2500万元;

（4）具有固定的独立营业场所；

（5）具有必备的地面交通运输设备、通信工具和其他业务设施；

（6）具有较健全的航空快递网络和电脑查询系统；

（7）具有与其所经营的航空快递业务相适应的专业人员。

（三）零担货物运输企业

零担货运经营活动是指零担货物的受理、仓储、运输、中转、装卸、交付等过程。中华人民共和国交通部负责全国零担货运管理，各级地方交通主管部门负责本辖区零担货运管理，具体管理工作由各级道路运政管理机关负责。

零担货物运输业户首先要具备《道路货物运输业户开业技术经济条件》中规定的设施、资金、人员、组织等条件之外，还须具备下列条件：①使用封闭式专用货车或封闭式专用设备，车身喷涂"零担货运"标志，车辆技术状况达到二级以上；②经营省内零担货运需有5辆(25个吨位)以上零担货运车辆，跨省经营需有10辆(50个吨位)以上零担货运车辆，国际零担货运按国际双边运输协定办理；③业主、驾驶员、业务人员须持有机关核发的《上岗证》，驾驶员应有安全行驶2年以上或安全行驶5万公里以上的驾驶经历。

三、外商投资的物流主体的设立

我国法律对外资进入物流相关行业大都有一些限制性规定。允许外商采用中外合资开工投资或独资形式经营道路旅客运输，采用中外合资、中外合作开工投资经营道路货物运输、道路货物搬运装卸、道路货物仓储和其他与道路运输相关的辅助性服务及车辆维修。设立条件如下：

（1）注册资本不得低于500万美元；境外投资者的股份比例不得超过50%；有固定场所和经营业务所需的营业设施。

（2）拟设立从事国际流通物流业务的外商投资物流企业的投资者应至少有一方具有经营国际贸易或国际货物运输或国际货物运输代理的良好业绩和运营经验；拟设立从事第三物流业务外商投资物流企业的投资者应至少有一方具有经营交通运输或物流的良好业绩和运营经验。

▶▶ **案例**

如此合资能通过审批吗？

某纺织机械公司(下称中方)是一个大型国有企业，其生产的A型机床是国内驰名产品。为打开国际市场，2017年7月与加拿大MP公司(下称加方)接洽，准备与之建立一个中外合资经营企业。中方按规定编制了立项申请——项目申请书，对国内外市场、生产规模、建设条件、技术水平等情况做了估算和建议，经主管部门审查同意并转审批机构批准立项后，同加方进行了正式商洽，共同编制了可行性报告，并于2017年12月签订合营企业合同和章程。在合营合同中，双方关于出资方面达成了如下主要意向。

(1) 合资企业投资总额为380万美元,注册资本拟为200万美元,其中:加方出资为102万美元,占总股本的51%;中方出资98万美元,占总股本的49%。

(2) 中方拟以其经依法评估和有关机关确认的机器设备、厂房、办公楼,以及有偿获得的土地使用权和资金出资,加方拟以机器设备和美元现金出资。

(3) 从合资企业执照签发之日起,合营双方分两期缴付出资,其中:中方第一次出资为前述固定资产和土地使用权,折合为70万美元,在3个月内缴付,第二次出资为货币28万美元,在6个月内缴付;加方第一次出资为货币12万美元,在3个月内缴付,第二次出资为机器设备,折合为90万美元,在6个月内缴付。

(4) 合资企业合营期限为20年,合营期限内一方可自由决定转让其全部或部分出资,他方不得干涉。合营期进入第5年时,合营各方可按各自出资比例减少30%的注册资本。

分析:此合资企业设立不能通过审批,原因为:①境外投资者的股份比例超过了50%;②股东首次出资不得低于注册资金的20%。

四、保税区物流主体的设立

在企业设立方面,禁止在保税区内设立污染环境、危害国家安全或者损害社会公共利益的项目。在运营过程中,企业应当健全统计、财务、会计制度,并建立货物的专门账簿,依法定期向管委会、海关等有关部门报送有关报表。企业在建设、生产、运营中应当符合环境保护的规定,并依法向管委会办理有关手续。

投资者在保税区设立外商投资物流企业,应当向管委会提出申请。管委会应当在收到齐全、合法的申请文件(以下简称申请文件)之日起20日内,会同有关部门做出是否批准的决定,在做出批准决定之日起3日内,由管委会的工商行政管理部门发给营业执照。投资者在保税区设立其他物流企业,应当向管委会的工商行政管理部门提出申请。管委会的工商行政管理部门对审核权限以外的申请,应当报管委会审批。管委会对审批权限以外的申请,应当在收到申请文件之日起十日内转报市主管部门审批。企业应当在领取营业执照后30日内办理海关、税务、外汇管理、商品检验等登记手续。投资者应当按期出资,并履行验资手续。

保税区企业可以自由从事保税区与境外之间的贸易,免配额、免许可证,国家另有规定的除外。保税区物流企业可以取得自由从事保税区内贸易的权利。保税区物流企业依照国家有关规定,可以从事保税区与非保税区、保税区与国内其他保税区之间的贸易。保税区企业经国家对外经贸主管部门批准的,可以代理非保税区企业的进出口贸易。国内外企业(包括保税区企业)可以在保税区内举办国际商品展示活动。保税区企业可以设立商品交易市场,自由参加保税区内进出口商品展销会,从事商品展示、批发等业务;可以自由参加非保税区的进出口商品展销会、博览会。鼓励国内外企业在保税区内储存货物,货物储存期限不受限制。企业可以在保税区内对货物进行分级、包装、挑选、分装、刷标志等商业性加工。

货物、物品从境外直接运入保税区,或者从保税区直接运往境外,应当向保税区海关备案。影响安全、环境、卫生的货物,应当接受法定检验。货物、物品从保税区运往非保税区视同进口,由非保税区运往保税区视同出口,并办理进出口手续。从非保税区运入供保税区内使用的机器、设备、零部件、原材料、运输工具、建筑材料及办公用品等,由保税区海关登记放行。从境外运入保税区的下列货物、物品,除国家另有规定外,免征关税和进口环节税:进口货物,转口货物,保税区内储存货物,保税区内企业生产所需原材料、零部件、包装物件,保税区内建设项目所需机器、设备和基建物资,保税区内企业、机构自用的机器、设备和合理数量的办公用品、燃料、维修零配件。从保税区运往境外的货物,免征关税,国家另有规定的除外。经保税区出口的货物,依照国家有关出口退税的规定予以退税。

▶▶ 案例

业务实例 1:保税区为客户提供诸多方便

东莞某工厂的合同手册即将到期,海关要求工厂的产品必须限期出口方可核销。而这批成品所订的船期未到,于是该工厂将货物出口转关至福田保税区入福汉兴仓库暂时存放,这样入福汉兴仓库货品视同出境,厂家的合同核销问题迎刃而解。当船期到时,再由福汉兴仓库出货交至香港码头或盐田/蛇口码头。

▶▶ 案例

业务实例 2:集散货品方便、成本低

中山的 W 工厂将福汉兴仓库作为一个成品集货基地,生产出来的电器产品由中山出口转关至福田保税区进福汉兴仓库存放,待世界各地有需求时,由码头提取空柜至福汉兴仓库装货,不仅可以用香港车经一号通道交柜至香港码头,也可用国内车经福田保税区海关转关至盐田港/蛇口港出境,非常灵活方便。

第三节　物流企业的变更

一、物流企业的变更

物流企业的变更是指已经设立的物流企业在其存续期间,由于企业自身或者其他情况的变化,使得物流企业需要对其组织机构或其他登记事项进行改变。由于物流企业的类型多样,这里主要介绍公司类型的物流企业。

二、物流企业变更的情形

(一) 合并

1. 合并的程序和条件

(1) 订立合并协议。

(2) 通过合并协议。《公司法》规定,公司合并需通过股东大会特别决议通过,其中,有限责任公司股东会对公司合并做出决议,必须经代表 2/3 以上表决权的股东通过;国有独资公司的合并应由国家授权投资的机构或者国家授权的部门决定。股份有限公司股东大会对公司合并做出决议,必须经出席会议的股东所持表决权的 2/3 以上通过。

(3) 编制资产负债表和财产清单。

(4) 通知和公告债权人。《公司法》规定,公司应当自做出合并决议之日起 10 日内通知债权人,并于 30 日内在报纸上至少公告三次。债权人自接到通知书之日起 30 日内,未接到通知书的自第一次公告之日起 90 日内有权要求公司清偿债务或提供相应的担保。不清偿债务或者不提供相应的担保的,公司不得合并。

(5) 主管机关的批准。《公司法》规定,股份有限公司的合并必须经国务院授权部门或省级人民政府批准。

(6) 办理公司变更或设立登记。

2. 合并的要求

因合并而存续的公司,其登记事项发生变化的,应当申请变更登记;因合并而解散的公司,应当申请注销登记;因合并而新设立的公司,应当申请设立登记。

公司合并的,应当自公告之日起 45 日后申请登记,提交合并协议和合并决议或者决定以及公司在报纸上登载公司合并公告的有关证明和债务清偿或者债务担保情况的说明。法律、行政法规或者国务院决定规定公司合并必须报经批准的,还应当提交有关批准文件。

(二) 分立

▶▶ **案例**

方圆有限责任公司是一家经营文化用品批发的有限责任公司,由于市场不景气,加上股东内耗严重,公司负债累累。在一次股东会议上,股东李×提议将方圆公司分立为两个公司,一个叫天方有限责任公司,另一个叫地圆有限公司,由天方公司利用老方圆公司的净资产,由地圆公司承担老方圆公司的债务。

该提议被股东大会一致通过,方圆公司分立为天方与地圆两家公司,天方公司利用老方圆公司的净资产,地圆公司承担老方圆公司所有债务。分立各方办理了相应的登记注销手续。不久,老方圆公司的债权人飞虹有限公司找上门来,发觉地圆公司资不抵债,要求天方公司承担连带债务,天方公司拿出分立协议书,拒不偿还方圆公司的债务。

问:1.按照《公司法》的规定,方圆公司的分立程序合法吗?

2.如何看待本案中分立协议书的效力?

分析:1.不合法,公司分立决议通过后,董事会没有尽到相应的职责,且未获得政府的批准,没有体现出保护债权人权益的程序。

2.分立协议书无效,公司分立前应届定债权人的权力关系,而不能如案例所述借分立逃避债务。

1. 分立的程序和条件

(1)公司董事会拟定公司分立方案。

(2)公司股东会关于分立方案的决议。

(3)董事会编制公司财务及财产文件。

(4)政府主管机关的批准。

(5)履行债权人保护程序。

2. 分立的要求

因分立而存续的公司,其登记事项发生变化的,应当申请变更登记;因分立而解散的公司,应当申请注销登记;因分立而新设立的公司,应当申请设立登记。

公司分立的,应当自公告之日起45日后申请登记,提交分立协议和合并决议或者决定以及公司在报纸上登载公司分立公告的有关证明和债务清偿或者债务担保情况的说明。法律、行政法规或者国务院决定规定公司合并必须报经批准的,还应当提交有关批准文件。

(三) 注册资本的变更

1. 增资

(1)各股东同意增资的股东会决议。

(2)修改或补充增资章程。

(3)投入增资资金(或聘请会计师事务所进行实物/无形资产评估)。

(4)聘请会计师事务所出具验资报告。

(5)办理工商、税务等系列变更登记。

2. 减资

减资是指企业为弥补亏损,调整资本而减少企业资本的行为。

公司减少注册资本一般要有以下程序:

(1)决议。公司减资应当由董事会(执行董事)制定方案,提交股东会决议,在有限责任公司与股份有限公司中均为特别决议,必须经代表2/3以上表决权的股东通过。减资后的注册资本不得低于法定的最底限额。

(2)编制资产负债表及财产清单。

(3)通知和公告。公司应当在做出减资决议之日起10日内通知债权人,并于30日内在报纸上公告。

(4) 清偿与担保。债权人在接到通知书之日起 30 日内,未接到通知书的自公告之日起 45 日内,有权要求公司清偿债务或者提供担保。

(5) 办理变更登记。

第四节 物流企业的解散与清算

一、物流公司的解散

公司解散是指已成立的公司基于一定的合法事由而使公司消灭的法律行为。

依照我国公司法的规定,可以解散公司的条件只有四个:①公司章程规定的营业期限届满或者公司章程规定的其他解散事由出现时;②股东会决议解散;③因公司合并或者分立需要解散;④公司违反法律、行政法规被依法责令关闭的。然而,在审判实践中,许多股东常常以超出上述情形之外的理由要求法院判决解散公司,这些请求往往因缺乏相应的法律依据而被法院驳回。

(一) 一般解散的原因

一般解散的原因是指,只要出现了解散公司的事由公司即可解散。我国《公司法》规定的一般解散的原因有:

(1) 公司章程规定的营业期限届满或者公司章程规定的其他解散事由出现时。但在此种情形下,可以通过修改公司章程而使公司继续存在,并不意味着公司必须解散。如果有限责任公司经持有 2/3 以上表决权的股东通过或者股份有限公司经出席股东大会会议的股东所持表决权的 2/3 以上通过修改公司章程的决议,公司可以继续存在。

(2) 股东会或者股东大会决议解散。

(3) 因公司合并或者分立需要解散。

(二) 强制解散的原因

强制解散的原因是指由于某种情况的出现,主管机关或人民法院命令公司解散。《公司法》规定强制解散公司的原因主要有:

(1) 主管机关决定。国有独资公司由国家授权投资的机构或者国家授权的部门做出解散的决定,该国有独资公司应即解散。

(2) 责令关闭。公司违反法律、行政法规被主管机关依法责令关闭的,应当解散。

(3) 被吊销营业执照。

(三) 请求解散的原因

新修订的《公司法》规定,当公司经营管理发生严重困难,继续存在会使股东利益受到重大损失,通过其他途径不能解决的,持有公司全部股东表决权 10% 以上的股东可以请求人民法院解散公司。

二、物流企业解散的程序

（一）解散公司的决定

除法定情形外，可以股东会决议的形式决定解散公司。该股东会决议必须经代表 2/3 以上表决权的股东通过。

在实际操作中，建议上述股东会决议一式数份，因为到税务、工商等部门办理注销事宜时有多处需提交该决议。

（二）操作机构——清算组

有限责任公司的清算组由股东组成，股份有限公司的清算组由董事或者股东大会确定的人员组成。

（三）清算组的职权

（1）清理公司财产，分别编制资产负债表和财产清单。

（2）通知、公告债权人。

（3）处理与清算有关的公司未了结的业务。

（4）清缴所欠税款以及清算过程中产生的税款。

（5）清理债权、债务。

（6）处理公司清偿债务后的剩余财产。

（7）代表公司参与民事诉讼活动。

（四）清算期间的注意事项

（1）清算组应当自成立之日起 10 日内通知债权人，并于 60 日内在报纸上公告。申报债权期间为债权人接到通知书之日起 30 日或公告之日起 45 日。

（2）在申报债权期间，清算组不得对债权人进行清偿。

（3）清算期间，公司不得开展与清算无关的经营活动。

（4）公司财产只有在支付完所有费用、工资、税款，清偿债务后，才可分配给股东。有限责任公司按照股东的出资比例分配，股份有限公司按照股东持有的股份比例分配。

（5）清算组发现公司财产不足清偿债务时，有向人民法院申请宣告破产的义务。

（6）清算组成员因故意或者重大过失给公司或者债权人造成损失的，应当承担赔偿责任。

（五）注销申报

公司解散应办理社会保险注销（需提交解散决议）、国税部门注销（需提交解散决议）、地税部门注销（需提交解散决议和国税部门同意注销的批件，在此之前社会保险注销必须完成）、工商部门注销（需提交解散决议、清算报告，并在公告解散 45 天之后办理）、组织机构代码证注销（在工商部门注销完成后办理）等一系列的注销申报。

三、物流企业的清算

公司的清算,是指在公司解散以后,为了了结公司作为当事人的各种法律关系,使公司的法人资格归于消灭,而对公司未了结的业务、财产及债权债务关系等进行清理、处分的行为和程序。

▶ 案例

2016年3月,甲有限公司由于市场情况发生重大变化,如继续经营将导致公司惨重损失。

3月20日,该公司召开股东大会,以出席会议的股东所持表决权的半数通过决议解散公司。

4月15日,股东大会选任公司5名董事组成清算组。

清算组成立后于5月8日起正式启动清算工作,将公司解散及清算事项分别通知了有关的公司债权人,并于5月20日、5月31日分别在报纸上进行了公告,规定自公告之日起3个月内未向公司申报债权者,将不负清偿义务。

问:1. 该公司关于清算的决议是否合法?说明理由。

2. 甲公司能否由股东会委托董事组成清算组?

3. 该公司在清算中有关保护债权人的程序是否合法?

分析:1. 不合法。表决权应2/3以上的股东同意才能解散公司。

2. 清算组的成员不合法。

3. 债权人3个月的申报期,时间不符合法律规定。

由于公司的破产清算由《破产法》单独调整,这里仅讨论公司的非破产清算,因此这里所指的公司清算仅指非破产清算。非破产清算一般是在公司资产可以清偿全部债务的情况下进行的清算。非破产清算包括自行清算和指定清算两类。两类清算的基本程序如下:

公司解散后,成立清算组:自行清算中由公司自行成立清算组;指定清算中由人民法院依相关利害关系人申请指定成立清算组。清算组成立后接管公司,清理公司资产、偿还债务,公司以其资产偿还所有债务后尚有剩余财产的,有限责任公司出资者按照出资比例、股份有限公司按照股东持有股份比例分配剩余财产后,公司进行注销登记,而后公司法人人格消灭。详细的清算的相关流程如下。

(一)成立清算组

公司清算的第一步就是成立清算组,根据清算的种类不同,清算组的成立也不相同。一般情况下,自行清算时,清算组的成立应当在解散事由出现之日起15日内成立清算组。解散的公司未在法律规定的期限内成立清算组进行清算时,债权人申请人民法院指定有关人员组成清算组进行清算,这时清算组的组成人员由法院来指定。可以由股东和中介机构共同组成清算组,也可以全部由中介机构人员组成清算组。

清算组成立以后,应当选举出清算组组长,然后制定清算过程中的议事规则和会议制度,编制工作计划,接下来就是清算组进行清算的具体步骤和方法。

(二) 接管公司

公司原法定代表人应当全面向清算组移交公司管理权,需要移交的内容包括但不限于以下几项:①公司的公章,公司进入清算以后应当严格控制公司公章的使用和保管;②无遗漏的债权债务清册;③资产清册,应当按照流动资产和固定资产分类登记造册;④合同书、协议书等各种法律文件应当分类统计移交;⑤账务账册、传票、凭证、空白支票等;⑥职工花名册,含在职和离退休的全体人员的花名册,详细记载工龄、工种、用工形式、工资及工资拖欠、社保拖欠等情形;⑦企业购买的有价证券,享有的无形资产的权利凭证;⑧企业的历史档案和其他应当提交的资料。

(三) 清理公司财产

首先,清算组应当确定公司的财产范围。这种财产范围一般包括公司经营管理的全部财产;公司享有的债权;公司解散时享有的股权;公司享有的其他财产权利。

其次,清算组应当接管公司财产。将公司的实物和债权进行清查登记;对公司享有的债权进行确认;调查公司对外投资情况;对公司的其他权利进行登记;对公司的非金钱财产进行财产估价。

最后,清算组应当要求占有清算公司财物的持有人交还其财物。如果相应的财物无法交回,则可以要求相应的持有人作价清偿;如果清算公司向外进行了投资,则应当严格按照《公司法》和相关法律法规的要求回收对外投资;责成相关股东交足尚未缴纳或者抽回的出资。

(四) 接管公司债务

公司的债务一般包括银行借款、应付货款、应付工资、未缴纳税金、专项应付款、其他合同义务。接管公司的债务包括债务的确认和登记,对债务的确认是接管债务的最重要的工作,通常情况下应当审查债务产生的原因和依据,对相应的债务产生的合同进行审查,看看有无违规合同或者是非应当公司承担的债务,完成公司债务的确认后,将得到清算组确认的债务登记造册。

(五) 设立清算账户

清算账户应当在清算组接管公司的同时设立,因为清算组一开始工作便会发生清算费用,公司原有的账户是以正常的生产经营为条件的,不能满足清算业务的需要,因此应当及时设立清算费用账户和清算损益账户。

(六) 通知或者公告债权人申报债权,进行债权登记

《公司法》第185条规定:"清算组应当自成立之日起十日内通知债权人,并于六十日内在报纸上公告。债权人应当自接到通知书之日起三十日内,未接到通知书的自公告之日其四十五日内,向清算组申报其债权。"这一环节,清算组的主要工作包括通知或公告通知债权人申报债权;对申报债权进行登记,查验是否有遗漏债权人;对债权人申报的债权,核对其证明材料。申报登记结束后,清算组应当编制债权、债务

清查报告表,以利于及时收取债权、清偿债务、解决纠纷。

(七) 处理与清算相关的公司未了结的业务,收取公司债权

清算组为了了结公司未了结的业务,终结公司的各种法律关系,可开展一些必要的"为了了结公司业务"范围之内的经营活动。清算组在此环节中的主要工作包括为了结公司现有业务而对尚未履行完毕的合同进行清理,清理结果为继续履行或终止履行或解除合同;催收应收款,收回债权;代表公司参与民事诉讼活动。因为不同的债权有着不同的情况,所以应当指定不同的策略方针来实现债权的回收工作。

(八) 参与公司的诉讼活动

公司清理活动中,无可避免地会和其他相关主体发生纠纷,这时候清算组应当以公司代表人的身份参加民事诉讼,通过诉讼解决争议,清算组可以聘请律师代表公司进行诉讼。

(九) 处理公司财产

因为公司在清算中的清偿大部分都是金钱清偿,因此,清算组有必要对公司的相应资产进行变价处理,转为货币形式。

(十) 编制资产负债表和财产清单

在公司的债权清理完毕、债务登记清楚和财产变价处理完以后,清算组应当重新编制资产负债表和财产清单。相关报表完成以后,如果公司财产能够清偿公司债务,则按法定顺序清偿;如果公司财产可能不足以清偿公司债务,及时通知债权人协商解决,协商不成债权人可以向法院起诉;如果公司财产不足清偿公司债务,清算组应当停止清算活动并向人民法院申请宣告破产。

(十一) 制定清算方案

清算组在清理公司财产、编制资产负债表和财产清单后,应当制定清算方案,并报清算公司股东会或者人民法院确认,股东会或人民法院有权提出清算方案修改建议和意见,由清算组进行修改,直至通过。

四、合伙物流企业的解散与清算

(一) 合伙企业的解散

合伙企业有下列情形之一时,应当解散。
(1) 合伙协议约定的经营期限届满,合伙人不愿继续经营的。
(2) 合伙协议约定的解散事由出现。
(3) 全体合伙人决定解散。
(4) 合伙人已不具备法定人数。
(5) 合伙协议约定的合伙目的已经实现或无法实现。
(6) 被依法吊销营业执照。
(7) 出现法律、行政法规规定的合伙企业解散的其他原因。

(二) 合伙企业的清算

合伙企业解散后应当进行清算,并通知、公告债权人。合伙企业解散,清算人由全体合伙人担任;未能由全体合伙人担任清算人的,经全体合伙人过半数同意,可以自合伙企业解散后15日指定一名或者数名合伙人,或者委托第三人担任清算人;15日内未确定清算人的,合伙人或其他利害关系人可以向人民法院申请指定清算人。

合伙企业财产在支付清算费用后,按下列顺序清偿。

(1) 合伙企业所欠招用职工的工资和劳动保险费用。

(2) 合伙企业所欠税款。

(3) 合伙企业的债务。

(4) 返还合伙人的出资。

合伙企业财产按上述顺序清偿后仍有剩余的,按照合伙人约定或法律规定的比例进行分配。

清算结束,应当编制清算报告,经全体合伙人签名、盖章后,在15日内向企业登记机关报送清算报告,办理合伙企业注销登记。

▶▶ 案例

谁应承担合伙企业的责任?

张三、李四、赵五欲合伙从事建筑材料销售业务,经商量达成一致意见,并在合伙协议书上签名、盖章后,寻找场地、置办设施,并将该合伙商店取名为"宏远建材城"。后来,张三因该合伙企业经营不佳,决定退出该合伙企业,并按规定通知了李四和赵五。这期间,李四以该合伙建材的名义与某铝管厂签订了代销铝管的合同。孙某自以为有经营之道,要求加入该合伙企业,提出只负责销售,并须给其一定的利润提成,其他合伙人口头表示认可。从此孙某便以该合伙企业的名义到处活动。张三在办理退伙事宜时,因合伙企业与某铝管厂代销铝管的合同刚签订不久,故未将此合同有关事宜进行结算。张三退伙后,即去外地经商。该合伙企业在后来的经营过程中,因违法经营问题严重,被工商部门依法吊销营业执照,导致该合伙企业解散。铝管厂得知该合伙企业解散的消息后,立即向法院起诉,请求该合伙企业偿还代销铝管的货款。

分析:李四以合伙建材的名义与该铝管厂签订的代销合同,由该合伙公司对外独立承担责任,所以,合伙人均负有责任。但张三退伙之后,企业产生的一切法律责任和经济责任,则由现任的合伙人承担。

【项目小结】

物流企业是物流法律关系主体的重要组成部分,是物流法律关系中权利义务的重要承担者,是物流服务的提供者。本项目对现代物流主体——物流企业的设立、变更、解散与清算制度做了介绍,并将物流主体划分为一般物流主体、特殊物流主体、外商物流主体以及保税区物流主体等,重点讨论了物流有限责任公司和股份有限公司的相关法律制度。

任务导出

任务问题1要点提示：食品公司应当被列为被告。因为股东会是公司的权力机构，股东会做出的决议是公司法人的意思。

任务问题2要点提示：本案中的人民法院应当支持作为原告的2个股东的诉讼请求。因为根据《公司法》规定，董事会对股东会负责，有权制定公司增加注册资本的方案；股东会有权对公司增加或者减少注册资本作出决议；股东会会议由股东按照出资比例行使表决权；股东会对公司增加注册资本作出决议，必须经代表2/3以上表决权的股东通过；本案中的股东会在表决增资方案时，只有代表64%的表决权的3个股东赞成，低于《公司法》的规定。

【能力形成考核】

案例分析

1. 水晶宫有限责任公司是一家经营电器批发的企业，注册资本100万元。近年来由于市场不景气，公司资本总额与其实有资产悬殊，2017年4月，水晶宫有限责任公司决定减少注册资本。5月，股东会以代表1/2以上表决权的股东通过决议，将公司注册资本减至40万元。公司自做出减少注册资本决议之日就向公司登记机关办理变更登记。

问：水晶宫有限责任公司减少注册资本的过程存在哪些问题？

2. 某县市民黄军(男，40岁)想辞职办一家自己的企业从事物流运输。在他觉得条件已具备时，就与他的两个朋友王三(男，38岁)、章玲(女，24岁)商量办一家物流合伙企业。关于如何合伙，他们讨论后形成了以下四种方案。

方案一：三人共同出资，由黄军作为负责人，承担无限责任；王三和章玲分别以各自的出资额为限承担企业的债务，但是企业若发生债务危机时应尽他们所能帮助企业渡过难关。

方案二：黄军出资，王三和章玲为企业工作，拿固定工资。黄军再想办法找一家公司投资，以弥补资本的不足。年终若有利润，出资者按出资比例分享，王三和章玲可以拿到奖金。

方案三：三人共同出资，共同参与经营管理，对合伙企业的债务承担无限连带责任。

方案四：三人共同出资，但是王三因为在国家机关里有一定职务且待遇不错，不想辞职，更不想让单位知道自己在外面办合伙企业，所以要求不公开自己的姓名，他也不参加企业的经营管理，当然他对企业债务也只承担有限责任。

问：请问他们讨论的几种方案是否都符合我国《合伙企业法》的规定？是否可行？

3. 自然人甲、乙、丙、丁、戊以有限责任公司的形式组建一咨询公司，注册资本为

300万元。其中甲、乙分别以货币60万元、20万元出资;丙以专利技术出资,作价140万元;丁以劳务出资,经甲、乙、丙、戊全体同意作价10万元;戊以土地使用权出资,作价70万元。公司成立后,丙因车祸死亡。丙的继承人要求继承丙在公司中的股东资格,但公司其他股东对此予以反对,只同意向丙的继承人支付股权对价,收回丙的股权。与此同时,戊因拖欠他人债务,当地法院依法对其股权进行强制执行,并于2018年8月1日向公司及全体股东发出通知,至2018年9月1日股东均未就是否行使优先购买权做出明确回复。此外,该公司章程对股东的股权转让并无特别规定。

问:(1) 该咨询公司设立过程中,出资方式是否合法?为什么?

(2) 丙的继承人是否能继承丙的股东资格?请说明理由。

(3) 戊被强制执行股权时,其他股东是否有优先购买权?若有,如何行使?

实训项目:模拟创建小型物流公司

一、训练目标

通过模拟创建物流公司的能力训练,了解我国内资物流企业的市场准入条件,掌握设立一般的物流企业和特殊物流服务企业的要求。熟悉物流企业业务,认识物流企业的性质、设立条件和设立程序。

二、训练准备

分组训练。每组10人左右,组成一个欲成立拥有10万元资金的物流公司的团队。

三、训练办法

1. 小团队成员召开会议,进行调查与讨论,为公司取名。
2. 研究企业的经营项目、场地设置、设备采购等的资金分配情况。
3. 研究企业机构设置、各自分工和岗位责任规章制度等。
4. 撰写工商注册资料:法人代表及简历、股东、公司名称(四个汉字以内)、场地、经营范围、股东出资比例、公司机构设置、公司资产状况等。

四、考核办法

每组各递交一份书面文件(物流公司工商注册资料),打印或手写均可。并各派一位代表上台就公司成立细节做一个介绍。教师据此考核打分。

【资料链接】

http://china.findlaw.cn/gongsifalv/gongsifaanli/6435.html《公司法》案例分析题

https://wenku.baidu.com/view/dc14ddc4afaad1f34693daef5ef7ba0d4a736da0.html《公司法》案例分析

http://www.360doc.com/content/16/0216/00/29798867_534898726.shtml 2015年《公司法》十大典型案例

项目三
物资采购法律法规

▶▶ 知识目标

掌握买卖合同中双方的权利义务;了解招标投标的基本概念、特征,以及招标投标的当事人参与招标投标活动的原则和流程;熟悉国际货物买卖合同的概念、主要条款、合同双方的义务以及违反合同的补救方法;掌握几种贸易术语的概念。

▶▶ 能力目标

采购是整个物流系统中的重要环节之一。通过本项目的学习,学生应能够进行买卖合同的订立;能查阅和运用相关的物资采购法律知识分析相关案例;能够区分几种主要贸易术语。初步具备处理国内国际买卖合同的法律问题的能力。

▶▶ 任务导入

买方中国某公司与卖方英国某公司于 2015 年 5 月 14 日签订了 2 项合同,规定卖方向买方供应某货 8000 吨;交货期为 2015 年 7 月—12 月;按月份分批交货;装货口岸为汉堡、鹿特丹、安特卫普,由卖方选择。成交以后,买方于 2015 年 6 月 7 日主动提前开出了信用证。此后,买方于 2015 年 6 月—11 月共七次电函催促卖方发货。卖方在其四次答复中提到其供货人未能交货并对迟延发出通知表示歉意。2015 年 11 月 13 日卖方致函买方,以英镑贬值为由,要求提高合同价格,买方未接受这一要求。合同终于 2016 年 4 月、5 月部分履行;卖方仍希望买方提高合同价格,买方未同意。2017 年 11 月 16 日买方函告卖方,声明收到该函告后 45 天内如果再不履行交货义务,即提请仲裁,要求赔偿损失。卖方复函,由于买方 2015 年 6 月 7 日开立的信用证已过期,后来又未开立新的信用证,因此解除了卖方的交货义务。

买方于 2018 年 5 月 20 日向中国国际贸易仲裁委员会提交仲裁申请书,要求卖方赔偿买方的损失,即按照 2016 年 6 月 29 日市场价格与合同价格的差价计算共 748 000 英镑,并要求卖方承担仲裁的一切费用。

任务问题:
买方中国某公司的请求是否正当?为什么?

采购活动是人类经济活动的基本环节,无论是生产领域还是流通领域,都离不开采购活动。生产领域离开采购活动,企业就无法获得生产所需要的原材料、零部件和其他辅助材料,就无法组织生产;流通领域离开采购活动,就无货可售,流通即告终止;其他部门,如科学、教育、文化、卫生、体育及一切社会部门的运行的物资支持,同样离不开采购活动。采购活动在整个经济和社会生活中,起着十分重要的作用。

所谓物资采购,就是为保障企业物资供应,对采购活动进行计划、组织、协调和控制的活动,保证采购计划的完成。它不但面向全体采购人员,而且还面向企业组织其他人员(进行有关采购的协调配合工作)。其任务是调动整个企业的资源,满足企业的物资供应,确保企业经营战略目标的实现。

第一节 买卖合同

物流企业离不开采购活动,而采购活动主要是围绕采购合同展开的。采购合同是供应商转移标的物所有权于需方,需方支付价款的合同。转移所有权的供应商为卖方,支付价款的需方为买方。采购合同俗称买卖合同,是商品交换中最普遍的合同形式,也是典型的有偿合同。《合同法》第九章专门规定了"买卖合同"的相关内容。

一、买卖合同的概念和特征

(一)买卖合同的概念

买卖合同是出卖人转移标的物所有权于买受人,买受人支付价款的合同。买卖关系的主体是出卖人和买受人。转移所有权的一方为出卖人或卖方,支付价款而取得所有权的一方为买受人或买方。

(二)买卖合同的特征

1. 买卖合同是有名合同

买卖合同是《合同法》中明确规定的合同,因而属于有名合同。买卖合同是最基本的有名合同。

2. 买卖合同是卖方转移所有权,买方支付价款的合同

买卖合同是卖方转移所有权的合同。卖方不仅要将标的物交付给买方,而且要将标的物的所有权转移给买方。转移所有权,使买卖合同与一方也要交付标的物的其他合同,如租赁合同、借用合同、保管合同等区分开来。其次,买卖合同是买方支付价款的合同,并且所支付的价款是取得标的物所有权的对价。这又使买卖合同与其他转移标的物所有权的合同,如互易合同、赠与合同等区别开来。

3. 买卖合同是双务合同

出卖人与买受人互为给付,双方都享有一定的权利,又都负有相应的义务。卖方负有交付标的物并转移其所有权于买方的义务,买方也同时负有向卖方支付价款的

义务。一方的义务也正是对方的权利。因此,买卖合同是一种典型的双务合同。

4. 买卖合同是有偿合同

出卖人与买受人有对价关系,卖方取得价款是以转移标的物的所有权为代价的,买方取得标的物的所有权是以给付价款为代价的。买卖合同的任何一方从对方取得物质利益,都须向对方付出相应的物质利益。因此,买卖合同是典型的有偿合同。

5. 买卖合同多是诺成合同

一般,当事人就买卖达成合意,买卖合同即成立,而不以标的物或者价款的现实交付为成立的要件。这在有的国家的法律中是明确规定的,如《法国民法典》规定,当事人就标的物及其价金相互同意时,即使标的物尚未交付、价金尚未支付,买卖即告成立。但是,买卖合同当事人也可以在合同中做出这样的约定:标的物或者价款交付时,买卖合同始为成立。此时的买卖合同即为实践合同或者称要物合同。

6. 买卖合同为要式或者不要式合同

买卖合同既可有要式合同,又可有不要式合同,法律对合同的形式一般不作要求。通常情况下,买卖合同的成立并不需要具备一定的形式,但法律另有规定的除外。书面形式仅仅起到提供合同证据的作用。

二、买卖合同双方当事人的权利和义务

(一) 出卖人的主要义务

1. 交付标的物

交付标的物是出卖人的首要义务,也是买卖合同最重要的合同目的。标的物的交付可以分为现实交付和拟制交付。现实交付是指标的物交由买受人实际占有。拟制交付是指将标的物的所有权证书交给买受人以代替标的物的现实交付,如不动产所有权证书的交付和仓单的交付等。标的物在出卖前就已经被买受人占有的,合同生效的时间即为交付时间。

2. 转移标的物所有权

买受人的最终目的是获得标的物的所有权,将标的物的所有权转移给买受人是出卖人的另一项主要义务,这也是买卖合同区别于其他涉及财产移转占有的合同的本质特性之一。

3. 物的瑕疵担保责任

(1) 标的物权利瑕疵担保责任。标的物权利瑕疵担保责任是指出卖人就其所转移的标的物,担保不受他人追夺以及不存在未告知权利负担的义务。标的物的权利瑕疵,可表现为出卖人未告知该标的物上负担着第三人的权利,或者是出卖人未告知其无权处分标的物。根据《合同法》的规定,权利瑕疵须为在买卖合同成立时即已存在,且于合同成立后仍未能除去,同时买受人不知道权利瑕疵的存在。此时,出卖人便承担权利瑕疵担保责任。

标的物存在权利瑕疵时,买受人可请求出卖人除去权利负担,并可根据债务不履

行的规定,请求出卖人负不履行债务或损害赔偿的责任。

(2) 品质瑕疵担保责任。品质瑕疵担保责任是指出卖人就其交付的标的物承担质量保证责任。出卖人应当按照约定的质量要求交付标的物。出卖人提供有关标的物质量说明的,交付的标的物应当符合该说明的质量要求。质量要求不明确的,按照国家、行业标准履行;没有国家、行业标准的,按照通常标准或者符合合同目的的特定标准履行。

(二) 买受人的主要义务

1. 支付价款

价款是买受人获取标的物的所有权的对价或代价。买受人应依合同的约定向出卖人支付价款,这是买受人的主要义务。买受人须按合同约定的数额、时间、地点支付价款,并不得违反法律以及公共秩序和善良风俗。合同无约定或约定不明的,应依法律规定或参照交易惯例确定。

2. 受领标的物

对于出卖人交付标的物及其有关的权利和凭证,买受人有受领义务。

3. 检查标的物的通知义务

买受人受领标的物后,应当在当事人约定或者法定期限内依照通常程序尽快检查标的物,如果发现应当由出卖人承担责任的事由,应当妥善保管并且迅速通知出卖方。

三、标的物所有权的转移和风险责任负担

▶ 案例

某日下午,原告甲与其父以及同村村民共5人,到被告某市国营华侨友谊公司购买摩托车。经看样品,甲看中五羊本田125型摩托车,价格为15 800元。按华侨友谊公司的售货规定,顾客须先交款后到仓库提货、安装和调试。甲到柜台交款15 800元。华侨友谊公司应甲要求,在发票上开为12 800元,未填写保修登记卡。随后,甲等人随营业员到仓库提货。此时,有一男青年混迹其中,帮助营业员提货、组装、加油、发动试车。车装好后,该男青年在原地加好油发动该车,营业员叫该男青年到外面跑一下试试车。结果,该青年骑车一去不返,车被拐走。原告甲起诉,要求被告华侨友谊公司交付一辆同型号同价款的摩托车,或返还价款15 800元。被告华侨友谊公司不同意,认为车已交给原告,此损失只能由原告自负。由此,甲诉至法院。

本案的关键是认定摩托车灭失的风险负担。《合同法》对买卖合同标的物风险作了详尽的规定,由本案可知,摩托车的灭失风险负担应当视其所有权是否转移而确定,而所有权是否转移又取决于摩托车是否已交付。如已交付则由买主即原告承担;如未交付则由卖方即被告承担。本案的摩托车是在试车过程中灭失的,按常理,试车意味着未正式交付,而是交付前的准备阶段,只有试车后买方同意接受该摩托车,才

算正式交付。所以,试车时该车所有权并未实现转移,其灭失的风险也就只能由被告即卖方自己负担。因此,按《合同法》规定,买方提出的诉讼请示求是有法律根据的。

(一) 标的物所有权的转移

按照《合同法》的规定,买卖的标的物,除法律另有规定或当事人另有约定外,自交付时发生所有权转移。

(二) 风险责任承担

标的物风险责任负担,是指买卖过程中发生的标的物意外毁损灭失的风险分配给当事人哪一方负担。在买卖合同中,对于债务不履行或不协助履行,标的物的风险通常由有过失的一方负担。在标的物非因双方当事人的故意或过失而发生意外毁损灭失的情况下,根据我国《合同法》规定,风险负担按交付原则由当事人承担。具体说来,标的物毁损灭失的风险,在标的物交付之前由出卖人承担,交付之后由买受人承担,但法律另有规定或当事人另有约定的除外。对于不动产或船舶、航空器等以登记为权利变动公示的,风险应由双方共同负担。

对于各种不同的交付方式,《合同法》确定的风险负担原则是:

(1) 买受人自提标的物的,出卖人将标的物置于约定或法定地点时起,风险由买受人承担。

(2) 出卖运输中的在途标的物的,除有约定外,自合同成立时起,在途风险由买受人承担。

(3) 对于需要运输的标的物,没有约定交付地点或约定不明确的,自出卖人将标的物交付给第一承运人起,风险由买受人承担。

(4) 买受人受领迟延,自迟延起负担标的物意外灭失风险。

(5) 卖方未按约定交付提取标的物单证以外的有关单证和资料,但已交付了标的物或提取标的物的单证的,仍发生风险负担的转移。

(6) 因标的物质量不符合要求,致使不能实现合同目的的,买方可以拒绝接受标的物或者解除合同,标的物毁损、灭失的风险由卖方承担。

(7) 标的物毁损、灭失的风险由买方承担的,不影响因卖方履行义务不符合约定,买方要求其承担违约责任的权利。

第二节 招标投标法

一、招标投标的基本概念

所谓招标投标,是指招标人应用技术经济的评价方法和市场竞争机制的作用,通过有组织地开展择优成交的一种成熟的、规范的和科学的特殊交易方式。也就是说,它是由招标人或招标人委托的招标代理机构通过招标公告或投标邀请信,发布招标采购的信息与要求；在同等条件下，邀请潜在的投标人参加平等竞争，由招标人或招标人委托的招标代理机构按照规定的程序和办法，通过对投标竞争者的报价、质量、工期（或交货期）和技术水平等因素进行科学比较和综合分析，从中择优选定中标者，并与其签订合同，以达到招标人节约投资、保证质量和资源优化配置的目的的一种特殊的交易方式。

二、招标投标的特征

（一）组织性

招标投标是一种有组织的交易方式，具有明显的组织性特征。它主要表现在以下五个方面：

（1）招标的组织者是法人或其他组织，一般情况下，自然人不能成为招标人；招标人邀请招标机构代理招标，按规定双方应签订招标委托协议。

（2）招标决策的群体性。对中标者的选择，无论是委托招标还是自行招标，是公开招标还是邀请招标，其决策过程都是按照招标人（业主、买方、用户）在招标文件中载明的标准、方法与要求，要对投标人的报价、质量、技术、工期与其他综合因素及其综合实力，通过依法组建的评标委员会进行比较、评估而择优推荐，并按规定的程序与办法确定的，而非个人行为。

（3）要在规定的场所进行。投标地点、开标地点都必须是按招标文件、招标公告事先已经规定的场所。

（4）要在规定的时间进行。招标文件的发售、投标文件的递交和开标，也都要按事先公开规定的时间进行。

（5）对国家规定必须进行的招标项目，招标过程中有一些重要环节必须履行报批或备案程序的，要接受上级行政主管部门的监督管理。

综上所述，招标是一种有组织、有计划的特殊的商业交易活动，它的进行过程必须按照招标文件的规定，即按事先规定的规则、标准、方法进行，有严密的程序，处处体现高度的组织性。

（二）投标的一次性

招标投标活动中，投标人只能应邀一次性递价，以合理的价格定价。标书在投递后一般不得随意撤回或者修改。

（三）公平性和公正性

任何符合投标条件的投标人均可以参加投标，在投标规则面前各投标人具有平等的竞争机会。其具体表现为：

（1）对待各方投标者一视同仁，招标方不得有任何歧视某一个投标者的规定和行为。

（2）招标过程实行公开公证方式。开标过程中，请公证机关的公证人员或投标人代表当众核查密封、当场监督，确保开标活动的公开、公正和公正性。

(3) 公开评标标准和评标办法,是保证和约束评标委员会评标过程公正性的重要措施之一。

(四) 公开性

招标人必须将招标投标的程序和结果向所有的投标人公开,使招标投标活动接受公开的监督。其具体表现为:

(1) 进行招标活动的信息公开;
(2) 开标的程序和内容公开;
(3) 评标标准和评标办法公开;
(4) 中标的结果公开。

三、招标的项目

明确哪些项目必须进行招标,哪些项目可由当事人选择招标方式,是推行招标投标制度的前提条件。

(一) 招标的标的

招标的标的通常分为货物、工程和服务。

(二) 必须招标的项目

我国立法将必须招标的标的限制为三类具体工程项目:

(1) 大型基础设施、公共事业等关系社会公共利益、公共安全的项目;
(2) 全部或者部分使用国有资金投资或者国家融资的项目;
(3) 使用国际组织或者外国政府贷款、援助资金的项目。

根据《招标投标法》第3条规定,招标的内容涉及上述三类工程项目的各个环节,包括项目的勘察、设计、施工、监理以及与工程建设有关的重要设备、材料的采购,必须进行招标。但是,涉及国家安全、国家秘密、抢险救灾或者属于利用扶贫资金实行以工代赈、需要使用农民工等特殊情况不适宜进行招标的项目,按照国家有关规定可以不进行招标。

(三) 可选择的项目

凡不属于法律明文规定必须采用招标投标方式交易的项目,当事人可自己决定是否采取招标方式。

四、招标投标活动当事人

(一) 招标人

招标人是指依照《招标投标法》的规定提出招标项目、进行招标的法人或者其他组织。招标人不得为自然人。

招标人作为招标投标活动的当事人,应当具备进行招标的必要条件:第一,招标人应当有进行招标项目的相应资金或者资金来源已经落实,并应当在招标文件中如实载明;第二,招标人提出的招标项目按照国家有关规定需要履行项目审批手续的,应当先履行审批手续,取得批准。

(二) 招标代理机构

1. 招标代理机构的概念和资格认定

招标代理机构是指依法设立、从事招标代理业务并提供相关服务的社会中介组织。从事工程建设项目招标代理业务的招标代理机构,其资格由国务院或者省级人民政府的建设行政主管部门认定,从事其他招标代理业务的招标代理机构,其资格认定的主管部门由国务院规定。

2. 招标人的自由选择权

招标人有权决定自行办理招标事宜或者委托招标代理机构代为办理;委托办理的,招标人有权自行选择招标代理机构。投标招标活动是一种组织性、规范性及专业性较强、具有较高难度的交易运作方式,许多建设单位难以凭借自己的力量进行招标投标。因此,发展招标代理机构很有必要。

3. 投标人

投标人是指响应招标、参加投标竞争的法人或者其他组织。对于自然人,法律做出不同于招标人的特殊规定,即依法招标的科研项目允许个人参加投标的,投标的个人适用本法有关投标人的规定。

为保证投标人成为中标人后能顺利履行合同,必须对其权利能力和行为能力提出要求。《招标投标法》规定:投标人应当具备承担招标项目的能力;国家有关规定对投标人资格条件或者招标文件对投标人资格条件有规定的,投标人应当具备规定的资格条件。

五、招标投标程序

(一) 招标的方式

从世界各国的情况看,招标主要有公开招标和邀请招标两种方式。

1. 公开招标

这是指招标人以招标公告的方式邀请不特定的法人或者其他组织投标。其特点是能保证其竞争的充分性,具体体现在:

(1) 招标人以招标公告的方式邀请投标;

(2) 邀请投标的对象为不特定的法人或者其他组织。

2. 邀请招标

这是指招标人以投标邀请书的方式邀请特定的法人或者其他组织投标。其特征为:

(1) 招标人向三个以上具备承担招标项目的能力、资信良好的特定的法人或者其他组织发出投标邀请;

(2) 邀请投标的对象是特定的法人或者其他组织。

3. 公开招标和邀请招标的区别

（1）发布信息的方式不同。公开招标采用公告的形式发布，邀请招标采用投标邀请书的形式发布。

（2）选择的范围不同。公开招标因使用招标公告的形式，针对的是一切潜在的对招标项目感兴趣的法人或者其他组织，招标人事先不知道投标人的数量；邀请招标针对已经了解的法人或者其他组织，而且事先已经知道投标人的数量。

（3）竞争的范围不同。由于公开招标使所有符合条件的法人或者其他组织都有机会参加投标，竞争的范围较广，竞争性体现得也比较充分，招标人拥有绝对的选择余地，容易获得最佳招标效果；邀请招标中投标人的数目有限，竞争的范围有限，招标人拥有的选择余地相对较小，有可能提高中标的合同价，也有可能将某些技术上或报价上更有竞争力的供应商或承包商遗漏。

（4）公开的程度不同。公开招标中，所有的活动都必须严格按照预先指定并为大家所知的程序和标准公开进行，大大减少了作弊的可能性；相比而言，邀请招标的公开程度逊色一些，产生不法行为的机会也就多一些。

（5）时间和费用不同。由于邀请招标不发公告，招标文件只送几家，使整个招投标的时间大大缩短，招标费用也相应减少。公开招标的程序比较复杂，从发布公告，投标人做出反应，评标，到签订合同，有许多时间上的要求，要准备许多文件，因而耗时较长，费用也比较高。

由此可见，两种招标方式各有千秋。公开招标与邀请招标相比较，前者更有利于充分竞争的开展，因而法律对后者的使用做出了限制性规定。

（二）招标程序

1. 招标公告与投标邀请书

（1）公开招标的，应发布招标公告。招标人通过国家指定的报刊、信息网络或者其他媒介发布招标公告。招标公告应当载明招标人的名称和地址、招标项目的性质、数量、实施地点和时间以及获得招标文件的办法等事项。

（2）邀请招标的，应发出投标邀请书。招标人向三个以上具备承担招标项目能力、资信良好的特定的法人或者其他组织发出投标邀请书。投标邀请书应载明的事项与招标公告应载明的事项相同。

2. 对投标人的资格审查

招标项目一般都是大中型建设项目、"交钥匙"项目和技术复杂的项目，为了确保建设工程的质量以及避免招标工作上的财力和时间的浪费，法律允许招标人要求潜在的投标人提供有关资质证明文件和业绩情况，并对其进行资格审查。

3. 编制招标文件

招标文件是要约邀请内容的具体化。招标文件不同于合同法意义上的一般的要约邀请。一方面，招标人应当根据招标项目的特点、需要，编制招标文件。另一方面考虑到招标中存在着共性，法律规定招标文件必须包括下列内容：招标项目的技术要求、投标人资格审查的标准、投标报价要求和评标标准等所有实质性要求和条件以及拟签订合同的主要条款。

4. 禁止规定

（1）禁止不公正的倾向性。招标文件不得要求或者标明特定的生产供应商,不得含有排斥潜在投标人的内容,以及不得含有排斥潜在投标人倾向的内容。

（2）禁止泄密。招标人不得向他人透露已获得招标文件的潜在投标人的名称、数量以及可能影响公平竞争的有关招标投标的其他情况；招标人设有标底的,标底必须保密。

(三) 投标程序

1. 编制投标文件

投标文件是投标人向招标人发出的要约,反映投标人希望和招标人订立招标投标合同的愿望和具体条件。为此,投标人应当按照招标文件的要求编制投标文件,而且投标文件应当对招标文件提出的实质性要求和条件做出响应。

2. 联合体投标

联合体投标是指两个以上的法人或者其他组织,共同组成一个非法人的联合体,以该联合体的名义,作为一个投标人,参加投标竞争。

联合体投标具有以下的特征:

（1）联合体的主体包括两个以上的法人或者其他组织。

（2）联合体是为了进行投标及中标后履行合同而组织起来的一个临时性的非法人组织。

（3）联合体以一个投标人的身份共同投标。

（4）就中标项目,联合体各方对招标人承担连带责任。

为了确保联合体投标的质量,防止利用联合体的方式规避法律,使不具备投标资格者投标甚至中标,《招标投标法》规定,联合体的各方均应当具备承担招标项目的相应能力,国家有关规定或者招标文件对招标人资格条件有规定的,联合体各方应当具备相应的资格条件。由同一专业的单位组成的联合体,按照资质等级较低的单位确定资质等级。

此外,《招标投标法》规定,招标人不得强制投标人联合投标,不得限制投标人之间的竞争。投标人之间的联合投标应当是出于自愿。

六、开标、评标和中标

(一) 开标

开标是指招标人揭晓所有的投标文件。开标使招标人和全体投标人能够知道实际参加投标的人有哪些,各投标人的投标价格以及投标文件的其他主要内容。在此基础上评价并确定中标人。

1. 开标的时间和地点

开标应当在招标文件确定的提交投标文件截止时间的同一时间公开进行。开标地点应当是招标文件预先确定的地点。在此之前,投标文件由招标人签收保存,不得开启。

2. 出席开标

开标由招标人主持,邀请所有投标人参加。这样可以增加投标程序的透明度,使投标人了解招标投标活动是否依法进行,确保竞争的公平进行。

3. 开标程序

开标程序包括:

(1) 投标人或者其推选的代表、招标人委托的公证机构检查投标文件的密封情况;

(2) 拆封所有投标文件并宣读投标文件的主要内容;

(3) 记录开标过程并存档备查。

(二) 评标

评标是指对投标文件,按照规定的标准和方法,进行评审并选出最佳投标人。评标是招标投标活动中最重要的环节。

1. 评标委员会

《招标投标法》第37条规定,评标由招标人依法组建的评标委员会负责。评标委员会是指招标人为具体某一次招标投标活动而临时组建的负责评标的机构。

在各种不同类型的招标投标活动中,为了确保那些依法必须进行的招标项目的评标、中标质量,《招标投标法》规定:

(1) 评标委员会的专家应从国家有关部门提供的专家库内确定,特殊招标项目可以由招标人直接确定;

(2) 评标委员会的组成人员不得与投标人有利害关系;

(3) 评标委员会成员的名单在中标结果确定前应当保密。

2. 评标的保密性和独立性

为防止暗箱操作,使评标委员会成员真正独立地、公平公正地对投标文件进行评审,保证评标具有良好的工作环境,《招标投标法》规定,招标人应当采取必要的措施,保证评标在严格保密的情况下进行。

鉴于我国目前仍然存在一些权力部门或者领导以各种方式干预、影响招标投标活动的情况,《招标投标法》有针对性地规定,任何单位和个人不得非法干预、影响评标的过程和结果。

3. 询标

(1) 询标的含义。询标是指评标委员会对投标文件内容含义不明确的部分向投标人所做的询问。为了使评标委员会能够公正、公平、有效地评审投标文件,《招标投标法》第39条规定,评标委员会可以要求投标人对投标文件中含义不明确的内容做必要的澄清或者说明。

(2) 对澄清或者说明的限制。根据法律的规定,投标人的澄清或者说明不得超过投标文件的范围或者改变投标文件的实质性内容。这种限定是为了防止投标人的澄清或者说明变成实质上的新要约。

4. 评标标准和中标条件

按照《招标投标法》规定,评标委员会应该按照招标文件已经确定了的评标标准和方法来评审。对设有标底的,还应该参考标底。评标委员会完成评审后,以书面形式向招标人报告,并推荐合格的中标人,由招标人或由其授权的评标委员会确定中标人。

中标人的确定,除了应该根据法定的评标标准程序做出,还应该考虑到中标条件。国际通行的中标条件主要有两种:一种是综合性条件,即以价格最低为主,同时参考其他条件对投标进行综合评价,确定中标者;另一种是单一条件,即以最低报价为唯一的中标条件,报价最低者为中标者。

我国《招标投标法》规定,中标人的投标应当符合下列条件:

(1) 能够最大限度地满足招标文件中规定的各项综合评价标准。

(2) 能够满足招标文件的实质性要求并且其投标价格最低。可见,我国对中标条件没有作具体的限定。实践中,采用何种条件由招标人确定。

在中标人确定前,法律禁止招标人与投标人事先就投标实质性内容进行谈判。因为,如果允许招标人与投标人就投标实质性内容谈判,可能会出现招标人与投标人串通影响正常评价结果的情况。

5. 废标

在招标投标过程中,如果评标委员会在对所有的投标文件进行评价、审查以后,认为所有的投标都不符合招标文件要求的,根据《招标投标法》第42条的规定,评标委员会可以否决所有投标。

对于依法必须进行招标的项目,在出现废标的情况下,招标人应当重新招标。

6. 评标委员会成员应遵守的准则

(1) 客观、公正地履行职务。《招标投标法》第44条规定,评标委员会成员应当客观、公正地履行职务,遵守职业道德,对所提出的评审意见承担个人责任。评标委员会的评标结果是评标委员会全体成员的集体意思表示。评标结果应当是综合全体委员会成员意见而形成的。

(2) 禁止非法接触。在招标投标活动中,有些投标人为了中标,不惜采取各种不正当的手段来达到其目的。为了防止这些行为对评标的影响,《招标投标法》规定,评标委员会成员不得私下接触投标人,不得收受投标人的财物或者其他好处。

(3) 保密义务。《招标投标法》规定,评标委员会成员和参与评标的有关工作人员不得透露对投标文件的评审和比较、中标候选人的推荐情况以及与评标有关的其他情况。

(三) 中标

中标是指经招标人评标,投标人投标成功,并与招标人签订合同。

1. 中标通知书的性质及其法律效力

《招标投标法》规定,中标人确定后,招标人应当向中标人发出中标通知书,并同时将中标结果通知所有未中标的投标人。中标通知书对招标人和中标人具有法律效力。

中标通知书是招标人对其选中的投标人的承诺,是招标人同意某投标人的要约的意思表示,但《招标投标法》对于中标通知书的规定并不同于《合同法》关于承诺的规定。首先,《合同法》规定承诺通知到达要约人时发生法律效力,而中标通知书只要发出后即发生法律效力。其次,《合同法》规定承诺生效时合同成立,而中标通知书发出后,承诺虽然发生法律效力,但在书面合同订立之前,合同尚未成立。《招标投标法》这种特殊的规定,是为了适应招标投标的特殊情况,更加有利于招标人对投标人的约束,保护招标人的权利。

中标通知书发出后,如果招标人改变中标结果或者中标人放弃中标项目,应当依法承担法律责任。这种法律责任是指缔约过失责任。由于招标人或者投标人的上述行为在订立合同时违背诚实信用原则,给对方造成损失,应当承担赔偿责任。

2. 订立招标合同

招标合同是指招标人和中标人依照招标文件和投标文件订立的确定招标人和中标人之间的权利和义务关系的书面协议。根据《招标投标法》第46条的规定,合同订立的时间是自中标通知书发出之日起30日内。招标合同的形式,必须采用书面形式。招标合同的内容,应该是对招标文件和投标文件中所载内容的肯定。招标人和中标人不得再行订立背离合同实质性内容的其他协议。

履约保证金是指招标人要求投标人在接到中标通知后提交的保证履行合同各项义务的担保。一旦中标人不履行合同义务,该项担保用于赔偿招标人因此所受的损失。《招标投标法》规定,招标文件要求中标人提交履约保证金的,中标人应当提交。

3. 履行合同

(1) 亲自履行的义务。合同订立后,中标人应当按照合同约定亲自履行义务,完成中标项目,不得转让或变相转让中标项目。中标项目的转让,是指中标人将中标项目倒手转让他人,使他人成为该中标项目实际上的完成者。中标项目的转让在实践中具有很大的危害性,使招标投标有名无实,对工程质量造成严重影响。从合同法律关系上讲,中标项目的转让行为属于擅自变更合同主体的违约行为。

(2) 分包及其限制。中标项目虽然不能转让,但可以分包。所谓分包中标项目,是指对中标项目实行总承包的中标人,将中标项目的部分工作,再发包给他人完成的行为。原则上讲,中标人应该独立地履行义务。但是,由于有的招标项目比较庞大、复杂,为使中标项目能够得到更好的完成,法律允许中标人在一定的条件下,将中标项目分包给他人。

▶▶ 案例

甲公司为建办公大楼以公告方式进行招标。乙建筑公司根据招标公告制订了一份完整的投标书投标,甲公司拒绝了这份投标书。下列对这一过程的说法中,哪项是正确的?

A. 乙公司投标甲公司时合同成立　　B. 乙公司制订投标书后合同成立
C. 甲公司同意该投标书前,属效力待定合同　　D. 合同没有成立

分析:应选择 D。因为合同的成立需要约和承诺两个步骤,递送投标书属于要约,对方如果拒绝,即表示未承诺,合同当然没有成立。

第三节　联合国国际货物销售合同公约

1980 年《联合国国际货物销售合同公约》(以下简称为《公约》)于 1980 年在维也纳的外交会议上通过,于 1988 年正式生效。中国于 1986 年批准加入了该公约。《联合国国际货物销售合同公约》除序言外,共分为四部分,共计 101 条。第一部分共 13 条,对公约的适用范围和总则做出规定;第二部分共 11 条,规定合同订立程序和规则;第三部分共 64 条,就货物买卖的一般规则、买卖双方的权利义务、风险的转移等做出规定;第四部分是最后条款,对公约的保管、签字、加入、保留、生效、退出等做出规定。

一、公约的适用范围

(一) 货物销售合同

1. 适用《公约》的货物销售合同

《公约》只适用于国际货物销售合同,国际因素以当事人的营业地位于不同国家为标准,而不考虑当事人的国籍。如果当事人有两个以上营业地时,应以与合同及合同的履行关系最密切的营业地为其营业地。如果当事人没有营业地,则以其惯常居住地为准。

2. 不适用《公约》的货物销售合同

并非所有的国际货物销售合同都适用《公约》,《公约》在第 2 条和第 3 条对不适用《公约》的合同进行了规定。

《公约》第 2 条是从合同的种类上排除了六种不适用《公约》的合同:①购买供私人、家人或家庭使用的货物销售;②以拍卖的方式进行的销售;③依法律执行令状或其他令状的销售;④公债、股票、投资证券、流通票据或货币的销售;⑤船舶、船只、气垫船或飞机的销售;⑥电力的销售。

《公约》第 3 条还排除了对提供货物与提供服务相结合的合同:①通过劳务合作

方式进行的购买,如补偿贸易;②通过货物买卖方式进行的劳务合作,如技贸结合。这两项不适用的合同反映了《公约》适用范围的一条原则,即《公约》适用货物的国际销售,而不适用于劳务或服务合同。

3.《公约》未涉及的法律问题

《公约》并没有对所有涉及国际货物销售的法律问题均进行了规定,《公约》的规定仅限于因合同而产生的双方的权利义务关系问题。下列几个方面的问题,均由于各国法律的规定分歧较大,很难统一,《公约》没有涉及这些法律问题。

(1)《公约》不涉及有关销售合同的效力或惯例的效力问题。

(2)《公约》不涉及销售合同对所售出的货物的所有权问题。

(3)《公约》不涉及卖方对货物引起的人身伤亡的责任问题。

(二) 中国加入《公约》时的保留

1. 合同形式的保留

合同形式的保留针对的是《公约》第 11 条,依该条的规定,销售合同无须以书面订立或书面证明,在形式方面也不受任何其他条件的限制。销售合同可以用包括人证在内的任何方法证明。我国在核准《公约》时对此进行了保留,即认为国际货物买卖合同应采用书面的方式,《公约》有关口头或书面以外的合同也有效的规定对中国不适用。1999 年 10 月 1 日我国《合同法》生效,《合同法》没有区分国内的合同和涉外的合同。《合同法》第 10 条对合同的形式进行了规定,当事人订立合同,有书面形式、口头形式和其他形式。法律、行政法规规定采用书面形式的,应当采用书面形式。当事人约定采用书面形式的,应当采用书面形式。尽管我国的《合同法》已允许涉外合同采用口头形式,但在中国没有撤销有关的保留前,该保留仍然有效,即仍应采用书面形式。当然,营业地在中国的当事人与营业地在非缔约国的当事人订立的涉外合同则可以采用口头的形式,因为不涉及《公约》的适用。

2. 扩大适用的保留

扩大适用是指允许通过国际私法的引用而使《公约》适用于非缔约国。对此,我国在核准《公约》时也提出了保留,即我国仅同意对双方的营业地所在国均为缔约国的当事人之间的订立的国际货物销售合同才适用《公约》。

二、国际货物买卖合同概述

(一) 国际货物买卖合同的概念

国际货物买卖合同是指营业地位于不同国家的当事人之间就有关货物买卖的权利义务关系而达成的协议。国际货物买卖合同的国际性以当事人的营业地位于不同国家为准,而不考虑当事人的国籍。国际货物买卖合同强调的是合同的标的物需要进行超越国境的运输,因此,即使是不同国家的当事人在同一国境内订立的货物买卖合同,也不是国际货物买卖合同。国际货物买卖合同的标的是货物,货物指有形动产。但适用于 1980 年《公约》的货物并非包括所有的有形动产,用于个人消费的有形动产被排除在外；船舶和飞机等虽然在物理属性上属于动产，但由于其标的巨大，且价值很高，各国对其转让一般均进行了特别的规定，因此《公约》也不对此类货物适用。

(二) 国际货物买卖合同的当事人

我国于 2004 年修订的《中华人民共和国对外贸易法》(以下简称《外贸法》)在对外贸易经营者方面主要有下列修改，其一，外贸经营权的获得由原来的审批制改为登记制。依原《外贸法》第 9 条第(1)款的规定，我国在对外贸易经营主体方面实行对外贸易经营许可制度。其二，可以从事外贸的主体扩大到了自然人。依新法第 8 条的规定，对外贸易经营者是指依法办理工商登记或者其他执业手续，依照本法和其他有关法律、行政法规的规定从事对外贸易经营活动的法人、其他组织或者个人。而在修订前，中国的自然人不能从事对外贸易经营活动。但新外贸法并不意味着任何个人可以不受限制地从事进出口贸易。事实上，经营外贸仍然需要依法办理工商登记或者其他执业手续，才可获得对外贸易经营者的资格。

(三) 国际货物买卖合同的主要条款

国际货物买卖合同的条款主要包括约首、正文和约尾三部分。约首是合同的开头部分，包括合同的名称、合同的编号、订约日期、订约地点、双方当事人的名称和地址以及合同的序言等内容。约首部分的内容同样具有一定的法律意义而不应被忽视，如订约的日期在法律上表明，除非合同中对合同生效的时间另有不同的规定，否则应以该日期为合同生效的日期；再如订约地点，如果合同中对合同所应适用的法律没有做出明确的规定，则合同订约地点对确定合同的法律适用会起到一定的作用。正文部分是合同的主体部分，包括合同的实质性条款，即规定双方当事人权利义务的条款。约尾主要载明合同以何种文字作成，以及各种文字的效力、正文的份数、附件及其效力、双方当事人的签名等。下面主要阐述正文部分条款的内容。

1. 品质规格条款

品质规格条款是合同的主要条款，由于国际货物买卖的双方分处不同的国家，因此，双方在合同中对货物品质的约定就更加重要。依某些国家的法律规定，买卖合同中有关货物品质的说明是合同的要件，如果卖方所交货物的品质与合同的约定不符，买方有权拒收货物，并可以要求损害赔偿。在国际货物买卖中，不同种类的货物有不同的品质的表示方法，主要有下列几种。

(1) 凭样品确定货物品质的买卖，指交易双方约定以样品作为交易的品质依据的买卖。

(2) 凭规格、等级或标准确定货物品质的买卖。

(3) 凭商标或牌名确定货物品质的买卖。

(4) 凭说明书确定货物品质的买卖。

2. 数量条款

国际货物买卖合同中的数量通常用重量、体积、长度、面积、个数等计量方式来表示。但由于各国的度量衡制度不同,同一计量单位所代表的数量可能会有差异,因此合同中必须规定明确。数量条款是确定卖方交货数量的依据。对于有些农产品货物或矿产品货物,由于货物本身的特性,或受包装和运输工具的限制,或由于蒸发的原因等,使货物的重量和数量很难与合同相同,对于此类货物,国际惯例允许在合同规定的数量与实际交货的数量之间有一定的波动幅度。

3. 包装条款

包装条款主要包括包装的种类和性质、包装材料、包装尺寸、包装费用和运输标志等内容。在国际贸易中,除一些货物因其本身特点不需要包装外,多数货物都需要一定的包装。包装的费用计入成本之中。

4. 价格条款

价格条款主要规定货物的计价货币、计价单位、单位价格金额等。国际贸易术语常常被用来表示货物的单价,如规定"每公吨 500 美元 CIF 纽约"的单价中,重量的单位是公吨,计价货币是美元,单位价格金额是 500 美元,目的港是纽约,价格构成是货物的成本加运费和保险费。货物买卖合同的总价是单价乘以交易商品的数量。价格条款是确定买方支付义务的主要依据。

5. 商检条款

商检条款通常规定商品检验所应依据的标准、检验机构、检验期间及商检权等内容。商检条款的作用是提供一个确定卖方所交货物是否符合合同的依据,关系到合同的履行、索赔、诉讼等许多法律问题。

6. 装运条款

装运条款主要规定装运时间、装运港或装运地、装运通知等事项。装运是指将货物装上运输工具。装运条款会涉及运输问题和支付单据中的要求,因此,将在后面的内容中阐述。

7. 保险条款

合同中的保险条款是指具体规定由哪方当事人负担货物运输的保险责任,及应投保的险别等内容的条款。其目的在于把保险责任具体化。例如,货物是按 FOB 价格条件出售的,则保险费用应由买方支付,即使卖方经买方的请求而投保,其保险费用也应由买方承担。

8. 支付条款

支付条款是合同中有关买方支付货款内容的条款,包括下列内容:①支付与结算使用的货币币种;②支付工具是指用货币还是票据,一般是采用票据中的汇票;③支付方式指是采用汇付、托收还是信用证,合同中经常采用的是跟单信用证付款方式,有些情况下也采用托收的方式;④支付的时间与地点。此外,还有卖方为取得货款应提供的单证等各项规定。

9. 不可抗力条款

不可抗力条款是规定在合同订立后,发生当事人在订合同时不能预见、不能避免、不可控制的意外事故,以致不能履行合同或不能如期履行合同时,遭受不可抗力的一方可以免除履行合同的责任的条款。不可抗力的事故主要包括两种情况,一种是由于自然力量引起的,如水灾、风灾、旱灾、地震等;另一种是社会原因引起的,如战争、封锁、政府禁令等。构成不可抗力的意外事故应具备的以下条件:①意外事故是在签订合同以后发生的;②意外事故是当事人所不能预见、不能避免和不可控制的;③意外事故不是由当事人疏忽或过失等主观因素引起的。依 1980 年《联合国国际货物销售合同公约》的规定,遭受不可抗力的一方可解除合同或延迟履行义务而不承担责任。只有在不可抗力因素与当事人的过失同时存在的情况下,当事人才承担相应的赔偿责任。

10. 仲裁条款

在争议的解决上,国际货物买卖合同中一般规定,如发生与本合同有关的争议,应友好协商解决,不能协商解决时,应将争议提交给某仲裁机构进行仲裁。合同的仲裁条款应订明仲裁地点、仲裁机构、仲裁规则等方面的内容。

11. 法律适用条款

法律适用条款是当事人依意思自治原则,经过双方的协商选择的适用于合同的法律。我国的司法解释要求当事人对法律的选择应当是明示的,当事人的选择一般应与合同有一定的联系。当事人可以选择适用某国的国内法,也可以选择适用国际公约或国际惯例。

以上是国际货物买卖合同正文部分的主要条款,其多寡繁简一般根据货物的性质、交易量的大小、当事人之间的关系、签约当事人的法律知识与水平等因素而协商决定。

三、国际货物买卖合同双方的义务

(一) 卖方的义务

1. 交付货物

交付货物既是卖方的主要义务,也是其行使收取货款的权利的前提条件。交付货物既包括实际交货,即由卖方将货物置于买方的实际占有下;也包括象征性交货,即由卖方将控制货物的单据交给买方,由买方在指定地点凭单向承运人提货。依《联合国国际货物销售合同公约》的规定,卖方应依合同规定的地点、时间及方式完成其交货义务。

(1) 交付货物的地点。《联合国国际货物销售合同公约》第 31 条分下列情况对交付货物的地点进行了规定:①当国际货物买卖合同涉及货物的运输,则交货地点即为货交第一承运人的地点;②如果合同指的是特定货物从特定存货中提取的或还在生产中未经特定化,而双方当事人在订立合同时已知道这些货物的特定地点,则卖方应在该地点交货;③在其他情况下,卖方应在订立合同时所在的营业地交货。

(2) 交货的时间。《联合国国际货物销售合同公约》第 33 条规定:①如果合同规定有交货的日期,或从合同可以确定交货的日期,应在该日期交货;②如果合同规定有一段时间,或从合同可以确定一段时间,除非情况表明应由买方选定一个日期外,应在该段时间内任何时候交货;③在其他情况下,应在订立合同后一段合理时间内交货。

2. 质量担保

货物的质量担保义务指卖方必须保证其交付的货物与合同的规定相符。依《联合国国际货物销售合同公约》第35条第(1)款的规定,卖方交付的货物必须与合同规定的数量、质量和规格相符,并须按照合同所规定的方式装箱或包装。在合同没有对数量、质量、规格和包装做出明确规定的情况下,则应依《联合国国际货物销售合同公约》第35条第(2)款的规定,其规定如下。

(1) 适用于通常使用目的。货物适用于同一规格货物通常使用的目的。这种情况是指买方订货时,是依一般的规格订货,而没有向卖方指出货物的任何用途。该公约所指的是同一规格货物通常使用的用途,如购买商品通常是为了消费和转卖;购买机器通常是用于生产;购买粮食一般是既能用于人类消费又能喂牲畜,如卖方提供的货物只能用于喂牲畜,则没有达到适合于一般用途。

(2) 适用于特定目的。货物适用于订立合同时明示或默示地通知卖方的任何特定目的。如果买方对该特定用途所需要的货物的规格不很了解,他可将购买该货物的特定用途告知卖方,如告知其需要购买的是专门用于钻碳钢板的某个尺寸的钻头,则卖方提供的钻头就应要达到钻碳钢板的硬度要求。

(3) 与样品或样式相符。货物的质量与卖方向买方提供的货物样品或样式相同。当订立的合同是以样品或样式为基础时,卖方即应保证货物符合样品或样式的质量。

(4) 在包装上的要求。该公约规定,货物应按照同类货物通用的方式装箱或包装,如果没有此种通用方式,则按照足以保全和保护货物的方式装箱或包装。一般认为,因卖方包装不符而造成的货损应由卖方承担责任。

该公约除了规定卖方对货物质量的担保责任外,还规定了卖方对质量责任的免除。该公约第35条第(3)款规定,如果买方在订立合同时知道或者不可能不知道货物不符合同,卖方就无须按上述四项负不符合同的责任。在国际货物买卖中,有时买方已经知道货物在品质上有缺陷,但由于急需该货物等原因,而同意以减价为条件接受货物,在这种情况下,一旦买方知道了货物缺陷的事实而接受货物,则卖方不承担对此种缺陷的品质担保责任。

3. 权利担保

(1) 权利担保的内容。权利担保可以概括为所有权担保和知识产权担保两个方面:①所有权担保是指卖方保证对其出售的货物享有完全的所有权,必须是第三方不能提出任何权利或要求的货物,如不存在任何未向买方透露的担保物权等。②知识产权担保是指卖方所交付的货物,必须是第三方不能依工业产权或其他知识产权主张任何权利或要求的货物。如果在买方接收货物后,任何第三人通过司法程序指控买方所购的货物侵犯了其知识产权,卖方应代替买方辩驳第三人的指控。

(2) 对知识产权担保义务的限制。由于在国际贸易中,货物通常是销往卖方以外的国家,特别是还有转卖的情况,而要求卖方了解所有国家有关的法律是不可能的,因此,《公约》对卖方的知识产权担保义务进行了某些限制,主要表现在:①地域限制。该公约虽然规定了卖方的知识产权担保义务,但并不是其出售的货物不得侵犯全世界任何一个知识产权人的权利,这是不现实的,对此,《公约》第42条规定了限制标准。②时间限制。《公约》在确定卖方的知识产权担保上还规定了时间的标准,该公约第42条第(2)款规定,卖方在下列两种情况下,免除其知识产权担保的义务:第一,买方在订立合同时已知道或不可能不知道此项权利或要求;第二,此项权利或要求的发生,是由于卖方要遵照买方所提供的技术图样、图案、款式或其他规格。

(3) 买方的及时通知义务。《公约》第43条规定了买方的及时通知义务,即当买方在已知道或理应知道第三方的权利或要求后一段合理时间内,应将此项权利或要求的性质通知卖方,否则就丧失了买方依公约本来可以得到的权利,即要求卖方承担辩驳第三方的责任。

4. 交付单据

在国际贸易中,单据对买方很重要,特别是在象征性交货的情况下,单据可能影响到买方是否能及时提取货物和转卖货物,也会影响到买方办理相关的海关手续。《公约》第34条对卖方交付单据的义务进行了规定,依该条规定,如果卖方有义务移交与货物有关的单据,其必须按照合同规定的时间、地点和方式移交这些单据。卖方交付单据的义务,通常是在买卖合同或信用证中加以规定。

如果卖方在约定的时间以前已移交这些单据,则可在时间届满前纠正单据中任何不符合合同规定的情形;但是,此项权利的行使不得使买方遭受不合理的不便或承担不合理的开支;而且,买方可以保留该公约规定的要求损害赔偿的权利。

(二) 买方的义务

1. 支付货款

(1) 准备步骤。买方支付货款的义务包括依合同或任何有关法律和规章规定的步骤和手续。买方付款义务所需的一切准备步骤是其付款义务不可分割的组成部分,与支付货款本身一起构成了买方支付货款的义务。如果买方没有依合同或有关法律的规定为使支付成为可能而完成一切必要的步骤和手续,也构成违约,将引起相应的违约赔偿。这些准备步骤包括申请信用证或银行的付款担保,在实行外汇管制的国家,还包括获得必要的外汇以及将货款汇出的政府许可等。应该指出的是,《公约》只是规定买方应依合同或有关规定的要求采取这些步骤,并没有要求买方保证其努力的结果,例如保证一定能获得政府的批准。因此,买方的此项义务不是绝对的,只要买方已采取了一切合理的步骤,但由于其不能控制的障碍仍不能获得所需的批准时,买方可以免除其责任。

(2) 支付的地点。由于各国在外汇管制上的规定不同,因此,支付的地点会对支付的顺利完成产生影响。国际货物买卖的双方通常也会在合同中对支付方式和地点做出约定。依《公约》的规定,支付的地点首先应以当事人在合同中的约定为准,在合同对此没有规定的情况下,公约对支付地点进行了下列补充规定:①卖方营业地为支付地,在卖方有一个以上营业地的情况下,买方的支付地点为卖方与合同及合同的履行关系最密切的营业地;②如凭移交货物或单据支付货款,则移交货物或单据的地点为支付地。

(3) 支付的时间。如果双方当事人未在合同中具体约定付款的时间,则买方应依《公约》规定的下列时间支付货款:①在卖方将货物或单据置于买方控制下时付款。依该公约的规定,卖方可以买方支付货款作为移交货物或单据的条件,不付款则不交货物或不交单据;②在买卖合同涉及运输时,在收到银行的付款通知时付款。在涉及运输时,卖方一般会在合同中订明交货的条件。在买方支付货款后,才能取得代表货物所有权的装运单据,即以付款交单为支付条件,在此种情况下,买方必须在接到银行的付款通知时支付货款;③在买方没有机会检验货物前,无义务支付货款。《公约》第58条第(3)款的规定是将买方付款的义务与其检验货物的权利联系在一起的。但是,如果买方这种检验货物的机会与双方约定的交货或付款程序相抵触的,则买方丧失其在付款前检验货物的权利。例如,在CIF贸易条件的情况下,买方只有在付款赎单后才能提货,才能对货物进行检验,此时不能以检验作为付款的条件。

2. 接收货物

依《公约》的规定,买方接收货物的义务由两部分组成,其一为"采取一切理应采取的行动",其二为"提取货物"。

(1) 采取一切理应采取的行动。在国际货物买卖中,一方当事人应当采取与另一方当事人相适应的步骤,即双方有相互合作的义务。为了使卖方能交付货物,买方应当采取的行为包括为卖方指定准确的发货地点,委托代理人接收货物,依贸易术语的要求做出相应的运输安排等。为此,《公约》规定,买方应采取一切应采取的行动,以期卖方能交付货物。

(2) 提取货物。提取货物要求买方将货物置于自己的实际控制下,买方提货虽然是自身利益的所在,也会对卖方产生一定的影响。例如在CIF情况下,卖方是通过承运人依运输合同交付货物,如买方不按时从承运人占有下提取货物,就会引起滞期费等费用,此笔费用如在买卖合同中没有相应的安排,就只能由与承运人订立运输合同的卖方承担。

四、违反合同的补救办法

(一) 卖方违反合同时适用于买方的补救办法

1. 要求实际履行

卖方违反合同时,买方可以采取要求实际履行的补救办法,除非买方已采取与此要求相抵触的某种补救办法。《公约》以实际履行作为第一种补救办法,目的是为了保证合同履行的稳定性。另外,《公约》第 47 条还规定一个合理的履约宽限期,即买方可以规定一个合理时间的额外时间,让卖方履行其义务。

2. 交付替代物

交付替代物是在货物与合同不符时的一种补救办法,即要求卖方替代交付与合同相符的货物。依《公约》的规定,买方只有在货物与合同不符构成根本违反合同时,才可以要求交付替代货物,而且关于替代货物的要求,必须与说明货物与合同不符的通知同时提出,或者在该项通知发出后一段合理时间内提出。

3. 修理

修理是指卖方对所交付与合同不符的货物进行的修补、调整或替换有瑕疵部分等。买方请求修理的要求须与发出货物不符的通知同时提出,或在该通知发出后一段合理时间内提出。

4. 减价

若货物与合同不符,不论货款是否已付,买方都可以减低价格。减价按实际交付的货物在交货时的价值与符合的货物在当时的价值两者之间的比例计算。如果买方请求了损害赔偿就不能再进行减价了,当然,如果减价不足以补偿买方的损失,还可同时请求损害赔偿。

5. 宣告合同无效

当卖方在完全不交付货物或不依合同规定交付货物等于根本违反合同时,买方可以宣告合同无效。根本违反合同是指因一方当事人违反合同而使另一方当事人遭受损害,实际上剥夺了其依合同规定期待取得的东西,即合同的存在对买方期待取得的利益已没有什么意义了,此时买方可以宣告合同无效。如果卖方只交付了一部分货物或交付的货物中只有一部分相符,则前述有关实际履行、交付替代物、修理、减价等补救办法适用于未交付的部分和不符合同规定部分的货物。

(二) 买方违反合同时适用于卖方的补救办法

1. 要求履行义务

如果买方不履行其在合同中和《公约》中规定的任何义务,即卖方可以要求其履行义务,卖方可以要求买方支付货款、收取货物以及其他应履行的义务。只要卖方没有采取与此要求相抵触的某种补救办法,卖方就可以规定一段合理时限的额外时间,让买方履行义务。除非卖方收到买方的通知,声称其将不在所规定的时间内履行义务,卖方不得在这段时间内对买方违反合同采取任何补救办法。当然,卖方并不因此而丧失因买方迟延履行要求损害赔偿的权利。

2. 宣告合同无效

卖方在下列情况下可以宣告合同无效:①当买方没有履行合同或《公约》规定的义务等于根本违反合同时;②买方不在卖方规定的额外时间内履行支付价款的义务或收取货物,或买方声明他将不在所规定的时限内履行。但如果买方支付了全部货款,卖方原则上就丧失了宣告合同无效的权利。

(三) 适用于卖买双方的一般规定

1. 预期违反合同和分批交货合同

预期违反合同是指在合同订立后,履行期到来前,一方明示拒绝履行合同的意图,或通过其行为推断其将不履行。当出现一方预期违反合同的情况时,依《公约》的规定,另一方可以采取中止履行义务的措施。《公约》第71条对中止履行义务的内容进行了规定。

(1) 中止履行义务的适用条件。①必须是被中止方当事人在履行合同的能力或信用方面存在严重缺陷。②被中止方当事人必须在准备履行或履行合同的行为方面表明他将不能履行合同中的大部分重要义务。如,在甲合同中,货物不符是由当事人所使用的原料造成的,而情况表明乙合同和甲合同使用的原料都出自同一产地,因此,如果乙合同的当事人准备使用或已经使用了这种原料,那么,这种准备使用或已经使用了的行为,就表明乙合同的当事人不能履行合同的大部分重要义务。如不按上述条件采取中止履行义务的措施,中止履行本身就是违反合同。

(2) 中止履行义务的结束。依《公约》的规定,中止可因被中止方当事人提供了履行合同义务的充分保证而结束,《公约》规定中止履行的一方当事人不论是在货物发运前还是发运后,都必须通知另一方当事人,如果另一方当事人对履行义务提供了充分保证,则中止履行的一方必须继续履行义务。当然,中止除了因继续履行而结束外,也可以因中止方当事人宣告合同无效而结束。

(3) 分批交付的货物无效的处理。①在一方当事人不履行任何一批货物的义务构成对该批货物的根本违约时,只能宣告合同对该批货物无效。②如有充分理由断定今后对各批货物将会发生根本违反合同,则可在一段合理时间内宣告合同今后无效。③当买方宣告合同对任何一批货物的交付为无效,而各批货物又是相互依存的情况下,可宣告对已交付的或今后交付的各批货物均无效。例如,当货物是一种机器的不同部件,则各批货物之间有内在的联系,一批不能履行,则前面已履行的部分也没有意义了。

2. 损害赔偿

损害赔偿是《公约》违约补救制度中运用最广泛的一种补救办法,买方或卖方所进行的其他补救,并不妨碍其同时提出损害赔偿。如宣告合同无效,虽已终止了买卖双方当事人在合同中的义务,但其中受损害一方当事人请求损害赔偿的权利,并不受此影响。

(1) 损害赔偿的概念。依《公约》的规定,损害赔偿是指对由于一方当事人违反合同,而给另一方当事人造成的损害或损失,给予金钱上的补偿。

(2) 赔偿金额的计算。赔偿金额的计算是损害赔偿的中心内容,其计算的原则是:一方当事人违反合同应负的损害赔偿额,应与另一方当事人遭受的包括利润在内的损失额相等。依《公约》的这一原则,计算损害赔偿金的目的是要使受损害一方当事人获得合同被履行后所应有的经济地位,补偿其实际损失。

(3) 要求损害赔偿的一方减少损失的责任。声称另一方违约的当事人,必须按情况采取合理措施,以减轻由于另一方违约而引起的损失;如果不采取这种措施,违约的一方可以要求从损害赔偿中扣除原可以减轻的损失数额。

3. 支付利息

支付利息是指拖欠价款或其他金额的一方当事人应向另一方当事人支付上述款项的利息。支付利息有两种,一种是货款的利息,另一种是拖欠金额的利息。采用了支付利息的补救办法后,仍然可以要求损害赔偿。

4. 免责

(1) 免责的条件:①不履行必须是由于当事人不能控制的障碍,例如战争、禁运、风暴、洪水等;②这种障碍是不履行一方在订立合同时不能预见的;③这种障碍是当事人不能避免或不能克服的。《公约》所称的"不能控制的障碍"实际上就是"不可抗力",《公约》没有采用"不可抗力"这一传统用语的原因是由于各国对该用语的理解有一定的差异,沿用传统用语可能会引起不必要的误解。

(2) 免责的通知。不履行义务的一方必须将障碍及其对他履行义务能力的影响通知另一方。如果对方在不履行义务的一方已知道或理应知道此一障碍后一段合理时间仍未收到通知,则不履行义务的一方对由于对方未收到通知而造成的损害应负赔偿责任。

(3) 免责的后果。免责一方所免除的是对另一方损害赔偿的责任,但受损方依《公约》采取其他补救措施的权利不受影响。

5. 保全货物

(1) 保全货物的概念。保全货物是指在一方当事人违约时,另一方当事人仍持有货物或控制货物的处置权时,该当事人有义务对他所持有的或控制的货物进行保全。保全货物的目的是为了减少违约一方当事人因违约而给自己带来的损失。

(2) 履行保全货物义务的条件。卖买双方都有保全货物的义务,但条件不同:①卖方保全货物的条件是买方没有支付货款或接受货物,而卖方仍拥有货物或控制着货物的处置权;②买方保全货物的条件是买方已接收了货物,但打算退货。

(3) 保全货物的方式。①将货物寄放于仓库:有义务采取措施以保全货物的一方当事人,可以将货物寄放于第三方的仓库,由对方承担费用,但该费用应合理。②将易坏货物出售,对易于迅速变坏的货物或保全会发生不合理费用的货物,可以出售货物,并应将出售货物的打算在可能的范围内通知对方。出售货物的一方可从出售货物的价款中扣除保全货物和销售货物发生的合理费用。

【小资料】

英国有一家公司购买荷兰某公司的铝土,打算将一部分铝土用于本公司生产,另一部分铝土用于转卖出售。买方接受铝土后支付了部分货款,在没有付清其余货款前破产,接受破产清算。买方已转卖的部分铝土由清算人支配,剩余的部分铝土尚未投入生产。英国法院受理了该破产案。卖方在诉讼中主张,对于转卖铝土的收入和剩余的铝土卖方拥有优于其他债权人的请求权,理由是合同列明了所有权转移条款:①只有当买方付清全部货款时,未投入生产的铝土才能转为买方所有;②买方对未投入生产的铝土只有保管的责任;③在买方付清全部货款之前,卖方对投入生产的铝土所生产出来的成品或最终产品享有追偿权,即买方转卖铝土或对用铝土生产出来的最终产品的出售,只是代理卖方的行为,其收益归卖方所有。英国法院的判决支持了卖方的主张,确认合同的这三条款具有法律效力,使卖方免受了损失。

第四节　国际贸易术语

一、国际贸易术语概述

(一) 国际贸易术语的概念

国际贸易术语是在国际贸易中逐渐形成的,表明在不同的交货条件下,买卖双方在交易中的费用、责任及风险划分等并以英文缩写表示的专门用语。贸易术语是国际惯例的一种,由当事人选择适用,国际上使用最为广泛的是国际商会于1936年编纂的《国际贸易术语解释通则》,为了适用国际贸易发展的需要,该通则分别于1953年、1967年、1976年、1980年、1990年进行过多次修订和补充。

1999年,国际商会广泛征求世界各国从事国际贸易的各方面人士和有关专家的意见,通过调查、研究和讨论,对实行60多年的《国际贸易术语解释通则》进行了全面的回顾与总结。为使贸易术语更进一步适应世界上无关税区的发展、交易中使用电子讯息的增多以及运输方式的变化,国际商会再次对《国际贸易术语解释通则》进行修订,并于1999年7月公布《2000年国际贸易术语解释通则》(简称《2000年通则》),于2000年1月1日起生效。2010年9月27日,国际商会正式推出《2010国际贸易术语解释通则》(简称《2010年通则》),与《2000年通则》并用,新版本于2011年1月1日正式生效。

(二)《2010年通则》对《2000年通则》的主要修改

《2010年通则》是国际商会根据国际货物贸易的发展,对《2000年通则》的修订,较《2000年通则》更准确标明各方承担货物运输风险和费用的责任条款,令船舶管理公司更易理解货物买卖双方支付各种费用时的角色,有助于避免现实经常出现的码头处理费(THC)纠纷。此外,新通则亦增加了大量指导性贸易解释和图示,以及电子交易程序的适用方式。

虽然《2010年通则》于2011年1月1日正式生效,但并非《2000年通则》就自动作废。因为国际贸易惯例本身不是法律,对国际贸易当事人不产生必然的强制性约束力。国际贸易惯例在适用的时间效力上并不存在"新法取代旧法"的说法,即《2010年通则》实施之后并非《2000年通则》就自动废止,当事人在订立贸易合同时仍然可以选择适用《2000年通则》甚至1990年的《国际贸易术语解释通则》。

相对《2000年通则》,《2010年通则》主要有以下变化。

(1) 13种贸易术语变为11种。DAT和DAP取代了DAF、DES、DDU和DEQ。所谓DAT和DAP术语,就是"实质性交货"术语,在将货物运至目的地过程中涉及的所有费用和风险由卖方承担。此术语适用于任何运输方式,因此也适用于各种DAF、DES、DDU和DEQ以前被使用过的情形。

(2) 贸易术语分类由四级变为两类。《2000年通则》中的13种术语按术语缩写的首字母分成四组,即E组(EXW)、F组、C组和D组。这种分类反映了卖方对于买方的责任程度。而《2010年通则》将11种术语分成了截然不同的两类。第一类是那些适用于任何运输方式,包括多式运输的7种术语:EXW、FCA、CPT、CIP、DAT、DAP和DDP术语。这些术语可以用于没有海上运输的情形,但要谨记,这些术语也能够用于船只作为运输的一部分的情形,只要在卖方交货点,或者货物运至买方的地点,或者两者兼备。第二类,包含了比较传统的只适用于海运或内河运输的4种术语:FAS、FOB、CFR、CIF术语。这类术语条件下,卖方交货点和货物运至买方的地点均是港口,所以"唯海运不可"就是这类术语的标签。

(3) 使用范围扩大至国内贸易合同。贸易术语在传统上被运用于表明货物跨越国界传递的国际销售合同,然而,世界上一些地区的大型贸易集团,像东盟和欧洲单一市场的存在,使得原本实际存在的边界通关手续变得不再那么有意义。因此,《2010年通则》的编撰委员会认识到这些术语对国内和国际销售合同都是适用的。所以,《2010年通则》在一些地方做出明确说明,只有在适用的地方,才有义务遵守出口/进口所需的手续。

(4) 电子通信方式被《2010年通则》赋予完全等同的功效。通则的早期版本已经对需要的单据做出了规定,这些单据可被电子数据交换信息替代。不过现在《2010年通则》赋予电子通讯方式完全等同的功效,只要各方当事人达成一致或者在使用地是惯例。这一规定有利于新的电子通信方式的演变发展。

二、《2010年通则》的主要内容及贸易术语

《2010年通则》将11种术语分为两类。

(一) 适用于任何运输方式和多种运输方式的术语

第一类包括了7个术语,不论选用何种运输方式,也不论是否使用一种或多种运输方式,均可适用。在当船舶用于部分运输时,也可使用此类术语。这类术语包括EXW、FCA、CPT、CIP、DAT、DAP、DDP术语。

1. EXW(工厂交货)

EXW,全称ex works,意为"工厂交货"(指定交货地点),指卖方在其所在地或其

他指定地点,如工厂、车间或仓库等将货物交由买方处置,即完成交货。该术语的特点是,卖方在内陆完成交货且没有装货(即不需要将货物装上任何前来接收货物的运输工具)的义务,也无须办理出口清关手续。此术语为卖方义务最小的贸易术语。在此术语下,货物的风险自交货时转移。

依该术语,卖方的义务主要是:①履行交货义务,即在其所在地(一般为工厂或仓库)将货物交买方;②承担交货前的风险和费用。买方的义务主要是:①买方必须承担在卖方所在地受领货物的全部费用和风险;②办理出口清关手续。本术语适用于各种运输方式。

2. FCA(货交承运人)

FCA,全称 free carrier,意为"货交承运人"(指定交货地点),指卖方在卖方所在地或其他指定地点将货物交给买方指定的承运人或其他人,并办理了出口清关手续,即完成交货。该术语适用于各种运输方式,包括多式联运。承运人指在运输合同中承诺通过铁路、公路、空运、海运、内河运输或联合方式履行运输或由他人履行运输的任何人。

(1) 交货。交货地点的选择对在该地点装货和卸货的义务会产生影响。如在卖方所在地交货,则卖方应负责装货;如在其他地点交货,则卖方可以在自己的运输工具上完成交货,而不负责将货物从自己的运输工具上卸下。

(2) 风险转移。货物的风险在交货时转移。

(3) 双方义务。卖方义务:①卖方必须提供符合销售合同的货物和单据;②办理出口清关手续;③在指定的地点和约定的时间将货物交付给买方指定的承运人或其他人;④承担交货以前的风险和费用。买方义务:①支付货款;②办理进口清关手续;③订立运输合同并承担运费;④承担交货以后的风险和费用,包括办理保险。

3. CPT(运费付至)和 CIP(运费和保险费付至)

CPT,全称 carriage paid to,意为"运费付至(指定目的地)",指卖方将货物在双方约定地点交给其指定的承运人或其他人。卖方必须签订运输合同并支付将货物运至指定目的地所需的费用。

CIP,全称 carriage and insurance paid to,意为"运费和保险费付至(指定目的地)",指卖方将货物在双方约定地点交给其指定的承运人或其他人。卖方必须签订运输合同并支付将货物运至指定目的地所需的费用;卖方还必须签订保险合同,当然只需投保最低险别,如买方需要更多保险的话,则需双方达成协议。

这两个术语的特点是卖方须订立运输合同和承担运费,因此称为"主要运费已付"。尽管卖方承担了运费,但其交货义务仍然是在卖方的装运地完成的,因此,这两种术语属于"装运合同"。两者的区别就是,与 CPT 相比,CIP 术语下的卖方需承担保险费。

在双方的义务上,卖方的义务是:①办理运输的手续和承担运费,在 CIP 术语中,卖方还须办理投保手续和承担保险费;②办理出口清关手续;③提交与货物有关的单据或相等的电子单证;④办理出口清关手续。买方的义务是办理进口手续,在CPT术语下,投保虽然不是买方在合同中的义务,但买方为了自己的利益应当办理投保并支付保险费。

在风险的划分上,CPT 和 CIP 术语下,货物的风险在货交承运人时转移。

在适用的运输方式上,CPT 和 CIP 术语适用于各种运输方式。

4. DAT(运输终端交货)

DAT,全称 delivered at terminal,意为"运输终端交货(指定港口或目的地的运输终端)",指当卖方在指定港口或目的地的指定运输终端,将货物从抵达的载货运输工具上卸下,交由买方处置时,即为交货。运输终端指任何运输终端,如码头、仓库、集装箱堆场或公路、铁路、空运货站等。该术语的具体内容如下:

(1) 交货。卖方必须在约定日期或期限内,在指定港口或目的地的运输终端,将货物从抵达的运输工具上卸下,并交由买方处置的方式交货。运输终端可以是任何地点,如码头、仓库、集装箱堆场或者铁路、公路或航空货运站等。

(2) 风险。卖方承担交货完成前货物灭失或损坏的一切风险。

(3) 手续:①卖方自负风险和费用,取得所有出口许可和其他官方授权,办理出口和交货前从他国过境运输所需的一切海关手续。②买方必须自负风险和费用,取得所有进口许可或其他官方授权,办理货物进口的一切海关手续。

(4) 一般义务。①卖方提供符合买卖合同约定的货物和商业发票,以及合同可能要求的其他与合同相符的单证,买方应收取货物和交货凭证。②买方必须按买卖合同约定支付价款。

(5) 运输。卖方自付费用签订运输合同,将货物运至约定港口或目的地的指定运输终端,如无特别约定,卖方可在约定港口或目的地,选择最适合其目的的运输终端。

(6) 保险。双方之间均无订立保险合同的义务,但应对方要求,双方均应向对方提供取得保险所需信息。由于 DAT 是在买方所在地交货,卖方需要将货物运输过去,运输途中的风险都是卖方承担,因此,虽然卖方对买方没有保险的义务,但其为了成功交货,应当办理保险。

(7) 安全有关的信息。卖方和买方分别要帮助对方提供包括与安全有关的信息和文件,受助方应承担因此发生的费用和风险。

5. DAP(目的地交货)

DAP,全称 delivered at place,意为"目的地交货(指定目的地)",指当卖方在指定目的地将仍处于抵达的运输工具上,且已做好卸载准备并将货物交由买方处置时,即为交货。DAP 与 DAT 的主要区别是,在 DAT 术语下,卖方需要承担把货物从目的地(港)运输工具上卸下的费用,而 DAP 术语下卖方只需在指定目的地把货物处于买方控制之下,而无须承担卸货费。

6. DDP(完税后交货)

DDP,全称 delivered duty paid,意为"完税交货(指定目的地)",指当卖方在指定目的地将仍处于抵达的运输工具上,但已完成进口清关,且已做好卸载准备并将货物交由买方处置时,即为交货。其特点是卖方须承担把货物交至目的地所需的全部费用和风险。卖方是在目的地,如边境、港口、进口国内地,履行交货义务,因此称为"到货合同"。

(二) 适用于海运和内河水运的术语

该类术语主要包括《2000 年通则》中的 2 个 F 组术语和 2 个 C 组术语,其特点是都适用于水运,4 个术语都属于"装运合同",即应在卖方所在地完成交货。与《2000年通则》相比,《2010 年通则》中的 FOB、CIF 和 CFR 术语最大的改变就是风险不再是在船舷转移,而是卖方将"货物置于船上"时转移。这涉及风险转移的具体分界和费用在双方之间的划分,需要双方在合同中进行具体明确约定,如果不进行约定,可能会引起较为复杂的法律纠纷。通说是"货物置于船上",是指全部货物都装载到船上,不包括平仓、理仓等。

1. FAS(船边交货)

FAS,全称 free alongside ship,意为"船边交货(指定装运港)",指当卖方在指定的装运港将货物交到买方指定的船边时,即为交货。该术语属于"装运合同",主要运费应是由买方来承担的,对于卖方来说则是"主要运费未付"。

在双方的义务上,卖方的义务是:①履行交货义务,卖方必须在买方指定的装运港将货物置于买方指定的船舶旁边,完成交货;②办理出口清关手续;③向买方提交与货物有关的单证或相等的电子单证。买方义务是:①办理货物的运输并为自己的利益投保;②办理货物的进口清关手续。

在风险转移上,FAS 的风险以装运港船边为界线。

2. FOB(船上交货)

FOB,全称 free on board,意为"船上交货(指定装运港)",指卖方以在指定装运港将货物装上买方指定的船舶的方式或通过取得已交付至船上货物的方式交货。该术语属于"装运合同",主要运费是由买方来承担的,对于卖方来说则是"主要运费未付"。

(1) 交货。卖方必须在买方指定的装运港将货物置于买方指定的船舶上交货。

(2) 双方义务。卖方义务:①提供符合合同规定的货物及单证;②办理出口清关手续;③在装运港将货物装上买方指定的船舶并通知买方;④承担货物在装运港船上交货前的风险和费用。买方义务:①支付货款并接受卖方提供的单证;②办理进口清关手续;③租船或订舱并将船名和装货地点及时间充分通知卖方;④承担货物在装运港交货后的风险和费用。

在风险转移上,卖方承担装运港船上完成交货前货物灭失或损坏的一切风险。

3. CIF（成本、保险费加运费）

CIF，全称 cost insurance and freight，意为"成本加运费加保险费（指定目的港）"，是指在装运港船上交货，但卖方须支付将货物运至指定目的港所需的运费，并办理运输中的保险，卖方仅需投保最低险别。此贸易术语适用于海运和内河运输。CIF 术语后标明的是卸货港的名称，如 CIF 大连，表明该批货物的卸货港是大连。

（1）交货。卖方必须在约定日期或期限内，在装运港，将货物交至船上。

（2）风险转移。货物的风险在卖方在装运港完成交货时，由卖方转移给买方。

（3）双方义务。卖方义务：①提供符合合同规定的货物和单证；②办理出口许可证及其他货物出口清关手续；③订立运输合同，支付将货物运至指定目的港所需的运费；④办理货物的保险并缴纳保险费；⑤承担在装运港船上交货前的风险和费用。买方义务：①支付货款并接受卖方提供的单证；②取得进口许可证并办理进口清关手续；③承担在装运港船上交货后的风险以及除运费和保险费以外的费用。

4. CFR（成本加运费）

CFR，全称 cost and freight，意为"成本加运费（指定目的港）"，指在装运港船上交货，卖方须支付将货物运至指定目的港所需的运费，但货物的风险是在装运港船上交货时转移的。该术语适合于海运和内河运输。CFR 术语与 CIF 术语相比，在价格构成中少了保险费，因此，除了保险是由买方办理外，其他的双方义务与 CIF 术语基本相同。应该注意的是，CFR 术语中，装船的是卖方而投保的却是买方，卖方在装船后应给买方以充分的通知，否则，因买方漏保引起的货物损失应由卖方承担。

《2010 年国际贸易术语解释通则》基本内容如表 3-1 所示。

表 3-1 《2010 年国际贸易术语解释通则》基本内容简表

合同性质	名　称	交货地点	运费	出口清关	进口清关	保　险
适用于任何运输方式类	EXW 工厂交货	卖方工厂	买方	买方	买方	买方
	FCA 货交承运人	承运人（买方指定）				
	CPT 运费付至	第一承运人	卖方			
	CIP 运费、保险费付至	第一承运人				
	DAT 指定终端交货	指定目的地运输终端				卖方
	DAP 指定目的地交货	指定目的地（不卸货）				
	DDP 完税后交货	指定目的地（不卸货）		卖方		
适用于水运类	FAS 船边交货	指定装运港船边	买方	买方	买方	买方
	FOB 船上交货	指定装运港船上				
	CFR 成本加运费	指定装运港船上	卖方			
	CIF 成本加保险费加运费	指定装运港船上				卖方

注（1）：依《2010 年通则》，保险一项在卖方和买方的义务中均注明"无义务"，但由于运输途中的风险是买

方的,因此,买方为了自己的利益应当投保,《2010年通则》与《2000年通则》相比加了一项内容,即虽然卖方无保险的义务,但卖方必须向买方提供取得保险所需的信息。

(2):依《2010年通则》,在D类术语中,保险一项在卖方和买方的义务中均注明"无义务",但由于D类术语属于"到货合同",运输中的风险属于卖方,卖方为了自己的利益应当投保,与《2000年通则》相比,《2010年通则》加"应卖方要求,买方必须向卖方提供取得保险所需信息。"

【项目小结】

回顾本项目,对于国内和国际上的买卖合同的相关法律问题有了初步的认识,特别是掌握了买卖合同的要约与承诺的概念以及合同的成立,买卖合同中买卖双方的权利义务;熟悉招标投标的概念、特征,招标投标的当事人,参与招标投标活动的原则和招标投标流程;理解国际货物买卖合同的概念、主要条款、合同当事双方的义务、合同的订立以及违反合同的补救办法;了解了《2010年通则》的主要内容及主要贸易术语。为今后处理国内国际买卖合同的法律问题奠定一定的基础。

任务导出

任务问题要点提示:中国公司的要求完全符合《联合国国际货物销售合同公约》中对卖方违约时买方可采取救济方式的规定。提交货物和转移与货物有关的单据是国际货物买卖中卖方的一项主要义务。卖方应在合同约定的时间和地点移交货物和单据,否则就要负违约责任。本案中英国公司在与中国公司签订合同后,未能按合同规定的交货期分批交货,先是迟延交货,后是拒绝交货,应承担违反合同的责任。至于英国公司辩称,买方开立的信用证过期,那完全是卖方的违约行为造成的。中国公司在合同订立后,实际履行期到来之前开出了信用证,已履行了自己的合同义务,是符合合同规定和国际惯例的。后由于英国公司没有履行通知对方交货时间的义务,导致了中国公司开立的信用证过期,也不可能开立新的信用证,货物买卖合同是双务有偿合同,根据同时履行抗辩权的法理,一方的违约,必然导致另一方的不能正确履行合同,但违约方不能以此为由,认为对方违约,从而免除自己的责任。

【能力形成考核】

案例分析

1. 2018年7月27日我国某公司应荷兰A商号的请求,报出某初级产品100吨,每吨鹿特丹到岸价格(CIF)人民币3900元即期装运的实盘。对方接收到我方盘后,没做承诺表示,而是再三请求我方增加数量,降低价格并延长要约有效期。我方曾将数量增至300吨,价格每吨鹿特丹GIF减至人民币3800元,并两次延长了要约的有效期,最后延至8月30日。荷兰于8月26日来电接受该盘。我方公司在接到对方承诺电报时,发现巴西因受旱灾而影响到该产品的产量,国际市场价格暴涨,从而我方拒绝成交,并复电称,由于世界市场价格变化,货物在接到承诺电报前已售出。但荷方不同意这一说法,认为承诺是在要约有效期内做出,因而是有效的,坚持要求我方按要约的条件履行合同,并提出,要么执行合同,要么赔偿对方差价损失 40 余万元人民币,否则将提起诉讼。

问:(1)如果 A 商号对我国的这家公司提起诉讼,有无正当理由?

(2)双方间的买卖合同是否成立?

2. 福建省某县家具厂生产的皮箱式样美观、结实耐用、用料考究,于 90 年代中期打入新加坡市场,很受欢迎,成为当地主要的出口创汇产品。2018 年 2 月,新加坡狮城家具行向该家具厂发出购买皮箱的要约,要求订购 2000 只皮箱,并对皮箱的式样、用料提出了特殊要求,还要求皮箱必须在 5 月 4 日之前交货。该家具厂接受了该要约,双方于 2 月 10 日正式签约。签约后,家具厂即按照对方的要求,开始生产皮箱。然而 3 月 25 日,家具厂收到狮城家具行的传真,声称家具厂是乡镇小厂,生产能力极低,不可能按时履行合同,为防止家具厂预期违约,决定对合同宣告撤销。家具厂收到传真后,立即给狮城家具行回电话,说明至 3 月 25 日已生产出 900 多只皮箱,按照这个生产速度,截止交货日,完全可以完成,狮城家具行仅因为推测缺乏证据,因此无权撤销合同,这种行为与《联合国国际货物销售合同公约》中对预期违约所做的救济方式不符。考虑到双方以往的友好合作关系,希望狮城家具行按双方签订的合约履行自己的义务。狮城家具行对此未予答复。4 月 30 日,家具厂电告狮城家具行,2000 只皮箱已按要求完全完工,请做好提货准备。但狮城家具行回传真说,合同早已撤销,不准备提货。该家具厂遂于 5 月 15 日同北京中国贸易仲裁委员会提请仲裁。

问:狮城家具行是否有权撤销合同,是否有义务履行合同?

实训项目:撰写招标公告

一、训练目标

通过撰写招标公告,了解我国物资采购方面招标投标法的相关规定,熟悉招标投标的程序,掌握通常的招标公告的撰写方法。

二、训练准备

分组训练。每组 10 人左右。

三、有关资料

第一组:采购家具招标公告

第二组:学校图书馆装修招标公告

第三组:修建大型公寓玻璃幕墙招标公告

第四组:采购起重机设备招标公告

四、考核办法

请根据以上资料编写一份招标公告,联系人及电话可自拟,打印或手写均可。教师据此考核打分。

【资料链接】

http://www.chinawuliu.com.cn/ 中国物流与采购网

http://www.docin.com/p-1837864806.html 试论《联合国国际货物销售合同公约》中卖方违反合同时买方的补救方法

http://www.chinavalue.net/Management/Article/2009-4-14/170424.html 浅析国际货物买卖合同中应注意的几点法律问题

http://www.gc-zb.com/ 招标与采购网

项目四
货物运输法律法规

▶▶ **知识目标**

了解货物运输在物流中的地位和作用,掌握各种货物运输合同的概念、特征、主要内容以及合同双方当事人的权利和义务及违约责任,熟悉不同运输方式下所涉及的法律法规,了解运输单证的相关内容。

▶▶ **能力目标**

通过本项目的学习,能够起草和签订货物运输合同,具有准确理解合同内容、对货物运输相关法规正确把握的能力,能查阅资料,并运用所学法律知识分析解决实际工作中遇到的合同纠纷。

▶▶ **任务导入**

1月10日,陈先生按约来到建阳市城关某仓储服务站,领取从福州购进的价值1098元的电脑显示器一台。他付了托运费10元后,当场开箱验货,发现显示器外壳已破裂。于是陈先生要求服务站赔偿损失,可服务站的熊小姐推托货是从福州调度站发送的,要消费者去找福州站。双方争执不下,陈先生遂向建阳市工商局12315台投诉。

经查,该仓储服务站是多式联运经营。工商执法人员请电脑专业人士对破裂的显示器进行测定,测试结果是碰撞厉害显示器无法修复。服务站表示,货物的毁损尚不知发生在哪个区段,不应由服务站负责赔偿。经过鉴定,无法确认货物毁损的发生区段。

任务问题:

陈先生的损失应该由谁来负责赔偿?

第一节　货物运输概述

一、货物运输的概念

货物运输是指物品借助运力在空间内所发生的位置移动,具体说,就是通过火车、汽车、轮船、飞机等交通运输工具将货物从一处运送到另一处的活动。

货物运输实现了物品空间位置的物理转移,实现了物流的空间效用。货物运输是整个物流系统中一个极为重要的环节,在物流活动中处于中心地位,是物流的一个支柱。

二、货物运输在物流中的地位和作用

物流涉及许多服务领域,但最主要的是运输、仓储和电子商务。在这三者之中,运输又是实现物的流动的关键。

第一,货物运输是物流的主要功能要素之一。从物流的概念上来说。物流是物的客观性运动,这种运动不但改变了物的时间状态,而且改变了物的空间状态。货物运输是改变物体空间状态的主要手段,它再配以搬运、配送等活动,就能圆满地完成改变物体空间状态的任务。

第二,货物运输是物流过程中各项业务活动的中心。物流过程的其他各项活动,诸如包装、装卸搬运、物流信息情报等,都是围绕着运输而进行的。货物运输条件是企业选择工厂、仓库、配送中心等地点需要考虑的主要因素之一;货物运输方式决定了物品运输包装的要求;货物运输工具决定了配套使用的装卸、搬运设备以及运输节点的设置;货物运输状况影响着库存储备量的大小,发达的运输系统能够适量、快速和可靠地补充库存,从而降低库存量。

第三,在物流过程的各项业务活动中,货物运输是关键,起着举足轻重的作用。货物运输是物流的动脉系统;货物运输是创造物流空间效用的环节;货物运输是降低物流费用,提高物流速度,发挥物流系统整体功能的中心环节;货物运输是加快资金周转速度,提高物流经济效益和社会效益的重点所在。

第四,在物流各环节中,如何提高货物运输工作效率,不仅关系到物流时间占用多少,而且还会直接影响到物流费用的高低。在物流中支付的直接费用主要有运费、保管费、装卸搬运费、物流过程中的损耗等,其中,货物运输费用所占的比重最大,是影响物流费用的一项重要因素,特别是在我国交通运输不是很发达的情况下更是如此。因此,不断降低货物运输费用,对于提高物流经济效益和社会效益,起着重要的作用。因而,货物运输环节又被称为物流的"第三个利润源泉"。

三、几种常见的货物运输方式

（一）公路货物运输

公路货物运输是指使用汽车和其他交通工具在公路上载运货物的一种运输方式。公路货物运输的工具以汽车为主，因此，公路货物运输又被称为汽车货物运输，是陆路货物运输的方式之一。公路运输的主要优点是运输速度较快，效率高，运输费用相对较低，机动灵活，可以满足用户的多种需求，适于近距离、中小量货物运输；其缺点则在于运量小，长途运输成本高，对环境造成的污染严重。

总之，公路货物运输快捷方便，是物流运输的主要方式，因此，目前无论大型国际物流服务企业还是小型物流服务企业都有自己的公路货物运输车队。

（二）铁路货物运输

铁路货物运输是指将火车车辆编组成列车在铁路上载运货物的一种运输方式，是陆路运输的方式之一。铁路运输的优点是运行速度较快，运输能力大，很少受自然条件的限制，适宜各种货物的运输，运输的安全性和运输时间的准确性较高，远距离铁路运输的成本较低；缺点是受铁轨和站点的限制，受运行时刻、配车、编列、中途编组等因素的影响，不能适应用户的紧急需要，近距离运输的费用较高。铁路是我国的重要交通工具，物流中常常利用铁路来完成中长距离的大宗货物运输任务。

（三）水路货物运输

水路货物运输是指使用船舶及其他航运工具，在江河湖泊、运河和海洋上载运货物的一种运输方式。水路运输的优点是运载能力大，适合运输体积和重量较大的货物，相比较而言，水路货物运输的成本最低；缺点是受自然条件的影响很大，运输速度较慢，运输时间较长，装卸和搬运费用较高。物流中，通常通过水路来运输运量大，运距长，对时间要求不太紧，运费负担能力较低的货物。

（四）航空货物运输

航空货物运输是指在具有航空线路和航空港（飞机场）的条件下，利用飞机进行货物运输的一种运输方式。航空运输的优点是运输速度快，安全性和准确性很高，散包事故少，货物包装费用小；缺点是运输成本较高，飞机的运载能力有限，机场所在地以外的城市受到限制。在物流中，航空货物运输最适合运送量小、距离远、时间紧、运费负担能力相对较高的货物。

（五）管道运输

管道运输是指利用管道输送气体、液体的一种运输方式，是现代物流中发展越来越快的一种运输方式。该方式与其他运输方式的区别就在于其运输载体是静止不动的，而货物是流动的。管道运输的特点明显，其运输管道属于封闭设备，这样可以避免在一般运输中的丢失、散失等问题，同样也可以避免其他运输设备经常遇到的回程空驶等无效运输问题，这样无形中节约了成本。当然，管道运输的局限性也很明显，仅适用于流体物品的运输，并且管道铺设的成本很高。

(六) 多式联运

多式联运是指把两种或两种以上的运输方式结合起来,实行多环节、多区段相互衔接的一种接力式运输方式,是一种综合性的运输方式。多式联运具有托运手续简单方便,能够缩短货物在途时间,车船周转快,运输工具利用率高等优点。但是,进行多式联运必须具有一定的条件,在运输沿线上必须具有装卸搬运的车站、码头,具有高效率、高质量的中途转乘和换乘管理,以及具有物流信息系统支持等。

从理论上讲,多式联运是物流中最理想的运输方式,它能够充分发挥各种运输方式的长处,实现运输最优化,但对物流企业在各方面的要求都较高。

四、货物运输合同

(一) 货物运输合同的概念

根据《合同法》第288条的规定,运输合同是承运人将旅客或货物从起点运输到约定地点,旅客、托运人或者收货人支付票款或者运输费用的合同。

运输合同是运输经济主体间的基本联系形式。运输合同法是这一经济联系的法律表现形式。在运输合同法规范和调整运输合同关系过程中形成的法律关系,是运输合同法律关系。由此看来,运输合同关系是以物质利益为内容的经济关系,运输合同法律关系则是以权利义务为内容的意志关系。研究运输合同的法律问题,就是以运输合同关系为研究对象,分析这一部类的经济关系与作为上层建筑的法律关系之间的关系,进而总结法律反映和调整这一特定社会关系的规律、特点和方式。

(二) 货物运输合同的特征

(1) 货物运输合同为双务合同。在合同法理论上有双务和单务合同之分。所谓双务合同是指当事人双方都既有权利又有义务,且一方权利为另一方义务的合同。而单务合同是指当事人一方只享有权利不承担义务,而另一方只承担义务,不享有权利的合同。实际生活中单务合同是少见的,如保证合同、赠与合同等。在货物运输合同中,承运人和托运人双方均负有义务,其中,托运人须向承运人支付运费。

(2) 货物运输合同的标的是无形的,是一种服务。运输合同的客体是承运人运送旅客或者货物的劳务而不是旅客或货物。

(3) 货物运输合同具有强制缔约性。运输当事人的权利和义务大多数是由法律、法规、规章规定的,当事人按照有关规定办理相关手续,合同即告成立。对于法律的强制性条款,当事人不能协商。

(4) 货物运输合同的内容格式化。运输合同一般采取格式条款(即标准合同)形式订立。大部分货物运输合同的主要内容和条款都是国家授权交通运输部门以法规的形式统一规定的,双方当事人无权自行变更,如《铁路货物运输合同实施细则》、《航空货物运输合同实施细则》等。合同、提单等都是统一印制的,运费率是国家统一规定的。即作为托运人只有同意或不同意该合同的权利,没有一般的合同所包括的就合同条款进行讨价还价的权利,一旦同意订约,该合同就按照对方所拟定的条款而成立。

（5）货物运输合同可以是"为第三人利益合同"。货物运输合同往往有第三人参加，即以承运人、托运人之外的第三人为收货人。虽然收货人并非签订合同的当事人，但他可以独立享有合同约定的权利，并承担相应的义务。如果运输合同约定由收货人支付运费，则不属于"为第三人利益合同"，而是由三方当事人参加的运输合同，必须经收货人的同意，合同才能成立。

（三）货物运输合同的当事人

1. 托运人

托运人是指与承运人订立货物运输合同并将货物交给承运人运输的人，是货物运输合同的一方当事人。托运人既可以是自然人，也可以是法人或其他组织；既可以是货物的所有人，也可以是货物所有人委托的代理人或货物的保管人。

2. 承运人

承运人是指与托运人订立货物运输合同并提供运输服务的人，包括运输企业和从事运输服务的个人。凡是取得运输服务资格的企业和个人，都可以在营业范围内从事运输活动。承运人是货物运输合同的另一方当事人，负责用约定的运输方式把货物运送到指定的目的地。

【小资料】

承运人的确定

应当注意的是，承运人必须是与托运人订立运输合同的人。没有签订运输合同的人，虽然实施运输行为，仍不能认为是承运人。例如，在多式联运中，合同的当事人是签订多式联运合同的托运人与多式联运经营人，实际从事运输活动的各区段的承运人，并不是多式联运合同的当事人。

另外，运输工具的所有权人也不一定是承运人。一般情况下，运输工具的所有权人自己经营运输业务并与托运人订立运输合同，但是，在实践中有很多非所有权人从事运输活动的情况，在这种情况下，也必须是订立运输合同的人才是承运人。

3. 收货人

收货人是依照运输合同的约定而接受承运人送达的货物的人，也是托运人指定的领取货物的人。收货人可以是个人，也可以是法人或其他组织。收货人一般是承运人和托运人以外的第三人，但托运人也可以指定自己作为收货人。收货人在行使领取货物的权利时，也应当依法承担相应的法律义务。

（四）货物运输合同的主要内容

（1）当事人条款。

（2）货物名称、规格、性质、数量、重量等情况。

（3）包装要求。

一般写明包装种类即可；按件托运的货物无包装的，填写"无"。

(4) 货物起运地点、货物到达地点。
(5) 货物运输期限。
(6) 运输质量及安全要求。
(7) 货物装卸责任和方法。
(8) 收货人领取货物及验收。
(9) 运输费用、结算方式。
(10) 各方的权利和义务。
(11) 违约责任及合同争议的解决方法。
(12) 双方商定的其他条款。

【小资料】

货物运输合同样本

托运方：_____

地址：_____ 邮码：_____ 电话：_____

法定代表人：_____ 职务：_____

承运方：_____

地址：_____ 邮码：_____ 电话：_____

法定代表人：_____ 职务：_____

根据国家有关运输规定，经过双方充分协商，特订立本合同，以便双方共同遵守。

第一条 货物名称、规格、数量、价款

货物编号	品名	规格	单位	单价	数量	金额(元)

第二条 包装要求

托运方必须按照国家主管机关规定的标准包装；没有统一规定包装标准的，应根据保证货物运输安全的原则进行包装，否则承运方有权拒绝承运。

第三条 货物起运地点、货物到达地点

第四条 货物承运日期、货物运到期限

第五条 运输质量及安全要求

第六条 货物装卸责任和方法

第七条 收货人领取货物及验收办法

第八条 运输费用、结算方式

第九条 各方的权利义务

一、托运方的权利义务

（1）托运方的权利：要求承运方按照合同规定的时间、地点，把货物运输到目的地。货物托运后，托运方需要变更到货地点或收货人，或者取消托运时，有权向承运方提出变更合同的内容或解除合同的要求，但必须在货物未运到目的地之前通知承运方，并应按有关规定付给承运方所需费用。

（2）托运方的义务：按约定向承运方交付运杂费用，否则，承运方有权停止运输，并要求对方支付违约金。托运方对托运的货物，应按照规定的标准进行包装，遵守有关危险品运输的规定，按照合同中规定的时间和数量交付托运货物。

二、承运方的权利义务

（1）承运方的权利：向托运方、收货方收取运杂费用。如果收货方不交或不按时交纳规定的各种运杂费用，承运方对其货物有扣压权。查不到收货人或收货人拒绝提取货物，承运方应及时与托运方联系，在规定期限内负责保管货物并有权收取保管费用，对于超过规定期限仍无法交付的货物，承运方有权按有关规定予以处理。

（2）承运方的义务：在合同规定的期限内，将货物运到指定的地点，按时向收货人发出货物到达的通知。对托运的货物，承运方要负责其安全，保证货物无短缺、无损坏、无人为的变质，如有问题，应承担赔偿义务。在货物到达以后，按规定的期限，负责保管。

三、收货人的权利义务

（1）收货人的权利：在货物运到指定地点后，收货人有以凭证领取货物的权利。必要时，收货人有权向到站或中途货物所在站提出变更到站或变更收货人的要求，签订变更协议。

（2）收货人的义务：在接到提货通知后，按时提取货物，缴清应付费用。超过规定提货时，应向承运方交付保管费。

第十条 违约责任

一、托运方责任

（1）未按合同规定的时间和要求提供托运的货物，托运方应按其价值的_____%偿付给承运方违约金。

（2）由于在普通货物中夹带、匿报危险货物，错报笨重货物重量等招致吊具断裂、货物摔损、吊机倾翻、爆炸、腐蚀等事故，托运方应承担赔偿责任。

（3）由于货物包装缺陷产生破损，致使其他货物或运输工具、机械设备被污染腐蚀、损坏，造成人身伤亡的，托运方应承担赔偿责任。

（4）在托运方专用线或在港、站公用线和专用线自装的货物，在到站卸货时，发现货物损坏、缺少，在车辆施封完好或无异状的情况下，托运方应赔偿收货人的损失。

（5）罐车发运货物，因未随车附带规格质量证明或化验报告，造成收货方无法卸货时,托运方应偿付承运方卸车等存费及违约金。

二、承运方责任

(1) 未按合同规定的时间和要求配车、发运的,承运方应偿付托运方违约金_____元。

(2) 承运方如将货物错运到货地点或收货人,应无偿运至合同规定的到货地点或收货人。如果货物逾期达到,承运方应偿付逾期交货的违约金。

(3) 运输过程中货物灭失、短少、变质、污染、损坏,承运方应按货物的实际损失(包括包装费、运杂费)赔偿托运方。

(4) 联运的货物发生灭失、短少、变质、污染、损坏,应由承运方承担赔偿责任的,由终点阶段的承运方向负有责任的其他承运方追偿。

(5) 在符合法律和合同规定条件下的运输,由于下列原因造成货物灭失、短少、变质、污染、损坏的,承运方不承担违约责任:

① 不可抗力;

② 货物本身的自然属性;

③ 货物的合理损耗;

④ 托运方或收货方本身的过错。

本合同正本一式两份,合同双方各执一份;合同副本一式_____份,送_____等单位各留一份。

托运方:_____

代表人:_____

　　　　　　　　　　　　_____年_____月_____日

承运方:_____

代表人:_____

　　　　　　　　　　　　_____年_____月_____日

(五) 货物运输合同当事人的权利和义务

1. 托运方的主要权利

在承运人将货物交付收货人之前,托运人可以要求承运人中止运输,返还货物,变更到达地或者将货物交给其他收货人,但应当赔偿承运人因此受到的损失。托运人变更或解除运输合同无须提出理由或征得承运人的同意。托运人因变更或撤销运输合同赔偿承运人的损失应当包括装货、卸货和其他有关费用,但收货人变更或解除运输合同,须在货物交付收货人之前,由此给承运人造成的损失,收货人应予以赔偿。

2. 托运方的主要义务

(1) 如实申报货物内容。托运人办理货物运输,应当向承运人准确表明收货人的名称或者姓名或者凭指示的收货人,货物的名称、性质、重量、数量,收货地点等有关货物运输的必要情况。因托运人申报不实或者遗漏重要情况,造成承运人损失的,托运人应当承担损害赔偿责任。

(2) 向承运人提交有关手续文件。货物运输需要办理审批、检验等手续的,托运人应当将办理完有关手续的文件提交承运人。

(3) 妥善包装。包装是安全运输的需要,主要是为了运输货物本身的安全。货物包装是否符合运输的要求,关系到运输工具的安全和运输工具上其他货物的安全。托运人应当按照约定的方式包装货物。托运人违反规定的,承运人可以拒绝运输。

(4) 托运危险品的告知义务。托运人如托运易燃、易爆、有毒、有腐蚀性、有放射性的货物,应将有关危险物品的名称、性质和防范措施的书面材料提交承运人。托运人未尽此项义务,承运人有权拒绝运输,也有权采取相应措施以避免损失的发生,因此产生的费用由托运人承担。

(5) 支付承运费用。这是托运人的一项法定义务,其他义务为协助义务。运费的支付,双方可以约定由托运人在货物发运前支付运费,也可以约定在到站内由收货人支付运费。铁路运费通常都是由托运人在发运站承运货物当日支付。水路货物运输合同中,双方除另有约定外,应当预付运费。航空货物运输合同中,除非双方有不同约定,运费应当在承运人开具航空货运单时一次付清。

3. 承运方的主要权利

(1) 承运人的留置权。托运人或者收货人不支付运费、保管费或其他运输费用的,承运人对相应的运输货物享有留置权,但当事人另有约定的除外。这表明承运人按合同约定的内容完成运输义务,而托运人或收货人不支付运输费用的,承运人可以留置该承运的货物。留置权是担保物权的一种。我国《担保法》规定,运输合同、保管合同、加工承揽合同的债权人享有留置权,当事人另有约定的除外。留置权的担保范围包括主债权的利息、违约金、损害赔偿金、留置物的保管费用和实现留置权的费用。

(2) 承运人的提存权。收货人不明或者收货人无正当理由拒绝受领货物的,承运人可以提存货物。提存的目的是使债务消灭;提存的方式是承运人向接收货物所在地的公证机关申请公证,由公证机关指定存货场所;提存的效果是免除承运人因继续占有货物可能带来的风险。货物提存期间,货物毁损灭失的风险由债权人承担,提存的保管费用及其他灭失的风险也由债权人承担,而收益应由债权人享有。

(3) 收取承运费的权利。

4. 承运方的主要义务

(1) 提供适合运输的运输工具的义务。适合运输的运输工具包含两层含义:一是运输工具具有抵御运输途中通常出现的或能合理预见的自然风险的能力;二是运输工具适合装载合同约定的货物。如船舶要处于适航状态,妥善配备船员,装备船舶和配备供应品,并使货舱、冷藏舱、冷气舱和其他载货处所适于并能安全收受、载运和保管货物。

(2) 按照约定或合理经济的原则确定运输线路。承运人应当按照合同的约定或者通常的线路,用最快的速度、最短的路径、最有效的方式将货物运输到约定地点;但水路运输中承运人为救助或者企图救助人命或财产而发生的绕航或其他合理绕航,不属于违反此规定。

（3）妥善装卸货物的义务。按合同约定或有关规定由承运人负责装卸的，承运人应严格遵守作业规范，保证装卸质量。水上货物运输除按约定或货运习惯外，承运人不得将货物装载于船面甲板。

（4）保管义务。承运人受领托运人托运的物品后，即负有善良管理人的注意义务，应妥善保管货物，在到达约定地点后交付收货人之前，也应妥善保管货物。

（5）安全运输义务。承运人对运输过程中货物的运输安全负责，保证货物在运输过程中不受损害，对货物的毁损、灭失承担损害赔偿责任，但承运人证明货物的毁损、灭失是因以下三项免责事由之一造成，则不承担损害赔偿责任：第一，不可抗力；第二，货物本身的自然性质或者合理损耗；第三，托运人、收货人的过错造成的。要求免责的举证责任在承运人。

货物在运输过程中因不可抗力灭失，损失由双方当事人分担，托运人承担货物的损失，承运人承担运费的损失。未收取运费的，承运人不得要求支付运费；收取运费的，托运人可以要求返还。

货物的毁损、灭失的赔偿额，当事人有约定的，按照其约定；没有约定或者约定不明确的，按照交付或者应当交付时货物到达地的市场价格计算。法律、行政法规对赔偿额的计算方法和赔偿限额另有规定的，依照其规定。

▶▶ **案例**

甲托运人将 2 万吨优质煤炭交乙铁路承运人运输 2000 公里。运输至 1000 公里时，因罕见、突发未有预报的洪水冲击铁路，使该 2 万吨煤炭灭失。承运人已经运输了 1000 公里，能否要求甲方承担 1000 公里的运费？

分析：货物在运输过程中因不可抗力灭失，损失由双方当事人分担，托运人承担货物的损失，承运人承担运费的损失，因此承运人不能要求甲托运人承担 1000 公里的运费。

（6）及时通知和交付的义务。货物运输到达后，承运人知道收货人的，应当及时通知收货人，收货人应当及时提货。收货人逾期提货的应当向承运人支付保管费等费用。如收货人不明或者无正当理由拒绝受领货物时，承运人可以提存货物以完成自己的运输义务。

（7）单式联运承运人之间的连带责任。两个以上承运人以同一运输方式联运的，与托运人订立合同的承运人应当对全程运输承担责任。损失发生在某一运输区段的，与托运人订立合同的承运人和该区段承运人承担连带责任。其要点是单一运输方式、数个承运人连带责任。

5. 收货人的主要义务

（1）收货人对货物的检验义务。收货人在提货时，应当按照约定的期限检验货物。通过检验，可以确定货物在交接时的实际状况是否与有关运输单证上记载的内容相一致,从而确定承运人是否完全履行了安全运输的义务。收货人认为承运人交付的货物与运输单证记载的事项不符合时,应当在合理的期限内提出异议。

(2) 受领货物的义务。收货人在接到承运人的到货通知后,应当及时在规定时间或合理期限内提取货物,收货人逾期提货的,应当向承运人支付保管费等费用。在货物运输到达约定地点后,即使存在货物质量、数量或其他纠纷,收货人不得以此为理由拒绝提取货物。

收货人接收货物后,货物的质量、数量等纠纷,可以通过其他途径解决。收货人拒绝收货达到一定的期限,承运人可以对货物做出处理。

(3) 支付费用的义务。约定由收货人支付费用的,收货人应当按约定支付。

【小资料】

托运人索赔与保险人的代位求偿权

如果托运人在托运货物时自愿办理了货物运输保险的,在发生货物的毁损、灭失等保险事故时,得根据保险合同向保险人索赔;但保险人给付保险金后取得对承运人的赔偿金的代位求偿权。

总之,物流企业在货物运输中居于非常重要的地位,它可以以不同的身份出现,最常见的是作为承运人,有时也会以托运人,或者是以交通运输工具的承租人出现。物流企业可以选择的运输方式多种多样,但无论使用哪种运输方式来组织货物运输,对物流需求方所承担的运输责任是一致的。

第二节 公路货物运输法律法规

对于运输量少的业务,公路运输方便快捷,因此公路运输是物流运输中经常采用的运输方式之一。物流企业进行公路运输一般有两种情况:使用自有汽车进行运输;租用他人汽车进行运输,或者交给专业的汽车承运人来运输。这方面的法律法规主要有《合同法》、交通部的《汽车货物运输规则》。

如果采用集装箱运输货物,还应遵守交通部的《集装箱汽车运输规则》;如果运输的是危险货物,还应遵守交通部的《汽车危险货物运输规则》;如果租用他人的汽车运输,还应遵守交通部和原国家计委共同发布的《汽车租赁业管理暂行规定》。

使用自有汽车进行运输,物流企业承担的是承运人的角色,相对比较简单;租用汽车进行运输,物流企业不仅要承担承运人的任务,还要履行承租人的义务,这属于租赁合同的内容。与汽车承运人签订汽车货物运输合同进行运输,是最为常见的运输方式。

一、汽车货物运输合同的种类

汽车货物运输合同是指汽车承运人与托运人之间签订的明确相互权利和义务关系的协议。很多物流企业在实践中,既不使用自己的汽车,也不租用别人的汽车来完成货物的运输,而是把货物运输交给专业的汽车承运人来完成,并作为托运人或托运人的代理人与之签订汽车货物运输合同。

汽车货物运输合同的订立可以采用书面形式、口头形式和其他形式。书面形式合同可以分为定期运输合同、一次性运输合同和道路货物运单。

1. 定期运输合同

定期运输合同是指汽车承运人与托运人签订的,在规定的期间内用汽车将货物分批量地由起运地运至目的地的汽车货物运输合同。

2. 一次性运输合同

一次性运输合同是指汽车承运人与托运人之间签订的,一次性将货物由起运地运至目的地的货物运输合同。

3. 道路货物运单

在很多情况下,物流企业直接向汽车承运人托运货物。此时,物流企业要作为托运人或托运人的代理人填写运单,并将运单与运送的货物交给汽车承运人,要求其接受货物托运。请求托运货物即是物流企业向承运人发出要约的过程,如果承运人表示接受货物托运,并在运单上签字,就表示承运人进行了承诺。货物托运和承运的过程就是合同订立的过程,运单本身就成为汽车货物运输合同。

运单应按以下要求填写。

(1) 准确表明托运人和收货人的名称(姓名)和地址(住所)、电话、邮政编码。

(2) 准确表明货物的名称、性质、件数、重量、体积以及包装方式。

(3) 准确表明运单中的其他有关事项。

(4) 一张运单托运的货物,必须属于同一托运人、收货人。

(5) 危险货物与普通货物以及性质相互抵触的货物不能使用同一张运单。

(6) 托运人要求自行装卸的货物,经承运人确认后,在运单内注明。

(7) 应使用钢笔或圆珠笔填写,字迹清楚,内容准确,需要更改时,必须在更改处签字盖章。

(8) 若托运的货物品种不能在一张运单内逐一填写的,则应当另行填写"货物清单"作为该运单的附件。

二、汽车货物运输合同双方当事人的义务

(一) 汽车托运人的义务

(1) 托运的货物名称、性质、件数、质量、体积、包装方式等,应与运单记载的内容相符。

（2）按照国家有关部门规定需办理准运或审批、检验等手续的货物，托运时应将准运证或审批文件提交承运人，并随货同行。如果委托承运人向收货人代递有关文件，应在运单中注明文件名称和份数。

（3）托运的货物中，不得夹带危险货物、贵重货物、鲜活货物和其他易腐货物、易污染货物、货币、有价证券以及政府禁止或限制运输的货物等。

（4）托运货物的包装，应当按照双方约定的方式进行；没有约定或者约定不明确的，可以协议补充；不能达成协议补充的，按照通用的方式包装；没有通用方式的，应在足以保证运输、装卸搬运作业安全和货物完好的原则下进行包装；依法应当执行特殊包装标准的，按照规定执行。

（5）应根据货物性质和运输要求，按照国家规定，正确使用运输标志和包装储运图示标志。

（6）托运特种货物（如冷藏货物、鲜活货物等）时，应按要求在运单中注明运输条件和特约事项。

（7）运输途中需要饲养、照料的生物（植物）、尖端精密产品、稀有珍贵物品（文物）、军械弹药、有价证券、重要票证和货币等，必须派人押运，应在运单上注明押运人员姓名及必要的情况。押运人员须遵守运输和安全规定，并在运输过程中负责货物的照料、保管、交接，如发现货物出现异常情况，应及时做出处理并告知车辆驾驶人员。

（8）托运人应该按照合同的约定支付运费。

（二）汽车承运人的义务

（1）根据货物的需要和特性，提供适宜的车辆。该义务要求承运人提供的车辆应当是技术状况良好、经济适用，并能满足所运货物重量的要求。对特种货物运输的，还应为特种货物提供配备符合运输要求的特殊装置或专用设备的车辆。

（2）承运人应当根据运送的货物情况，合理安排运输车辆，货物装载重量以车辆额定吨位为限，轻泡货物以折算重量装载，不得超过车辆额定吨位和有关长、宽、高的装载规定。

（3）按照约定的运输路线进行运输。如果在起运前要改变运输路线，承运人应将此情况通知托运人，并按最后确定的路线运输。承运人未按约定的路线运输增加的运输费用，托运人或收货人可以拒绝支付。

（4）在约定的运输期限内将货物运达。零担货物按批准的班期时限运达，快件货物按规定的期限运达。

（5）整批货物运抵前，承运人应当及时通知收货人做好接货准备；零担货物运达目的地后，应在24小时内向收货人发出到货通知或按托运人的指示及时将货物交给收货人。

（6）对货物的运输安全负责，保证货物在运输过程中不受损害。

(三) 货物的接收与交付

在货物接收与交付问题上,承运人、托运人双方应履行交接手续,包装货物采取件交件收;集装箱重箱及其施封的货物凭封志交接;散装货物原则上要磅交磅收或采用双方协商的交接方式交接。交接后双方应在有关单证上签字。

货物运输过程中,因不可抗力造成道路阻塞导致运输阻滞,承运人应及时与托运人联系,协商处理,发生的货物装卸、接运和保管费用按以下规定处理。

(1) 接运时,货物装卸、接运费用由托运人负担,承运人收取已完成运输里程的运费,退回未完成运输里程的运费。

(2) 回运时,收取已完成运输里程的运费,回程运费免收。

(3) 托运人要求绕道行驶或改变到达地点时,承运人收取实际运输里程的运费。

(4) 货物在受阻处存放,保管费用由托运人负担。

【小资料】

托运物品应谨慎

好不容易从外地托运或是速递来的物品,搬回家后才发现不是少了就是坏了,由于托运前没有保价或详细登记,收件人也只能自认倒霉。日前,鞍山市消费者协会针对这一问题发出消费警示。

据该协会工作人员介绍,他们今年以来陆续接到多起托运纠纷投诉。其中,一位消费者通过长途汽车从天津托运回一些装饰装修材料,可是物品到了鞍山后却发现数量不对,少了一些。该消费者打电话到天津寻求解决,但对方不予理睬。

工作人员经过调查了解到,该消费者在从天津托运货物前,并没有将物品的具体种类、数量和价值进行详细登记,所以无法证明自己的物品是在托运过程中弄丢的,自然无法处理。

消协工作人员提醒消费者,采用托运、速递、邮寄等方式要小心谨慎,首先应登记物品的详细信息,尽量从品名、外观、数量等各方面进行登记;其次能保价的要尽量保价,尤其是贵重物品,最好能按实际价值保价。如果物品经过保价,在出现丢失等问题时,将会按照保价金额得到赔偿,否则,最多只能得到邮寄费用的双倍赔偿。

消协工作人员还提醒,消费者可以在托运或速递之前,与对方进行协商并留下书面证据,并对托运或速递物品在运输途中发生丢失或损坏如何赔偿问题进行约定,这样一旦出现问题,就比较容易解决。

三、违约责任

汽车货物运输合同当事人不履行合同规定的义务,要承担相应的违约责任。违约责任既包括支付违约金,也包括因货物损失而产生的损害赔偿金,以及《合同法》规定的其他责任形式。有关的公路货物运输法律法规也对承运人、托运人的违约责任进行了规定。

(一) 承运人的责任

按照法律规定和合同的约定,承运人具有如下责任,对此,物流企业在汽车承运人违约的情况下,可以要求其承担相应的责任。

(1) 如果承运人未按运输期限将货物运达,应当承担违约责任;因承运人责任将货物错送或错交,托运人可以要求其将货物无偿运到指定的地点,交给指定的收货人。运输期限是由双方共同约定的货物起运、到达目的地的具体时间。未约定运输期限的,从起运日起,按200千米为每日运距,用运输里程除以每日运距,计算运输期限。

(2) 如果承运人未遵守双方商定的运输条件或特约事项,由此造成托运人的损失,托运人可要求其负赔偿责任。

(3) 货物在承运责任期间内,发生毁损或灭失,承运人应当负赔偿责任。承运责任期间是指承运人自接受货物起至将货物交付收货人(包括按国家有关规定移交给有关部门)止,货物处于承运人掌管之下的全部时间。托运人还可以与承运人就货物在装车前和卸车后承担的责任另外达成协议。

(4) 如果有下述情况之一的,承运人举证后可不负赔偿责任:不可抗力;货物本身的自然性质变化或者合理损耗;包装内在缺陷,造成货物受损;包装体外表面完好而内装货物毁损或灭失;托运人违反国家有关法令,致使货物被有关部门查扣、弃置或做其他处理;押运人员责任造成的货物毁损或灭失;托运人或收货人过错造成的货物毁损或灭失。

(二) 托运人的责任

物流企业作为托运人一方,应承担以下违约责任:

(1) 未按合同规定的时间和要求,备好货物和提供装卸条件以及货物运达后无人收货或拒绝收货,而造成承运人车辆放空、延滞及其他损失,应负赔偿责任。

(2) 由于物流企业的以下过错,造成承运人、站场经营人、装卸搬运经营人的车辆、机具、设备等损坏、污染或人身伤亡以及因此而引起的第三方的损失,应负责赔偿;在托运的货物中有故意夹带危险货物和其他易腐蚀、易污染货物以及禁运、限运货物等行为;错报、匿报货物的重量、规格、性质;货物包装不符合标准,包装、容器不良,而从外部无法发现;错用包装、储运图示标志。

(3) 不如实填写运单、错报、误填货物名称或装卸地点,造成承运人错送、装货落空以及由此引起的其他损失,应负赔偿责任。

第三节 铁路货物运输法律法规

铁路货物运输是最常见的现代化的主要运输方式之一,物流企业在组织货物运输时也经常要用到这种运输方式。在我国,铁路货物运输要受《铁路法》、《合同法》、

《铁路货物运输合同实施细则》等相关法规的调整和约束。

一、铁路货物运输合同概述

(一) 铁路货物运输合同的含义

铁路货物运输合同是指铁路承运人根据托运人的要求,按期将托运人的货物运至目的地,交与收货人的合同。此时,物流企业通常作为托运人或托运人的代理人与铁路承运人签订铁路货物运输合同。铁路货物运输合同可分为整车货物运输合同和零担货物运输合同。

整车货物运输合同是指铁路承运人和托运人约定将货物用一整列货车来装载运送的铁路货物运输合同。在运输大宗货物时,一般会按照年度、半年度或者季度来签订整车货物运输合同。零担货物运输合同是指铁路承运人与托运人就不需要整车运输的少量货物签订的铁路货物运输合同。

(二) 铁路货物运输合同的订立

对于大宗货物的运输,物流企业可以与铁路承运人签订年度、半年度、季度运输合同,双方经过谈判协商,最后双方意思达成一致合同即成立。而零担货物的运输,则以铁路的货物运单代替运输合同。合同订立具体表现为货物的托运和承运,托运人按照货物运单的有关要求填写,经由铁路承运人确认,并验收核对托运货物无误后,合同即告成立。

(三) 铁路货物运输合同的变更和解除

铁路货物运输合同经双方同意,在规定的变更范围内可以办理变更。物流企业由于特殊原因,经承运人同意,对承运后的货物可以按批在货物的中途站或到站后办理变更到站或变更收货人。

在承运人同意承运货物后至其发货前,经双方协商一致,可以解除铁路货物运输合同。物流企业要求变更或解除合同时,要提交领货凭证和货物运输变更要求书,不能提交领货凭证的时候,要提交其他的有效证明文件,并在货物运输变更要求书内注明,还应该按照规定支付费用。

二、铁路货物运输合同双方当事人的义务

(一) 托运人的义务

物流企业作为托运人,在合同履行过程中应承担以下义务。

(1) 按照货物运输合同约定的时间和要求向承运人交付托运的货物。

(2) 需要包装的货物,应当按照国家包装标准或部包装标准(专业包装标准)进行包装;没有统一规定包装标准的,要根据货物性质,在保证货物运输安全的原则下进行包装,并按国家规定标明包装储运指示标志,笨重货物还应在每件货物包装上标明货物重量。

(3) 按规定需要凭证运输的货物,应出示有关证件。

（4）对整车货物,提供装载货物所需的货车装备物品和货物加固材料。

（5）托运人组织装车的货物,装车前应对车厢完整和清洁状态进行检查,并按规定的装载技术要求进行装载,在规定的装车时间内将货物装载完毕,或在规定的停留时间内将货车送至交接地点。

（6）在运输中需要特殊照料的货物,须派人押运。

（7）向承运人交付规定的运输费用。

（8）将领取货物凭证及时交给收货人并通知其到站领取货物。

（9）货物按保价运输办理时,须提出货物声明价格清单,支付货物保价费。

（10）国家规定必须保险的货物,托运人应在托运时投保货物运输险,对于每件价值在700元以上的货物或每吨价值在500元以上的非成件货物,实行保险与负责运输相结合的补偿制度,托运人可在托运时投保货物运输险。

（二）承运人的义务

铁路部门作为承运人负有以下义务,对此,作为托运人的物流企业有权要求承运人履行其义务。

（1）及时运送货物。铁路承运人应当按照铁路运输的要求,及时组织调度车辆,做到列车正点到达。铁路承运人应当按照全国约定的期限或者铁路主管部门规定的期限,将货物运到目的站。

（2）保证货物运输的安全,对承运的货物妥善处理。铁路承运人对于承运的容易腐烂的货物和活动物,应当按照铁路主管部门的规定和双方的约定,采取有效的保护措施。

（3）货物运抵到站后,及时通知收货人领取货物,并将货物交付收货人。

（三）承运人无法交付货物时的义务

无法交付的货物是指货物按期运抵到站后,收货人未在规定期限内及时领取货物或者托运人没有在规定期限内及时提出具体的处理意见,而导致承运人无法及时地将货物交付出去的情况。

如果自承运人发出领取货物的通知之日起满30日仍无人领取货物,或者收货人书面通知铁路运输企业拒绝领取货物,承运人会通知作为托运人的物流企业。如果物流企业自接到通知之日起满30日未做答复的,该货物将由承运人变卖,所得价款在扣除保管等费用后尚有余款的,退还给物流企业;无法退还,而自变卖之日起180日内物流企业又未领回的,将上缴国库。对危险物品和规定限制运输的物品,承运人将其移交给公安机关或者有关部门处理,而不应自行变卖。对于不宜长期保存的物品,承运人可以按照铁路主管部门的规定缩短处理期限。

▶▶ 案例

2018年7月21日,江苏省姜堰市某商业公司在哈尔滨铁路佳木斯车站托运666袋大豆,到站地为南京铁路分局某站,收货人为姜堰市食品厂。托运时,商业公司办理了保价运输,保价额为10万元。佳木斯车站于同日调拨一辆棚车装运,装车由商业公司委托佳木斯市物资经销公司自装。在装车时,商业公司派人监装,清点件数为666袋,装车完毕后两侧车门均施封。

2018年7月31日,该车大豆到达目的地南京铁路分局某站。卸车前,商业公司派员到场查收,发现车门的施封不见了。待货全部卸完,经清点仅有548袋,短少118袋。商业公司遂向法院起诉,要求铁路运输部门赔偿实际损失2.23万元。

法院在审理中查明,2018年7月30日,该车大豆编组于1141次列车,在运行经过晏城站时被盗,经公安机关查获,已追回了部分大豆。

铁路货物运输合同履行中,承运人应承担货物自接受承运时起到交付时止发生的灭失、短少、变质、污染或损坏的赔偿责任。

三、违约责任

(一) 托运人的责任

物流企业作为托运人如果没有履行自己的义务,或者没有完全履行托运人的义务,应承担下列责任。

(1) 由于物流企业错报或匿报货物的品名、重量、数量、性质而导致承运人的财产损失的,要承担赔偿责任。

(2) 由于物流企业对货物的真实情况申报不实,而使承运人少收取了运费,要补齐运费并按规定另行支付一定的费用。

(3) 承担由于从外表无法发现货物包装上的缺陷,或者由于未按规定标明储运图示标志而造成的损失。

(4) 在物流企业负责装车的情况下,由于加固材料的不合格或在交接时无法发现的对装载规定的违反而造成的损失,由物流企业承担责任。

(5) 由于押运人的过错而造成的损失,由物流企业承担责任。

(二) 承运人的责任

1. 货损责任

铁路承运人应当对承运的货物自接受承运时起到交付时止发生的灭失、短少、变质、污染或者损坏,承担赔偿责任。物流企业办理了保价运输的,按照实际损失赔偿,但最高不超过保价额;未办理保价运输的,按照实际损失赔偿,但最高不超过铁路主管部门规定的赔偿限额。如果损失是由于承运人的故意或者重大过失造成的,不适用赔偿限额的规定,按照实际损失赔偿。

2. 迟延交付的责任

承运人应当按照合同约定的期限或者铁路主管部门规定的期限,将货物运到目的站,逾期运到的,承运人应当支付违约金。违约金的计算以运费为基础,按比例退还。对于超限货物、限速运行的货物、免费运输的货物以及货物全部灭失的情况,则承运人不支付违约金。如果迟延交付货物造成收货人或托运人的经济损失,承运人应当赔偿所造成的经济损失。承运人逾期30日仍未将货物交付收货人的,托运人、收货人有权按货物灭失向承运人要求赔偿。

3. 承运人的免责事项

由于下列原因造成的货物损失,铁路承运人不承担赔偿责任。

(1) 不可抗力。

(2) 货物本身的自然属性或者合理损耗。

(3) 托运人或者收货人的过错。

【小资料】

危险货物运输

在铁路运输中,属化工原料及化工制品的货物具有与一般货物不同的特性,如黄磷在空气中能自燃、雷管受冲击会爆炸、硫酸有强烈腐蚀性、氰化钠有强烈毒性、同位素钴60能放射出射线等。因此,凡在铁路运输中,具有爆炸、易燃、毒害、腐蚀、放射性等特性,在运输、装卸和贮存保管过程中,容易造成人身伤亡和财产毁损而需要特别防护的货物,均属危险货物。

危险货物的危险性主要取决于货物自身的理化性质以及外界的环境条件。这些货物的理化性质具有的爆炸、易燃、腐蚀、毒害、放射性,是这些货物具有的内因特性,但是这些特性必须在一定的外因条件下才能显露出来。在铁路运输中进行的装车卸车、车内配装、库内存放以及调车作业、列车运行等,偶有不当就会导致造成内因变化的外因条件,招致事故的发生。如黄磷能自燃,这是它本身的理化性质,但黄磷只能在有氧气的条件下才能自燃,而黄磷不能和水发生作用。因此,在铁路运输中将黄磷封存在水中使之与氧气隔绝,在这个条件下,即使将水加热到100 ℃,黄磷也不会自燃起来。

危险货物品种繁多,性质复杂,要求运输保管条件不一。为了便于制定相应的运输条件、采取相应的防护措施以及一旦发生事故便于施救,按危险货物性质相近、运输条件相同的原则,将危险货物分为九类。第一类:爆炸品;第二类:压缩气体和液化气体;第三类:易燃液体;第四类:易燃固体、自燃物品和遇湿易燃物品;第五类:氧化剂和有机过氧化物;第六类:毒害品和感染性物品;第七类:放射性物品;第八类:腐蚀品;第九类:杂类。

所以,只要以科学的态度掌握各类危险货物的性质和变化条件,严格按规章办事,在搬运、装卸、运送、保管过程中杜绝可能导致造成内因变化的外因条件,就能保证安全、迅速地完成危险货物的运送工作。

四、国际铁路货物运输

我国与俄罗斯、蒙古、朝鲜、越南等邻国的通商货物,相当大一部分是通过国际铁路运输的。在通过国际铁路运送货物时,由于跨越国境的原因,托运人经常与铁路承运人签订货物运输合同,由铁路承运人去完成运输。

由于我国是《国际铁路货物联运协定》(简称《国际货协》)的缔约国之一,托运人在办理国际铁路货物运输时要遵守该公约的规定。该公约与国内铁路货物运输法律法规相比,有很多不同之处。

【小资料】

国际铁路运输相关规章有:①《国际铁路货物运送公约》(简称《国际货约》),于1938年10月1日生效;②《国际铁路货物联运协定》(简称《国际货协》),我国是《国际货协》的缔约国之一;③《国际铁路货物联运统一过境运价规程》(简称《统一货价》)和《关于统一过境运价规程的协约》,规定了参加统一货价的铁路,我国从1991年9月1日起施行;④《国境铁路协定》,是两相邻国家铁路部门签订的,规定办理联运货物交接出国境站、车辆及货物的交接条件和方法、交换列车和机动车运行办法及服务方法等。

(一) 运单的性质和作用

与国内铁路货物运输法律法规不同,《国际货协》对运单的法律性质做了明确的规定,即铁路始发站签发的运单是缔结运输合同的凭证,而不是合同本身。

根据国内法,国内铁路运输中运单的作用并不明确,而根据《国际货协》,运单的作用为以下几点。

(1) 运单是国际铁路货物运输合同的证明。

(2) 运单是铁路方收到货物和承运运单所列货物的内容的表面证据。

(3) 运单是铁路方在终点到站向收货人检收运杂费和点交货物的依据。

(4) 运单是货物出入沿途各国海关的必备文件。

(5) 运单是买卖合同支付货款的主要单证。

(二) 货运合同双方的义务及责任

1. 托运人的义务

根据《国际货协》的规定,作为托运人除了要遵守国内铁路运输中托运人须遵守的义务以外,还有一项非常重要的义务,那就是必须将在货物运送全程中为履行海关和其他规章所需要的添附文件附在运单上,必要时,还须附有证明书和明细书。这些文件只限与运单中所记载的货物有关。如果托运人不履行这项义务,承运人应拒绝承运。这项义务是由国际铁路货物运输需跨越国境的特点决定的,这也是在国内铁路运输中不会遇到的。

2. 承运人的义务及责任

在国际铁路货物运输中,承运人的义务包括以下几点。

(1) 及时运送货物。铁路承运人应当按照铁路运输的要求,及时组织调度车辆,做到列车正点到达。

(2) 保证货物运输的安全,对承运的货物妥善处理。

(3)货物运抵达站后,及时通知收货人领取货物,并将货物交付给收货人。

依据《国际货协》对承运人所应承担的责任的规定,承运人对货物的灭失、损坏和迟延交付负赔偿责任。对赔偿的范围和金额的计算规定有:对于货物全部或部分灭失,铁路的赔偿金额应按外国出口方在账单上所开列的价格计算,如发货人对货物的价格另有声明时,铁路应按声明的价格予以赔偿;如果货物遭受损毁,铁路应赔偿相当于货物减损金额的款额,不赔偿其他损失;声明价格的货物毁损时,铁路应按照货物由于毁损而减低价格的百分数,支付声明价格的部分赔款;如果货物逾期运到,铁路应以所收运费为基础,按逾期的长短,向收货人支付规定的逾期罚款;如果货物在某一条铁路逾期,而在其他条铁路都早于规定的期限运到,则确定逾期的同时,应将上述期限相互抵消。对货物全部灭失予以赔偿时,不得要求逾期罚款;如果逾期运到的货物部分灭失,则只对货物的未灭失部分,支付逾期罚款;如逾期运到的货物毁损时,除货物毁损的赔款额外,还应加上逾期运到罚款;铁路对货物赔偿损失的金额,在任何情况下,都不得超过货物全部灭失时的数额。

第四节 水路货物运输法律法规

对物流企业来说,如果要运送距离远、时间要求不紧的大批货物,水路运输是一个不错的选择。水路运输是利用船舶运载工具在水路上的运输,这是一种应用很广的运输方式。我国法律法规中,与水路运输有关的有《合同法》、《海商法》以及交通部颁布的《国内水路货物运输规则》。

其中,国内水路货物运输(包括沿海运输)适用《合同法》第十七章"运输合同"和交通部《国内水路货物运输规则》的规定;国际海上货物运输则适用《海商法》第四章"海上货物运输合同"的规定;租用船舶运输的情况适用《海商法》第六章"船舶租用合同"的规定。

一、水路货物运输合同的含义

水路货物运输合同是指承运人收取运输费用,负责将托运人托运的货物经水路由一港(站、点)运至另一港(站、点)的合同。水路货物运输包括班轮运输和航次租船运输。班轮运输是指在特定的航线上按照预订的船期和挂靠港从事有规律水上货物运输的运输形式。航次租船运输是指船舶出租人向承租人提供船舶的全部或者部分舱位,装运约定的货物,从一港(站、点)运至另一港(站、点)的运输形式。

二、水路货物运输合同的订立

【小资料】

班轮运输和航次租船运输这两种运输形式下的运输合同都属于水路货物运输合

同。在班轮运输条件下,班轮公司采取的一套适宜接收小批量货物运送的货运程序,可以为货主提供方便的运输服务,运价也相对稳定;而航次租船运输则更适于大批量货物的运输,租船人可以根据实际业务的需要来选择特定的船舶、航次、港口等来运送特定的货物。

订立水路货物运输合同可以采用书面形式、口头形式和其他形式。书面形式包括合同书、信件和数据电文等形式。

实务中,班轮运输形式下的运输合同一般通过订舱的方式成立。托运人通过填写订舱单,向班轮公司或其代理机构申请货物运输。订舱单一般应载明货物的品名、种类、数量、重量或体积、装货港、卸货港,以及装船期限等内容。班轮公司会根据订舱单的内容,结合船舶的航线、挂靠港、船期、舱位等情况决定是否接受货物的托运。如果班轮公司决定接受托运,双方意思达成一致,合同即告成立。

航次租船运输形式下的运输合同订立过程与船舶租用合同的订立过程类似,往往也是由双方在租船市场上通过询价、报价、还价等过程,最后签订合同。航次租船运输合同常常采用租船合同范本,托运人应注意对这些合同范本进行充分的利用。

三、运单

运单是水路货物运输合同的证明,而不是合同本身。运单的记载如果与运输合同不一致,可以视为对运输合同的变更。运单又是承运人已经接收货物的收据,它表示承运人已经按运单记载的状况接受货物,但运单不是承运人据以交付货物的凭证。

运单的内容一般包括以下内容:承运人、托运人和收货人名称,货物名称、件数、重量、体积(长、宽、高),运输费用及其结算方式,船名、航次,起运港、中转港和到达港,货物交接的地点和时间,装船日期,运到期限,包装方式,识别标志以及其他相关事项。

承运人接收货物应当签发运单,运单由载货船舶的船长签发的,视为代表承运人签发。运单签发后,承运人、承运人的代理人、托运人、到达港港口经营人、收货人各留存一份,另外一份由收货人收到货物后作为收据签还给承运人。承运人可以视情况需要增加或者减少运单份数。

四、水路货物运输合同双方当事人的义务

(一) 托运人的义务

(1) 及时办理港口、海关、检疫、公安和其他货物运输所需的各项手续,并将已办理各项手续的单证送交承运人,预付运费,另有约定除外。

(2) 所托运货物的名称、件数、重量、体积、包装方式、识别标志,应当与运输合同的约定相符。

(3) 妥善包装货物,保证货物的包装符合国家规定的包装标准。

(4) 在货物外包装或表面正确制作识别标志和储运指示标志。

(5)除另有约定外,托运人应预付运费。

(6)托运危险货物时,应当按照有关危险货物运输的规定,妥善包装,制作危险品标志和标签,并将其正式名称和危险性质以及必要时应当采取的预防措施书面通知承运人。

(7)除另有约定外,运输过程中需要饲养、照料的活动物、有生植物,以及尖端保密物品、稀有珍贵物品和文物、有价证券、货币等,托运人需要申报并随船押运,并在运单内注明押运人员的姓名和证件。托运人押运其他货物须经承运人同意。

(8)负责笨重、长大货物和舱面货物所需要的特殊加固、捆扎、烧焊、衬垫、苫盖物料和人工,卸船时要拆除和收回相关物料;需要改变船上装置的,货物卸船后应当负责恢复原状。

(9)托运易腐货物和活动物、有生植物时,应当与承运人约定运到期限和运输要求;使用冷藏船(舱)装运易腐货物的,应当在订立运输合同时确定冷藏温度。

(10)托运木(竹)排应当按照与承运人约定的数量、规格和技术要求进行编扎。

(11)承担由于下列原因发生的洗舱费用:托运人提出变更合同约定的液体货物品种;装运特殊液体货物(如航空汽油、煤油、变压器油、植物油等)需要的特殊洗舱;装运特殊污秽油类(如煤焦油等),卸后须洗刷船舱。

(12)在承运人已履行船舶运货义务的情况下,因货物的性质或者携带虫害等情况,需要对船舱或者货物进行检疫、洗刷、熏蒸、消毒的,应当由托运人或者收货人负责,并承担船舶滞期费等有关费用。

(二)承运人的义务

(1)使船舶处于适航状态,妥善配备船员、装备船舶和配备供应品,并使干货舱、冷藏舱、冷气舱和其他载货处所适于并能安全收受、载运和保管货物。

(2)按照运输合同的约定接收货物。

(3)妥善地装载、搬移、积载、运输、保管、照料和卸载所运货物。

(4)按照约定、习惯或者地理上的航线将货物运送到约定的目的港。承运人为救助或者企图救助人命或者财产而发生的绕航或者其他合理绕航,不属于违反该规定的行为。

(5)在约定期间或者在没有这种约定时在合理期间内将货物安全运送到指定地点。

(6)货物运抵目的港后,向收货人发出到货通知,并将货物交给指定的收货人。

五、货物的接收与交付

托运人与承运人交接货物应按以下规定进行:除另有约定外,散装货物按重量交接,其他货物按件数交接。散装货物按重量交接的,应当约定货物交接的计量方法;没有约定的,应当按船舶水尺数计量;不能按船舶水尺数计量的,运单中载明的货物重量对承运人不构成其交接货物重量的证据。

散装液体货物装船完毕,由托运人会同承运人按照规定在每处油舱和管道阀门进行施封,施封材料由托运人自备,并将施封的数目、印文、材料品种等在运单内载明;卸船前,由承运人与收货人凭舱封交接。托运人要求在两个以上地点装载或者卸载或者在同一卸载地点由几个收货人接收货物时,计量分劈及发生重量差数,均由托运人或者收货人负责。

承运人在目的港发出到货通知后,满 30 天收货人不提取或者找不到收货人,承运人应当通知托运人,托运人应在承运人发出通知后 30 天内负责处理该批货物。如果托运人未在规定期限内处理货物的,承运人可以将该批货物作无法交付货物处理。

六、违约责任

(一) 托运人的责任

(1) 未按合同约定提供货物应承担的违约责任。

(2) 因办理各项手续和有关单证不及时、不完备或者不正确,造成承运人损失的,应当承担赔偿责任。

(3) 因托运货物的名称、件数、重量、体积、包装方式、识别标志与运输合同的约定不相符,造成承运人损失的,应当承担赔偿责任。

(4) 因未按规定,托运危险货物给承运人造成损失的,应当承担赔偿责任。

托运人因不可抗力不能履行合同的,根据不可抗力的影响,部分或者全部免除责任。迟延履行后发生不可抗力的,不能免除责任。

(二) 承运人的责任

(1) 承运人对运输合同履行过程中货物的损坏、灭失或者迟延交付承担损害赔偿责任。

(2) 如果托运人在托运货物时办理了保价运输,货物发生损坏、灭失,承运人应当按照货物的声明价值进行赔偿。但是,如果承运人证明货物的实际价值低于声明价值,则按照货物的实际价值赔偿。

(3) 货物未能在约定或者合理期间内在约定地点交付的,为迟延交付。对由此造成的损失,承运人应当承担赔偿责任。承运人未能在约定或者合理期间届满的次日起 60 日内交付货物,可以认定货物已经灭失,承运人应承担损害赔偿责任。

(三) 承运人的免责事项

承运人对运输合同履行过程中货物的损坏、灭失或者迟延交付承担损害赔偿责任,但承运人能够证明货物的损坏、灭失或者迟延交付是由于下列原因造成的除外。

(1) 不可抗力。

(2) 货物的自然减量和合理损耗。

(3) 包装不符合要求。

(4) 包装完好但货物与运单记载内容不符。

(5) 识别标志、储运指示标志不符合规定。

(6) 托运人申报的货物重量不准确。
(7) 托运人押运过程中的过错。
(8) 普通货物中夹带危险、流质、易腐货物。
(9) 托运人、收货人的其他过错。

货物在运输过程中因不可抗力灭失,未收取运费的,承运人不得要求支付运费;已收取运费的,托运人可以要求返还。货物在运输过程中因不可抗力部分灭失的,承运人按照实际交付的货物比例收取运费。

七、海上货物运输

海上货物运输是指使用船舶经过海路或与海相通的可航水域,将货物从一个港口运送到另一个港口的运输方式。海上货物运输可分为国际海上货物运输和国内沿海运输。

【小资料】

按照我国法律规定,国际海上货物运输适用《海商法》第四章"海上货物运输合同"的规定;我国内地至港澳台地区的海上货物运输,目前是比照国际海上货物运输处理;我国港口间的海上货物运输,即沿海运输,则适用《合同法》第十七章"运输合同"和交通部《国内水路货物运输规则》的规定。由《海商法》所调整的海上货物运输主要是国际的海上运输,并且限于商业行为。

(一) 海上货物运输合同概述

1. 海上货物运输合同的含义

海上货物运输合同是指承运人收取运费,负责将托运人托运的货物经海路由一港运至另一港的合同。

在海上货物运输合同中,承运人是一方当事人,通常称为船方,是指本人或者委托他人以本人名义与托运人订立海上货物运输合同的人。托运人是另一方当事人,称为货方,是指本人或者委托他人以本人名义或者委托他人为本人与承运人订立海上货物运输合同的人,也指本人或者委托他人以本人名义或者委托他人为本人将货物交给与海上货物运输合同有关的承运人的人。海上货物运输合同的标的物是在海上运输的货物,包括活动物和由托运人提供的用于集装货物的集装箱、货盘或者类似的装运器具。

2. 海上货物运输合同的种类

海上货物运输合同主要包括件杂货运输合同和航次租船合同两种。

(1) 件杂货运输合同。件杂货运输合同又称零担运输合同,是指承运人在不出租船舶的情况下负责将件杂货由一港运至另一港,而由托运人支付运费的协议。件杂货运输合同通常是班轮运输所采用的。按照这种运输方式,承运人接受众多托运人的货物,将它们装于同一船舶,按规定的船期,在一定的航线上,以规定的港口顺序运输货物。件杂货运输合同大多数是以提单的形式表现和证明的,因此件杂货运输又被称作提单运输。目前,海运单作为件杂货运输合同的特别形式,在国际海运实践中的应用日趋广泛。

(2) 航次租船合同。航次租船合同又称航程租船合同,是指船舶出租人向承租人提供船舶或者船舶的部分舱位,装运约定的货物,从一港运至另一港,并由承租人支付约定运费的合同。这种合同具体又分为单航次租船合同、往返航次租船合同、连续单航次租船合同、连续往返航次租船合同等多种形式。此类合同适用于不定期船舶运输。

3. 海上货物运输合同的订立

海上货物运输合同的订立过程就是双方当事人协商一致的过程,要经过要约和承诺两个阶段。但是,从实务的角度来看,就订立的具体方式和程序而言,件杂货运输合同与航次租船合同又各有特点。

从事件杂货运输的班轮公司,为了从事正常经营,通常在其航线经过的地方或其他地方设有营业场所或代理机构。货物托运人及其代理人在向班轮公司或其上述机构申请货物运输时,通常要填写订舱单,并载明货物的品种、数量、装船期限、卸货港等内容。承运人根据订舱单的内容并结合情况决定是否接受,如果接受托运,即在订舱单上指定船名并签字。至此,双方协商一致,运输合同即告成立。我国各专业进出口公司在出口货物时,通常采取的办法是,由中国对外贸易运输公司作为托运人向中国船务代理公司或中国外轮代理公司办理托运手续。班轮运输的特点决定了件杂货运输合同一般通过订舱的方式订立。

航次租船合同与件杂货运输合同不同,它除了由船舶出租人和承租人直接洽谈协商外,通常还通过船舶经纪人达成。船舶经纪人受出租人或承租人的委托,代表出租人或承租人磋商租船事宜。在航运实践中,一些航运组织、船舶公司,为了省时省力和满足自身利益的需要,事先根据不同航线或货种的需要,拟定租船合同标准格式,以供订约时参考。这些标准合同条款比较齐备,当事人只需按自己的需要适当修订便可使用。实际上,几乎所有的租船合同,都是双方当事人在协议选用的标准合同基础上,订立附加条款,对原有条款进行修改、删减和补充而达成的。根据《合同法》的原则,如果附加条款与原格式合同的印刷内容相抵触,则应以附加条款为准。

关于运输合同的形式,《海商法》第43条规定:"承运人或者托运人可以要求书面确认海上货物运输合同的成立。但是,航次租船合同应当书面订立。电报、电传和传真具有书面效力。"

(二) 海上货物运输合同当事人的义务和责任

1. 承运人的义务

(1) 提供船舶并保证适航的义务。船舶是海上货物运输的工具。承运人在海上货物运输合同中最主要的义务是应提供约定的船舶,并保证适航。《海商法》第47条所做出的具体规定是:"承运人在船舶开航前和开航当时,应当谨慎处理,使船舶处于适航状态，妥善配备船员、装备船舶和配备供应品，并使货舱、冷藏舱、冷气舱和其他载货处所适于并能安全收受、载运和保管货物。"承运人在这方面的义务又称为适航义务，属于法定义务。

（2）装卸、运送和交付货物的义务。《海商法》第 48 条规定："承运人应当妥善地、谨慎地装载、搬移、积载、运输、保管、照料和卸载所运货物。"本条义务又称管货义务，也属于法定义务。

（3）合理速遣义务。《海商法》第 49 条规定："承运人应当按照约定的或者习惯的或者地理上的航线将货物运往卸货港。"本条义务也称合理速遣义务，属于法定义务，它包括按顺序选航线和不得非合理绕航两方面的内容。

2．承运人的责任

当事人的违约赔偿责任是合同的核心内容之一，对此，无论是立法者还是合同的双方当事人无不予以高度重视。《海商法》对承运人违约的损害赔偿责任也做了详细、系统的规定。

（1）承运人的责任期间。承运人的责任期间是指承运人对货物运送负责的期间。《海商法》第 46 条对承运人的责任期间做了如下具体规定："承运人对集装箱装运的货物的责任期间，是指从装货港接收货物时起至卸货港交付货物时止，货物处于承运人掌管之下的全部期间。承运人对非集装箱装运的货物的责任期间，是指从货物装上船时起至卸下船时止，货物处于承运人掌管之下的全部期间。在承运人的责任期间，货物发生灭失或者损坏，除本节另有规定外，承运人应当负赔偿责任。前款规定，不影响承运人就非集装箱装运的货物，在装船前和卸船后所承担的责任，达成任何协议。"

（2）承运人的免责范围和赔偿责任原则。《海商法》第 51 条规定，在责任期间货物发生的灭失或者损坏是由下列原因之一造成的，承运人不负赔偿责任：

①船长、船员、引航员或者承运人的其他受雇人在驾驶船舶或者管理船舶中的过失；

②火灾，但是由于承运人本人的过失所造成的除外；

③天灾，海上或者其他可航水域的危险或者意外事故；

④战争或者武装冲突；

⑤政府或者主管部门的行为、检疫限制或者司法扣押；

⑥罢工、停工或者劳动受到限制；

⑦海上救助或者企图救助人命或者财产；

⑧托运人、货物所有人或者他们的代理人的行为；

⑨货物的自然特性或者固有缺陷；

⑩货物包装不良或者标志欠缺、不清；

⑪经谨慎处理仍未发现的船舶潜在缺陷；

⑫非由于承运人或者承运人的受雇人、代理人的过失造成的其他原因。

承运人依照这些规定免除赔偿责任的,除第②项规定的原因外,应负举证责任。

(3) 承运人赔偿责任范围及赔偿责任限制。

第一,承运人赔偿责任范围。承运人赔偿责任范围是指赔偿责任所包括的具体内容,或者说是承运人赔偿数额的大小。

【小资料】

《海商法》第55条关于承运人赔偿责任范围的规定是:"货物灭失的赔偿额,按照货物的实际价值计算;货物损坏的赔偿额,按照货物受损前后实际价值的差额或者货物的修复费用计算。"

货物的实际价值,按照货物装船时的价值加保险费和运费计算。

《海商法》第55条规定的货物实际价值,赔偿时应当减去因货物灭失或者损坏而少付或者免付的有关费用。由此可见,承运人的赔偿责任范围仅限于直接损失,而不包括间接损失,这是与海上运输风险的特殊性有密切关系的。

第二,承运人赔偿责任限制。承运人(船舶所有人)赔偿责任限制又称"单位责任限制",是指承运人应承担的赔偿责任,按计算单位计算,限制在一定范围之内的责任限制制度,即法律规定一个单位最高赔偿额,超过限额的部分承运人不负赔偿责任。

【小资料】

《海商法》第56条规定:"承运人对货物的灭失或者损坏的赔偿限额,按照货物件数或者其他货运单位数计算,每件或者每个其他货运单位为666.67计算单位,或者按照货物毛重计算,每公斤为2计算单位,以二者中赔偿限额较高的为准。但是,托运人在货物装运前已经申报其性质和价值,并在提单中载明的,或者承运人与托运人已经另行约定高于本条规定的赔偿限额的除外。"

货物用集装箱、货盘或者类似装运器具集装的,提单中载明装在此类装运器具中的货物件数或者其他货运单位数,视为《海商法》第56条所指的货物件数或者其他货运单位数;未载明的,每一装运器具视为一件或者一个单位。装运器具不属于承运人所有或者非由承运人提供的,装运器具本身应视为一件或者一个单位。这里的"计算单位"指特别提款权(下同)。

承运人对货物因迟延交付造成经济损失的赔偿限额,为所迟延交付的货物的运费数额。货物的灭失或者损坏和迟延交付同时发生的,承运人的赔偿责任限额适用货物灭失或损坏的限额。

第三,承运人赔偿责任的承担和分担。承运人赔偿责任的承担和分担是承运人赔偿责任的一个重要方面,它同上述其他内容一样,都直接关系着海上运输合同当事人和关系人的利益平衡。

3. 托运人的义务

(1) 提供约定货物和运输所需各项单证的义务。

(2) 支付运费及其他费用的义务。
(3) 妥善托运危险货务的义务。

(三) 运输单证

国际海上货物运输中最常见的运输单证就是提单。

1. 提单的含义

根据《海商法》的规定,提单是指用以证明海上货物运输合同和货物已经由承运人接收或者装船,以及承运人保证据以交付货物的单证。提单中载明的向记名人交付货物,或者按照指示人的指示交付货物,或者向提单持有人交付货物的条款,构成承运人据以交付货物的保证。

2. 提单的签发及内容

(1) 提单的签发。货物由承运人接收或装船后,应托运人的要求,承运人应当签发提单。提单的签发人一般包括承运人、承运人的代理人和船长。在国际航运实践中,提单通常由船长签发。船长是承运人的当然代理人,无须经承运人的特别授权便可签发提单。但是,如果提单由承运人的代理人签发,则代理人必须得到承运人的合法授权,否则代理人无权签发。

(2) 提单的内容。提单内容一般包括下列各项:货物的品名、标志、包数或者件数、重量或者体积,以及运输危险货物时对危险性质的说明;承运人的名称和主营业所;船舶名称;托运人的名称;收货人的名称;装货港和在装货港接收货物的日期;卸货港;多式联运提单增列接收货物地点和交付货物地点;提单的签发日期、地点和份数;运费的支付;承运人或者其代表的签字。

提单缺少上述其中的一项或几项的,不影响提单的性质,但是应当符合《海商法》有关提单的规定。

3. 提单的种类

按照不同的划分标准,提单可划分为许多种类。

1) 按提单抬头分类

(1) 记名提单。记名提单是由托运人指定收货人的提单,又称收货人抬头提单。这种提单由托运人在提单正面收货人一栏中注明特定的收货人。承运人只能将货物交给托运人指定的收货人。

收货人不能将记名提单背书转让。如要转让货物,收货人只能按照一般的财产转让手续办理。记名提单虽然因其不能转让而避免了转让中的风险,但同时也失去了流通性,从而使其使用受到很大限制。因而,在国际贸易中较少使用,一般只用于运输展览品或贵重物品。

(2) 指示提单。指示提单是指提单正面收货人一栏填有"凭指示"或"凭某人指示"字样的一种提单。指示提单是一种可转让提单。提单的持有人可以通过背书的方式把它转让给第三者,而无须经过承运人认可,所以这种提单受到买方的欢迎,在国际海运业务中使用较广泛。

(3) 不记名提单。不记名提单又称空白提单,是指在提单正面收货人一栏内不具体填写收货人或"凭某人指示",而只注明"持有人"或"交与持有人"字样,日后凭单取货的提单。使用不记名提单,承运人交付货物仅凭提单不凭人,谁持有提单,谁就有权提货。它不加背书即可转让,手续简便。但是,这种提单给买卖双方带来的风险都很大,一旦发生遗失或被盗,然后再转到第三者手中就极易发生纠纷,所以在国际贸易中已较少使用。

2) 按货物是否已装船分类

(1) 已装船提单。已装船提单是指货物装船后由承运人签发给托运人的提单。如果承运人签发了已装船提单,就是确认已经将货物装在船上。这种提单除载明一般事项外,通常还必须注明装载货物的船舶名称及装船日期。在航运实践中,除集装箱货物运输外,现在大多采用已装船提单。

(2) 备运提单。备运提单又称待运提单。它是承运人在收到托运人交付的货物但还没有装船时应托运人的要求而签发的提单。承运人签发了备运提单,只说明承运人确认货物已交给承运人保管,并存入承运人所控制的仓库,而不能说明承运人确实已将货物装到船上。这种提单通常要载明货物拟装某船,但若预定船舶不能按时到港,则承运人对此不负责任,并有权另换他船。当货物装上预定船舶后,承运人可以在备运提单正面加注"已装船"字样和装船日期,并签字盖章,从而使之成为已装船提单。同样,托运人也可以用备运提单向承运人换取已装船提单。

3) 按提单上有无批注分类

(1) 清洁提单。清洁提单是承运人未加批注的提单。这种提单由于托运人交付的货物"外表状况良好",所以,承运人在签发提单时,未加任何有关货物减损、外表包装不良或其他影响结汇的批注。所谓"外表状况良好",仅意味着在目力所及的范围内,货物是在外观良好的情况下装上船的,并不排除货物存在着内在瑕疵及其他目力所不及的缺陷。

【小资料】

承运人签发清洁提单而产生的责任

承运人一旦签发了清洁提单就得对此负责。货物在卸货港卸下后,如果发现残损,除非是由于承运人可以免责的原因所致,否则承运人应对收货人负责赔偿,而不得借口签发清洁提单之前就存在包装不良的情况来推卸责任。

(2) 不清洁提单。不清洁提单又称有批注提单,是指被承运人加有批注的提单。这种提单,承运人因在货物装船时发现货物并非"外表状况良好",而加上诸如"包装箱损坏"、"渗漏"、"破包"、"锈蚀"等形容货物的外观状态的批注。但是,并非加上任何批注的提单都属于不清洁提单,如果提单上批注的只是"重量、数量不详"等内容,则视为"不知条款",不能视为不清洁提单。

4) 按运输方式分类

(1) 直达提单。直达提单又称直运提单,是指货物自装货港装船后,中途不转船,直接运至卸货港的提单。直达提单上不得有"转船"或"在某港转船"的批注。但是,有时提单条款内虽无"转船"批注,但却列有承运人有权转装他船的所谓"自由转船条款",这种提单通常也属于直达提单。

(2) 海上联运提单。海上联运提单又称转运提单,是指货物从装货港装船后,在中途转船,交由其他承运人用船舶接运至目的港的提单。通常签发海上联运提单的联运承运人又是第一程承运人,应对全程运输负责,其他接运承运人则应分别对自己承担的那部分运输负责。

在实践中,也有的海上联运提单规定,联运承运人仅对自己完成的第一程运输负责,并且对于第二程运输期间发生的货损不负连带责任。这种责任划分的方式虽然可以充分保护联运承运人的利益,但通常使托运人难以接受,不利于承运人参与航运市场的竞争。

(3) 多式联运提单。多式联运提单是指多式联运承运人将货物以包括海上运输在内的两种以上的运输方式,从一地运至另一地而签发的提单。这种提单通常用于国际集装箱货物运输。

4. 提单以外的运输单证

提单以外的运输单证主要有海运单和电子提单,它们分别具有不同的形式、性质和流转程序。

(1) 海运单。所谓海运单(sea way bill, SWB),又称运单,是证明海上货物运输合同,以及承运人已将货物接管或装船并保证交给指定的收货人的一种不可转让的运输单证。

海运单保留了提单所具有的合同证明和货物收据的职能,却不再具备物权凭证职能。这样一方面虽然克服了提单的收货人有时难以及时提货的弱点,消除了非正当收货人进行欺诈的风险;另一方面却使海运单丧失了可转让性,从而缩小了海运单在货物运输中的适用范围,即海运单不能适用于货主有转卖货物意图的场合。

海运单与提单一样,也是一种书面单证,也包括正面和背面内容,而且与提单大致相似,只是其正面通常注有"不可流通"字样。

(2) 电子提单。除了提单和海运单之外,在国际海运实践中,还存在一种有关海上货物运输合同的电子数据,即电子提单。电子提单的形式已经不再是一种纸面运输单证,而是按一定规则组合而成的一系列电子数据;其传输途径也不是传统的通信方式,而是通过电子计算机网络输送。

电子提单按密码进行流转,能够有效地防止海运单证的欺诈,但其流转的前提是建立托运人、承运人、承运人代理人、收货人和银行之间的计算机网络系统。目前,除了美国等少数国家已建立起相应的交易系统外,其他国家尚未形成这种多用户网络。

国际海事委员会1990年第34届大会已通过了《国际海事委员会电子提单规

则》,该规则规定了以下法律问题。

①电子提单中传输的特定运输条件和条款,是其证明的运输合同的组成部分。

②电子提单应受适用于传统提单的国际公约和国内法的制约。

③电子提单下的货物支配权,包括向承运人请求提货,指定收货人或替换收货人,或者根据运输合同的条款和条件向承运人发出指示,如请求在货物运抵目的港之前交付货物等权利,可以从托运人转移给银行,然后再从银行转移给收货人。收货人在货物运输途中将其享有的货物支配权转让给其他人的,视为货物所有权的转移。

因此,电子提单保留了传统提单的流通功能。

第五节　航空货物运输法律法规

随着航空工业技术的发展和国际贸易市场对货物供应的要求,航空货物运输在货运中所占的比例越来越大。但由于各国对航空业的管理和控制很严格,物流公司使用自有航空器进行运输很难做到,包机运输限制也较多,加之复杂的审批手续大大增加了运输成本,故实际开展包机业务的地区并不多。

实践中,物流公司更多的是选择与航空公司签订航空货物运输合同来完成货物运输。在我国,航空货物运输要受《民航法》、《合同法》和中国民用航空总局(现更名为中国民用航空局)颁布的《中国民用航空货物国内运输规则》的调整。

一、与航空公司签订包机合同进行运输

(一) 包机合同的含义

包机合同是指航空公司按照合同约定的条件把整架飞机或飞机的部分舱位租给包机人,把货物由一个或几个航空港运到指定目的地,并由包机人支付约定费用的合同。包机分为整机包机和部分包机。整机包机是指航空公司把整架飞机租给一个包机人的航空运输方式;而部分包机是指由几家包机人联合包租一架飞机,或者由航空公司把一架飞机的舱位分别租给几家包机人的航空运输方式。

(二) 包机合同双方的义务

1. 包机人的义务

(1) 提供包机合同中约定的货物,并对货物进行妥善的包装。

(2) 按照约定支付费用。

2. 航空公司作为出租人的义务

(1) 按照合同约定提供适宜货物运输的飞机或舱位。

(2) 按照合同约定的期限将货物运到目的地。

(3) 保证货物运输的安全。

二、签订航空货物运输合同进行运输

(一) 航空货物运输合同的含义

航空货物运输合同是指航空承运人与托运人签订的,由航空承运人通过空运的方式将货物运至托运人指定的航空港,交付给托运人指定的收货人,由托运人支付运费的合同。

(二) 航空货物运输合同双方的义务

1. 托运人的义务

(1) 应当按照航空货物运输合同的约定提供货物。

(2) 应对货物按照国家主管部门规定的包装标准进行包装。

(3) 要及时支付运费。除非托运人与承运人有不同约定,运费应当在承运人开具航空货运单时一次付清。

(4) 如实申报货物的品名、重量和数量。货物毛重每千克价值在人民币20元以上的,可办理货物声明价值,按规定缴纳声明价值附加费。每张货运单的声明价值一般不超过人民币50万元。已办理托运手续的货物要求变更时,声明价值附加费不退。

(5) 要遵守国家有关货运安全的规定,妥善托运危险货物,并按国家关于危险货物的规定对其进行包装。不得以普通货物的名义托运危险货物,也不得在普通货物中夹带危险品。

(6) 应当提供必需的资料和文件,以便在货物交付收货人前完成法律、行政法规规定的有关手续。

2. 承运人的义务

(1) 按照航空货运单上填明的地点,在约定的期限内将货物运抵目的地。

(2) 按照合理或经济的原则选择运输路线,避免货物的迂回运输。

(3) 对承运的货物应当精心组织装卸作业,轻拿轻放,严格按照货物包装上的储运指示标志作业,防止货物损坏。

(4) 保证货物运输安全。

(5) 按货运单向收货人交付货物。货物运至到达站后,除另有约定外,承运人应当及时向收货人发出到货通知。通知包括电话和书面两种形式。急件货物的到货通知应当在货物到达后2小时内发出,普通货物应当在24小时内发出。

自发出到货通知的次日起,货物免费保管3日。逾期提取,承运人按规定核收保管费。货物被检察机关扣留或因违章等待处理存放在承运人仓库内,由收货人或托运人承担保管费和其他有关费用。

(三) 违约责任

1. 托运人的责任

(1) 因在托运货物内夹带、匿报危险物品,错报笨重货物重量,或违反包装标准和规定,而造成承运人或第三人的损失,须承担赔偿责任。

(2) 因没有提供必需的资料、文件,或者提供的资料、文件不充足或者不符合规定而造成的损失,除由于承运人或者其受雇人、代理人的过错造成的外,应当对承运人承担责任。

(3) 未按时缴纳运输费用的,应承担违约责任。

2. 承运人的责任

因发生在航空运输期间的事件,造成货物毁灭、遗失或者损坏的,承运人应当承担责任。航空运输期间是指在机场内、民用航空器上或者机场外降落的任何地点,托运行李、货物处于承运人掌管之下的全部期间,其中不包括机场外的任何陆路运输、海上运输、内河运输过程;但是,如果此种陆路运输、海上运输、内河运输是为了履行航空运输合同而进行装载、交付或者转运,在没有相反证据的情况下,所发生的损失视为在航空运输期间发生的损失。

在货物运输中,经承运人证明,损失是由索赔人或者代行权利人的过错造成或者促成的,应当根据造成或者促成此种损失的过错程度,相应免除或者减轻承运人的责任。

货物在航空运输中因延误造成的损失,承运人应当承担责任;但是,承运人证明本人或者其受雇人、代理人为了避免损失的发生,已经采取一切必要措施或者不可能采取任何措施的,不承担责任。

3. 承运人的免责事项

承运人证明货物的毁灭、遗失或者损坏是由于下列原因之一造成的,不承担赔偿责任。

(1) 货物本身的自然属性、质量或者缺陷。

(2) 承运人或者其受雇人、代理人以外的人包装货物的,货物包装不良。

(3) 战争或者武装冲突。

(4) 政府有关部门实施的与货物入境、出境或者过境有关的行为。

4. 承运人的责任限额

国内航空运输承运人的赔偿责任限额由国务院民用航空主管部门制定,报国务院批准后公布执行。《中国民用航空货物国内运输规则》规定:"货物没有办理声明价值的,承运人按照实际损失的价值进行赔偿,但赔偿最高限额为毛重每公斤人民币20元。"托运人在交运货物时,特别声明在目的地交付时的利益,并在必要时支付附加费的,除承运人证明托运人声明的金额高于货物在目的地交付时的实际利益外,承运人应当在声明金额范围内承担责任。

任何旨在免除承运人责任或者降低承运人赔偿责任限额的条款,均属无效。但是,此种条款的无效,不影响整个航空运输合同的效力。

【小资料】

中国最大航空运输事故案

在航空公司不知情的情况下,中国化工建设大连公司(简称大连化建)空运一批强腐蚀性化学物品,导致整架飞机腐蚀报废。为此,承运的马来西亚航空公司及曼班通用保险公司等五家境外保险公司将大连化建诉至北京市高级人民法院,成为历时五年、索赔金额迄今为止北京市最高的民事诉讼案件。北京市高级人民法院最后判决大连化建赔偿五家境外保险公司6500余万美元,同时驳回马来西亚航空公司的其他诉求。

这起案件是我国最大一起国际航空运输事故损害赔偿纠纷,由于案件原被告众多且有一半在境外,这起巨额索赔案共审理了5年,其中上诉管辖用了1年,交换证据和质证用了3年。

三、国际航空货物运输

【小资料】

在国际航空货物运输方面,我国加入了《统一国际航空运输某些规则的公约》(通称《华沙公约》)及《海牙议定书》。我国《民航法》中对国际航空货物运输的部分事项也做了特别规定。中国民航总局还于2000年发布并实施了《中国民用航空货物国际运输规则》,专门对国际航空货物运输中的相关问题做出了特殊规定。托运人在办理国际航空货物运输时要注意遵守这些特殊的规定。

在进行国际航空货物运输方面,各国出于安全方面的考虑而做出了种种限制,一般以托运人与航空公司签订国际航空货物运输合同的形式,把货物运输交给航空公司来完成货物运输。

就国际航空货物运输来说,在承运人的责任方面,与国内航空货物运输有所不同,这主要表现在承运人的免责事项和责任限额方面。

(一)承运人的免责事项

《民航法》虽然没有对承运人的免责事项做出特别规定,但《华沙公约》和《海牙议定书》规定,在下列情况下,承运人可以免除或减轻责任。

(1)如果承运人证明自己及其代理人为了避免损失的发生,已经采取了一切必要的措施,或者不可能采取任何措施时,即可免责。

(2)如果承运人能证明损失是由受损方引起或造成的,则可视情况免除或减轻责任。

(二)承运人的责任限额

与国内航空货物运输的责任限额不同,《民航法》规定,国际航空货物运输承运人对货物的赔偿责任限额为每千克为 17 计算单位(即特别提款权)。托运人在交运货物时,特别声明在目的地交付时的利益,并在必要时支付附加费的,除承运人证明托运人声明的金额高于货物在目的地交付时的实际利益外,承运人在声明金额范围内承担责任。

货物的一部分或者货物中的任何物件毁灭、遗失、损坏或者延误的,用以确定承运人赔偿责任限额的重量,仅为该一包件的总重量。但是,因货物的一部分或者货物中的任何物件的毁灭、遗失、损坏或者延误,影响同一份航空货运单所列其他包件的价值的,确定承运人的赔偿责任限额时,此种包件的总重量也应当考虑在内。

《民航法》规定,在国际航空运输中,承运人同意未经填具航空货运单而载运货物的,或者航空货运单上未依照所适用的国际航空运输公约的规定做出此项运输适用该公约的声明的,承运人无权援用《民航法》第 129 条有关赔偿责任限制的规定。

《华沙公约》规定,对于货物的灭失、损坏或迟延交付,承运人的最高赔偿限额为每千克 250 金法郎。但是,托运人在向承运人交货时,特别声明货物运到后的价值,并已缴付必要的附加费的,则不在此限。在这种情况下,承运人的赔偿以声明的金额为限,除非承运人证明该金额高于货物运到的实际价值。同时,《海牙议定书》还规定,如经证明损失系由承运人及其雇佣人或代理人故意或明知可能造成损失而漠不关心的行为或不行为造成的,并证明是在执行其受雇职务范围内的行为时造成的,则不适用公约的责任限额。

第六节 多式联运法律法规

多式联运作为一种现代化的、先进的货运方式,是在集装箱运输的基础上产生和发展起来的。20 世纪 60 年代,多式联运首先在美国出现,它一经出现就显示出巨大的生命力。随后,美洲、欧洲及亚洲部分地区纷纷效仿推广。目前,多式联运在国际货物运输中正日益发挥重要作用。采用多式联运方式来运送货物可以缩短运输时间,保证货运质量,节省运输费用,实现真正的运输合理化。

我国的《海商法》和《合同法》对多式联运的相关事项都做了规定,1997 年交通部和铁道部还联合颁布了《国际集装箱多式联运管理规则》,专门对集装箱多式联运的有关问题做了规定。

一、多式联运概述

(一) 多式联运的含义

多式联运是指以两种及两种以上不同的运输方式完成同一货物的运输全过程的行为。多式联运涉及两个及两个以上的承运人,而且是不同运输方式的承运人。

《联合国国际货物多式联运公约》第 1 条规定:"国际多式联运是指按照多式联运

合同,以至少两种不同的运输方式,由多式联运经营人将货物从一国境内接管货物的地点运至另一同境内指定交付货物的地点。"

(二) 多式联运的法律特征

与其他运输方式相比,多式联运具有以下法律特征。

(1) 只有一个多式联运承运人,而且要对全程运输负责。多式联运承运人又称多式联运经营人,我国《海商法》第 102 条第(2)款规定:"前款所称多式联运经营人,是指本人或者委托他人以本人名义与托运人订立多式联运合同的人。"虽然多式联运合同的承运人只有一个,但实际承担运输义务的人至少是两个以上,而且分别采用不同的运输方式,否则,就不能称之为多式联运。例如,公路运输企业与铁路运输企业进行联合运输,就是一种多式联运,如果仅是铁路运输企业之间进行联合运输,则不属于多式联运。

多式联运经营人与托运人签订多式联运合同,按照合同规定,多式联运经营人对全程运输负总的责任。但为了履行合同,多式联运经营人可把部分运输以自己的名义委托其他各承运人完成。

(2) 存在一个多式联运合同,此合同明确规定多式联运经营人和托运人之间的权利、义务和责任,并由此出现了多式联运单据、统一收取运费和对全程负责的问题。多式联运经营人收到托运人交付的货物时,应当签发多式联运单据,多式联运单据具有合同的效力。缔约承运人的行为对全体承运人均具有法律效力。运费的单一性、运输全程化是多式联运的基本特征。

(3) 使用一份全程多式联运单据。多式联运单据是由多式联运经营人在接管货物时签发给托运人的,用以证明多式联运合同以及证明多式联运经营人已接管货物并交付货物的单据。虽然多式联运单据与提单具有相同的功能,但它们的内容却存在很大差异。不过,当第一运输是海运时,多式联运单据常表现为多式联运提单。

(4) 是两种以上不同运输方式的连贯运输,包括铁路运输、公路运输、航空运输、海运等任何两种运输方式的联合运输。

二、多式联运合同

(一) 多式联运合同的含义

多式联运合同是指多式联运经营人与托运人签订的,由多式联运经营人以两种或者两种以上不同的运输方式将货物自接管地运至交付地,并收取全程运费的合同。运输方式是指铁路运输、公路运输、航空运输、海运等方式。在多式联运中,托运人一次交费并使用同一运输凭证。

多式联运是在集装箱运输的基础上产生和发展起来的。多式联运提供的是"一次托运、一次收费、一票到底、一次保险、全程负责"的"一条龙"服务。多式联运把海上运输、铁路运输、公路运输、航空运输等传统的、单一的、分阶段的运输方式和过程结合起来,形成连贯运输,提高了运输效率。

多式联运承运人又称为多式联运经营人,是指本人或者委托他人以本人名义与托运人订立多式联运合同的人。

(二) 多式联运合同的订立

签订多式联运合同的程序与一般合同一样,都要经过要约和承诺两个阶段。不同的是,多式联运合同的实际承运人是数个不同的具有独立法人资格的运输企业,除了缔约承运人参与订立合同外,其他承运人并不参与合同的订立过程,也不作为当事人出现在合同中。也就是说,对托运人而言,他们只是与缔约承运人发生法律上的权利和义务关系,因而,多式联运合同并不属于多方当事人合同,仍然是只有双方当事人的合同,并且缔约承运人的行为对全体承运人均具有法律效力。

多式联运合同这种法律约束力,来源于多式联运承运人之间的运输协议。为了提高运输效率,方便托运人托运货物,在货物从起运地运输到目的地的过程中,承运人通过运输协议满足托运人对货物运输的全程要求,托运人不必在各个区段都与承运人签订合同,而只在始运区段与多式联运经营人签订合同,即可完成货物运输的全过程。这是现代运输方式发展的必然要求。因此,多式联运的经营人要充分考虑其他区段承运人的运输能力,与各个实际承运人之间签订协议,约定在履行多式联运合同过程中相互之间的权利和义务关系,并与托运人商定具体的运输条件,以保证运输活动的顺利进行。

多式联运合同由托运人与多式联运经营人协商签订。多式联运的各个区段的承运人可以约定相互之间的责任,但是,该约定不影响多式联运承运人对全程运输所应承担的义务。

(三) 多式联运合同的内容

多式联运合同的内容就是多式联运合同的主要条款。这些条款直接体现了当事人的权利和义务。

一般情况下,多式联运合同应当具备以下内容:货物名称、重量、件数,包装,运输标志,起运站(港)和到达站(港),换装站(港),托运人、收货人名称及详细地址,运费、港口费和其他有关的费用及结算方式,承运日期及到达期限,经由站(港)名及线名,货物价值,双方商定的其他事项。

三、多式联运单据

(一) 多式联运单据的含义

多式联运单据是指证明多式联运合同以及证明多式联运经营人已接管货物并负责按照合同条款交付货物的单据。它经常作为国际集装箱多式联运的多式联运提单,这也是多式联运单据的主要形式。

(二) 多式联运单据的功能

多式联运单据与海运提单相似,具有以下三个基本功能。

(1) 多式联运单据是多式联运合同已经订立的证明。多式联运单据的签发,意味着托运人已经与多式联运经营人就多式联运合同的主要内容达成一致意见,确立了合同关系。同时,多式联运单据的签发,也是履行多式联运合同的一种形式和具体表现。它不仅证明了多式联运合同的成立,而且,单据记载的内容以及背面所载的条款,也是多式联运合同的重要组成部分,对于进一步明确多式联运经营人与托运人之间的权利和义务关系,具有十分重要的作用。

(2) 多式联运单据是货物的收据。多式联运单据的签发,表明货物已经交由多式联运经营人保管和控制,承运人对于货物的责任期间开始启动。多式联运经营人必须在目的地按照多式联运单据记载的事项,向收货人交付货物。

(3) 多式联运单据是提货的凭证。收货人必须凭多式联运单据提货,多式联运经营人也以此为依据交付货物。多式联运单据如果属于可转让的多式联运提单,则又具有货物所有权凭证的效力。

(三) 多式联运单据的性质

多式联运单据是否具有可转让性,取决于托运人的意志,但必须在单据上注明。可转让的多式联运单据具有可转让性。它是指多式联运单据可以按照一定的方式和程序进行流通。不可转让的多式联运单据,应当指明具体的收货人,与记名提单相似,多式联运经营人将货物交付给该记名的收货人即为履行了交货义务。在多式联运单据上,也可以记载按照托运人的指示交付货物,也就是多式联运经营人向托运人书面通知所指定的收货人交付货物。按照指示交付货物的多式联运单据,转让必须以背书的方式进行;向持有人交付货物的多式联运单据,则无须背书即可转让。

(四) 多式联运单据的内容

多式联运单据一般应当记载以下事项。

(1) 货物种类、包装或者件数、货物的毛重或者以其他方式表示的数量、识别货物的主要标志。如果属于危险品,还应具有危险特性的说明。这些事项由托运人负责提供。

(2) 货物的外表状况。多式联运经营人接管货物时,应当在多式联运单据上记载货物的外表状况。

(3) 托运人的名称或者姓名。

(4) 经托运人指定的收货人的名称或者姓名。

(5) 多式联运经营人接管货物的地点和日期。

(6) 交货地点以及双方约定的交货日期。

(7) 表示该多式联运单据为"可转让"或者"不可转让"的声明。

(8) 多式联运经营人或者其授权人的签字以及单据签发的日期、地点。

(9) 运费的交付方式。

(10) 预期运输经由路线、运输方式以及换装地点。

多式联运单据的记载事项,可以少于或多于上述事项,但必须具备多式联运单据的基本功能。

四、多式联运经营人的责任

（一）责任期间

多式联运经营人的责任期间是指多式联运经营人对所运输保管的货物负责的期间。托运人可以要求多式联运经营人对在其责任期间发生的货物灭失、损坏和迟延交付承担赔偿责任。我国《海商法》第103条规定："多式联运经营人对多式联运货物的责任期间，自接收货物时起至交付货物时止。"《合同法》第318条规定："多式联运经营人可以与参加多式联运的各区段承运人就多式联运合同的各区段运输约定相互之间的责任，但该约定不影响多式联运经营人对全程运输承担的义务。"《国际集装箱多式联运管理规则》对多式联运经营人的责任期间也做了与《海商法》和《合同法》相一致的规定。

（二）责任形式

多式联运经营人的责任形式决定了托运人可以要求多式联运经营人对哪些损失负责以及承担什么样的责任。

1. 多式联运的责任制形式

目前，多式联运的责任制形式有以下三种。

（1）责任分担制。在这种责任制下，多式联运经营人和各区段承运人在合同中事先划分运输区段。多式联运经营人和各区段承运人都仅对自己完成的运输区段负责，并按各区段所应适用的法律来确定各区段承运人的责任。这种责任制实际上是单一运输方式的损害赔偿责任制度的简单叠加，并没有真正发挥多式联运的优越性，不能适应多式联运的要求，故目前很少采用。

（2）统一责任制。在这种责任制下，多式联运经营人对全程运输负责，各区段承运人仅对自己完成的运输区段负责，不论损害发生在哪一区段，均按照同一责任原则进行赔偿。多式联运经营人和各区段承运人均承担相同的赔偿责任。这种责任制有利于托运人，但对多式联运经营人来说，责任负担则较重，目前，世界上对这种责任制的应用并不广泛。

（3）网状责任制。在这种责任制下，由多式联运经营人就全程运输向货主负责，各区段承运人仅对自己完成的运输区段负责，无论货物损害发生在哪个运输区段，托运人或收货人既可以向多式联运经营人索赔，也可以向该区段的实际承运人索赔。各区段适用的责任原则和赔偿方法，根据调整该区段的规则予以确定。多式联运经营人赔偿后有权就各区段承运人过失所造成的损失向区段承运人进行追偿。网状责任制是介于责任分担制和统一责任制之间的一种制度，所以又称为混合责任制。目前，国际上大多采用的是网状责任制。

2. 我国采用的责任形式

我国的法律规定，在多式联运经营人的责任形式方面一致采用网状责任制。我国《海商法》规定，多式联运经营人负责履行或者组织履行多式联运合同，并对全程运输负责。多式联运经营人与参加多式联运的各区段承运人,可以就多式联运合同的各区段运输,另签合同,约定相互之间的责任。但此项合同不得影响多式联运经营人对全程运输所承担的责任。

货物的灭失或者损坏发生于多式联运的某一运输区段的,多式联运经营人的赔偿责任和责任限额,适用调整该区段运输方式的有关法律规定。货物的灭失或者损坏发生的运输区段不能确定的,多式联运经营人应当依照《海商法》第四章关于承运人赔偿责任和责任限额的规定负赔偿责任。《国际集装箱多式联运管理规则》则做了如下规定:货物的灭失、损坏或迟延交付发生于多式联运的某一区段的,多式联运经营人的赔偿责任和责任限额,适用该运输区段的有关法律规定。不能确定所发生的区段时,多式联运经营人承担赔偿责任的赔偿责任限制为:多式联运全程中包括海运的适用于《海商法》的规定,多式联运全程中不包括海运的适用于其他有关法律法规的规定。

五、国际货物多式联运

【小资料】

在国际货物多式联运领域中,较有影响的国际公约主要有三个:《联合国国际货物多式联运公约》、《联运单证统一规则》、《多式联运单证规则》。

这三个公约与我国相关法律规定相比较,主要的不同点在于多式联运经营人的责任制度方面。第一个公约至今尚未生效,而后两个公约则是民间规则,仅供当事人选择适用。在参与国际货物多式联运经济活动中,行为人应当依据实际情况,选择约定所应适用的规则。

(一) 多式联运经营人的责任形式

1. 《联合国国际货物多式联运公约》的规定

该公约实行修正后的统一责任制。多式联运经营人对全程运输负责。不管是否能够确定货运事故发生的实际运输区段,都适用该公约的规定。但是,若货运事故发生的区段适用的国际公约或强制性国内法规定的赔偿责任限额高于该公约规定的赔偿责任限额,则应按照国际公约或强制性国内法的规定限额进行赔偿。

该公约实行推定过失责任制,即如果造成货物灭失、损坏或迟延交付的事故发生在联运责任期间,联运经营人就应负赔偿责任,除非联运经营人能证明其本人及其雇用人或代理人等为避免事故的发生,已采取了一切所能采取的措施。

2. 《联运单证统一规则》的规定

该规则实行网状责任制。如果能够确定灭失、损坏发生的运输区段,多式联运经营人的责任适用于该运输区段的国际公约或强制性国内法的规定。如不能确定灭失、损坏发生的区段,则按本规则的规定办理。

该规则对多式联运经营人实行推定过失责任制,类似于《汉堡规则》的承运人推定过失责任制。

3.《多式联运单证规则》的规定

该规则实行一种介于网状责任制和统一责任制之间的责任形式。总体上采用推定过失责任原则，但是对于水上运输的区段，实际上仍采用了《海牙—维斯比规则》的不完全过失责任制。该规则规定，海上或内河运输中由于下列原因造成的货物灭失或损坏以及迟延交付，多式联运经营人不负赔偿责任：船长、船员、引航员或受雇人在驾驶或管理船舶中的行为、疏忽或过失；火灾（除非由承运人的实际过失或私谋造成）。

（二）多式联运经营人的赔偿责任限额

1.《联合国国际货物多式联运公约》的规定

该公约规定，多式联运包括水运的，货物每包或其他货运单位的最高赔偿额不得超过920特别提款权，或者按货物毛重每千克不得超过2.75特别提款权计算，并以其中较高者为准；如多式联运中不包括水运，则按货物毛重每千克不超过8.33特别提款权计算，单位限额不能适用。迟延交付的责任限额为所迟延交付的货物应付运费的总额。

如经证明，货物的灭失、损坏或迟延交付系多式联运经营人的故意或者明知可能造成的轻率作为或不作为所引起，多式联运经营人便丧失引用上述责任限额的权利。

2.《联运单证统一规则》的规定

该规则规定，如果能够知道货物损失发生的运输区段，多式联运经营人的责任限额依据该区段适用的国际公约或强制性国内法的规定确定。如果不能确定损失发生的区段，责任限额为货物毛重每千克30法郎，如果经联运经营人同意，发货人已就货物申报较高的价值，则不在此限。但是，在任何情况下，赔偿金额都不应超过有权提出索赔的人的实际损失。

3.《多式联运单证规则》的规定

该规则规定，如果能够确定货物损失发生的运输区段，则应适用该区段适用的国际公约或强制性国内法规定的责任限额。当不能确定损失发生的区段时，如果运输方式中包含水运，其责任限额为每件或每单位666.67特别提款权或者毛重每千克2特别提款权，并以其中较高者为准；如果不包含水运，责任限额则为每千克8.33特别提款权。如果发货人已对货物价值做出声明的，则应以声明价值为限。

第七节 邮政快递相关法律法规

一、邮政概述

（一）邮政运输

邮政运输分为普通邮包和航空邮包两种。对每件邮包的重量和体积都有一定的限制。例如，一般规定每件长度不得超过 1 米，重量不得超过 20 千克。但各国规定也不完全相同，可随时向邮局查问。邮政运输一般适用于量轻体小的货物，如精密仪器、机械零配件、药品、样品和各种生产上急需的物品。

邮政运输是一个涉及多种因素的综合性复杂系统，影响邮政运输的主要因素包括邮路结构、运输工具、邮件种类和流量流向、时限等。

（二）国际邮政运输

国际邮政运输是一种具有国际多式联运性质的运输方式。一件国际邮件一般要经过两个或两个以上国家的邮政局和两种或两种以上不同运输方式的联合作业方可完成。国际邮政运输是国际贸易运输不可缺少的渠道。国际邮政运输具有广泛的国际性，具有国际多式联运性质，具有门到门运输的性质。

二、邮政相关法律法规

我国专门规定邮政方面内容的法律法规有《中华人民共和国邮政法》（以下简称《邮政法》）和《中华人民共和国邮政法实施细则》。《邮政法》于 1986 年 12 月 2 日由第六届全国人民代表大会常务委员会第十八次会议通过，并经 2009 年 4 月 24 日第十一届全国人民代表大会常务委员会第八次会议修订，其内容包括总则、邮政设施、邮政服务、邮政资费、损失赔偿、快递业务、监督检查、法律责任和附则等九个部分。后者由国务院于 1990 年 11 月 12 日发布并施行，其是对《邮政法》内容的细化，并用专门一章的内容规定了邮件的运输、报关和检疫。

三、快递概述

（一）快递的特点和作用

快递是以最快的速度在寄件人和收件人之间运送急件的行业。快递的性质和运输方式与一般航空货运业务基本上是一致的，区别之处在于快递延伸和拓展了航空服务，是运输业中最快捷、最周到的服务形式。快递具有适应经济发展、快捷安全、高科技、服务优良等特点。

快递可以满足信息与资料的快速传递，可以使银行的汇票、支票、信用证及有关单据可靠而迅速地交给异地银行兑换，为跨国界及远距离购买个人商品业务中的包裹类运送提供安全、快捷、可靠的服务。由此可见，快递在国际经济交流中的作用越来越显著，其适用范围也在不断扩大。

（二）国内快递业务的申请和审批

国内快递业务是指从收寄到投递的全过程均发生在中华人民共和国境内的快递业务。

经营快递业务，应当依照《邮政法》规定取得快递业务经营许可，未经许可，任何单位和个人不得经营快递业务。外商不得投资经营信件的国内快递业务。

对于申请快递业务经营许可，在省、自治区、直辖市范围内经营的，应当向所在地的省、自治区、直辖市邮政管理机构提出申请,跨省、自治区、直辖市经营或者经营国际快递业务的,应当向国务院邮政管理部门提出申请。申请时应当提交申请书和有关申请材料。

受理申请的邮政管理部门应当自受理申请之日起45日内进行审查,做出批准或者不予批准的决定。予以批准的,颁发快递业务经营许可证;不予批准的,书面通知申请人并说明理由。邮政管理部门审查快递业务经营许可的申请,应当考虑国家安全等因素,并征求有关部门的意见。

申请人凭快递业务经营许可证向工商行政管理部门依法办理登记后,方可经营快递业务。

四、快递相关法律法规

我国《邮政法》专门用一章的内容规定快递业务,包括国内快递业务的概念、申请快递业务的主体资格与程序、审批程序及快递企业从事快递业务的行为准则。国家邮政局专门为快递服务规定了行业标准 YZ/T 0128-2007,并于2007年9月12日发布,2008年1月1日开始实施。该标准规定了快递服务的相关术语和定义、总则、组织、服务环节、服务改进、赔偿等内容。此外,还有《快递市场管理办法》,该办法规定了快递服务、快递安全、监督管理、法律责任等内容。这些法律法规为快递市场的良好运作提供了法律保障。

【项目小结】

本项目从运输合同的概念和类型入手,介绍了公路货运、铁路货运、航空货运、海上货运所涉及的重要法律法规,重点强调了各种货运合同的构成、履行方式和应承担的法律责任问题。介绍了《汽车货物运输规则》、《铁路货物运输管理规则》、《国内水路货物运输规则》、《水路危险货物运输规则》、《国际海运条例》、《民用航空货物国内运输规则》、《民用航空货物国际运输规则》的主要内容,并通过案例学习来提高学生灵活运用所学知识的能力,将理论和实践联系起来。

▶▶ 任务导出

任务问题要点提示:根据《中华人民共和国合同法》的规定:"多式联运经营人负责履行或者组织履行多式联运合同,对全程运输享有承运人的权利,承担承运人的义务。货物毁损、灭失发生的运输区段不能确定的,也应承担损害赔偿责任。"最后,双方达成一致协议,由服务站一次性赔偿陈先生1098元。

【能力形成考核】

案例分析

1. 甲公司委托乙厂加工了一台X型设备,双方约定:由乙方办理托运,交某铁路分局承运,运费由乙厂先行支付,待甲公司收到设备后支付货款时一并结清。乙厂按合同约定将设备交某铁路分局承运,但一直未付运费。后甲公司的一批电脑由该铁路分局承运,甲公司职员去取该批货物时,某铁路分局扣住不给,要甲公司付清运费再运走。甲公司职员出示了运费付讫的单据。某铁路分局管理员说:"不是这笔钱,上次托运X型设备,货拿走好几个月,运费至今未付清,我们要行使留置权。"

问:(1)本案中涉及哪几种民事法律关系?

(2) 在货运合同中,托运人不履行债务,承运人能否行使留置权?

(3) 本案中的某铁路分局能否行使留置权?为什么?

(4) 本案中X型设备运费的支付人是谁?

2. 王某于2018年7月2日购买了一批豆角,当晚来到某汽车运输公司,要求次日雇用一辆货车托运豆角。经双方商定,从A市到B市路程560千米,运费为1400元。王某预付了运费但没有签订书面合同。在3日上午8:30司机开车由A市驶往B市,王某随车押运。于当日18:00左右到达B市。在卸车时张某发现部分豆角已霉变,王某随即扣押汽车,要求运输公司承担豆角变质的责任。经查,该种豆角保存期很长,即使条件不好亦能保存一天,豆角霉变是由托运前雨淋所致。

问:王某与汽车运输公司之间是否成立合同关系?豆角霉变的损失应当由谁承担?

3. 2017年6月,大连某电子消防设备公司与大连某货运公司签订运输合同,由该货运公司承运该电子消防设备公司供应给客户的6件消防器材,运费为90元。该电子消防设备公司将货物交付该货运公司后,发货途中,因为使用的仓库被盗,致使6件消防器材丢失,无法按期交货。

之后,就赔偿问题,双方多次协商无法达成一致,因此,2018年5月,该电子消防设备公司起诉至法院,要求该货运公司赔偿损失。庭审中,该货运公司承认双方发生运输合同关系,货物在途中丢失,但其表示,只同意按合同约定,赔偿运费3倍即270元。

法院认为,该货运公司对承运货物丢失应承担赔偿责任,但其承担运输业务繁多,丢失后损失难以估量,如实行完全赔偿原则,对其也不公平。因此,法院一审判决,该货运公司赔偿该电子消防设备公司6.3万余元。

问:(1)运输合同是否生效?

(2) 大连某电子消防设备公司的要求是否合理?为什么?

(3) 如果你是法官应怎么判决?

4. 2016年1月,绿海公司员工尹穗龙与顾大伟签订了《安顺达货物运输协议书》,约定顾大伟用营运货车从江苏省邳州市运输6棵银杏树到四川省成都市,货到后付款。顾大伟于2016年1月4日装货后开车前往成都,同年1月7日上午到达绿海公司指定的苗圃。次日,绿海公司认为顾大伟运输的树木不符合自己购买要求,要求顾大伟停留车辆解决争议。双方协商后未能达成一致意见,随后绿海公司将顾大伟告上法庭,要求顾大伟赔偿因错运树苗,而造成该公司无法履行与另一公司的销售合同的经济损失。

成都市某法院受理了该案,法院认为,本案中原、被告签订的合同仅约定运费、运输时间、运输货物名称等内容,对于货物的性质、数量、其他特殊要求均未约定。原告绿海公司也无证据证明自己以其他方式告知了被告顾大伟,现主张作为承运人的被告来交付"约定"的货物,是缺乏事实证据的。判决驳回原告绿海公司的诉讼请求。

问:(1)原告绿海公司的赔偿要求合理吗?为什么?

(2)原告为什么没有获得赔偿?应该接受什么教训?

实训项目:模拟法庭

一、训练目标

通过处理货物运输纠纷方面的案件,了解庭审程序和步骤,学会在法庭上如何陈述案由及辩护,在明确物流企业在运输中承担的责任的同时,学会保护自己,进一步掌握货物运输合同中当事人的权利和义务。

二、训练准备

角色扮演。每组10人左右,组成法官、原告、被告、公诉人、辩护人等角色,模拟庭审现场,老师及其他各组同学充当观众。

三、有关资料

第一组:公路运输纠纷

第二组:铁路运输纠纷

第三组:水路运输纠纷

第四组:航空运输纠纷

第五组:多式联运纠纷

四、实训过程

1. 原告方提出诉讼理由。

2. 被告方提出辩护意见。

3. 双方争议。

4. 法官根据法律规定做出判决。

五、考核办法

根据以上资料设计模拟法庭并表演。教师依照学生表现情况分别打分。

【资料链接】

http://www.chinahighway.com/ 中国公路网

http://www.chinarta.com/ 中国道路运输网

http://www.shippingchina.com/ 中国国际海运网

http://www.12306.cn/mormhweb/hyfw/ 中国铁路客户服务中心

http://www.ckair.com/index.html 中国货运航空

项目五

仓储法律法规

▶▶ 知识目标

掌握仓储合同、保管合同的概念和特征;熟悉仓储合同、保管合同的主要内容和合同当事人的权利义务,清楚两者的区别与联系;了解仓单的法律特性、功能、内容,识别一般货物与保税货物。

▶▶ 能力目标

通过本项目的学习,具有订立仓储合同、保管合同的能力;能查阅和运用相关资料,分析仓储和保管合同的案例;本着为对方提供高价值的商品或服务的思想,按照给定的条件,根据仓储合同的内容、双方当事人的权利和义务,熟练、完整地解决在实际工作中遇到的问题。

▶▶ 任务导入

仓储合同纠纷

2018年6月3日,某市盛达粮油进出口有限责任公司(下称盛达公司)与该市东方储运公司签订一份仓储保管合同。合同主要约定:由东方储运公司为盛达公司储存保管小麦60万千克,保管期限自2018年7月10日至11月10日,储存费用为50 000元,任何一方违约,均按储存费用的20%支付违约金。合同签订后,东方储运公司即开始清理其仓库,并拒绝其他有关部门在其仓库存货的要求。同年7月8日,盛达公司书面通知东方储运公司:因收购的小麦尚不足10万千克,故不需存放贵公司仓库,双方于6月3日所签订的仓储合同终止履行,请谅解。东方储运公司接到盛达公司书面通知后,遂电告盛达公司:同意仓储合同终止履行,但贵公司应当按合同约定支付违约金10 000元。盛达公司拒绝支付违约金,双方因此而形成纠纷,东方储运公司于2018年11月21日向人民法院提起诉讼,请求判令盛达公司支付违约金10 000元。

任务问题:
1. 盛达公司是否应该支付违约金?谈谈你的理解。
2. 在上述合同纠纷中涉及哪些仓储法律问题?

仓储保管是商品流通中的一个重要环节。在生产和消费之间,由于存在着集中生产、分散消费和季节生产、常年消费的矛盾,通过物资的储存保管来调节流通是十分必要的。目前,我国的商品储存保管部门主要是国家商业、外贸、物资三大部门设立的仓储公司、仓库、货栈,也有其他专业部门及部分集体和个体经营的从事商品储存保管业务的仓库和货栈。无论是哪种形式的商品储存保管部门,在他们与存货方发生商品储存保管关系时,都应当按照《合同法》及1985年发布的《仓储保管合同实施细则》的规定,签订仓储保管合同,明确相互权利义务。

第一节 保管与仓储概述

在传统的物流活动中,仓储是一个不可缺少的环节。物流业发展到今天,通常认为取消仓库实现零库存是最理想状态,但对大多数企业来说,恐怕在漫长的时间里这只是一种理念,或者是物流管理者追求的终极目标。所以,仓库的运营效率是整个供应链的一个重要环节,而仓储合同的合法履行是物流法规中一个重要部分。

一、保管与仓储

保管是指保管人保管寄存人的保管物,并在此时期内返还保管物的一种行为。在保管关系中,保管人是指保管物品的一方,也叫受寄人,保管人保管的物品称为保管物或寄存物。提供并将保管物交付保管人的一方称为寄存人或寄托人。保管关系中双方当事人是通过订立保管合同来约束当事人的权利和义务。

仓储是指保管人储存货人交付的仓储物,存货人支付仓储费的一种行为。在仓储关系中,委托保管物品的人称为存货人,交付保管的物品称为仓储物,实施保管的人称为保管人。仓储关系中双方的权利和义务是通过仓储合同来约束的。

二、保管和仓储的关系

保管和仓储的基本性质都是保管人保管寄存人的保管物,并返还该物的行为。仓储合同源自保管合同。随着现代社会商品流通的加速发展,使得仓储业在社会分工中逐步独立出来,形成了自身的不同于传统保管合同的特征。日本作为一个资源缺乏的发达国家,对仓库的建设特别重视。在日本,许多物流中的仓储主要是由独立的企业承担。日本专门制定了《仓库法》,政府通过法律的约束对仓储业进行管理。

各国关于仓储合同的立法有所不同,如瑞士是将仓储合同纳入民法典的保管合同中;而在日本、德国将其纳入商法中;英美法系则制定有关单行规则。我国《合同法》将保管合同分为一般保管合同和仓储合同,在立法上两者并列,排除了保管合同对仓储合同的包含关系。

三、保管合同与仓储合同的区别

《合同法》第十九章与第二十章对保管合同与仓储合同分别做了规定。由于保管合同与仓储合同都是由保管人保管物品的合同,两者的标的都是保管人的保管行为,保管人的主要义务都是妥为保管存货人交付其保管的物品,因此,两者有时较难区分。但两者也有着不同之处,主要区别在于:

1. 合同成立的条件不一样

除了当事人对合同的成立有明确约定的情况之外,一般来说,保管合同的成立,不仅须有当事人双方的意思表示一致,而且须有寄托人将保管物交付于保管人以及保管人接受寄托人交付的保管物的行为。也就是说,保管合同是实践合同,寄托人向保管人交付保管物是合同成立的要件,保管合同自保管物交付时成立。而仓储合同是诺成合同,当事人双方依法就合同的主要条款协商一致,合同即成立,存货人将货物交付给保管人是属于仓储合同成立后对合同的履行行为,而不是仓储合同的成立要件。

2. 合同是否有偿不一样

保管合同以无偿为原则,以有偿为补充,也就是说,保管合同一般是无偿的,但如果当事人明确约定支付保管费的,也可以是有偿的。当事人对保管费没有约定或者约定不明确的,由当事人协议补充,不能达成补充协议的,法律则推定为无偿。而仓储合同是有偿合同,保管人提供仓储服务,具有营利性质。仓储合同的当事人在合同成立后互负给付义务,保管人须为存货人提供仓储服务,存货人须向保管人给付报酬和其他费用。

3. 保管人的资格要求不一样

保管合同对保管人的资格无特殊的要求,一般自然人和法人均可以作为保管人。而仓储合同对保管人的资格有特殊要求,保管人即仓库营业人,必须是具有仓储设备和专门从事仓储保管业务的人,只有经过仓储营业登记专营或兼营仓储保管业务的人,才能成为仓储合同适格的保管人。

4. 保管物是否大宗不一样

保管合同是社会成员相互提供帮助或服务部门为公民提供服务的一种形式,因此保管合同一般是单件或小宗物品的寄存。而仓储合同一般是大宗物品的储存。

5. 不交付保管物是否构成违约不一样

由于保管合同是实践合同,寄存人将保管物交付给保管人时,合同才成立。因此,当事人虽然达成保管物品的一致意思表示,但此后寄存人没有将物品交给保管人保管或者保管人对寄存人交来寄存的物品不接收的,寄存人就不能追究保管人没有交付保管物的违约责任,同样,保管人也不能追究寄存人拒绝接收保管物的违约责任。而由于仓储合同是诺成合同,双方当事人达成合意,合同即告成立。如果此后存货人不将货物交付给保管人即构成违约,保管人无正当理由拒绝接收保管货物的也构成违约,一方可以追究另一方的违约责任。

6. 保管人对保管物的验收和赔偿责任不一样

保管合同的寄存人,对交付的保管物有瑕疵或者按照保管物的性质需要采取特殊保管措施的,应当将有关情况告知保管人。如果寄存人没有履行告知义务,致使保管物受损的,保管人不承担损害赔偿责任。而仓储合同中保管人应当按照约定对入库仓储物进行验收,保管人在验收时发现仓储物与约定不符的,就应当及时通知存货人。如果因保管人未认真验收,致使入库仓储物的品种、数量、质量不符合约定的,保管人应当承担赔偿责任。

7. 保管人对保管物的毁损、灭失的责任不一样

保管期间,保管合同的保管人因保管不善造成保管物毁损、灭失的赔偿责任,根据是有偿保管还是无偿保管而有所不同。有偿保管的,保管人应承担损害赔偿责任;无偿保管的,保管人能证明自己没有重大过失的,就可以不承担损害赔偿责任。而仓储合同,除了仓储物品的性质、包装不符合约定或者超过有效储存期而造成仓储物变质、损坏的之外,保管人均应对保管不善承担损害赔偿责任。

第二节 仓储合同

一、仓储合同的概念和种类

(一) 仓储合同的概念和特征

仓储合同也称为仓储保管合同,是指仓储保管人接收存货人交付的仓储物,并进行妥善保管,在仓储期满将仓储物完好地交还,并收取保管费的协议。我国《合同法》第 381 条将仓储合同规定为:"仓储合同是保管人储存存货人交付的仓储物,存货人支付仓储费的合同。"仓储合同是我国合同法分则的有名合同。同时《合同法》第 395 条规定,仓储合同分则未规定的事项,适用保管合同分则的有关规定。

仓储合同源自一般的保管合同,具有保管合同的一般特征。其特征如下:

(1) 仓储保管人主体资格有营业登记要求。保管人必须是具有仓库营业资质的人,即具有仓储设施、仓储设备,专事仓储保管业务的人。这是仓储合同主体上的重要特征。

(2) 仓储合同的标的物只能是动产。仓储标的物必须为动产,能够移动到仓储地进行仓储保管活动,且是有形的实物动产。这是与保管合同的重要区别之一。

(3) 仓储合同为诺成合同,不以交付为合同成立要件,即仓储合同一旦达成,即使尚未交付仓储标的物,合同也是成立生效的,它区别于一般保管的实践合同。

(4) 仓储合同为双务、有偿、不要式合同。保管方提供仓储服务,存货方给付报酬和其他费用。同时法律对仓储合同的签订形式和程序没有做出特别规定,仓储合

同既可以是书面形式也可以是口头签订,因此仓储合同为不要式合同。虽然保管人在接受存货人交付的仓储物时开具仓单,但仓单并非合同成立要件。

(二)仓储合同的种类

1. 一般保管仓储合同

仓库经营人提供完善的仓储条件,接收存货人的仓储物进行保管,在保管期届满,将原先收保的仓储物原样交还给存货人而订立的仓储合同。该仓储合同的仓储物为确定物,保管人须原样返还。一般仓储合同特别重视对仓储物的特定化,且保管人承担归还原物的严格责任,包括仓储物在仓储期间自然增加的孳息。

2. 混藏式仓储合同

混藏式仓储是指存货人将一定品质、数量的种类物交付给保管人,保管人将不同存货人的同样仓储物混合保存。存期届满时,保管人只需以相同种类、品质、数量的商品返还给存货人,并不需要原物归还的仓储方式。这种仓储方式常见于粮食、油品、矿石或保鲜期较短的商品的储藏。混藏式仓储合同的标的物为确定种类物,保管人严格按照约定数量、质量承担责任,且没有合理耗损的权利。混藏式仓储合同具有保管仓储物价值的功能。

混藏式仓储合同对于仓储物的品质、数量需要有极为明确的认定,并在合同中完整地描述。当保管人不能按合同描述的向提货人交还仓储物时,需补偿提货人的损失。

3. 消费式仓储合同

存货人在存放仓储物时,同时将仓储物的所有权转移给保管人,保管期满届时,保管人只需将相同种类、品质、数量的替代物归还给存货人。存放期间的仓储物所有权由保管人掌握,保管人可以对仓储物行使所有权。消费保管的经营人一般具有仓储物消费能力,如面粉加工厂的小麦仓储、加油站的油库仓储、经营期货交易的保管人等。消费式仓储合同的不同之处是涉及仓储物所有权转移到保管人,自然地,保管人需要承担仓储物所有人的权利和义务。消费式仓储经营人的收益,除了约定的仓储费(一般较低)外,更重要的是消费仓储物与到期购回仓储物所带来的差价收益。

4. 仓库租赁合同

仓库所有人将所拥有的仓库以出租的方式开展仓储经营,由存货人自行保管商品的仓储经营方式。仓储人只提供基本的仓储条件、进行一般的仓储管理,如环境管理、安全管理等,并不直接对所存放的商品进行管理。仓库租赁合同严格意义上来说不是仓储合同,只是财产租赁合同。但是由于仓库出租方具有部分仓储保管的责任,所以,仓库租赁合同具有仓储合同的一些特性。

二、仓储合同内容和形式

(一)仓储合同的当事人

仓储合同的当事人双方分别为存货人和保管人。

存货人是指将仓储物交付仓储的一方。存货人必须是具有将仓储物交付仓储的处分权的人,可以是仓储物的所有人,也可以是只有仓储权利的占有人,如承运人,或者是受让仓储物但未实际占有仓储物的准所有人,或者有权处分人,如法院、行政机关等。可以是法人、非法人单位、个人等的企业、事业单位、个体经营户、国家机关、群众组织、公民等。

保管人为货物仓储保管的一方。根据《合同法》规定,保管人必须具有仓储设备和专门从事仓储保管业务的资格。也就是说,保管人必须拥有仓储保管设备和设施,具有仓库、场地、货架、装卸搬运设施、安全、消防等基本条件,并取得相应的公安、消防部门的许可。从事特殊保管的,还要有特殊保管的条件要求。设备和设施无论是保管人自有的、还是租赁的,保管人必须具有有效的经营使用权。同时,从事仓储经营必须具有经营资格,进行工商登记,获得工商营业执照。保管人可以是独立的企业法人、企业的分支机构,或者个体工商户、合伙、其他组织等,可以是专门从事仓储业务的仓储经营者,也可以是贸易货栈、车站、码头的兼营机构,或者从事配送经营的配送中心。

(二)仓储合同的标的和标的物

合同标的是指合同关系指向的对象,也就是当事人权利和义务指向的对象。仓储合同虽然说约定的是仓储物的保管事项,但合同的标的却是仓储保管行为,包括仓储空间、仓储时间和保管要求,为此,存货人为使用保管人的仓储行为支付仓储费。因而说仓储合同是一种行为合同,一种当事人双方互负给付义务的双务合同。

标的物是标的的载体和表现,仓储合同的标的物就是存货人交存的仓储物。仓储物可以是生产资料,如生产原料、配件、组件、生产工具、运输工具等;也可以是生活资料,如一般商品,包括特定物或者种类物。但是仓储物必须是动产,能够移动到仓储地进行仓储保管,且是有形的实物动产,有具体的物理形状。不动产不能成为仓储物,货币、知识产权、数据、文化等无形资产和精神产品不能作为仓储物,如图书可以作为仓储物,但图书的著作权、书内的专利权不能成为仓储物。

(三)仓储合同的主要条款

仓储合同为不要式合同,没有严格的条款规定,当事人根据需要商定合同事项,且由双方协议采用合同的形式。仓储合同的条款有当事人条款、仓储物条款、仓储条款、价款、当事人的权利和义务、违约责任和争议处理条款。其具体为:

1. 存货人、保管人的名称、地址

合同当事人是履行合同的主体,需要承担合同责任,需要采用完整的企业注册名称和登记地址,或者主办单位地址。主体为个人的须明示个人的姓名和户籍地或常驻地(临时户籍地)。有必要时可在合同中增加通知人,但通知人不是合同当事人,仅仅履行通知当事人的义务。

2. 仓储物的品种、数量、质量、包装、件数和标记

仓储物必须是动产,需存放到仓储地进行保管并进行交接,因而需要明确地将仓

储物特定化或者特定种类化。仓储物的品种需采用完整的商品名称或种类名称表达。商品的数量采用公用的计量方法确定并达到最高的精度,用最小的独立封装单元确定件数,如箱装货物以封口的外包装为单位,或者以最小的组成单位,如成捆的管材,用具体管材根数表达。商品的质量可以仅用外包装可见质量或者商品本身的质量,标准可以采用国家标准或者行业标准或者约定的标准来表达,必要时可采用通过商品检验的质量报告为准的方式,商品的标记应采用标注在外包装上的标记或者拴挂的标签标记。

3. 交接时间和地点、验收方法

交接时间确定了仓储物入库时间,保管人须在此时准备好货位以便能进行交接。交接地点表明了运送货物入库的责任承担人,但还需要明确卸车搬运的承担人。合同中还需要明确交接理货方法、验收的内容、标准、时间和方式。验收内容与质量标准具有较强的相关性,往往就是针对质量标准进行验收。约定了验收标准的,保管人仅对验收事项负责。如约定仅对仓储物的外包装进行验收,返还仓储物时,保管人对外包装的损坏承担责任,而对内容不承担责任,除非可证明是保管不当造成的损害。

4. 仓储物的损耗标准

仓储物在经过长期存放和多次作业后,由于挥发、散失、扬尘、氧化、计量方法不同等原因造成耗损减量,对于这类减量,保管人很难承担责任,因而采用协议免责的方法处理,也就是在合同中订立合理耗损条款,双方约定的不追究保管人责任的数量减少标准,包括重量或者件数的减量。商品损耗标准可以采用国家标准或者行业标准,也可以由双方合理约定。有约定标准的则适用约定的标准。

5. 储存场所

双方约定的仓储物存放的仓库地理位置、存放的仓库或货场。根据仓储物的特性,储存场所可以约定的较为笼统或者极为具体明确。对于特殊商品,必要时要明确保管条件和保管方法。储存场所不仅表达了保管人的保管条件和存货人的保管要求,还确定了运输便利程度和出入库的运输成本。

6. 储存期间

双方约定的仓储物的储存时间,可以采用期限表示,如自货物入库起算储存3个月;或者采用日期的方式表示,如9月10日至12月10日;或者不约定具体的存放期间,但约定到期方式的确定方法,如提前1个月通知等。储存期间是保管人计收仓储费的基础以及承担责任的期间,也是库容使用计划安排的依据。存货人不能遵守储存期间条款,保管人有权要求存货人承担违约责任。

7. 仓储费

确定仓储费的费率、计算方法、支付方法和支付时间的条款。仓储费有预付、定期支付、结算等支付方式。《合同法》规定当事人没有约定支付时间的,采用交付仓储物时支付。当事人未约定仓储费的,保管人仍可因提供劳务向存货人要求支付报酬。

8. 仓储物的保险约定

仓储物必须进行保险。若存货人已对仓储物进行了保险,必须告知保管人所投保的保险人、保险金额、保险期间。未保险的可以委托保管人进行投保,但仍然由存货人承担保险费。

9. 违约责任

合同约定存货人未交付货物、未在约定时间交付仓储物的违约责任;保管人不能接收仓储物,或者不能在约定的时间接收仓储物的违约责任;存货人未在约定时间提取仓储物的超期费用;仓储物在仓储期间造成保管人或者其他损害的赔偿;违约金的标准;补救措施等出现违约时的处理方法。违约金是违约责任的主要承担方式,但必须在合同中明确,包括各种违约项目及违约金数额标准或者计算方法、支付方式等。

10. 合同变更或解除的条件

合同的订立和履行是合同双方期望发生的结果。但因为客观原因发生重大变化或者双方利益的需要,原合同的继续履行可能对双方都不利,可以采用合同变更或解除的方法防止不利局面发生。当事人在订立合同时就确定发生不能履行合同时的具体条件和变更或者解除合同的处理方法,就是合同变更或解除条款。

11. 争议处理

有关合同争议的诉讼或者仲裁的约定,包括仲裁地点、仲裁机构,或者合同中选择的诉讼地点。

12. 合同签署

合同签署是合同当事人对合同协商一致的表示,合同成立的表征。作为诺成合同,合同签署也就意味着合同开始生效。签署合同由企业法人代表、代表人签名,注明签署时间,法人或者组织还需要盖合同专用章,个人签订合同时只需签署个人完整姓名。

【小资料】

仓储保管合同样本
仓储保管合同

存货方:＿＿＿＿＿＿＿

保管方:＿＿＿＿＿＿＿

根据《中华人民共和国合同法》的有关规定,存货方和保管方根据委托储存计划和仓储能量,经双方协商一致,签订本合同。

第一条 储存货物的品名、品种、规格、数量、质量、包装。

1. 货物品名:
2. 品种规格:
3. 数　　量:
4. 质　　量:

5. 货物包装：

第二条 货物验收的内容、标准、方法、时间、资料。

1. 存货方应当向保管方提供必要的货物验收资料，否则，所造成的验收差错以及延误索赔期等，由存货方负责承担。

2. 保管方应按照合同规定的品名、规格、数量、外包装状况、质量，对入库货物进行验收，如果发现入库货物与合同规定不符，应在_____天内通知存货方。保管方验收后，如果发生货物品种、数量、质量、不符合合同规定时，保管方应承担赔偿责任。

3. 货物的验收期限，是指货物和检验资料全部送达保管之日起，至验收报告送出之日止。国内货物不超过10天，国外到货不超过30天（或由双方另行议定）。超过验收期限所造成的实际损失，由保管方负责。

第三条 货物保管条件和保管要求。

第四条 货物入库、出库手续、时间、地点、运输方式。

第五条 货物的损耗标准和损耗处理。

第六条 计费项目、标准和结算方式。

（货物在储存运输过程中的计费项目，应按仓储保管部门制定的标准执行，也可由当事人双方协商确定。）

第七条 违约责任。

1. 保管方的责任：

（1）在货物保管期间，未按合同规定的储存条件和保管要求保管货物，造成货物灭失、短少、变质、污染、损坏的，保管方应承担赔偿责任。

（2）对于危险物品和易腐物品等未按国家和合同规定的要求操作、储存，造成毁坏的，保管方应承担赔偿责任。

（3）由于保管方的责任，造成退仓或不能入库时，应按合同规定赔偿存货方运费和支付违约金_____元。

（4）由保管方负责发运的货物，不能按期发货，应赔偿存货方逾期交货的损失；错发到货地点，除按合同规定无偿运到规定的到货地点外，并赔偿存货方因此而造成的实际损失。

2. 存货方的责任：

（1）由于存货方的责任造成退仓或不能入库时，存货方应偿付相当于相应保管费_____%（或‰）的违约金。超议定储存量储存或逾期提货的，存货方除交纳保管费外，还应向保管方偿付约金_____元。

（2）易燃、易爆、易渗漏、有毒等危险货物以及易腐、超限等特殊货物，必须在合同中注明，并向保管方提供必要的保管运输技术资料，否则造成的货物毁损、仓库毁损或人身伤亡，由存货方承担赔偿责任及其他法律责任。

（3）货物临近失效期或有异状的，在保管方通知后不及时处理，造成的损失由存货方承担。

(4) 未按国家或合同规定的标准和要求对储存货物进行必要包装,造成货物损坏、变质的,由存货方负责。

(5) 存货方已通知出库或合同期已到,由于存货方(含用户)的原因致使货物不能如期出库,存货方除按合同的规定交付保管费外,还应偿付违约金_____元、由于出库凭证或调拨凭证上的差错所造成的损失,由存货方负责。

(6) 按合同规定由保管方代运的货物,存货方未按合同规定及时提供包装材料或未按规定期限变更货物的运输方式、到站、接货人,应承担延期的责任和增加的有关费用。

第八条 保管期限。

从_____年_____月_____日至_____年_____月_____日止。

第九条 变更和解除合同的期限。

由于不可抗力事件,直接影响合同的履行或者不能按约定的条件履行时,遇有不可抗力事故的一方,应立即将事故情况电报通知对方,并应在_____天内,提供事故详情及合同不能履行,或者部分不能履行,或者需要延期履行的理由的有效证明文件,此项证明文件应由事故发生地区的_____(机构)出具。按照事故对履行合同影响的程度,由双方协商决定是否解除合同,或者部分免除履行合同的责任,或者延期履行合同。

第十条 争议的解决方式。

本合同在履行中如发生争议,双方应协商解决;协商不成时,任何一方均可向工商局经济合同仲裁委员会申请调解或仲裁,也可以向人民法院起诉。

第十一条 其他。

第十二条 本合同未尽事宜,一律按《中华人民共和国合同法》执行。

存货方(盖章):	保管方(盖章):
地址:	地址:
法定代表人(签名):	法定代表人(签名):
委托代理人(签名):	委托代理人(签名):
开户银行:	开户银行:
账号:	账号:
电话:	电话:
电挂:	电挂:
邮政编码:	邮政编码:
签约时间: 年 月 日	签约时间: 年 月 日
签约地点:	签约地点:

(四) 仓储合同的形式

根据《合同法》的规定,合同可以采用书面形式、口头形式或其他形式。采用电报、电传、传真和电子数据、电子邮件也可以作为书面形式。因而,仓储合同可以采用书面形式、口头形式或者其他形式。订立仓储合同的要约、承诺也可以是书面的、口头的,或其他的形式。

由于仓储的货量较大、存期较长,还可能进行配送、加工等作业,还会涉及第三人的仓单持有人,如果是订立口头合同,则不利于双方当事人的履行及发生纠纷时的处理,因此仓储合同使用完整的书面合同较为合适。

合同的其他形式包括通过行为订立合同、签发格式合同等表示双方达成一致意见的形式。在未订立合同之前,存货人将货物交给仓储保管人,保管人接收货物,则构成合同成立。在周转极为频繁的公共仓储中,保管人可以采用预先已设定好条件的格式合同的形式订立合同。在格式合同中,存货人只有签署或者不签署合同的权利,而没有商定格式合同条款的权利。

三、仓储合同的生效和无效

仓储合同为诺成性合同,在合同成立时就生效。仓储合同生效的条件为合同成立,具体表现为:双方签署合同书;合同确认书送达对方;受要约方的承诺送达对方;公共保管人签发格式合同或仓单;存货人将仓储物交付保管人,保管人接收。

无论仓储物是否交付存储,仓储合同自成立时生效。在仓储合同生效后,发生的存货人未交付仓储物、保管人不能接收仓储物都是仓储合同的未履行,由责任人承担违约责任。

无效合同是指已订立的合同,但由于合同违反了法律规定,从而被认定为无效。合同无效由人民法院或者仲裁机构、工商行政机关认定,可以认定为合同整体无效或者部分无效,可以采取变更或者撤销的方式处理;合同无效可以在合同订立之后、履行之前、合同履行之中或者合同履行之后认定。

无论无效合同在什么时候被认定,都是自始无效,也就是说,因无效合同所产生的民事关系无效。依法采取返还财产、折价赔偿等使因无效合同所产生的利益消亡。通过违法一方退回所得财产,没收未违法一方所得,或者没收双方违法所得等对违法造成合同无效一方给予处罚。

▶▶ **案例**

某五金公司与贸易公司有业务来往,而且两公司的经理是"铁哥们"。某年5月,五金公司经理王某来找贸易公司经理张某,说:"我公司购回走私彩电500台,有关部门正在追查,因此,想请张经理帮忙,将这批货暂时在贸易公司存放一段时间,待避过风头后,我公司立即想办法处理。"但是张某说:"这批货承担的风险大,要收点仓储费。另外,一旦有关部门得到信息,对货物查封、扣押或者没收,我单位不承担任何责任。"五金公司王经理表态:"费用按标准支付,签个仓储合同。"合同约定,贸易公司为五金公司储存彩电500台,期限6个月,每月仓储费1000元。10月,该批货被查获,并且没收。双方当事人为仓储费问题发生争执,贸易公司诉至法院,要求五金公司依约支付仓储费并赔偿损失。本案中,五金公司储存走私货物,被有关部门查获,依法予以没收,仓储合同无效。贸易公司作为保管人,非但不能取得仓储费,而且还将因其违法行为受到处罚。

四、仓储合同当事人的权利和义务

仓储合同当事人的权利与义务是合同当事人在履行合同过程中有权要求对方采取的行为和自身需要进行的行为或不行为。当事人的权利和义务来自于合同的约定和法律的规定。在合同中的权利和义务的规定包括合同的明示条款和合同的默示条款。明示条款具有绝对的效力,当事人应尽可能采用明示条款明确双方的权利和义务;默示条款则是在合同中没有写出的,但是根据订立合同的环境和合同的性质,依据一般的专业知识可以合理地推定得出的当事人在合同履行中所能享受的权利和要承担的义务。

(一) 存货人的权利和义务

1. 存货人的权利

(1) 查验、取样权。在仓储保管期间,存货人有对仓储物进行查验、取样查验的权利,能提取合理数量的样品进行查验。查验当然会影响保管人的工作,取样还会造成仓储物的减量,但存货人合理进行的查验和取样,保管人不得拒绝。

(2) 保管物的领取权。当事人对保管期间没有约定或约定不明确的,保管人可以随时要求存货人领取保管物;约定明确的,保管人无特别事由,不得要求存货人提前领取保管物,但存货人可以随时领取保管物。

(3) 获取仓储物孳息的权利。《合同法》第 377 条规定:"保管期间届满或者寄存人提前领取保管物的,保管人应当将原物及其孳息归还寄存人。"可见,如果仓储物在保管期间产生了孳息,存货人有权获取该孳息。

2. 存货人的义务

(1) 告知义务。存货人的告知义务包括两个方面:对仓储物的完整明确的告知和瑕疵告知。

所谓完整明确的告知,是在订立合同时存货人要完整细致地告知保管人仓储物的准确名称、数量、包装方式、性质、作业保管要求等涉及验收、作业、仓储保管、交付的资料,特别是危险货物,存货人还要提供详细的说明资料。存货人未明确告知的仓储物属于夹带品,保管人可以拒绝接收。

所谓瑕疵,包括仓储物及其包装的不良状态、潜在缺陷、不稳定状态等已存在的缺陷或将会发生损害的缺陷。保管人了解仓储物所具有的瑕疵便可以采取针对性的操作和管理,以避免发生损害和危害。因存货人未告知仓储物的性质、状态造成保管人验收错误、作业损害、保管损坏的,由存货人承担赔偿责任。

(2) 妥善处理和交存货物。存货人应对仓储物进行妥善处理,根据性质进行分类、分储,根据合同约定妥善包装,使仓储物适合仓储作业和保管。存货人应在合同约定的时间向保管人交存仓储物并提供验收单证。交存仓储物不是仓储合同生效的条件,而是存货人履行合同的义务。存货人未按照约定交存仓储物,构成违约。

(3) 支付仓储费和偿付必要费用。仓储费是保管人订立仓储合同的目的,是对仓储物进行保管所获得的报酬,是保管人的合同权利。存货人应根据合同约定按时、按量地支付仓储费,否则构成违约。如果存货人提前提取仓储物,保管人不减收仓储费;如果存货人逾期提取,应加收仓储费。由于未支付仓储费,保管人有对仓储物行使留置权的权利,即有权拒绝将仓储物交还存货人或应付款人,并可通过拍卖留置的仓储物等方式获得款项。

仓储物在仓储期间发生的应由存货人承担责任的费用支出或垫支费,如保险费、货物自然特性的损害处理费用、有关货损处理、运输搬运费、转仓费等,存货人应及时支付。

(4) 及时提货。存货人应按照合同的约定,按时将仓储物提离。保管人因为根据合同的约定安排仓库的使用计划,如果存货人未将仓储物提离,会使得保管人已签订的下一个仓储合同无法履行。存货人未在约定的时间提离仓储物,保管人可以向提存机关要求提存该仓储物。提存是一种民事义务的履行方式,由义务人向国家提存机关履行民事义务,或者义务人要求国家提存机关证明其已履行义务。

(二) 保管人的权利和义务

1. 保管人的权利

(1) 收取仓储费的权利。仓储费是保管人订立合同的目的,是对仓储物进行保管所获得的报酬,是保管人的合同权利。保管人有权按照合同约定收取仓储费或在存货人提货时收取仓储费。

(2) 保管人的提存权。储存期间届满,存货人或者仓单持有人不提取货物的,保管人可以催告其在合理期限内提取,逾期不提取的,保管人可以提存仓储物。所谓提存,是指债权人无正当理由拒绝接受履行或下落不明,或数人就同一债权主张权利,债权人一时无法确定,致使债务人难于履行债务,经公证机关证明或法院的裁决,债务人可将履行的标的物提交有关部门保存。一经提存即认为债务人已经履行了其义务,债权债务关系即行终止。债权人享有向提存物的保管机关要求提取标的物的请求权,但须承担提存期间标的物损毁灭失的风险并支付因提存所需要的保管或拍卖等费用,且提取请求权自提存之日起 5 年内不行使而消灭。

提存程序,一般来说,首先应由保管人向提存机关呈交提存申请书。在提存申请书上应当载明提存的理由、标的物的名称、种类、数量以及存货人或提单所有人的姓名、住所等内容。其次,仓管人应提交仓单副联、仓储合同副本等文件,以此证明保管人与存货人或提单持有人的债权债务关系。此外,保管人还应当提供证据证明自己催告存货人或仓单持有人提货而对方没有提货,致使该批货物无法交付其所有人。

(3) 验收货物的权利。验收货物不仅是保管人的义务,也是保管人的一项权利。保管人有权对货物进行验收,在验收中发现货物溢短,对溢出部分可以拒收,对于短少的有权向存货人主张违约责任。对于货物存在的不良状况,有权要求存货人更换、修理或拒绝接收,否则需如实编制记录,以明确责任。

2. 保管人的义务

(1) 提供合适的仓储条件。仓储人经营仓储保管的先决条件就是具有合适的仓储保管条件,有拟保管的货物的保管设施和设备,包括适合的场地、容器、仓库、货架、作业搬运设备、计量设备、保管设备、安全保卫设施等条件。同时还应配备一定的保管人员、商品养护人员,制定有效的管理制度和操作规程等。同时,保管人所具有的仓储保管条件还要适合所要进行保管的仓储物的相对仓储保管要求,如保存粮食的粮仓、保存冷藏货物的冷库等。保管人不具有仓储保管条件,构成保管人的根本违约。

(2) 验收货物。验收货物不仅是保管人的合同权利,也是其义务。保管人应该在接收仓储物时对货物进行理货、计数、查验,在合同约定的期限内检验货物质量,并签发验货单证。验收货物按照合同约定的标准和方法,或者习惯的、合理的方法进行。保管人未验收货物推定为存货人所交存的货物完好,保管人也将要返还完好无损的货物。

(3) 签发仓单。保管人在接收货物后,根据合同的约定或者存货人的要求,及时向存货人签发仓单。在存期届满,根据仓单的记载向仓单持有人交付货物,并承担仓单所明确的责任。保管人根据实际收取的货物情况签发仓单。保管人应根据合同条款确定仓单的责任事项,避免将来向仓单持有人承担超出仓储合同所约定的责任。

(4) 合理化仓储。保管人应在合同约定的仓储地点存放仓储物,并充分使用先进的技术、科学的方法、严格的制度,高质量地做好仓储管理。使用适合于仓储物保管的仓储设施和设备,如容器、货架、货仓等,从谨慎操作、妥善处理、科学保管和合理维护等各方面做到合理化仓储。保管人对于仓储物的保管承担严格责任,因其保管不善所造成的仓储物在仓储期间发生损害、灭失,除非保管人能证明损害是由于货物性质、包装不当、超期等以及其他免责原因造成的,否则保管人要承担赔偿责任。

(5) 返还仓储物。保管人应在约定的时间和地点向存货人或仓单持有人交还约定的仓储物。仓储合同没有明确存期和交还地点的,存货人或仓单持有人可以随时要求提取,保管人应在合理的时间内交还仓储物。作为一般仓储合同,保管人在交还仓储物时,应将原物及其孳息、残余物一同交还。

(6) 危险通知义务。当仓储物出现危险时,保管人应及时通知存货人或者仓单持有人,包括在货物验收时发现不良情况、发生不可抗力损害、仓储物的变质、仓储物的损坏等事故,以及其他涉及仓储物所有权的情况。当然在发生或发现危险时,保管人有义务采取紧急措施处置,防止危害扩大。

(三) 违约责任和免责

违约是指存货人或者保管人不能履行合同约定的义务或者履行合同义务不符合

合同的约定的不为或行为。为了限制违约行为，以及因为一方的违约造成另一方的损失，由违约方承担违约责任不仅是合同法律制度的规范，也是当事人协议合同的必要事项。通过法定的和合同约定的违约责任的承担，增加违约成本，弥补被违约方的损失，减少违约的发生，有利于市场的稳定和秩序。

违约责任往往以弥补对方的损失为原则，违约方需对对方的损失，包括直接造成的损失和合理预见的利益损失给予弥补。违约责任的承担方式有支付违约金、赔偿损失、恢复原状、继续履行合同等。

免责又称为免除民事责任，指不履行合同或法律规定的义务，致使他人财产受到损失，但由于有不可归责于违约方的事由，违约方可以不承担民事责任。免责原因有法律规定的免责事项和合同约定的免责事项。但是造成对方人身伤害，因故意或者重大过失造成对方财产损失的不能免责。

【小资料】

因货物自身性质引起的短量，保管方不予赔偿

某年8月21日，N省某奶牛场向N省某农场购买了600吨草料，作为奶牛场的越冬饲料。草料每吨45元，总价款27 000元。因奶牛场场地有限，无处存放，双方商定由农场代为保管该批草料，并签订了仓储保管合同。合同约定，农场负责保证草料完好，不得发生短量和变质，次年2月1日在奶牛场交货，奶牛场预交保管费2100元。合同生效后农场将草料堆好，存放在农场的一场院内，顶部用席子苫住，并用绳子捆好，安全越过了风季、雪季，亦未发生被偷现象。次年2月1日农场按合同规定将草料运至奶牛场，但过秤后发现稻草缺少93吨，价值3800元，双方为此发生争议。奶牛场发现草料短量后，要求农场按合同约定赔偿短少部分草料的价款。农场则多次声明，草料已得到完好保管，没有发生丢失、变质现象，但既然发生了短量，农场可减收保管费。奶牛场没有接受农场的意见，坚持让农场赔偿93吨草料的价款3800元。遭到农场回绝后，奶牛场向N省某人民法院起诉，要求农场赔偿损失。

法院受案后了解了上述事实。调查结果表明草料的确发生短量，减少了93吨。但向农场守护草料的农工多人调查，都说草料封存完好，从未失窃，也没有被吹走的可能。为此，法院走访了有关技术人员。据有关资料记载，草料仓储过程中水分不断减少，加上自然因素作用会造成部分短量，草料仓储的自然损耗率为12%～20%，仓储行亦公认这项误差。农场保管的600吨草料按12%算为72吨，按20%算为120吨，那么奶牛场存储的草料减少93吨，尚在自然损耗的范围之内，为草料自身性质所致，不能由仓储方负责。据此，法院做出判决，驳回了奶牛场的诉讼请求。

第三节　保管合同和仓单

一、保管合同的法律特征

我国《合同法》第 365 条规定,保管合同是保管人保管寄存人交付的保管物,并返还该物的合同。在保管合同中,寄存物品的一方称为寄存人,负责保管物品的一方称为保管人。保管合同具有以下法律特征。

(一) 保管合同是实践性合同

实践合同是以标的物交付与接收为合同成立的要件,寄存人交付保管物是保管合同成立的要件。根据我国《合同法》的规定,除当事人另有约定外,保管合同自保管物交付时成立。因此,保管合同为实践性合同,这也正是保管合同与仓储合同的重要区别之一。

▶ **案例**

李先生于 2015 年 3 月购买了一辆小客车,并将车停放在物业公司管理的某小区内,自 2016 年起,李先生向物业公司支付每月 80 元的停车费。2017 年 12 月 28 日下午,李先生的女儿停车时发现原先的车位已停有别的车辆,于是把车停在旁边的车位上,次日发现车已不见。事后,李先生要求物业公司赔偿未果,于是将物业公司告上法庭。物业公司辩称,双方并未就停车签订书面的协议,不存在保管合同的关系,物业公司收取的只是停车费用而并非是保管费用,不同意李先生的诉请。法院认为,保管合同为实践合同,以标的物移交给保管人为成立要件,李先生虽将其小客车停放在物业公司管理的小区内,但并未交保管费,而且李先生始终也未把车钥匙交给物业公司进行保管,因此,双方之间的保管合同关系未成立。

(二) 保管合同是提供劳务或服务的合同

保管是指将物品置于保管人的控制之下,加以保护并维持其原状。保管合同的履行是以足以达到维持保管物的原状为标准。保管合同转移保管物的占有权,但并不发生保管物使用权和所有权的转移。因此,保管是一种提供劳务或服务的合同,保管人在保管过程中所提供服务的质量,直接关系到双方权利义务的实现。

(三) 保管合同可以是有偿的,也可以是无偿的

寄存人按约定需向保管人支付报酬,这种保管合同为有偿的保管合同。近现代西方国家立法一般规定保管合同以无偿为原则,以有偿为补充。我国的保管合同是社会成员相互提供帮助或服务部门为公民提供服务的一种形式,也应以无偿为原则。现实生活中,确有大量的保管关系,保管人并不要求寄存人付出任何代价,如超市免费为顾客保管随身携带物品等,这类保管是无偿的,且经常而大量发生。因此,我国

《合同法》对于保管合同的有偿与无偿未做硬性规定,允许当事人自由约定,既可以有偿,也可以无偿。

(四) 保管合同以物的保管为目的

保管合同的标的是保管行为,保管人的主要义务是保管寄存人交付其保管的物品,这也是保管合同与仓储合同的相同之处。保管合同的标的物的范围较为广泛,一切物包括动产和不动产、种类物和特定物均可作为保管合同的标的物,此外,货币、有价证券、票据等非物质财产也可以成为保管合同的标的物,但在实践中,保管合同的标的物应有易保管的性质。

(五) 保管合同为不要式合同

保管合同仅以寄存人对保管物的实际交付为成立要件,并不要求当事人必须采取何种特定形式,所以,保管合同为不要式合同。我国《合同法》规定,寄存人向保管人交付保管物的,保管人应当给付保管凭证。

二、保管人的权利和义务

(一) 保管人的权利

(1) 保管人有按照规定收取保管费用的权利。

(2) 保管人的留置权。在有偿保管合同中,寄存人未按照约定支付保管费以及其他费用的,保管人对保管物享有留置权,但当事人另有约定的除外。在无偿保管合同中,保管人基本上只承担义务,不享有权利。

(二) 保管人的义务与责任

(1) 妥善保管保管物。这是保管人的一项主要义务,具体表现如下。

①对于无偿保管,保管人应当尽到与保管自己物品同样的注意;当保管为有偿保管时,保管人应尽到善良管理人的注意。

②保管行为必须由保管人亲自履行,不得将保管物委托第三人保管,但当事人另有约定的除外。保管合同的成立,特别是无偿保管,是基于寄存人对保管人的信赖,所以,当保管人擅自将保管物转交给第三人保管时,造成保管物的损失,保管人应予以赔偿,除非保管人能证明即使不让第三人保管仍不可避免损害的发生,保管人可以不负赔偿责任。

③保管期间,保管人不得使用或者许可第三人使用保管物,但当事人另有约定的除外。除此之外,保管人使用保管物需要支付报酬,由此造成保管物的损失应负赔偿责任。

④保管人应依约定的方法、场所和保管物的性质保管该物品。保管人不得擅自改变保管方法和场所,如果由此造成的损失应由保管人赔偿。但该义务在紧急情况下或者为了维护寄存人利益必须改变保管方法和场所的,保管人应有所作为。

(2) 告知义务。在保管期间,第三人对保管物主张权利,对保管人提起诉讼或者对保管物申请扣押的,保管人应当及时通知寄存人。此外,保管物出现因自然原因或者第三人分割可能使保管物毁损、灭失的危险情形时,保管人应及时通知寄存人。保管人未尽到告知义务,造成保管物不能归还的,应赔偿损失,但依法促使或被执行的除外。

(3) 给付保管凭证的义务。除非另有交易习惯,寄存人向保管人交付保管物的,保管人应当给付保管凭证。保管凭证的给付,并非保管合同的成立要件,也非保管合同的书面形式,仅是证明保管合同关系存在的凭证。

(4) 返还保管物的义务。在保管合同期限届满或者寄存人提前领取保管物时,保管人应及时返还保管物。保管人返还的物品应为原物,原物生有孳息的,保管人还应返还保管期间的原物孳息。但在消费保管合同中,由于保管物为种类物,保管人得取得保管物的所有权,故而仅负以种类、品质、数量相同的物返还寄存人的义务。返还地点一般应为保管地,保管人并无送交的义务,当事人另有约定的除外。

(5) 损害赔偿责任。在保管期间,因保管人保管不善造成保管物毁损、灭失等,保管人应当承担损害赔偿责任;但如保管是无偿的,保管人证明自己没有重大过失的,不承担损害赔偿责任。

三、寄存人的权利和义务

(一) 寄存人的权利

(1) 领取保管物。在保管合同中,寄存人的主要权利为领取保管物,寄存人可以随时领取保管物。当事人对保管期间没有约定或约定不明确的,保管人可以随时要求寄存人领取;保管期间约定明确的,保管人无特别事由,不得要求寄存人提前领取保管物。

(2) 有权收孳息。在保管期间,保管物产生的孳息,寄存人有权向保管人收取。

(3) 对保管人未尽妥善保管保管物的义务造成的损失,有权要求保管人赔偿。

(二) 寄存人的义务与责任

(1) 告知义务。寄存人交付的保管物有瑕疵或者按照保管物的性质需要采取特殊保管措施的,寄存人应当将有关情况告知保管人,由于寄存人未告知致使保管物受损失的,保管人不承担损害赔偿责任。由于保管物本身的性质或者瑕疵使保管人受到损害的,寄存人应当承担赔偿责任。在保管人于合同成立时已知或应知保管物有发生危险的性质或瑕疵的情况下,寄存人免除损害赔偿责任,而保管人因过失而不知该情形时,寄存人仍不能免责。

【小资料】

甲公司在乙公司存储160吨布袋装面粉,甲公司提取面粉时,发现面粉已经受潮,遂要求乙公司赔偿。乙公司引用《合同法》第370条进行抗辩,按照保管物的性质需要采取特殊保管措施的,寄存人应当将有关情况告知保管人,寄存人未告知,致使保管物受损失的,保管人不承担损害赔偿责任。

(2) 支付保管费和偿还必要费用的义务。在有偿保管合同中，寄存人应当按照约定向保管人支付保管费。当事人对支付期限没有约定或者约定不明确的，应当在领取保管物的同时支付。如不支付报酬，保管人可对保管物行使留置权。若无其他约定，寄存人应偿付保管人为保管保管物垫付的其他必要费用。

(3) 声明义务。当寄存人寄存的物品为货币、有价证券或者其他贵重物品时，应向寄存人履行声明义务，并经由保管人验收或封存。寄存人未尽声明义务的，保管人仅须按照一般物品的价值予以赔偿。

(4) 风险承担。如果保管物的毁损、灭失是由不可抗力原因造成的，此风险由寄存人自己承担。但如果保管人没有经过寄存人的同意擅自将保管物交由第三人保管后，保管物因不可抗力而毁损的，保管人应对寄存人负赔偿责任。

四、仓单

(一) 仓单的概念和性质

《合同法》第385条规定："存货人交付仓储物的，保管人应当给付仓单。"所谓仓单，是指由保管人在收到仓储物时向存货人签发的表示已经收到一定数量的仓储物的法律文书。

仓单既是存货人已经交付仓储物的凭证，又是存货人或者持单人提取仓储物的凭证，因此，仓单实际上是仓储物所有权的一种凭证。同时，仓单在经过存货人的背书和保管人的签署后可以转让，任何持仓单的人都拥有向保管人请求给付仓储物的权利，因此，仓单实际上又是一种以给付一定物品为标的的有价证券。

由于仓单上所记载的权利义务与仓单密不可分，因此，仓单有如下效力：①受领仓储物的效力。保管人一经签发仓单，不管仓单是否由存货人持有，持单人均可凭仓单受领仓储物，保管人不得对此提出异议；②转移仓储物所有权的效力。仓单上所记载的仓储物，只要存货人在仓单上背书并经保管人签字或者盖章，提取仓储物的权利即可发生转让。

(二) 仓单的法律特性

1. 仓单是提货凭证

仓储保管人保证向仓单持有人交付仓储物。在提取仓储物时，提货人必须向保管人出示仓单，并在提货后将仓单交回保管人注销。没有仓单不能直接提取仓储物。

2. 仓单是所有权的法律文书

保管人在查验并接收仓储物后向存货人签发的仓单，表明仓储物的所有权并没有转移给保管人，只是将仓储物的保管责任转交给保管人。通过保管人签发的仓单作为仓储物的所有权法律文书，并由存货人或其他持有人持有。

3. 仓单是有价证券

仓单是仓储物的文件表示，仓储保管人依据仓单返还仓储物，占有仓单表示占有仓储物，也就意味着占有了被仓储的财产和该财产所包含的价值。受让仓单就需要支付与该价值对等的资产或价款,因而仓单是表明仓储物价值的有价证券。只不过由于仓单所表示的是实物资产的价值,其价格受实物市场的供求关系的影响,需要根据实物的市场价格确定仓单具体的价值。

4. 仓单是仓储合同的证明

仓单本身并不是仓储合同,当双方没有订立仓储合同时,仓单作为仓储合同的书面证明,证明合同关系的存在,存货人和保管人按照仓单的记载承担合同责任。

(三)仓单的功能

1. 保管人承担责任的证明

仓单的签发意味着仓储保管人接管仓储物,对仓储物承担保管责任,保证在仓储期满向仓单持有人交还仓单上所记载的仓储物,并对仓储物在仓储期间发生的损害、灭失承担赔偿责任。

2. 物权证明

仓单作为提货的凭证就意味着合法获得仓单的仓单持有人具有该仓单上所记载的仓储物的所有权。持有仓单就意味着具有仓储物当然的所有权,但这种所有权是一种确定的物权,只表示占有该仓单上所描述的具体"物",并不意味着固定的价值。这种物权会因为不可抗力、自然损耗等保管人免责的原因造成灭失,还会因为保管到期产生超期费,以及保管人进行提存的风险,由于仓储物的原因造成保管人其他财产损失的赔偿风险。

仓单持有人因持有仓单所获得的仓储物所有权,仅仅是仓单所明示的物权,并不当然获得存货人与保管人所订立仓储合同中的权利,只有这些权利在仓单中列明时才由仓单持有人承受。相应的,保管人也不能采用未在仓单上明示的仓储合同的约定条款对抗仓单持有人,除非仓单持有人与存货人为同一人。

3. 物权交易

仓储物交给仓储保管人保管后,保管人占有仓储物,但是仓储物的所有权仍然属于存货人,存货人有权依法对仓储物进行处理,可以转让仓储物,这是存货人行使所有权的权利。但在保管人签发仓单的情形下,存货人和保管人达成了凭仓单提货的契约,保管人可以拒绝仓单持有人之外的其他人行使提货权。因而存货人要进行存储物转让就必须将仓单转让。另一方面,存货人在获得仓单后,需要转让仓储物时,如果要通过取出仓储物进行实物交割,显然是极为繁琐又不经济的。为了便利和节省交易费用,存货人通过直接转让仓单的方式转让仓储物,由受让人凭仓单提货。通过仓单转让既可以实现仓储物所有权的转让交易,又不涉及仓储物的保管和交接,是一种简便和经济的方法。仓单转让机制的基础在于仓储保管人对于仓储物的理货验收、对仓储物的完整性承担责任和对所签发仓单的提货保证。

(1)仓单的背书转让。由于仓单大多为记名证券,仓单的转让必须采用背书转让的方式进行。由出让人进行背书,并注明受让人的名称,保持仓单的记名性质。

(2)仓单转让需经保管人签署。仓单通过背书转让,仓储物的所有权发生了转移,被背书人成了仓单持有人。这也就意味着原先同保管人订立仓储合同的存货人将凭仓单提取货物的合同权利转让给了其他人,保管人将向第三人履行仓储合同义务。根据《合同法》第80条规定,债权人转让权利的,应当通知债务人;同时,还规定债务人转让义务的,应当经债权人同意。仓单的转让可能仅涉及存货人债权的转让,也可能存在受让人支付仓储费等债务的转让,因而,仓单转让就需要保管人的认可,经保管人签字或者盖章,仓单受让人才能获得提取仓储物的权利。

▶▶ 案例

仓单转让纠纷案

某年9月,海燕服装公司与富来货仓签订仓储合同,约定储存20万套羽绒服,储存费2万元,储存期至同年12月20日。事后,海燕服装公司依约存货并交了仓储费,富来货仓验收后签发了仓单。同年12月,第一百货公司向海燕服装公司订购了此20万套羽绒服,并取得海燕服装公司背书转让的仓单。海燕服装公司事后通知了富来货仓公司。但第一百货公司持仓单提货时,被富来货仓以不是合法仓单持有人为由拒绝交付。双方争执日久,天气转暖,耽误了羽绒服销售高峰,第一百货公司遭受损失。遂向法院起诉,要求富来货仓公司赔偿损失。

4. 金融工具

仓单所具有的物权功能,使仓单代表着仓储物的价值,成为有价证券。因其所代表的价值可以作为一定价值的担保,因而仓单可以作为抵押、质押、财产保证的金融工具和其他的信用保证。在期货交易市场上,仓单交易是交易最核心的部分。

(四) 仓单的内容

仓单作为收取仓储物的凭证和提取仓储物的凭证,依据法律规定还具有转让或出质的记名物权证券的流动属性。仓单应当具备一定形式,其记载事项必须符合《合同法》及物权凭证的要求,并使仓单关系人明确自己的权利并适当行使自己的权利。根据《合同法》第386条的规定,保管人应当在仓单上签字或者盖章,仓单内容如下。

1. 存货人的名称或者姓名、住所

存货人是初始仓储物的所有人或者占有人,有权对货物进行仓储处分。存货人的名称为存货人法人的完整名称,与法人证书的登记名称完全一致。当存货人为个人时,采用该人的完整姓名。住所为存货企业的所在地或主营业地所在地、发生仓储业务关系的分营业部所在地、个人的居住地或者常驻地。住所地址要求采用完整的街牌号或者乡村名称,一般还会注明联系电话等便利的联系方法。

2. 仓储物的品种、数量、质量、包装、件数和标记

仓储物是仓单的标的物,仓储物的品种、数量、质量、包装、件数和标记是保管人所接收的仓储物的准确描述,构成了仓储物的特定化;也是存储期满,保管人向仓单持有人交还仓储物的标准。保管人不能交还仓单所描述的仓储物,就需要给予赔偿。仓储物的品种、数量、质量、包装、件数和标记是保管人在接收仓储物时查验和理货所

获得的准确结果,必要时可以通过商品检验获得。仓储物的品种应是标准名称,质量可以采用公认的等级质量标准或者标明具体的质量水平或者检验结论,包装必须是在存储期间存续的包装方式,一般来说为保管人所认可的包装方式。

3. 仓储物的耗损标准

仓储物因为长期保存和仓储作业会发生耗损和减量。仓储物自身特性(如干燥、分化、挥发等)的自然减量和公认的合理耗损(如计量误差、黏结、破损、氧化生锈、陈旧、黏尘等),由保管人承担显然不合理,或者不经济。仓储物的耗损标准就是在交还仓储物时仓储物数量短少在仓单所约定的仓储物耗损标准之内,保管人不予赔偿。

4. 储存场所

储存场所涉及仓储物的保管条件、保管标准、操作方法,仓储期间风险的大小,存入和提出仓储物的经济成本和便利条件,仓单持有人了解仓储物存放的位置等;同时也是发生仓储争议时的合同履行地、财产所在地司法管辖权的决定因素。

储存场所一般由仓储合同约定,也可以由保管人安排,在仓单中记载的储存场所为仓储物的实际存放地点。储存场所包括储存仓库的名称和地点,往往还明确注明存放仓储物的仓库号、堆场、货位号等存货的具体位置。

5. 储存期间

仓储合同是一种有时限的合同,保管人在约定的时期内对仓储物承担保管责任。为了使仓单持有人明确掌握储存期限,需要将储存期间特别是储存到期时间明确地记录在仓单之上。储存期间的表示可以采用开始期加期限的方式,如存储3个月,从仓单签发日起算,到期日为节假日的,顺延到假日后的第一个工作日;也可以采用明确到期日的方式表达,如×月×日。

储存期间是保管人承担仓储保管责任的期间;也是计算仓储费的依据,确定和计算超期费、空置费的依据;也是保管人采取提存保管物的时间条件。

6. 仓储费

仓储费是保管人开展仓储服务的回报,是其合同行为的目的。仓储费由保管人和存货人约定,包括仓储费计算标准、支付方式、支付时间、地点等。当仓储费由提货人支付的,或者在提货时结算的,必须在仓单上准确记录,以便约束仓单持有人。同时也是仓单转让时,使受让人知道其所要承担的支付义务和支付额。仓储费还是超期保管费计算的基础,如超期保管费加倍计算。

7. 仓储物的保险金额、期间以及保险人的名称

为了减小承担的风险,对仓储物进行投保保险是一种有效的方法。对仓储物投保的成本,原则上应该由仓储物所有人承担。如果保管未投保险的仓储物,保管人为了降低风险,也可以采用由保管人购买保险的方法,但其保险的成本必然通过仓储费等方式转移给仓储物的所有人。另一方面,仓储物是否购买保险,对仓单受让人具有直接的利益关系,仓单的转让只是转让了入库时仓储物的物权,入库后仓储物状态的变化是仓单受让人要承担的风险。在仓单上记载保险资料,有利于发生事故时的保

险处理,如通知保险人和保险索赔等。

8. 填发人、填发地和填发日期

填发人为仓储经营人的企业名称(公章)或者法定代表人的姓名。填发人的签署表明仓单发生效力。填发地和填发日期不仅表示仓单发生效力的时间和地点,也是属地管辖的依据和时效起算时间的依据。

一份有效的仓单可以包含以上所有内容或其他保管人认为必要的内容,也可以缺省一些内容,只要仓单的内容能够充分表达出仓储物的物权、保管人的责任承担程度、仓单持有人提取仓储物的权利等仓单功能的事项,保管人签发的仓单就应该有效。缺乏保管人、存货人、仓储物、存货地点、保管人签署等条件事项的仓单显然是无效的仓单。

仓单是由保管人在收到仓储物时向存货人签发的表示已经收到一定数量的仓储物的法律文书,目前由各仓储单位自行编制,因此没有统一的格式。

【小资料】

某仓储企业仓单

仓单(正面)

公司名称:
公司地址:

电话:	传真:
账号:	批号:
储货方:	发单日期:
银主名称:	起租日期:

兹收到下列货物依本公司条款(见后页)储仓

唛头及号码	数量	所报货物	每件收费	每月仓租	进仓费	出仓费

总件数: 经手人:

总件数(大写):

备注:

核对人:

续表

仓单(反面)

存货记录

日 期	提单号码	提货单位	数 量	结 余	备 注

储货条款

一、本仓库所载之货物种类、唛头、箱号等,均系按照储货方所称填写,本公司对货物内容、规格等概不负责。

二、货物在入仓交接过程中,若发现与储货方填写内容不符,我公司有权拒收。

三、本仓库不储存危险物品,客户保证入库货物绝非为危险品,如果因储货方的货物品质危及我公司其他货物造成损失时,储货方必须承担因此而产生的一切经济赔偿责任。

四、本仓单有效期一年,过期自动失效。已提货之分仓单和提单档案保留期亦为一年。期满尚未提清者,储货方须向本公司换领新仓单。本仓单须经我公司加印硬印方为有效。

五、客户(储货方)凭背书之仓单或提货单出货。本公司收回仓单和分提单,证明本公司已将该项货物交付无误,本公司不再承担责任。

第四节 保税货物仓储

一、货物保税制度概述

保税制度是允许对特定的进口货物在入关进境后在确定内销或复出口的最终去向前暂缓征缴关税和其他国内税,由海关监管的一种海关制度,即进口货物可以缓缴进口关税和其他国内税,在海关监管下于指定或许可的场所、区域进行储存、中转、加工或制造。是否征收关税视货物最终是进口内销还是复运出口而定。

货物保税制度诞生于英国。自中世纪以来,英国及一些欧洲的沿海地区和港口已从特别关税的实施中获取到很大的好处。目前,世界上各个国家为了吸引国际投资、发展国际贸易,都建立了各种具有保税、贸易功能的经济区域,如保税仓库、保税工厂、保税区、自由港、自由贸易区、免税贸易区、对外贸易区等。

在中国,保税制度是随着19世纪资本主义国家对中国的殖民扩张和经济侵略而发展起来的。1882年,为方便和扩大外国商人对华出口贸易,当时的中国海关总税务司、英国人R.赫德在上海筹建保税制度。1888年,第一批保税仓库在上海建立,这是中国保税制度的开始。我国海关总署于1988年实施《中华人民共和国海关对保税仓库及所存货物的管理办法》。2003年11月19日署务会审议通过《中华人民共和国海关对保税仓库及所存货物的管理规定》,2004年2月1日起施行。

二、保税仓库概述

(一) 保税仓库的定义

保税仓库是指经海关批准设立的专门存放保税货物及其他未办结海关手续货物的仓库。保税货物是指经过海关批准未办理纳税手续进境，在境内储存、加工、装配后复运出境的货物。

货物一旦存入保税仓库，将由海关登记入册，并受该国的一般法律的约束和管理。货物存入保税仓库后仍被认为处于境外，只是当货物从保税仓库提出时，才被当成直接进口货物对待。

(二) 保税仓库的经营方式

我国目前实行的保税仓库制度，是一项专门储存进口货物的保税制度，即指经海关核准，进口货物（限定尚未确定最终去向或待复出口的货物）可以暂缓缴纳进口各税、免领进口许可证或其他进口批件，存入专门仓库，并在规定期限内复运出口或办理正式进口手续或提取用于保税加工。但在货物储存期间必须保持货物的原状，除允许在海关监管下进行一些以储存和运输为目的的简单处理（如晾晒、刷标记、更换包装等）外，不得进行任何加工。这项制度实际上开辟了一个免税的供销市场，进口商品可以根据转口贸易、加工贸易、维修业务、寄售贸易等需要，随时有现货供应，而无须境内用货单位事先占用大量资金进口货物进行储备，也不必等待交货期。保税仓库储存货物如提取运往境外，则向海关办理复运出口手续；如提取在境内销售和使用，则办理正式进口手续并缴纳进口各税；如提取用于加工成品出口，则按加工贸易办理海关手续。

(三) 保税仓库储存货物的范围

(1) 供加工贸易（来料加工、进料加工）加工成品复出口的进口料件。

(2) 国际转运货物。包括外商寄存、暂存货物、转口贸易货物。

(3) 供应国际航行船舶的燃料、物料和零配件。

(4) 经商务主管部门批准和海关核准，开展外国商品寄售业务、外国产品维修业务、外汇免税商品业务所需商品及保税生产资料市场待销的进口货物等。

(5) 未办结向海关纳税手续的一般贸易货物。

(6) 其他经海关批准未办结海关手续的货物。

保税仓库不得存放国家禁止进境货物，不得存放未经批准的影响公共安全、公共卫生或健康、公共道德或秩序的国家限制进境货物及其他不得存入保税仓库的货物。转口贸易的烟、酒和转口贸易的易制毒化学品不能存入保税仓库。各类保税仓库应在批准的范围内经营保税储存业务。

保税仓库经营单位进口供自己使用的设备、装置和用品，如货架、搬运、起重、包装设备、运输车辆、办公用品及其他管理用具，均不属于保税货物。进口时应按一般贸易办理进口手续并缴纳进口税款。

(四) 保税仓库的类型

(1) 保税仓库按照使用对象不同分为公用型保税仓库、自用型保税仓库。公用型保税仓库由主营仓储业务的中国境内独立企业法人经营，专门向社会提供保税仓储服务。自用型保税仓库由特定的中国境内独立企业法人经营，仅存储本企业自用的保税货物。

(2) 保税仓库中专门用来存储具有特定用途或特殊种类商品的称为专用型保税仓库。专用型保税仓库包括液体危险品保税仓库、备料保税仓库、寄售维修保税仓库和其他专用型保税仓库。

液体危险品保税仓库是指符合国家关于危险化学品仓储规定的，专门提供石油、成品油或者其他散装液体等危险化学品保税仓储服务的保税仓库。

备料保税仓库是指加工贸易企业存储为加工复出口产品所进口的原材料、设备及其零部件的保税仓库，所存保税货物仅限于供应本企业。

寄售维修保税仓库是指专门存储为维修外国产品所进口寄售零配件的保税仓库。

三、保税仓库的设立

保税仓库应当设立在设有海关机构、便于海关监管的区域。保税仓库由直属海关审批，报海关总署备案。企业申请建立保税仓库，应当向仓库所在地主管海关提交书面申请。

设立保税仓库的企业，应经工商行政管理部门注册登记，具有法人资格；注册资本最低限额300万元人民币；具备向海关缴纳税款的能力；具有专门存储保税货物的经营场所；经营特殊许可商品存储的，应当持有规定的特殊许可证件；法律、行政法规、海关规章规定的其他条件。

建立保税仓库还应符合海关监管条件，如：仓库用于专门储存、堆放保税货物的场所应具有隔离、安全措施；有符合海关监管要求的保税仓库计算机管理系统并与海关联网；要符合有关国家对土地管理、规划、交通、消防、安全、质检环保等法律法规的规定；应建立符合海关规定的健全的仓储管理制度和详细的仓库账册；应配备经海关培训认可的专职管理人员；应有符合海关规定的仓库面积或容积等。公用型保税仓库面积最低为2000平方米；液体危险品保税仓库容积最低为5000立方米；寄售维修保税仓库面积最低为2000平方米。

申请设立保税仓库的企业应当自海关出具保税仓库批准文件1年内向海关申请保税仓库验收，由直属海关按照上述设立保税仓库条件进行审核验收。申请企业无正当理由逾期未申请验收或者保税仓库验收不合格的，该保税仓库的批准文件自动失效。保税仓库验收合格后，经海关注册登记并核发《中华人民共和国海关保税仓库注册登记证书》，方可投入运营。

四、保税仓储货物的管理

(一) 保税仓储货物的入库管理

保税仓储货物入库时收发货人或其代理人持有关单证向海关办理货物报关入库手续,海关根据核定的保税仓库存放货物范围和商品种类对报关入库货物的品种、数量、金额进行审核,并对入库货物进行核注登记。入库货物的进境口岸不在保税仓库主管海关的,经海关批准,按照海关转关的规定或者在口岸海关办理相关手续。

(二) 保税仓储货物的储存管理

1. 储存期限

保税仓储货物存储期限为1年,如有特殊情况可以向海关申请延期,经海关同意可予以延期,除特殊情况外,延期不得超过1年。储存期满应及时向海关申请延期或者期满复运出境、转为出口。

2. 储存行为

保税仓储货物可以进行包装、分级分类、加刷唛码、分拆、拼装等简单加工,不得进行实质性加工。保税仓储货物未经海关批准,不得擅自出售、转让、抵押、质押、留置、移作他用或者进行其他处置。

3. 储存责任

保税仓储货物在储存期间发生损毁或者灭失的,除不可抗力外,保税仓库应当依法向海关缴纳损毁、灭失货物的税款,并承担相应的法律责任。

(三) 保税仓储货物的出库管理

1. 货物出库运往境内

保税仓储货物出库运往境内其他地方的,收发货人或其代理人应当填写进口报关单,并随附出库单据等相关单证向海关申报,保税仓库向海关办理出库手续并凭海关签印放行的报关单发运货物。从异地提取保税仓储货物出库的,可以在保税仓库主管海关报关,也可以按照海关规定办理转关手续。出库保税仓储货物批量少、批次频繁的,经海关批准可以办理集中报关手续。

2. 货物出库运往境外

保税仓储货物出库运往境外的,收发货人或其代理人应当填写出口报关单,并随附出库单据等相关单证向海关申报,保税仓库向海关办理出库手续并凭海关签印放行的报关单发运货物。出境货物出境口岸不在保税仓库主管海关的,经海关批准,可以在口岸海关办理相关手续,也可以按照海关规定办理转关手续。

【小资料】

2018年3月底,余×得知自己公司C53209300090号"登记手册"(该手册于2018年4月9日到期)出现进出口不平衡情况,少进口麻棉布1万余米,原因是该公司在实际生产中减少了成品的用料。为达到平衡,余×主动与进出口合同人刘×联系,达成由犯罪嫌疑人余×主动与犯罪嫌疑人刘×负责组织货源并以深圳服饰有限公司的名义进口2万米以下的麻棉布后自行处理的口头约定。2018年4月5日,据犯罪嫌疑人刘×的交代,其找到香港人张某(情况不详),由张某提供56″麻棉布12 717米用深圳服饰有限公司的进料指标申报进口后先存放于笋岗仓库,再联系国内买主,由犯罪嫌疑人刘×赚实际销售价与张某给定价格之间的差价。同年4月6日,犯罪嫌疑人刘×通过深圳安达顺运输公司委托南(港荣)运输公司司机杨×运货进口时于文锦渡口岸监管现场被海关查扣。经海关有关部门估税,该批货物涉嫌偷逃税额人民币7万元。

根据《中华人民共和国海关法》第100条第(5)款的规定,"保税货物"是指经海关批准未缴纳税手续进境,在境内储存、加工、装配后复运出境的货物。就这个定义来看,保税货物是包括进料加工中的进口保税货物的。

余×和刘×的行为违反了海关法规和其他有关法律、法规,其行为是意图逃避海关监管、偷逃应缴税额的行为,其行为符合走私罪的客观方面法律特征。

【项目小结】

仓储是物流的基本组成部分,随着现代物流的发展,传统仓储正向现代仓储转化,即由传统的静态货物保管功能向动态的货物管理转化,由独立的仓库功能向与配送相结合的方向发展。因此,有关仓储的法律关系也渐趋复杂。通过本项目的学习,既要掌握仓储在现代物流中的作用,更要掌握仓储合同的基本知识,重点掌握仓单的性质、内容及仓储合同当事人的权利和义务。

▶ 任务导出

任务问题1要点提示:在案例中,盛达公司与东方储运公司所签订的仓储保管合同,依据《合同法》第382条"仓储合同自成立时生效"的规定,双方所签订的合同自签订之日起生效,该合同应为合法有效合同。双方当事人均应严格按合同的约定履行,若未按合同约定履行即构成违约,应承担违约责任。在本案中,盛达公司通过东方储运公司终止合同,构成违约,依双方合同之约定,盛达公司应当支付违约金10 000元。因此,东方储运公司的诉讼请求应予支持。

任务问题2要点提示:涉及的法律内容有仓储合同的定义及特征、仓储合同的内容、仓储合同中双方当事人各自的权利与义务、仓单等。

【能力形成考核】

案例分析

某汽车装配厂从国外进口一批汽车零件,准备在国内组装、销售。2017年3月5日,与某仓储公司签订了一份仓储合同。合同约定,仓储公司提供仓库保管汽车配件,期限共为10个月,从2017年4月15日起到2018年2月15日止,保管仓储费为

5万元。双方对储存物品的数量、种类、验收方式、入库、出库的时间和具体方式、手续等做了约定。还约定任何一方有违约行为，要承担违约责任，违约金为总金额的20%。合同签订后，仓储公司开始为履行合同做准备，清理了合同约定的仓库，并且从此拒绝了其他公司的仓储要求。2017年3月27日，仓储公司通知装配厂已经清理好仓库，可以开始送货入库。但装配厂表示已找到更便宜的仓库，如果仓储公司能降低仓储费的话，就送货仓储。仓储公司不同意，装配厂明确表示不需要对方的仓库。4月2日仓储公司再次要求装配厂履行合同，装配厂再次拒绝。4月5日，仓储公司向法院起诉，要求汽车装配厂承担违约责任，支付违约金，并且支付仓储费。汽车装配厂答辩合同未履行，因而不存在违约的问题。

问：(1) 该仓储合同是否生效？

(2) 仓储公司的要求是否合理，为什么？

(3) 如果你是法官，会有怎样的判决？

实训项目：模拟签订一份仓储合同

一、训练目标

通过签订仓储合同能力的训练，了解填写仓储合同的相关内容，明确物流企业在仓储保管中应承担的责任和义务，做好仓储保管工作。假定欲保管一批具有危险性的特殊货物，学会订立仓储合同，熟悉仓单，并能区分仓储合同与保管合同的不同之处。

二、训练准备

人员准备：每组10人组成甲、乙双方，甲方为拥有仓储能力的物流企业，乙方为近日需要储存一批具有危险性的特殊货物的用户。

三、有关资料

某玩具生产厂于2018年1月15日向一仓库公司发出要约，希望和对方签订仓储合同。其中要约内容为玩具共2000箱（纸箱），存储期限为2018年2月1日到2018年6月1日共4个月，入库货物按月计费，其他相关事宜可当面洽谈。现假设仓储公司已经承诺，请按上述情境为其设计一份仓储合同。（注：情境中未提及的合同事项可自行假设）

四、训练办法

1. 甲、乙双方各自坐在谈判桌对侧。

2. 乙方提出需要储存一批玩具及相关要求。

3. 甲方介绍自己的情况。

4. 双方协商一致后签订货物仓储合同。

五、考核办法

请根据以上资料模拟签订一份货物仓储合同，联系人及电话可自拟，打印或手写均可。教师据此考核打分。

【资料链接】

http://china.findlaw.cn/hetongfa/hetongfa/htfcs/cc/1056748.html 签订仓储合同的 13 大注意事项及防范措施

http://hetong.110.com/hetong_13922.html 仓储保管合同

http://www.fdi.gov.cn/1800000121_23_66797_0_7.html 《中华人民共和国海关对保税仓库及所存货物的管理规定》

http://www.66law.cn/topic2010/cchtal/ 仓储合同案例

http://www.mjqfy.gov.cn/view_1554.aspx 仓储保管合同纠纷

项目六 包装法律法规

▶ **知识目标**

了解物流过程中的包装环节,包括包装的种类、标志、现代物流对包装的要求及包装中所涉及的知识产权,掌握普通货物包装的基本要求、危险货物包装的基本要求,以及法律双方应承担的权利与义务。

▶ **能力目标**

通过本项目的学习,学生能够辨别不合理包装和侵权包装,能够利用相应的法律规范对包装案例进行分析,为相关物流企业解决和处理物流纠纷和争议提供帮助。

▶ **任务导入**

因包装不当引发的纠纷

2014年绩溪县人民医院利用德国贷款购买了一套进口医疗设备,包括CT机、500mAX光机、C形臂X光机,均为德国某公司生产。

2018年7月11日,这批货物由中外运安徽分公司的两辆厢式货车从上海运出。车厢外用雨布防潮,途中突遇暴雨。到达目的地时,德国公司、运输公司、医院三方同时在场监视卸货,当场发现一部货车的货物外包装被雨水淋湿。当日,检验检疫人员赶到现场,勘查后发现,这个车厢装有4只包装箱:2只木箱、2只纸箱。纸箱被雨水淋湿变形,内部设备可以窥见,其中一只纸箱内无任何防潮保护设施,另一只只有塑料膜保护。

随后安徽检验检疫人员对这批货物开箱检验,确认木质包装中的500mAX光机、C形臂X光机外包装虽然受潮,但内部有塑料真空包装并添加防潮剂,真空包装内还有两层密封包装,设备保护完好,可以开始进入安装检验程序。而纸箱包装箱内均为CT机的核心部件,价值占整套设备的三分之一,恰恰是最重要的部分,由于严重受潮,已经无法安装。经查,双方合同中有关于"能适用气候变化、防潮、抗震及防粗鲁搬运"的规定,安徽检验检疫局立即将此事向国家质检总局报告,同时依法出具对外索赔证书,支持进口单位对外索赔。

任务问题:
1. 德方对于货物包装的处理是否妥当?
2. 货物损失应当由谁承担?

第一节 物流包装概述

一、物流包装概述

传统观点认为,包装是生产的终点,标志着生产的完成,因而包装的设计往往主要从生产终结的要求出发,常常不能满足流通的要求。事实上,包装是现代物流中的一个环节,应该如同运输、储存、配送等环节一样予以关注。包装的合理化程度直接影响着流通效能,也直接影响到产品是否能以适当的条件交付给客户,从而影响到能否实现现代物流管理所追求的"7R"目标。包装贯穿于整个物流过程,没有完善的包装,就没有现代化的物流。

【小资料】

"7R"目标

"7R"目标是对物流管理追求的七个行为目标的总结,即物流管理需要实现将适当数量(right quantity)的适当产品(right product),在适当的时间(right time)和适当的地点(right place),以适当的条件(right condition)、适当的质量(right quality)和适当的成本(right cost)交付给客户。

(一)包装的概念与种类

1. 概念

通俗意义上理解,包装是按照一定的技术方法以及相关规定采用容器、材料及辅助物等物品包封并适当装潢和标志等工作的总称。运用到物流环节,包装具有了开启产品流通过程的特殊性,其概念也随之向物流方向扩充。可以广义地认为,在现代物流领域,包装是物流服务提供方为了保证客户完整、方便、正确地获得并享有产品的使用价值和品牌价值而对产品进行的封装设计、拆分包调整、特殊制作和使用等系列活动的总和。

2. 种类

现代产品品种繁多,性能各异,用途丰富。不同产品对包装的需要各不相同。有不需要包装的散装货,如矿砂、煤炭之类;有只需简单捆扎的裸装货,如木材、钢材之类。除此之外,大多数产品都必须经过包装才能投入到流通过程中。包装在物流领域的作用不同,大致可以分为销售包装和运输包装两种。

销售包装是指以促进销售为主要目的的包装,也称为商业包装、内包装。这种包装的特点是外形美观,有必要的装潢。它不仅可以保护商品,更重要的是起着美化、宣传、介绍商品的作用。包装单位适于顾客的购买量以及商店陈设的要求。在流动过程中,销售包装是和商品一起销售给消费者的。商品越接近顾客,越要求包装有促进销售的效果。

运输包装是指以强化输送、保护产品为目的的包装,也称为工业包装。运输包装的特点在于要满足物流要求,便于运输和储存时的搬运、堆码、积载等。其主要考虑的问题是如何抵御储运过程中温度、湿度、雨雪等自然条件因素以及震动、碰撞、摩擦等客观外力因素对商品的破坏。同时,还要防止商品的溢泄、撒漏、挥发等意外因素所引发的安全事故。根据包装对象的不同,运输包装可以分为单件包装和集合包装两种。常见的单件包装是箱、袋、桶等,适用于较小规模的产品。集合包装则是由若干个单件组合在一起的一个大包装,适用于化肥、水泥等大件物品,通常采用集装箱、托盘方式。

此外,按包装的保护技术可分为防潮包装、防锈包装、防虫包装、防腐包装、防震包装、危险品包装等。

(二)包装的标志

为了便于商品的识别、流通、提取、查验,通常需要在商品的外包装上注明一些特定的标示。这些用来指明商品性质、满足物流活动安全以及理货分拣需要的文字和图像说明就是包装标志。包装标志主要有以下三种类型:

1. 运输标志

运输标志,音译为"唛头"(SHIPPINGMARK),它通常是由一个简单的几何图形和一些字母、数字及简单的文字组成,其作用在于使货物在装卸、运输、保管过程中容易被有关人员识别,以防错发错运。唛头的内容包括:目的地名称或代号,收货人或发货人的代用简字或代号、件号(即每件标明该批货物的总件数),体积(长×宽×高),重量(毛重、净重、皮重)以及生产国家或地区等。

2. 指示性标志

指示性标志用来指示运输、装卸、仓储工作人员在作业时需要注意的事项,以保证商品的安全。例如,按商品的特点,对于易碎,需防湿,防颠倒,忌重压等商品,在包装上用醒目图形或文字,标明"小心轻放"、"防潮湿"、"此端向上"、"堆码极限"等。

【小资料】

指示性标志图例

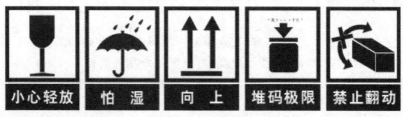

3. 警告性标志

警告性标志是用来表示危险物品的物理、化学性质以及危险程度的标志。例如，易燃品、有毒品或易爆炸物品等，在外包装上必须用黑色或彩色的标示醒目标明，以示警告。

【小资料】

警告性标志图例

二、物流对包装的要求

（一）智能信息化

在物流过程中，商品信息的大部分是包装携带来的。如何用智能化手段正确传递商品的信息，是现代物流发展对包装提出的第一个要求。随着物流信息化程度的提高，包装不仅要传递出内在商品的名称、数量、质量、储藏条件等传统内容，还要运用科技手段在包装上粘贴条形码、商品识别码等，以便于商品信息的电子数据交换。同时，包装也被逐渐要求具备防伪、防盗等防御性功能，例如英国的指纹包装、日本的防窃包装，满足这些现实需求的变化，需要以物流包装智能信息化为前提。

（二）标准系统化

标准系统化要求从整个物流综合系统出发，从物流过程总体环节考虑，制定统一的包装规格标准，使产品包装尺寸与物流过程有关的一切空间尺寸规格化，使其在整个物流过程都能方便使用，以便提高物流的流通效率。包装设计必须有系统工程的观点,不能片面强调节约包装材料和包装费用,不仅要考虑生产厂自身的装卸、运输、储存条件,还须考虑运到用户手中的全部装卸、运输、储存条件以及对社会环境的影响。这里的空间尺寸除了指运输包装器具如叉车、传送带、托盘、集装箱等,还包括载运工具如铁路货车、载重汽车等。产品包装尺寸的设计应与托盘、集装箱、运输载体等各种物流子系统相联系,应与不同物流环节的机械器具的尺寸建立在共同的标准之上。

(三)绿色环保化

可持续发展是当今经济发展的重要主题。一方面,包装工业要消耗大量的资源,增加商品的成本,另一方面,包装废弃物的处理又涉及垃圾回收、环境污染的社会问题。怎样做到两者兼顾,平衡考虑?在包装设计时就应以维持生态平衡、保护自然环境、有益人类健康和有利于可持续发展为宗旨,力求实现包装的绿色环保化。遵循这一要求,在包装材料的选用上就要尽量减低短缺和贵重资源的消耗,同时,还要考虑到包装废弃物的回收和再利用。材料的选择应遵循 5R+1D 原则,即轻量化(reduce)、可回收(return)、可重复利用(reuse)、可循环再生(recycle)、拒绝使用非生态材料(refuse)、可降解(degradable)。

【小资料】

可以吃的包装纸

日本一家公司推出一种可以吃的包装纸。这种纸是以豆渣为原料,采用高技术制成的。具体制法是在豆渣水中加入脂肪酶和淀粉酶,用 40 摄氏度的温度加温 7～8 小时后,油脂部分被分解,留下食物纤维。食物纤维掺入山芋粉后使之黏住便制成纸。该纸最适合快餐面调料的包装,用热汤一泡,便可溶化,不仅方便,还具有一定的营养价值。

(四)科学合理化

包装的科学合理化是指要利用科学的评估手段和科学的方法适度包装,杜绝过度包装和欠包装,既不能片面强调节约包装费用,又不能造成不必要的资源浪费,应该在满足特定的运输包装性能要求的条件下,借助科学的测评手段和技术方法以最小的包装体积、最少的包装材料、最方便的贮运方式实现对产品的包装防护。

三、包装中涉及的知识产权

知识产权是指民事主体对其创造性的智力劳动成果依法所享有的专有权利。知识产权是一种无形财产权,包括人身权利和财产权利,也可称为精神权利和经济权利。知识产权产生的领域很广泛,包括科学、技术、文化等各个领域,涉及人类一切智力创造的成果。知识产权的主要内容包括商标权、专利权、著作权。前两种权利可被统称为工业产权,在包装中普遍存在,后一种权利又被称为版权,在包装中部分涉及。

(一) 商标权

商标是用以区别商品和服务不同来源的商业性标志,是文字、图形、字母、数字、三维标志、颜色组合或者上述要素的组合。商标权则是商标专用权的简称,是指商标主管机关依法授予商标所有人对其注册商标受国家法律保护的专有权。根据《商标法》规定,我国商标权的获得必须履行商标注册程序,而且实行申请在先原则。注册一次有效期为 10 年,自核准注册之日起计算,期满前 6 个月内申请续展,在此期间内未能申请的,可在给予 6 个月的宽展期。续展可无限重复进行,每次续展期 10 年。在商标注册有效期内,商标注册人依法享有支配其注册商标并禁止他人侵害的权利,包括商标注册人对其注册商标的排他使用权、收益权、处分权、续展权和禁止他人侵害的权利。

由于商标通常作为包装的一部分被印刷在包装特别是销售包装上,为了避免引发商标权纠纷,在进行包装设计时要特别注意,不要出现以下五个方面的问题。根据《商标法》第 57 条的规定,侵害商标权的行为主要有五种。

(1) 未经注册商标所有人的许可,在同种商品或者类似商品上使用与其注册商标相近或者近似的商标的。

(2) 销售明知是假冒注册商标的商品的。

(3) 伪造、擅自制造他人注册商标标识或者销售伪造、擅自制造的注册商标标识的。

(4) 故意为侵犯注册商标专用权的行为提供便利条件的。

(5) 给他人注册商标专用权造成其他损害的。

▶▶ 案例

山寨"飞利浦"

佛山一公司打擦边球,模仿荷兰"PHILIPS 飞利浦",生产"PHILIPU 飞利普"电子产品。"PHILIPS 飞利浦"是荷兰皇家飞利浦电子股份有限公司在炊事等商品上使用的商标,已在我国注册,受法律保护。而侵权人佛山市××电子科技有限公司生产的带"PHILIPU 飞利普"商标标识的电磁炉,假冒得非常逼真,其英文商标无论是字母的标识大小还是排列顺序均与荷兰皇家飞利浦电子股份有限公司的注册商标"PHILIPS"几乎完全相同,按照普通消费者的一般注意力,很难将两者区分;另外,该公司还在其包装和产品上标注中文"飞利普"字样,与"飞利浦"字形近似读音相同,更容易造成消费者的误认,侵犯了荷兰皇家飞利浦电子股份有限公司的注册商标专用权。目前,该案已经调查终结,顺德工商局北滘分局根据《商标法》及《商标法实施条例》相关规定,对当事人做出责令立即停止侵权行为,没收扣押在案的侵犯注册商标专用权的物品,包括该公司生产的带"PHILIPU 飞利普"商标标识、涉嫌侵犯"飞利浦"注册商标专用权的电磁炉 100 台,涉嫌侵权的商标标识 5100 个、包装纸箱 1800 个,并处以侵权人 1.5 万元罚款的行政处罚。

（二）专利权

专利权是指专利主管机关依照专利法授予专利的所有人或持有人或者他们的继受人在一定期限内依法享有的对该专利制造、使用或者销售的专有权。我国《专利法》所称的专利包括发明专利、实用新型专利和外观设计专利。发明专利是指对产品、方法或者其改进所提出的新的技术方案。实用新型专利是指对产品的形状、构造或者其结合所提出的适于实用的新的技术方案。外观设计专利是指对于产品的形状、图案、色彩或者其结合所提出的富有美感并适于工业上应用的新设计。

专利权需要专利主管机关审核方能授予。发明和实用新型要求满足新颖性、创造性和实用性，外观设计要求满足新颖性、独创性和美感性。发明专利权的保护期限20年；实用新型专利权和外观设计专利权的保护期限10年。

知识经济时代，专利的资产价值凸显。随着与包装有关的材料技术、机械技术、容器结构等越来越多地成为专利对象，专利侵权的现象也日益多见。在物流包装过程中，如果在包装材质、包装设计等方面，未经专利权人授权或者许可，以生产经营为目的擅自使用了他人有效的专利，或者假冒他人专利，或者为了提升商品的品质而在包装上将非专利产品冒充为专利产品、非专利技术谎称为专利技术等行为都是典型的专利侵权行为。根据行为情节的轻重，社会危害性的大小，行为人将受到民事责任、行政责任，甚至刑事责任的追究。

▶▶ 案例

"小瓶盖"的大财富

1999年初，浙江小家伙食品有限公司（以下简称小家伙）发明了"旋转式吸管瓶盖"，它不需打开瓶盖，只需要用手旋转安装在瓶盖上的吸管头，吸管内附的钻头刺破封口膜，就可以饮用。该技术经申请获得了实用新型专利权。由于其专利饮料瓶盖设计独特新颖，新产品推向市场后供不应求，各地市场上包装设计仿制小家伙公司专利的产品也随之纷纷亮相，包括广东乐百氏和金义集团在内的81家食品饮料企业涉嫌侵犯其瓶盖专利权。自1999年上半年起，小家伙公司将仿制特别严重的乐百氏和金义集团等生产企业以及销售商，告上了浙江、上海、北京、南昌、成都、东莞、南京等当地法院。到目前为止，小家伙公司以侵犯其"小瓶盖"专利为由已在全国打赢了61场维权官司，获赔总额累计达6000多万元。

（三）著作权

著作权也称版权，是指文学、艺术、科学作品的作者对其作品享有的权利。著作权包括人身权和财产权两部分内容。著作人身权的内涵包括发表权、署名权、修改权、保护作品完整权四种，著作财产权则主要包括复制权、发行权、出租权、展览权、表演权、放映权、广播权、信息网络传播权、摄制权、改编权、翻译权、汇编权以及应当由著作权人享有的其他权利。作者完成作品即自动取得著作权。

著作权是的保护对象是作品，根据我国《著作权法》的规定，受到法律保护的作品

有九种,分别是:

(1) 文字作品。文字作品指以文字符号表现的作品,例如小说、诗词、散文、论文等。文字既可以是汉语文字、少数民族文字、盲文,也可以是外国文字。

(2) 口述作品。口述作品指即兴的演说、授课、法庭辩论等以口头语言创作、未以任何物质载体固定的作品。

(3) 音乐、戏剧、曲艺、舞蹈、杂技艺术作品。此一类作品并非指表演者对作品的表演,而是指供表演所用的乐谱、剧本、舞谱、脚本等等。

(4) 美术、建筑作品。美术作品是指绘画、书法、雕塑、建筑等以线条、色彩或者其他方式构成的有审美意义的平面或者立体的造型艺术作品。

(5) 摄影作品。摄影作品是指借助器械,在感光材料上记录客观物体形象的艺术作品。

(6) 电影作品和以类似摄制电影的方法创作的作品。

(7) 工程设计、产品设计图、地图、示意图等图形作品和模型作品。

(8) 计算机软件。

(9) 法律、行政法规规定的其他作品。

与商标和专利相比,著作侵权在包装活动中发生得较少,但只要是未经权利人许可,擅自将他人创作的作品用于外包装上,就已经构成侵权,将需要向权利人履行停止侵害、赔偿损失等侵权责任。

四、包装法律法规

包装法律法规是指调整包装事务的法律规范的总称。一方面,包装法律法规的形式多样,有法律、规程、技术标准几种;另一方面,包装法律法规调整范围广,涉及环境保护、工商管理、税务、计量、检验等多个领域。包装法律法规内容通常包括对包装材料的规定、对包装标志、标识的规定、对包装再循环或再利用的规定以及对产品生产企业征收产品包装税费的规定几大部分。

目前,我国尚无单独的包装法。涉及包装设计、包装选材、包装生产、包装使用和消费以及包装废弃物的回收与利用等问题的行为规定多以分散的形式分布于各个相关法律法规中,货物的制造、销售、运输等方面的法律法规及国际公约和惯例中都有包装条款的规定,如《中华人民共和国食品卫生法》、《食品用塑料制品及原材料管理办法》、《商标法》、《铁路零担货物运输包装管理办法》、《国际海运危险货物规则》等。同时,国家还配套制定了各类国家包装标准500多项,从国家标准和行业标准层面对包装行为提出了强制性要求。其中,涉及物流过程的包装管理主要分三个层次进行,即一般货物运输包装要求适用《一般货物运输包装通用技术条件》;危险货物运输包装要求适用《危险货物运输包装通用技术条件》;涉及要通过国际海运的危险品的,则适用《国际海运危险货物规则》。

五、包装所涉及的法律风险

(一) 法律身份不同,法律风险不同

在包装环节中,物流企业可能涉及的法律身份一般来说有三种:一种是提供综合物流服务的综合物流企业;一种是提供部分物流服务的物流企业;最后一种是提供专业包装服务的物流企业。在第一种情况下,综合物流公司提供的包装服务是包含于整个物流过程中的,大多数情况下妥善包装是客户自己的主要义务,物流企业只是充当承运人角色,确保包装在流转过程中能起到保护商品的作用。物流企业在接收货物后应当及时检查包装并审查是否适用运输、仓储等流转作业,对于包装明显不当的可以拒绝收货,否则可能承担货损的赔偿责任。在第二种情况下,物流企业通常充当托运人或者定作人的身份,委托其他专业的物流企业对商品进行运输或进行包装设计。物流企业在进行委托时要求委托事项明确,一方面要承担作为托运人妥善包装的义务,另一方面要承担定作人的相关义务,否则,客户可以行使抗辩权甚至追究物流企业的法律责任。在第三种情况下,专门从事包装业务的物流企业主要通过加工承揽合同的形式来约定包装服务事项。作为加工承揽人,一方面,物流企业在进行包装设计时需要特别注意《知识产权法》的相关规定,避免造成侵犯专利权、商标权以及著作权等权益的侵权后果,否则需要承担民事责任和行政责任,情节严重的,还可能被追究刑事责任。另一方面,物流企业在根据客户指令,由客户提供包装材料、包装设计来完成包装作业的情况下,需要对客户提供的包装条件进行考量,对于不具有现实性或者本身包装材料不良的,物流企业应立即告之客户,以免承担履行不能的不利后果。

(二) 包装条款不明确的风险

无论物流企业以何种法律身份出现,以承运人或者托运人身份与客户或者其他专业运输公司订立运输合同时,都应当明确约定货物的包装由哪一方负责,应当在合同或货运单中按照包装法规或包装标准逐项列明货物的包装方式和搬运、堆放的具体要求,切忌不写或者笼统写"普通包装"、"一般包装"、"习惯包装"等词语,否则发生争议时就可能因为条款不明而引发纠纷,承受损失。

(三) 包装条款履行不当的风险

作为托运人,如果物流公司未尽妥善包装义务,造成货物的包装与合同、运单约定的不相符,致使其他货物或运输工具遭受损失的,物流公司需要向损害方承担赔偿责任;而作为承运人如果没有检验包装是否适当或者未按约定的特殊包装方式搬运、堆放,造成了货物损失的,亦需要向托运人进行赔偿。

(四) 危险货物包装不明的风险

对于危险物品的运输与包装,有关行政法规、规章都有特殊的规定。如果物流企业违反这些规定,没有在包装物上粘贴危险标志或者没有对危险物品包装进行必要的检查,所造成的运输货物或其他财产损失,物流企业需要承担赔偿责任,并且会因

违反了国家强制性规定而遭受行政主管机关做出的罚款、吊销证照等行政处罚。

(五) 包装检验检疫不合格的风险

在涉及国际贸易的情况下,物流企业需要特别注意货物的出境地和入境地是否对包装有特殊的要求。如果包装检验检疫不合格,则会限制或禁止入境,物流企业则可能因此需要向客户承担履行不能的违约责任。

第二节 普通货物包装法律法规

普通货物是指除危险货物、鲜活易腐货物以外的一切货物。因其有相对于危险物品而言较小的危险性,故法律对普通货物的包装要求较低。我国并无关于包装的专门法律,但《合同法》、《联合国国际货物销售合同公约》、《铁路法》、《民航法》、《海商法》、《食品卫生法》等规范货物销售、运输行为的法律法规及国际公约中都包含了对包装的规定,同时,亦配套了一系列国家标准补充规范包装行为。物流企业在对普通货物进行包装时,有国家强制性包装标准的,应当按照标准执行,如果没有强制性标准,则应按照普通货物的包装原则,从适于物流过程和商品销售的角度考虑,合理地进行包装。

一、基本原则

(一) 安全原则

安全原则是物品的包装应该保证物品本身以及相关人员的安全。具体包括以下两个方面的安全。

1. 物品本身的安全

包装的第一大功能就是保护商品不受外界伤害,保证商品在物流的过程中保持原有的形态,不致损坏和散失。生产的商品最终要通过物流环节送到消费者手中,在这个过程中,商品通常会遇到一系列的威胁:外力的作用,如冲击、跌落;环境的变化,如高温、潮湿;生物的入侵,如霉菌、昆虫的入侵;化学侵蚀,如海水、盐酸等侵蚀;人为破坏,如偷盗等。而包装则成为对抗这些危险和保护商品的一道屏障。

2. 相关人员的人身安全

一些危险的商品如农药、液化气等具有易燃、易爆、有毒、腐蚀性及放射性的特点,如果包装的性能不符合要求或者使用不当很可能引发事故。对于这些商品,包装除起到保护商品不受损害的作用外,还可保护与这些商品发生接触的人员的人身安全,如搬运工人、销售人员等。如果包装不符合要求,将会造成严重的后果。1982年,我国的"莲花城"号轮船在印度洋爆炸沉没,造成了重大人员伤亡,就是因包装的质量差,导致了危险货物的泄漏而造成的。1990年,中华人民共和国商业部颁布的《商业、供销社系统商品包装工作规定》规定商品包装工作必须认真贯彻执行国家的政策、法律,坚持"科学、安全、美观、经济、适用"的原则。

（二）绿色原则

保护环境、发展循环经济是当今经济发展的主题,包装的绿色原则即是循环经济理念在包装领域的运用和具体体现,是指包装应当符合环境保护的要求,采用绿色包装,减少包装所造成的环境污染和生态环境破坏。根据我国国家标准《绿色包装通则》(报批稿)给出的绿色包装的定义,绿色包装是指为了环境保护与生命安全,合理利用资源,具备安全性、经济性、适用性和废弃物可处理与再利用性的包装。具体而言,绿色包装原则一般包括实现包装材料对人体和生物无毒无害化、包装减量化、易于重复利用化、易于回收再生化、包装废弃物可降解化等几个方面的要求,即包装制品从原材料采集、材料加工、制造产品、产品使用、废弃物回收再生,直到其最终处理的全过程都不应对人体及环境造成危害。

（三）效能原则

包装作为物流链的始点,在物资运动和商品流转中不仅发挥着保护商品的首要功能,而且还能起到方便储运、促进销售的作用。适当地选择容器、材料和辅助物,采用科学的技术方法来发挥包装的三大功能,实现物流工作的高效率和商品的高效益是在普通货物包装中所需要遵循的第三个基本原则。在保护功能上,包装不仅要防止商品物理性的损坏,如防冲击、防震动、耐压等,也包括防止各种化学性及其他方式的损坏,如啤酒瓶的深色可以保护啤酒少受到光线的照射,不变质。包装还要注意对产品的保护是否有特殊的时间要求,有的包装需要提供长时间甚至几十年不变的保护,如红酒。而有的包装则可以运用简单的方式设计制作,可以容易销毁。在实现方便功能上,包装应该从实现时间方便、空间方便、省力方便角度,从包装规格、尺寸、形态、重量以及工艺、材料、结构、开启方法等方面入手,采用便于运输和装卸、便于保管与储藏、便于携带与使用、便于回收与废弃处理的包装。同时,作为区分商品的一种标志,包装还应该考虑以精巧的造型、醒目的标识、得体的文字和明快的色彩等艺术语言来宣传商品,满足大众的审美情趣,实现包装的促销功能。

（四）经济原则

包装成本是物流成本的一个重要组成部分,昂贵的包装费用将会降低企业的经济效益。特别是我国目前仍然处于社会主义发展的初级阶段,生产力还不发达,奢华的包装不仅会造成社会资源的极大浪费,还会产生不良的社会影响。但是包装过于简单或粗糙,也会降低商品的吸引力,成为商品销售的障碍。经济原则就是努力追求一种平衡,使包装既不会造成资源铺张浪费,又不影响商品的销售。

二、运输包装的基本要求

（一）基本要求

运输包装是以运输储存为主要目的的包装。它具有保障产品安全、方便储运和装卸、加速交接、点验等功能。货物运输包装应当符合科学、牢固、经济、美观的要求,确保在正常的流通过程中，能抗御环境条件的影响而不发生破损、损坏等现象，保证安全、完整、迅速地将货物运至目的地。货物运输包装材料、辅助材料和容器，均应符合国内有关国家标准的规定。无标准的材料和容器须经试验验证，其性能可以满足流通环境条件的要求。货物运输包装应由国家认可的质量检验部门进行检查监督和提出试验结果评定，并逐步推行合格证制度。

（二）《一般货物运输包装通用技术条件》的相关规定

《一般货物运输包装通用技术条件》是普通货物运输包装所必须遵行的国家强制性标准。该标准规定了对一般货物运输包装的总要求、类型、技术要求和鉴定检查的性能试验，适用于铁路、公路、水运、航空所承运的一般货物运输包装，但不适用于危险物品、鲜活易腐货物和单件货物重量超过标准规定重量以外的运输包装。运输包装如不符合该标准规定的各项技术要求，在运输过程中造成了货物损失或对相关人员造成了财产、人身方面的损害，包装责任人需要承担赔偿责任。对于包装不符合要求的货物，各运输部门可以拒收。

三、销售包装的基本要求

销售包装是相对于运输包装而定义的，是指以销售为主要目的、与内装物一起到达消费者手中的包装。它具有美化和宣传产品，促进销售及部分保护产品的作用。通常情况下，销售包装会由产品的生产者提供，但在物流企业与客户签订了综合物流服务合同，包装作为物流企业应当要履行的合同义务时，物流企业则需要根据销售包装的基本要求进行相应操作。具体而言，销售包装的基本要求主要涉及三个方面。

（一）图案设计

商标图案、产品形象、象征性标志等部分是包装上图案设计通常所包含的内容。外形美观、造型醒目、标志突出的包装往往能增加商品对顾客的吸引力，挑选人们喜爱的颜色，设计独特的形象固然很重要，但更为重要的是应当避免在包装上采用商品销售地所禁忌的图案。

（二）文字说明

所谓包装的文字说明，就是附在商品的销售包装上，对商品的品牌、名称、产地、数量、成分、用途、使用方法等进行说明的内容。形象易记的产品名称、简明清晰的文字印刷、可识别的地区标志以及清楚明白的用途及使用说明是销售包装对文字说明的基本要求，同时，还要注意遵守商品销售国的相关管理规定。

（三）条形码

条形码由一组带有数字的黑白及粗细间隔不等的平行条纹组成，它是利用光电扫描阅读设备为计算机输入数据的特殊的代码语言。只要将条形码对准光电扫描器，计算机就能自动地识别条形码的信息，确定商品名、品种、数量、生产日期、制造厂商、产地等，并据此在数据库中查询其单价，进行货款结算，打出购货清单，这就有效地提高了结算的效率和准确性，也方便了顾客。条形码自 1949 年问世以来在全世界得到了广泛运用,许多国家的超级市场都使用条形码技术进行自动扫描结算,如商品包装上没有条形码,即使是名优商品,也不能进入超级市场。有些国家还规定,如果某些商品包装上无条形码标志,即不予进口。

【小资料】

条形码的构成图例

1~3:国家代码(中国690、691、692)
4~7:制造商代码
8~12:商品代码
13:校验码(系统自动生成)

目前在国际上通用的条形码种类主要有美国统一代码委员会编制的UPC码和国际物品编码协会编制的EAN码。中国物品编码中心于1991年代表中国加入国际物品编码协会,该协会分配给我国的国别号为690、691、692,条形码前三是690、691、692的商品表示为中国出产的商品。

四、普通货物包装法律关系中的权利与义务

(一)包装条款的内容

无论是在提供综合物流服务的物流企业与客户签订的综合物流合同中,还是在提供专门包装服务的物流企业与客户签订的加工承揽合同中,包装材料、包装方式、包装的文字说明及包装费用等问题都是包装条款所需要约定清楚的内容。包装条款应依货物的性质进行协商,在订立时应该要明确具体,注意细节。

1. 包装材料

包装材料是指制造货物的包装所使用的原材料。它既包括制造运输包装的材料也包括制造销售包装的材料。根据材料,包装可分为纸制包装、金属包装、木制包装、玻璃制品包装和陶瓷包装等。不同的商品、不同的运输条件都要求不同的包装。在选择包装材料时,除了要使其能满足货物的通常要求,还应该考虑到进口国的习惯和法律规定。例如,美国政府规定,为防止植物病虫害的传播,禁止使用稻草作包装材料,如被海关发现,必须当场销毁,并支付由此产生的一切费用。

2. 包装方式

箱、包、桶、袋、集装箱是几种常见的包装方式,此外,还有篓、坛、罐等。包装方式既包括货物一个计件单位的包装,也包括若干个单位包装组合成的一件大包装的规

格。比如麻袋的大小、盒装的数量及重量等。

3. 包装的文字说明

通常,运输包装和销售包装都会有文字说明。对于运输包装而言,由于已经刷制了相关的运输标志,所以对文字说明的要求一般比较简单。而对销售包装来说,文字说明的要求则较高,不仅内容要符合规定,而且语种也不能用错。例如,在文字内容上,日本政府规定,凡销往日本的药品,必须说明成分、服用方法以及功能,否则海关就有权扣留,不能进口。在语种的要求上,很多国家也有特别的规定。例如,加拿大政府规定,进口商品的说明必须是英法文对照。

4. 包装费用

综合物流服务合同中的包装费一般包括在总的服务费中,不另行计收。而在提供专门包装服务的加工承揽合同中,包装费用作为服务的价款是合同的必备条款。在订立合同的过程中,需要事先约定清楚的是费用的计收标准、支付方式和期限等。

(二) 履行包装条款时的风险及对策

在磋商和订立包装条款时,因当事人的疏忽或规定不明,在上述这些条款上很容易引起法律解释的分歧、法律责任的纠纷。为防止此类事件的发生,保证合同的顺利履行,在订立包装条款时,需要特别注意以下几个方面的风险,以便运用适当的对策予以化解。

(1) 尽可能不使用"适合海运包装"(seaworthy packing)、"习惯包装"(customary packing)或"卖方惯用包装"(seller's customary parking)等术语,避免双方对这些术语的内涵存在法律解释分歧。

(2) 明确客户所需特殊包装的包装费用由谁负担。对于客户要求特殊包装的,超出的包装费用应由客户自行承担,由此所造成的损失也需由客户一并承担。

(3) 在由客户提供包装设计样式的情况下,应在合同中约定客户提出包装设计式样及内容的时限,并约定如果到期收不到客户提出的包装设计样式该如何处理,如:"我方有权自行决定包装设计式样",以免延误合同履行,招致违约责任赔偿。

(4) 如果包装材料由客户提供,则条款中应当明确约定包装材料到达的时间以及逾期到达时客户需要承担的责任。同时,承运人的检验权、拒收权及索赔权也应该在条款中约定清楚。

▶▶ 案例

上河物流服务公司(以下简称上河公司)为丫丫制衣厂的服装出口提供长期的综合物流服务,由上河公司进行服装包装,安排货物运输与到货配送。2018年9月,上河公司对包括丫丫制衣厂等在内的6家货方提供服务,因为目的地相同,故上河公司将6家货方的货物同船承运。其中,提单号为 WH20070901～WH20070906 的货物为丫丫服装。当载货船驶离上海港后不久即与他船相撞,载货船受创严重,船舶进水,致使提单号为 WH20070901～WH20070906 的货物部分遭受水浸。经查,货受损原因为船舶进水，加之船上集装箱封闭不严。丫丫制衣厂遂以上河公司未尽妥善包装和确保货物安全义务为由向上河公司提出赔偿。经过协商，上河公司最终向丫丫制衣厂支付了赔偿款10万元。

第三节 危险品包装法律法规

一、危险品的含义及分类

凡具有爆炸、易燃、腐蚀等性质，在运输、贮存和保管过程中，容易造成人身伤亡和财产损毁而需要特别防护的货物，均属于危险货物，即危险品。

【小资料】

根据中华人民共和国《危险货物分类和品名编号》和中华人民共和国《危险货物品名表》等有关国家标准，危险品可以分为以下九类：

第1类　爆炸品（explosives）
第2类　压缩气体和液化气体（compressd gases and liquefied gases）
第3类　易燃液体（flammable liquids）
第4类　易燃固体、自燃物品和遇湿易燃物品（flammable solids substances liable to spontaneous combustion and substances emitting flammable gases when wet）
第5类　氧化剂和有机过氧化物（oxidizing substances and organic peroxides）
第6类　毒害品和感染性物品（poisons and infectious substances）
第7类　放射性物品（radioactive substances）
第8类　腐蚀品（corrosives）
第9类　杂类（miscellaneous dangerous substances）

二、危险品包装的基本要求

由于危险品的特殊性，国家对危险品的包装采用了不同于普通货物的严格要求，通过国家标准和法律法规的形式对危险品在包装环节上需要注意的事项做出了强制性的规定，以避免危险品在运输、搬运、装卸过程中出现重大事故。相关规定主要有《危险货物分类和品名编号》、《危险货物运输包装通用技术条件》、《危险货物包装标志》、《包装储运图示标志》、《危险货物命名原则》、《公路运输危险货物包装检验安全规范通则》、《水路运输危险货物包装检验安全规范通则》、《空运出口危险货物包装检验规程》、《海运出口危险货物包装检验规程》、《铁路运输出口危险货物包装检验规程》、《铁路危险货物运输包装技术条件》等。根据这些规定，我国对危险品包装的基本要求为：保护危险品质量不受损坏；保证危险品数量完整；防止事故损害，保证物流过程安全；危险品包装的基本要求，等级分类、技术条件、性能试验、检验程序与方法等符合国家强制性标准。

三、危险品运输包装的要求

危险品的运输包装是指运输中的危险货物的包装，需要按照《危险货物运输包装通用技术条件》这一国家标准执行对运输包装的特殊要求。该标准规定了危险货物运输包装的分级、基本要求、性能试验和检验方法等，也规定了包装容器的类型和标记代号，是运输、生产和检验部门对危险货物运输包装质量进行性能试验和检验的依据。但盛装放射性物质的运输包装、盛装压缩气体和液化气体的压力容器的包装、净重超过 400 千克的包装及容积超过 450 升的包装不适用此标准。

根据包装结构强度和防护性能及内装物的危险程度不同，危险品的包装可以被分为三个等级。①Ⅰ级包装：适用内装危险性极大的货物。②Ⅱ级包装：适用内装危险性中等的货物。③Ⅲ级包装：适用于内装危险性较小的货物。

对于危险品运输包装的强度及采用的材质需要满足以下几个方面的要求。

（1）危险货物运输包装应结构合理，具有一定强度，防护性能好。包装的材质、型式、规格、方法和单件质量（重量），应与所装危险货物的性质和用途相适应，并便于装卸、运输和储存。

（2）包装应质量良好，其构造和封闭形式应能承受正常运输条件下的各种作业风险，不应因温度、湿度或压力的变化而发生任何渗（撒）漏，包装表面应清洁，不允许黏附有害的危险物质。

（3）包装与内装物直接接触部分，必要时应有内涂层或进行防护处理，包装材质不得与内装物发生化学反应而形成危险产物或导致削弱包装强度。

（4）内容器应予固定。如属易碎性的应使用与内装物性质相适应的衬垫材料或吸附材料衬垫妥实。

（5）盛装液体的容器，应能经受在正常运输条件下产生的内部压力。灌装时必须留有足够的膨胀余量（预留容积），除另有规定外，并应保证在温度为 55 摄氏度时，内装液体不致完全充满容器。

（6）包装封口应根据内装物性质采用严密封口、液密封口或气密封口。

（7）盛装需浸湿或加有稳定剂的物质时，其容器封闭形式应能有效地保证内装液体（水、溶剂和稳定剂）的百分比在贮运期间保持在规定的范围以内。

（8）有降压装置的包装，其排气孔设计和安装应能防止内装物泄漏和外界杂质进入，排出的气体量不得造成危险和污染环境。

（9）复合包装的内容器和外包装应紧密贴合，外包装不得有擦伤内容器的凸出物。

（10）无论是新型包装、重复使用的包装，还是修理过的包装均应符合危险货物运输包装性能试验的要求。

(11) 盛装爆炸品包装的附加要求。

①盛装液体爆炸品容器的封闭形式,应具有防止渗漏的双重保护。

②除内包装能充分防止爆炸品与金属物接触外,铁钉和其他没有防护涂料的金属部件不得穿透外包装。

③双重卷边接合的钢桶、金属桶或以金属做衬里的包装箱,应能防止爆炸物进入隙缝。钢桶或铝桶的封闭装置必须有合适的垫圈。

④包装内的爆炸物质和物品,包括内容器,必须衬垫妥实,在运输中不得发生危险性移动。

⑤盛装有对外部电磁辐射敏感的电引发装置的爆炸物品,包装应具备防止所装物品受外部电磁辐射源影响的功能。

▶▶ 案例

甲为农副产品进出口公司,乙为综合物流服务商。2016 年 7 月,甲欲将黄麻出口至印度,遂与乙签订物流服务合同,约定由甲自行包装后再交付给乙,由乙为甲提供仓储、运输等服务。甲未告知乙黄麻为特殊货物,亦未在货物的外包装上做警示标志。7 月 9 日,乙受到甲的交货后即将货物运至自己的仓储中心,准备联运。7 月 11 日,存放在仓储中心的货物突然起火,致使货物损失严重。据查,起火原因为仓库温度较高导致货物自燃。甲遂以乙仓储条件不符合约定,未能保障货物安全为由要求乙赔偿自己的损失 14 万元,而乙则辩称由于甲未在货物外包装上注明警示标识,亦未告知黄麻是危险货物,储存和运输的处所都不得超过常温等特殊规则,货物的损失是由甲自己未尽妥善包装和告之义务造成,应由甲自己承担损失。双方争执不下,甲诉至法院。经过审理,法院支持了乙的抗辩理由,判决甲败诉。

第四节　国际物流中的包装法律法规

一、国际物流对包装的新要求

国际物流(international logistics,IL)的狭义理解是,当生产和消费分别在两个或两个以上的国家(或地区)独立进行时,为了克服生产和消费之间的空间隔离和时间距离,对物资(商品)进行物理性移动的一项国际商品贸易或交流活动。国际物流系统由商品的包装、储存、运输、检验、外贸加工和其前后的整理、再包装以及国际配送等子系统构成,是国内物流的延伸与发展。

相较于国内物流而言,国际物流具有物流渠道长、环节多、风险大、环境复杂的特点,因此,对于国际物流环境下的包装作业亦提出了新的要求。

(一) 包装质量要求更高

杜邦定律(美国杜邦化学公司提出)认为,63%的消费者是根据商品的包装装潢进行购买的,国际市场和消费者是通过商品来认识企业的。一方面,由于商品销售国具有不同的文化背景,包装不仅需要满足商品的特性,还需要根据特定受众的喜好具体选择,这就对包装的设计质量和制作工艺质量提出了更高的要求;另一方面,由于国际物流中通常会采用国际联运的方式运输,无疑增加了搬运装卸的次数和存储的时间,也使得包装的强度质量需要特别加强,以期实现保护商品安全的目的。

(二) 包装标准化要求更高

现代国际物流系统要求"包、储、运一体化",即从商品一开始包装,就要考虑储存的方便、运输的快速,以加速物流、方便储运、减少物流费用。由于国际物流环节众多,物流环境复杂,只有更好地实现包装的标准化才能提高国际物流的效率,减少不必要的环节,以便商品的顺利流转。

(三) 包装的适法性要求更复杂

国际物流是商品在不同国家(或地区)之间发生的流转。不同国家(或地区)对包装行为通常会根据本国的特点制定不同的法律制度,甚至不同的国家(或地区)本身就处于不同的法系。同时,从国际范围来看,又存在着若干规范包装的国际公约。因此,国际物流背景下的包装作业就被要求具有更高的适法性,需要兼顾不同法律规范的要求。

二、国际物流中的包装法规

根据制定主体及效力范围的不同,国际物流中的包装法规通常以2种形式表现出来。

(一) 国际物流参与国的国内法

国际物流系统由商品的包装、储存、运输、检验、外贸加工和其前后的整理、再包装以及国际配送等子系统构成,其中每一个环节所涉及的国家,如运输的起始国、仓储地所在国、包装加工地所在国等等,都是国际物流的参与国。国际物流中的包装必须遵守各参与国关于包装的强制性法律规定,对于任意性法律规定则可以由当事人自由协商决定。

(二) 相关国际公约

目前,世界上并没有专门规定商品包装的国际公约,但在国际贸易及国际运输领域的公约中包含着对商品包装的相关规定,如《汉堡规则》、《联合国国际货物买卖公约》、《国际海运危险货物规则》等。

三、《国际海运危险货物规则》对危险品包装的基本要求

国际海事组织(International Maritime Organization,IMO)于2006年5月18日在第81届会议上以MSC.205(81)号决议的方式通过了《国际海运危险货物规则》

(International Maritime Dangerous Goods Code，IMDG Code)的第33套修正案。IMDG Code 规则在《1974年国际海上人命安全公约》(以下简称《安全公约》)第Ⅶ章下为强制性规则，根据《安全公约》第Ⅷ(b)(ⅶ)(2)条关于修正案默认接受程序的规定，上述修正案于2008年1月1日生效。我国是《安全公约》的缔约国，在上述修正案通过后未对其内容提出任何反对意见，因此修正案对我国具有约束力。

根据 IMDG Code 的规定，对于危险品的包装必须遵循以下要求。

(1) 包装的材质、种类应与所装危险货物的性质相适应。危险货物的性质不同，对包装及容器的材质的要求亦不相同。选用与危险货物性质相适应的材质不能单看货物的类别，而要具体了解每一种物质的特性。包装与所装货物直接接触部分，一定不能受某些货物的化学和其他作用的影响，必要时，包装可采用惰性的材料涂有适当的内涂层，以防止发生危险反应。

(2) 包装应具有一定强度，使其足以经受海上运输的一般风险。在设计危险货物运输包装时，应考虑到构造和材质在海上运输条件下，特别是温度、湿度和压力等方面的变化对包装的保护功能所产生的影响。性质比较危险、发生事故造成危害较大的危险货物，其包装强度要求应较高。同一种危险货物，单位包装重量越大，危险就越大，包装强度要求也应相应增高。质量较差或用瓶装液体的内容器，包装强度也应提高。同时，包装的强度还应与运输的距离成正比，应最大限度地保障包装不发生损坏和所装货物不发生任何散漏以及受到污染。

(3) 包装的封口应该符合所装危险货物的性质。一般来说，危险货物包装的封口应严密，特别是易挥发的、剧毒的、腐蚀性强的各种气体。但有些危险货物，如：双氧水货物，包装的封口则不要求密封，而且还要求设有通气孔，因此，如何封口，要根据危险货物的类别和特性来确定。根据包装性能的要求，封口分为三种：第一种是气密封口(即不透气的封口)，适用于变干就会成为爆炸性的物质、会产生毒性气体或蒸气的物质包件；第二种是有效封口(又称液密封口，即不透液体的封口)，适用于第一种封口形式的液体；第三种是牢固封口，适用于干燥物质，这是对封口的最低要求。

(4) 内外包装之间应有适当的衬垫。内包装(容器)应包装在外包装内，以防止包装(容器)在正常运输条件下发生破裂、戳穿或渗漏，特别是对于易破裂或易戳穿等的内包装(容器)如玻璃、陶瓷或某些塑料等制成的内包装容器，应采用适当的减震衬垫材料，使其固定在外包装内，还应有足够数量的吸收材料，以防止物质从包装中漏出。内容器的任何渗漏都不应削弱外包装的强度或减震材料的保护性能，而衬垫材料和吸收材料必须与所装危险货物的性质相适应，以避免发生危险反应。

(5) 包装应该能经受一定范围内温度和湿度的变化。在物流过程中，包装除应具有一定的防潮衬垫外，本身还要具有一定的防水、抗水性能。

(6) 包装的质量、规格和形式应便于装卸、运输和存储。每件包装的最大容积为450升，最大净重为400千克。包装的外形尺寸与船舱的容积、载重量、装卸机具有的功能应该相适应，以便于装卸、搬运和存储。

案例

某粮油食品进出口公司需要出口一批肉制品到日本,遂与 A 物流公司签订了物流服务合同,由 A 物流公司负责该批货物的包装和运输。合同规定,该批货物共 25 吨,装 1500 箱,每箱净重 16.6 千克,总重量为 24.9 吨。货物运抵日本港口后,日本海关人员在抽查该批货物时发现,每箱净重不是 16.6 千克而是 20 千克,即每箱多装了 3.4 千克,货物总重为 30 吨。由于货物单据上的净重与实际重量不符,日本海关认为我方有少报重量帮助客户逃税的嫌疑,故对该批货物进行了扣留并对进口商进行了处罚。事后,进口商以交货物不符合合同规定为由向粮油食品进出口公司追究违约责任。粮油食品公司在向进口商赔偿后即向 A 物流公司追偿。

由于世界各国的海关对货物进口都实行严格监管,如果申报进口货物的数量与到货数量不符,进口商必然受到严格询查,如到货数量超过报关数量,就有走私舞弊之嫌,海关不仅可以扣留或没收货物,还可追究进口商的刑事责任。本案就是这样一起因为物流企业在参与国际物流作业时未按约定对货物进行包装而引发的纠纷。由于物流企业在包装环节上的失误,不仅给委托人造成了损失,还给进口商带来麻烦,直接影响到国际物流的正常运作。

【项目小结】

包装贯穿于整个物流过程始终,没有完善的包装,就没有现代化的物流。

物流企业因为业务范围的不同,在物流包装环节中扮演着不同的法律角色,从而,其所承担的法律风险亦不相同。区分于不同的商品性质,物流企业在进行物流包装作业时需要针对普通货物和危险品采用不同的包装形式和满足不同的法律法规要求。同时,由于我国是《安全公约》的缔约国,在国际物流作业中还需要遵循《国际海运危险货物规则》的相关规定。

任务导出

任务问题 1 要点提示:这是一起因包装使用不当导致货物受损的案例。我国从德国进口的设备都属于精密仪器,在交易过程中,对装运和包装的要求都比较高,稍有不慎,就有可能使设备在转运过程中遭到破坏。因此,双方在签订合同时,规定了卖方应该负责"能适用气候变化、防潮、抗震及防粗鲁搬运"的包装,以免使得货物在装运过程中遭到破坏。这也是买方十分理智也非常必要的行为。正是因为在合同中对包装有如此的规定,给我方在货物受损后索赔带来了依据。

任务问题 2 要点提示:遗憾的是,德国公司对此并没有引起足够的重视,没有根据货物的特点提供相应适合的包装,图一时之便提供了两个木箱和两个纸箱。对于这类精密仪器,纸箱显然不足以确保商品在流通中品质良好和数量完整。事实也证明,在运输途中遭遇暴雨的情况下,木箱包装完好,而纸箱包装的商品则受损严重,也正因为如此,虽然德国公司坚持强调货物受损是因为天气方面的原因,希望以不可抗力原因来逃避赔偿损失的责任,但是此次事件显然不属于不可抗力的范畴。本案例中,在运输过程中遭遇暴雨并不是无法预见的现象,而损失的发生也并不是无法避免的结果,只要德国公司提供合适的包装,设备损失完全可以避免。由此可见,本案例中,德国公司必须承担货物受损的全部责任。

【能力形成考核】

案例分析

1. 某物流公司和某客户签订运输茶叶的物流合同。合同中规定,运输前由某物流公司提供包装材料并进行运输包装,把小包装的茶叶装入五层的瓦楞纸纸箱内,每箱100小包。但是,物流公司没有五层的瓦楞纸纸箱,最后用的是三层的瓦楞纸纸箱。此批货物在运输途中纸箱破裂,损失500小包茶叶,并发生运输包装修理费500元。

问:茶叶损失和包装修理费应当由谁来承担?为什么?

2. 2018年世界杯期间,日本一进口商为了促销运动饮料,向中国出口商订购T恤衫,要求以红色为底色,并印制"韩日世界杯"字样,此外不须印制任何标识,在世界杯期间作为促销手段随饮料销售赠送给现场球迷,合同规定2018年5月20日为最后装运期。我方组织生产后于5月15日将货物按质按量装运出港,并备齐所有单据向银行议付货款。然而货到时由于日本队只步入16强,日方估计到可能的积压损失,以单证不符为由拒绝赎单,在多次协商无效的情况下,我方只能将货物运回国内销售以减少损失,但是在货物途经海关时,海关认为由于"韩日世界杯"字样及英文标识的知识产权为国际足联所持有,而我方外贸公司不能出具真实有效的商业使用权证明文件,因此海关以侵犯知识产权为由扣留并销毁了这一批T恤衫。

问:(1)海关的处理是否妥当?

(2)包装中所涉及的知识产权有哪些?

实训项目:侵权包装调查

一、训练目标

通过对市区内各大批发市场,如学校附近食品城等处的商品包装进行调查,调查有无不合理包装或侵权包装,了解包装知识产权保护,熟悉包装的原则和要求,总结我国目前参差不齐的包装现状,对包装的合法性和安全性有更深入的了解。

二、训练准备

以寝室为单位分组训练。每组5人左右,调查对象为多种带有包装物的商品。时间为一周。

三、训练地点

市区内各大批发市场,以食品批发市场为主。

四、训练办法

1. 小团队成员召开会议,确定组长以及调查时间、地点和方式。

2. 研究调查地点的场地设置、商品摆设,对每个成员的任务进行分工。

3. 对每个成员的调查结果进行汇总,撰写调查报告。

4. 每组选代表上讲台汇报调查结果。

五、考核办法

每组各递交一份书面调查报告,详细说明调查过程、方法、结果以及组内每人的工作情况等,打印或手写均可。教师据此考核打分。

【资料链接】

http://www.chinawuliu.com.cn/ 中国物流与采购网

http://www.ipr.gov.cn/ 中国保护知识产权网

http://www.pack.cn/ 中国包装网

http://www.cpta.org.cn/ 中国包装联合会

https://www.chinacourt.org/index.shtml 中国法院网

项目七
装卸搬运法律法规

▶▶ **知识目标**

了解货物装卸搬运的概念和特点,理解港站经营人的概念、法律地位和责任,熟悉《港口货物作业规则》的适用范围,掌握港站货物作业合同的内容及各方当事人的权利与义务,熟悉铁路、公路装卸搬运的有关法律规定。

▶▶ **能力目标**

通过本项目的学习,学生能够清楚装卸搬运操作,具有按规定进行装卸搬运的能力;能够运用相关法律知识处理装卸搬运过程中发生的纠纷和矛盾。

▶▶ **任务导入**

新沙港务公司诉华兴船行、黄埔化工公司港口装卸损害赔偿纠纷案

华兴船行所属的"华顺"轮系钢质干杂货船,船长139.57米,船宽21米,船深12.30米,总吨位9295吨,净吨位6386吨,各货舱舱底的内底板上铺有木铺板,木铺板中央有多处每一排三座独立的、不高出木铺板的、连接内底板的凸出钢结构件。"华顺"轮在营口港装载木材1840立方米、钢材1200吨及散煤9797吨运往广州港,约定由新沙港务公司卸载。22日14:00时,"华顺"轮停靠广州港新沙港务公司2号码头卸载煤炭。23日00:30时,新沙公司NO.3桥式卸船机卸至"华顺"轮第5舱时,该卸船机的25吨抓力抓斗被损坏,下缘斗口开裂,在原因未查明的情况下,新沙港务公司更换同一抓力的抓斗继续卸货,新换抓斗又于03:10时被损坏,第5舱因此停卸。30日,在黄埔化工公司为华兴船行向新沙港务公司出具了15万元的担保函后,同日18:30时,新沙公司更换小抓斗续卸第5舱,23:30时卸完。

事后,新沙港务公司申请中国船级社广州分社派员于7月31日在广州港新沙码头对"华顺"轮第5舱及新沙港务公司两只被损坏的抓斗做了检验。经检验认为:①"华顺"轮原设计为杂货船型,且内底板上铺有木铺板,一般情况下,不采取用此种类型船舶装载使用抓斗卸货的货物;②第5舱货舱内中央部分木铺板裂散及松脱出来的木铺板可能是抓斗作业所造成的;③两台抓斗的损坏推断为抓斗抓到舱内内底板上的独立、凸出钢结构件所造成的。9月6日,中国船级社广州分社对两只被损坏抓斗的修理费作了评估,认为修理费用为 177 261 元,包括损坏及修理申请验船师检验的费用 6500 元。同日,中国船级社广州分社应广州跨海船舶设计公司申请又对"华顺"轮进行海损检验,检验认为 NO.1、NO.2、NO.4 货舱底木铺板和 NO.5 货舱口区域外木铺板的损坏,属于卸货方采用大型机械在货舱内作业所致的可能性是存在的。

新沙港务公司遂向法院提起诉讼,要求判令华兴船行赔偿抓斗修理费 177 261 元、公证检验费 3300 元,共 180 561 元,并判令黄埔化工公司承担连带责任。

华兴船行答辩并提出反诉认为,本案事故的原因是由于新沙公司的装卸工人在卸货作业时未能严格遵守操作规程,在作业现场不安排指挥手,违章盲目操作,野蛮卸货,以致在吊重负荷超出机械安全负荷数时不能及时发觉,强行起吊,导致起吊设备损坏,亦造成"华顺"轮舱底受损,新沙公司应承担事故的全部责任。华兴船行在卸货作业中无过错,并且又向新沙公司支付了每吨 1 元的困难作业费,故不承担任何责任。新沙公司除应自行承担抓斗损坏的损失外,应赔偿华兴船行因船舶舱底板受损造成的修理费等损失 120 168.28 元、船期损失 90 000 元,共 210 168.28 元。

黄埔化工公司答辩认为:黄埔化工公司仅是"华顺"轮运载的煤炭的收货人,在本案事故中无过错,不承担任何责任。受华兴船行的要求出具的担保是以双方达成协议或法院做出判决或仲裁机关做出仲裁作为履行的条件。

任务问题:
1. 在货物的装卸搬运作业中,通常涉及几方当事人?
2. 本案该如何处理?

第一节 港站经营人的法律地位和责任

一、货物装卸搬运概述

装卸是指在同一地域范围内(如车站范围、工厂范围、工厂内部等)改变"物"的存放、支承状态的活动;搬运是指改变"物"的空间位置的活动。在实际工作中,装卸与搬运密不可分,两者是伴随在一起发生的。装卸搬运是衔接运输、保管、包装、流通加工、配送等各个物流环节必不可少的活动,从原材料供应到商品送至消费者手里,乃至废弃物回收、再生利用等整个循环过程中,装卸搬运出现的频度最多、作业技巧最复杂、科技含量最高、时间和空间移动最短,但费用比例最大。

装卸搬运作为物流所提供的服务之一,是现代物流的重要组成部分。我国没有单独的装卸搬运方面的法律,调整这一部分的法律法规广泛分布在与规范装卸搬运有关活动的法律法规中。货物装卸搬运活动的主体在法律上有一个统一的称谓——港站经营人。

二、港站经营人的概念

港站经营人(operator of transport terminals)又被称为港口经营人、运输终端经营人。港站经营人的概念有广义和狭义之分。广义的港站经营人是指所有提供港站服务的经营主体,包括航空港、海港、内河港、铁路和公路车站的经营人。根据1991年《联合国国际贸易运输港站经营人责任公约》的规定,只要这些经营主体在其控制下的某一区域内或在其有权出入或使用的某一区域内负责接管国际运输的货物,以便对这些货物从事或安排从事与运输有关的服务,即能被称为港站经营管理人。但是,凡属根据适用于货物的法律规则身为承运人的人,不视为经营人。狭义的港站经营人则仅指为水路运输货物提供辅助服务的组织或个人。根据我国《港口经营管理规定》第3条第(2)款"港口经营人,是指依法取得经营资格从事港口经营活动的组织和个人。"以及《中华人民共和国港口法》第22条第(3)款:"港口经营包括码头和其他港口设施的经营,港口旅客运输服务经营,在港区内从事货物的装卸、驳运、仓储的经营和港口拖轮经营等。"的规定,在我国,港站经营人采用的是狭义的概念。港站经营人可以被理解为接受船方或货方的委托,在其所有或有权使用的港口设施、场所,对水路运输的船舶、货物和旅客,提供与运输有关的经营港口业务的组织或个人。

三、港站经营人的服务范围

港站经营人以船舶、旅客和货物为对象提供不同的服务。根据《港口经营管理规定》的规定,其服务范围主要包括:

(1) 为船舶提供码头、过驳锚地、浮筒等设施;

(2) 为船舶进出港、靠离码头、移泊提供顶推、拖带等服务;

(3) 为船舶提供岸电、燃物料、生活品供应、船员接送及提供垃圾接收、压舱水(含残油、污水收集)处理、围油栏供应服务等船舶港口服务;

(4) 为旅客提供候船和上下船舶设施和服务;

(5) 为委托人提供货物交接过程中的点数和检查货物表面状况的理货服务;

(6) 为委托人提供货物装卸(含过驳)、仓储、港内驳运、集装箱堆放、拆拼箱以及对货物及其包装进行简单加工处理等;

(7) 从事港口设施、设备和港口机械的租赁、维修业务。

四、港站经营人的法律地位

随着市场经济和水路运输的发展,我国对港口管理体制进行了改革。港站经营人的服务内容从过去政企合一的港务局中分离开来,港务局一分为二,一部分行使行政管理的职能,即港口管理局;另一部分则作为独立主体参与市场经营,通常称之为港务公司,也即本书所指的港站经营人。

虽然对于港站经营人的独立法律地位,学界已经达成了共识,但关于港站经营人的具体法律身份,学界却有着各不同的看法。有的学者主张代理人说,即认为港口经营人是承运人的代理人,只需按照承运人的指令办事;有的学者则主张实际承运人说,认为港站经营人是实际履行运输合同的当事人,即应该是实际承运人;还有的学者主张独立合同人说,认为港站经营人既非承运人的代理人也非实际承运人,是以自己的工作方式根据合同为他人提供服务,只在工作的最后成果上向委托人负责,即应该是独立的合同人。分析之下,对于第一种观点代理人说,有一个问题值得注意,即港站经营人并不是以承运人的名义提供服务的,其行为后果也并非由承运人承担,这一点无疑是与代理的定义相悖的。第二种认为港站经营人即实际承运人的观点,不能适用于收货人自行卸货,港站经营人接受收货人委托而非托运人的情形。因为承运工作已经完成,所以对港站经营人的行为冠以实际承运人之称的说法并不十分贴切。因此,应当把港站经营人的法律身份定位于独立的合同人更为合适。港站经营人作为合同的一方当事人,可以根据对方当事人不同的要求签订不同内容的合同,如提供港区内短途运输的运输合同、提供港区内商品存放的仓储合同、提供商品拆分及简单包装的加工承揽合同以及港口设施设备租赁合同等。港站经营人和对方当事人按照合同约定各自履行自己的义务,享有自己的权益。

五、港站经营人的法律责任

法律责任是公民、法人或其他组织实施违法行为而受到的相应法律制裁。港站经营人因为违法行为可能要受到的法律制裁根据性质不同,可以分为3种。

(一) 民事责任

民事责任是由于违反民事法律、违约或者由于民法规定所应承担的一种法律责任。民事责任主要是救济责任,通常以财产形式补偿受损害方的损失。港站经营人承担民事责任的原因主要是违反了与合同当事人订立的合同。根据《港口货物作业规则》和《合同法》的规定,通常采用的民事责任承担方式是继续履行、采取补救措施、赔偿损失、支付违约金及定金这5种。

1. 继续履行

继续履行是指一方在不履行合同时,合同另一方当事人有权要求法院强制违约方按合同规定的标的履行义务,而不得以支付违约金和赔偿金的方法代替履行。金钱债务应当实际履行,非金钱债务在特殊情况下不适用实际履行。特殊情况包括法律上或事实上不能履行,债务的标的不适于强制履行或履行费用过高,债权人在合理期限内未要求履行。

2. 采取补救措施

采取补救措施适用于不适当履行合同。例如,在港站经营人为客户提供的服务不符合合同约定质量的情况下,客户可以根据具体情况要求港站经营人采取重做、减少价款或报酬等措施。

3. 赔偿损失

这是一种最常见的违约补救方法,是违约人补偿未违约方因违约所遭受的损失的民事责任承担方式。损害赔偿额应相当于因违约所造成的损失,包括合同履行后可以获得的利益,但不得超过违反合同一方订立合同时预见或应当预见的因违反合同可能造成的损失。

4. 支付违约金

违约金是指合同当事人在合同中约定的,在合同债务人不履行或不适当履行合同义务时,向对方当事人支付的一定数额的金钱。违约金不以造成损失为前提,但必须有约定,未约定则不产生违约金责任。

5. 定金

当事人可以约定定金,给付定金的一方不履行约定的债务的,无权要求返还定金。收受定金的一方不履行约定的债务的,应当双倍返还定金。定金不得超过合同标的的20%,且定金和违约金不能同时主张。

(二) 行政责任

行政责任是指港站经营人在国家行政管理活动中因违反行政法律规范,不履行行政上的义务而需要承担的不利的法律后果。我国目前对港站经营人进行行政管理的法律为《港口法》。根据《港口法》的规定,港站经营人需要遵循的法定义务有:

(1) 从事港口经营,应当向港口行政管理部门书面申请取得港口经营许可。经营港口理货业务,应当按照规定取得实施港口理货业务经营,同时,不得兼营货物装卸经营业务和仓储经营业务。

(2) 港站经营人从事经营活动,必须遵守有关法律、法规,遵守国务院交通主管部门有关港口作业规则的规定,依法履行合同约定的义务,为客户提供公平、良好的服务。

(3) 港站经营人应当依照有关环境保护的法律、法规的规定,采取有效措施,防治对环境的污染和危害。

(4) 港站经营人应当优先安排抢险物资、救灾物资和国防建设急需物资的作业。

(5) 港站经营人应当在其经营场所公布经营服务的收费项目和收费标准,未公布的,不得实施。港口经营性收费依法实行政府指导价或者政府定价,港站经营人应当按照规定执行。

(6) 港站经营人不得实施垄断行为和不正当竞争行为,不得以任何手段强迫他人接受其提供的港口服务。

(7) 港站经营人必须依照《中华人民共和国安全生产法》等有关法律、法规和国务院交通主管部门有关港口安全作业规则的规定,加强安全生产管理,建立健全安全生产责任制等规章制度,完善安全生产条件,采取保障安全生产的有效措施,确保安全生产。港站经营人应当依法制定本单位的危险货物事故应急预案、重大生产安全事故的旅客紧急疏散和救援预案以及预防自然灾害预案,并保障组织实施。

与之相应,如果港站经营人在经营过程中违反了这些法定义务则会受到相应的行政处罚,承担相应的行政责任。

(1) 有下列行为之一的,由港口行政管理部门责令停止违法经营,没收违法所得;违法所得10万元以上的,并处违法所得2倍以上5倍以下罚款;违法所得不足10万元的,处5万元以上20万元以下罚款:

① 未依法取得港口经营许可证,从事港口经营的;

② 未经依法许可,经营港口理货业务的;

③ 港口理货业务经营人兼营货物装卸经营业务、仓储经营业务的。

有上述第③项行为,情节严重的,由有关主管部门吊销港口理货业务经营许可证。

(2) 港站经营人不优先安排抢险物资、救灾物资、国防建设急需物资的作业的,由港口行政管理部门责令改正;造成严重后果的,吊销港口经营许可证。

(3) 港站经营人违反有关法律、行政法规的规定,在经营活动中实施垄断行为或者不正当竞争行为的,依照有关法律、行政法规的规定承担法律责任。

(4) 港站经营人违反安全生产的规定的,由港口行政管理部门或者其他依法负有安全生产监督管理职责的部门依法给予处罚;情节严重的,由港口行政管理部门吊销港口经营许可证。

(三) 刑事责任

行为人实施刑事法律禁止的行为所必须承担的法律后果就是刑事责任。刑事责任是三种法律责任中最为严厉的一种,它因犯罪行为而引起,由司法机关执行。港站经营人的经营行为多以受民事和行政法律调控为主,但也必须遵循一般的刑事法律要求,不得从事犯罪行为。同时,如果一般的违法行为情节严重,损失重大,并造成了一定的社会危害性,则有可能追究刑事责任。如港站经营人违反安全生产的规定的,一般由港口行政管理部门或者其他依法负有安全生产监督管理职责的部门依法给予行政处罚;情节严重构成犯罪的,如构成重大责任事故罪、重大劳动安全事故罪、危险物品肇事罪、过失损坏易燃易爆设备罪等,则由司法机关依法追究刑事责任。

▶▶ **案例**

经营内河港口须经许可,首例违反《港口法》案判强制执行

2005年9月,通州市交通局执法人员检查发现,通吕运河兴仁镇一组航段左岸码头有吊机从事港口作业,经立案调查,最终查清是某建材化工有限公司未取得港口经营许可证擅自从事港口经营。为此,通州市交通局做出了责令其停止违法经营,没收违法所得1.5万元,罚款8万元的行政处罚决定。该建材化工有限公司认为其已取得修建码头的行政许可,故未按照处罚要求停止经营,缴纳罚款。经过再三警告和催缴,该建材化工有限公司仍拒不执行。2006年7月13日,通州市人民法院依照通州市交通局的申请对该建材化工有限公司违法从事港口经营案件做出了强制执行裁定。此案成为《港口法》颁布以来南通市查处的首例内河港口违法经营案件。

第二节 港口货物作业规则

一、《港口货物作业规则》概述

2000年10月6日,中华人民共和国交通部(以下简称交通部)颁布了《港口货物作业规则》,并于2001年1月1日开始实行。《港口货物作业规则》是在交通部1995年发布的《水路货物运输规则》和《水路货物运输管理规则》的基础上重新修订,并取代了《关于港口作业事故处理的几项规定》和《关于港口作业事故处理的几项补充规定》的一部内容较为全面的调整港站经营法律关系的法律规范。

《港口货物作业规则》以港站经营人独立的法律地位为前提,明确了水路运输货物港口作业有关当事人的权利义务,适用于在中华人民共和国境内为水路运输货物提供的装卸、驳运、储存、装拆集装箱等港口作业的行为。《港口货物作业规则》分4章,共52条,规定了港口货物作业合同、港站经营人、作业委托人、货物接收人的定义,明确了港口货物作业合同的订立、合同当事人的权利义务及港、航货物交接的特别规定。《港站货物作业规则》的出台满足了港口业务活动对法律规范的现实需要,有利于规范我国港口作业业务,促进其健康发展。

二、港口货物作业合同

(一) 港口货物作业合同的定义与特点

1. 定义

港口货物作业合同是指港口经营人在港口对水路运输货物进行装卸、驳运、储存、装拆集装箱等作业,作业委托人支付作业费用的合同。作业合同的当事人通常由两方构成,一方是利用自己所支配的港口作业设施设备为他方提供港口作业服务的当事人——港口经营人,另一方是接受这种服务并支付价款或报酬的当事人——作业委托人。如果在合同履行过程中,货物的接收人并非作业委托人本身,则会出现港口货物作业合同的第三方当事人,即由作业委托人指定的从港口经营人处接收货物的货物接收人。

2. 特点

(1) 港口货物作业合同是双务、有偿合同。港口货物作业合同以港口劳务服务作为合同标的,由港口经营人提供装卸、驳运、储存、装拆集装箱等作业劳务,作业委托人支付以约定价款或劳务报酬为表现形式的对价。合同双方互享权益、互负义务,是典型的双务、有偿合同。

（2）港口货物作业合同是诺成、不要式合同。港口货物作业合同的当事人一旦就合同内容达成一致，合同即告成立并受法律保护。不需要以劳务的实际完成作为合同成立和生效的条件，亦不需要采用法律规定的特定的合同形式。如果合同协商一致后，一方反悔未按合同约定履行，另一方当事人即有权追究其违约责任。

（二）港口货物作业合同的分类

港口货物作业合同根据委托的特点分为单次作业合同和长期作业合同。单次作业合同是指作业委托人就某一特定批次货物与港口经营人订立的一次作业合同。长期作业合同是指作业委托人与港口经营人约定在某一时期内对不同批次货物而签订的合同。单次作业合同操作灵活，可以根据特定货物的不同需要和作业委托人的不同要求订立，而长期作业合同则能实现节约缔约成本，提高缔约效率的目的。随着物流业的发展，物流服务与客户联系的紧密，长期作业合同将越来越多。

（三）港口货物作业合同的订立

港口货物作业合同的订立即当事人就港口货物服务内容协商一致的过程，在公平自愿的基础上，通常要经过要约和承诺两大法定步骤。有关当事人应当依照有关法律、行政法规规定的权利和义务订立港口货物作业合同。

（四）港口货物作业合同的内容

根据《港口货物作业规则》第8条的规定，港口货物合同一般包括以下条款：

（1）作业委托人、港口经营人和货物接收人名称；
（2）作业项目；
（3）货物名称、件数、重量、体积（长、宽、高）；
（4）作业费用及其结算方式；
（5）货物交接的地点和时间；
（6）包装方式；
（7）识别标志；
（8）船名、航次；
（9）起运港（站、点）和到达港（站、点）；
（10）违约责任；
（11）解决争议的方法。

这些条款并非强制性条款，合同当事人可以协商约定，如果没有记载，并不会导致合同无效。但出于明确合同当事人权利义务，实现合同目的考虑，这些事项都应该予以事先约定，其中（1）、（2）、（3）、（5）等项内容更是需要特别注意，否则将严重影响合同正常履行，甚至引发不必要的纠纷。

（五）港口货物作业合同的形式

由于港口货物作业合同为不要式合同，所以合同的形式较为多样，包括书面形式、口头形式和其他形式3种。对于书面形式，除了合同书之外，还包括信件、电传电报、数据电文等有形载体形式。其他形式主要是指默示行为,即一方当事人向对方当事人提出要求,对方未用语言或者文字明确表示意见,但其行为表明已接受的,可以认定为默示。默示形式包括作为的默示和不作为的默示。前者如乘客招手打的,出租车停车上客,即以作为的默示成立了客运合同。后者如租赁房屋合同期满后,承租人没有退房还继续交纳租金,出租人没有收房还继续接受租金,则以不作为的默示推定租赁合同继续有效。需要特别注意的是,不作为的默示只有在法律有规定或者当事人双方有约定的情况下,才会产生合同有效的法律后果。

采用合同书形式订立港口货物作业合同的,在双方当事人签字或盖章时成立。采用数据电文形式订立合同,收件人未指定特定系统接收数据电文的,数据电文到达收件人任何系统的首次时间为合同生效时间。合同订立之前,一方已经履行合同义务,另一方接受的,视为合同成立。

三、作业委托人的权利和义务

(一) 权利

1. 变更权

作业委托人的变更权是指在港口经营人将货物交付给合同约定的货物接收人之前,作业委托人有权随时变更货物接收人。但对于港口经营人因此受到的损失,作业委托人应当予以赔偿。

2. 保价权

保价是指港口经营人按照作业委托人声明的货物价值收取一定的保价费后,对于货物发生的损坏、灭失,应当按照货物的声明价值进行赔偿的一种特殊的约定制度。按照声明的价值赔偿有别于未办理保价时港口经营人可以主张赔偿责任限制以此来少承担货物损坏、灭失的赔偿责任。但如果港口经营人有证据证明货物的实际价值低于声明价值的,则按照货物的实际价值予以赔偿。

(二) 义务

1. 办证交单义务

作业委托人应当及时办理港口、海关、检验、检疫、公安和其他货物运输和作业所需的各种手续,并将已办理各项手续的单证送交港口经营人。因作业委托人办理各项手续和有关单证不及时、不完备或者不正确,造成港口经营人损失的,作业委托人应当承担赔偿责任。

2. 交付货物义务

作业委托人应当向港口经营人交付与港口货物作业合同约定的货物名称、件数、重量、体积、包装方式、识别标志相符的货物。港口货物作业合同约定港口经营人从第三方接收货物的,作业委托人应当保证第三方按照港口货物作业合同的约定交付货物。对于笨重、长大货物作业,作业委托人应当事先声明货物的总件数、重量和体积(长、宽、高)以及每件货物的重量、长度和体积(长、宽、高)。根据法律规定,单件货物重量或者长度超过下列标准的,为笨重、长大货物:①沿海:重量5吨,长度12米;②长江、黑龙江干线:重量3吨,长度10米;③各省(自治区、直辖市)交通主管部门对本省内作业的笨重、长大货物标准可以另行规定,并报国务院交通主管部门备案。作业委托人未按规定交付货物、进行声明造成港口经营人损失的,应当承担赔偿责任。以件运输的货物,港口经营人验收货物时,发现货物的实际重量或者体积与作业委托人申报的重量或者体积不符时,作业委托人应当按照实际重量或者体积支付费用并向港口经营人支付衡量等费用。

3. 妥善包装义务

需要具备运输包装的作业货物,作业委托人应当保证货物的包装符合国家规定的包装标准;没有包装标准的,应当在保证作业安全和货物质量的原则下进行包装。需要随附备用包装的货物,作业委托人应当提供足够数量的备用包装。对于危险货物,作业委托人应当按照有关危险货物运输的规定妥善包装。

4. 标识通知义务

在委托货物为危险货物的情况下,作业委托人应当制作危险品标志和标签,并将其正式名称和危害性质以及必要时应当采取的预防措施书面通知港口经营人。

5. 赔偿损失义务

在港口经营人已经按照港口货物作业合同的约定,根据作业货物的性质和状态,配备适合的机械、设备、工属具、库场,并使之运行良好的情况下,因货物的性质或者携带虫害等情况,需要对库场或者货物进行检疫、洗刷、熏蒸、消毒的,应当由作业委托人或者货物接收人负责,并承担有关费用。

6. 接收货物义务

港口货物作业合同约定港口经营人将货物交付第三方的,作业委托人应当保证第三方按照港口货物作业合同的约定接收货物。作业委托人或者货物接收人应当在约定或者规定的期限内接收货物。港口经营人交付货物时,货物接收应当验收货物,并签发收据,发现货物损坏、灭失的,交接双方应当编制货运记录。货物接收人在接收货物时没有就货物的数量和质量提出异议的,视为港口经营人已经按照约定交付货物,除非货物接收人提出相反的证明。

7. 支付费用义务

作业委托人应当按照合同约定支付作业费用,在没有约定的情况下,作业委托人应当预付作业费用。港口经营人基于作业委托人的利益而支付的必要费用如运输费、修理费、保险费、转仓费等,也应由作业委托人承担。

四、港口经营人的权利和义务

(一) 权利

1. 拒绝作业权

对于作业委托人违反《港口货物作业规则》的要求,在对需要具备运输包装的作业货物,未提供符合国家包装标准或者保证作业安全和货物质量的包装,对危险货物,未妥善包装和制作危险品标志和标签,也未将危险货物的正式名称和危害性质以及必要时应当采取的预防措施书面通知港口经营人的情况下,港口经营人可以拒绝作业。同时,如果作业委托人就危险货物的正式名称、危害性质以及必要时应当采取的预防措施通知有误,港口经营人可以在任何时间、任何地点根据情况需要停止作业、销毁货物或者使之不能为害,而不承担赔偿责任。而作业委托人对港口经营人因作业此类货物所受到的损失,应当承担赔偿责任。即使港口经营人知道危险货物的性质并且已同意作业的,仍然可以在该项货物对港口设施、人员或者其他货物构成实际危险时,停止作业、销毁货物或者使之不能为害,而不承担赔偿责任。

2. 催提处理权

作业委托人或者货物接收人没有在约定或者规定的期限内接收货物,港口经营人可以依照有关规定将货物转栈储存,有关费用、风险由作业委托人承担。货物接收人逾期不提取货物的,港口经营人应当每10天催提一次,满30天货物接收人不提取或者找不到货物接收人,港口经营人应当通知作业委托人,作业委托人在港口经营人发出通知后30天内负责处理该批货物。作业委托人未在上述规定期限内处理货物的,港口经营人可以按照有关规定将该批货物做无法交付货物处理。

3. 提存权

如果港口经营人交付货物时,作业委托人或货物接收人有无正当理由拒绝受领,或者下落不明,或者死亡未确定继承人,或者丧失民事行为能力未确定监护人等情况的,港口经营人可以根据《合同法》的规定向法定的提存机构将货物提存,港口经营人的合同义务视作履行完毕。货物提存后,提存费用及货物毁损、灭失的风险由作业委托人或货物接收人自行承担。在其未向港口经营人支付合同约定价款或者提供相关担保之前,港口经营人有权要求提存部门拒绝领取提存物。作业委托人或货物接收人领取提存物的权利,自提存之日起5年内不行使而消灭,提存物扣除提存费用后归国家所有。

4. 留置权

在港口货物作业合同没有特别约定的情况下,对于作业委托人未付清的作业费、速遣费及港口经营人为货物垫付的必要费用部分,港口经营人可以要求作业委托人提供相应的担保,未提供适当担保的,港口经营人可以留置相应的运输货物。经过约定或者法定的宽限期后,作业委托人仍未履行的,港口经营人有权以留置货物折价或者对拍卖、变卖留置货物后的价款优先受偿。

(二) 义务

1. 配备适合设备义务

港口经营人应当按照作业合同的约定,根据作业货物的性质和状态,配备适合的机械、设备、工属具、库场,并使之处于良好的状态。对于单元滚装运输作业,港口经营人应当提供适合滚装运输单元候船待运的停泊场所、上下船舶和进出港的专用通道,保证作业场所的有关标识齐全、清晰,照明良好。同时,还需配备符合规范的运输单元司乘人员及旅客的候船场所。旅客与运输单元司乘人员上下船和进出港的通道应当分开。

2. 接收货物义务

港口经营人应当按照作业合同的约定接收货物,港口经营人接收货物后应当签发用以确认接收货物的收据。如果作业委托人要求,港口经营人可以编制货运记录和普通记录。货运记录和普通记录的编制应当准确、客观。货物记录应当在接收或者交付货物的当时由交接双方编制。交接集装箱空箱时,应当检查箱体并核对箱号;交接整箱货物时,应当检查箱体、封志状况并核对箱号;交接特种集装箱时,应当检查集装箱机械、电器装置、设备的运转情况。

3. 妥善保管义务

港口经营人应当妥善地保管和照料作业货物。经对货物的表面状况检查,发现有变质、滋生病虫害或者其他损坏,应当及时通知作业委托人或者货物接收人。

4. 及时完工、交付货物义务

港口经营人应当在约定期间或者在合理期间内完成货物作业。港口经营人未能在约定期间或者合理期间内完成货物作业造成作业委托人损失的,港口经营人应当承担赔偿责任。港口经营人应当按照作业合同的约定交付货物。货物接收人接收水路运输货物,港口经营人应当核对证明货物接收人单位或者身份以及经办人身份的有关证件。

5. 赔偿损失义务

在港口作业合同履行过程中,如果发生了货物的损坏、灭失或者迟延交付的情况,港口经营人应当向作业委托人或货物接收人承担损害赔偿责任,但港口经营人证明货物的损坏、灭失或者迟延交付是由于下列原因造成的除外:

(1) 不可抗力;

(2) 货物的自然属性和潜在缺陷;

(3) 货物的自然减量和合理损耗;

(4) 包装不符合要求;

(5) 包装完好但货物与港口经营人签发的收据记载内容不符;

(6) 作业委托人申报的货物重量不准确;

(7) 普通货物中夹带危险、流质、易腐货物;

(8) 作业委托人、货物接收人的其他过错。

(三) 港口经营人与船方在水路运输货物交接的特别规定

(1) 船方应当向港口经营人提供配、积载图(表),港口经营人应当按照配、积载图(表)进行作业。船方可以在现场对配、积载提出具体要求。

(2) 船方应当向港口经营人预报和确报船舶到港日期,提供船舶规范以及货物装、卸载的有关资料,使船舶处于适合装、卸载作业的状况,办妥有关手续。

(3) 对于国内水路运输货物的交接,船方与港口经营人应当编制货物交接清单。对于国际运输中以件交接货物、集装箱货物和集装箱,船方应当通过理货机构与港口经营人交接。未采用以件交接的国际运输货物和集装箱,船方可以委托理货机构与港口经营人交接。

(4) 对于同品种、同规格、同定量包装的件装货物,船方与港口经营人应当商定每关货物的数量和关型,约定计数方法,逐关进行交接,成组运输地比照执行。

五、集装箱货物的装卸合同

(一) 集装箱装卸搬运概述

随着集装箱运输的不断发展,不同种类、不同性质、不同包装的货物都有可能装入集装箱进行运输。为了确保货运的质量和安全,做好集装箱的码头装卸搬运和箱内货物的积载工作是很重要的。许多货损事故都是集装箱装卸搬运和装箱不当所造成的。集装箱作业与一般散装货物的作业有所不同。《国内水路集装箱货物运输规则》对港口集装箱作业合同中当事人的责任做了专门规定。除此之外,集装箱货物还可以单独签订装、拆箱合同。

(二) 集装箱的港口作业合同

1. 作业委托人的义务与责任

(1) 港口集装箱作业应填制"港口集装箱作业委托单"。

(2) 作业委托人委托作业货物的品名、性质、数量、体积、包装、规格应与作业委托单记载相符。委托作业的集装箱货物必须符合集装箱装卸运输的要求,其标识应当明显清楚。由于申报不实给港口经营人、承运人造成损失的,作业委托人应负责赔偿。

2. 港口经营人的义务与责任

(1) 港口经营人应使装卸机械及工具、集装箱场站设施处于良好的技术状况,确保集装箱装卸、运输和堆存的安全。

(2) 港口经营人在装卸运输过程中应做到:

① 稳起稳落、定位放箱,不得拖拉、甩关、碰撞;

② 起吊集装箱要使用吊具,使用吊钩起吊时,必须四角同时起吊,起吊后,每条吊索与箱顶的水平夹角应大于 $45°$;

③ 随时关好箱门。

(3) 集装箱堆场应具备下列条件:

① 地面平整、坚硬,能承受重箱的压力;

② 有良好的排水条件;

③ 有必要的消防措施,足够的照明设施和通道;

④ 应备有装卸集装箱的机械、设备。

(4) 集装箱作业的交接。集装箱交接时,应填写"集装箱交接单"。重箱交接时,双方需检查箱体、封志状况并核对箱号无误后交接;空箱交接时,需检查箱体并核对箱号无误后交接。交接时应当做出记录并共同签字确认。发现箱体有下列情况之一的,应填制"集装箱运输交接记录"。

①集装箱角配件损坏。
②箱体变形严重,影响正常运输的。
③箱壁破损,焊缝有裂纹,梁柱断裂,密封垫件破坏。
④箱门、门锁破坏,无法开关。
⑤集装箱箱号标志模糊不清。

对上述情况未妥善处理前,不应装船发运。

(5) 港口经营人的责任。港口经营人对集装箱货物的责任期间为装货港(卸货港)接收(卸下)集装箱货物时起至装上船(交付货物)为止,集装箱货物处于港口经营人掌管之下的期间。

港口经营人如发现集装箱货物有碍装卸运输作业安全时,应采取必要处置措施,由此引起的经济损失,由责任者负责赔偿。在港口装卸运输过程中,因港口经营人操作不当造成箱体损坏,封志破坏,箱内货物损坏、短缺,港口经营人应负赔偿责任。

(三) 装拆箱合同

装拆箱合同是指装拆箱人受托运人、承运人、收货人的委托,负责将集装箱货物装入箱内或从箱内搬出堆码并收取费用的合同。装拆箱合同除双方当事人可以及时清结外,应当采用书面合同形式,并由委托方注明装拆箱作业注意事项。委托装拆作业的货物品名、性质、数量、重量、体积、包装、标志、规格必须与"集装箱货物运单"记载的内容相符。装拆箱人对于集装箱货物应当承担如下责任。

1. 确保集装箱适合装运货物

装箱人装箱前,应按规定认真检查箱体,不得使用不适合装运货物的集装箱。因对箱体检查不严导致货物损失的,由装箱人负责。

装载货物的集装箱应具备的条件:
①集装箱应符合国家标准化组织的标准;
②集装箱四柱、六面、八角完好无损;
③集装箱各焊接部位牢固;
④集装箱内部清洁、干燥、无味、无尘;集装箱不漏水、不漏光。

在货物进行装箱之前应该做的检查:
①外部检查,对集装箱进行六面查看,查看外部是否有损伤、变形、破口等异常现象,如果发现这些现象应该及时进行维修;
②内部检查,对集装箱的内侧进行查看,查看是否漏水、漏光,是否有污点、水迹等;箱门检查,查看箱门是否完好,是否能够270°开启;
③查看集装箱是否清洁;
④查看集装箱的附属件,检查附属件是否齐备,是否处于正常工作状态中。

2. 填写有关单据

对于有2个以上收货人或2种以上货物需要拼装一箱时，装箱人应填写"集装箱货物装箱单"。

3. 装箱的作业要求

装箱人在装箱时要做到：

①货物堆码必须整齐、牢固，防止货物移动及开门时倒塌；

②性质互抵、互感的货物不得混装于同一箱内；

③要合理积载，大件不压小件，木箱不压纸箱，重货不压轻货，箭头朝上，力求箱底板及四壁受力均衡；

④集装箱受载不得超过其额定的重量。

4. 拆箱人的特殊义务

整箱交付的集装箱货物须在卸货港拆箱的，必须有收货人参加。集装箱拆空后，由拆箱人负责清扫干净，并关好箱门。

5. 装拆箱人的赔偿责任

由于装箱不当，造成经济损失的，装箱人应负赔偿责任。装拆箱时不得损坏集装箱及其部件，如有损坏则由装拆箱人负责赔偿。装箱人装箱后负责施封，凡封志完整无误，箱体状况完好的重箱，拆封开箱后如发现货物损坏或短缺，由装箱人承担责任。

第三节 铁路装卸搬运法律关系

一、铁路装卸搬运法律关系的主体

法律规范在调整铁路装卸搬运活动过程所形成的权利义务关系即铁路装卸搬运法律关系。遵循法律关系构成的"三W"规则，铁路装卸搬运法律关系同样由主体、客体及内容三个要素构成。铁路装卸搬运法律关系的主体即参与到铁路装卸搬运活动中去，并依法律或者约定享有权利或承担义务的当事人。具体而言，包括搬运装卸经营人和委托人。参与到铁路装卸搬运环节中去的物流企业通常以法人身份也即公司形式出现，在实践中也有以工作室、工作站、服务队等非法人形式出现。根据物流企业是否自行完成铁路装卸搬运作业的不同，物流企业在铁路装卸搬运法律关系中充当的主体身份亦有所不同。

【小资料】

法律关系构成"三W"规则，是指法律关系构成的三要素主体、客体、内容可以分别用"who"、"for what"、"what"来简称。主体"who"代表哪些人参与，客体"for what"代表主体参与到某种具体的行为中去是为了什么，内容"what"则表示主体在追求某种客体的过程中会产生哪些权利与义务。

（一）物流企业充当搬运装卸经营人

在综合物流企业与客户签订综合物流服务合同并且由其自身独立完成全部物流过程，或者由专门提供装卸搬运服务的物流企业以自身的技术和能力完成物流过程中的装卸搬运环节时，这两种物流企业的法律身份都是装卸搬运作业协议的受托方，也是搬运装卸经营人。在装卸搬运过程中，物流企业的故意或者过失所造成的对方当事人的损失，物流企业作为责任主体应当承担赔偿责任。

（二）物流企业充当委托人

如果综合物流企业或者只提供某一环节物流服务的物流企业，如运输、仓储企业，不自行完成装卸搬运工作，而另行委托专门的装卸搬运企业完成，则在装卸搬运法律关系中，物流企业的法律身份就发生了改变，同时成为两个合同的当事人，一个合同是基础的物流服务合同，物流企业是受托人；另一个合同是装卸搬运作业协议，物流企业是委托人。因此，在物流过程中，搬运装卸经营人的故意或者过失所造成的损失，物流企业应当先向物流服务合同的委托人负责，而后再根据装卸搬运作业协议向装卸搬运经营人追究责任。

二、铁路装卸搬运法律关系的客体

法律关系客体是指权利和义务所指向的对象，是将法律关系主体之间的权利与义务联系在一起的中介。在不同的法律关系中，客体的表现各不相同。铁路装卸搬运法律关系中的客体即为装卸搬运作业行为本身。铁路装卸是对火车车皮的装进及卸出，特点是一次作业就实现一车皮的装进或卸出，很少有像仓库装卸时出现的整装零卸或零装整卸的情况。一方面，在物流过程中，装卸活动是不断出现和反复进行的，它出现的频率高于其他各项物流活动且每次装卸活动都要花费很长时间，所以往往成为决定物流速度的关键。另一方面，因为进行装卸操作时往往需要接触货物，因此，这也是容易造成货物破损、散失、损耗、混合等损失的物流环节。

三、铁路装卸搬运法律关系的内容

在铁路装卸搬运过程中所产生的权利与义务关系即为铁路装卸搬运法律关系的内容。根据法律规定和当事人自行约定，搬运装卸经营人需要在保障商品在装卸搬运过程中的品质和数量安全的基础上方能实现收取费用的权利，委托人则需需要在装卸搬运经营人依约交货后履行相应的付款义务。

（一）《铁路货物运输管理规则》关于装卸的规定

《铁路货物运输管理规则》是铁道部颁布的，针对铁路货物运输作业各环节基本内容和质量要求的内部规定，经修订后于 2000 年 11 月 1 日起施行。其中，关于铁路装卸搬运的相关规定如下：

（1）装车前，应认真检查货车的车体（包括透光检查）、车门、车窗、盖、阀是否完整良好,有无扣修通知、色票、货车洗刷回送标签或通行限制,车内是否干净,是否被毒物污染。装载食品、药品、活动物或有押运人乘坐时,还应检查车内有无恶臭异味。要认真核对待装货物品名、件数,检查标志、标签和货物状态。对集装箱还应检查箱体、箱号和封印。

(2) 装运货物要合理使用货车,车种要适合货种,除规定必须使用和应使用棚车装运的货物外,对怕湿或易于被盗、丢失的货物,也应使用棚车装运。发生车种代用时,应按《铁路货物运输管理规则》的要求报批,批准代用的命令号码要记载在货物运单和货票"记事"栏内。危险品专用车不得用于装运普通货物。

(3) 装车时,应采取保证货物安全的相应措施。要做到不错装、不漏装、巧装满载,防止偏载、超载、集重、亏吨、倒塌、坠落和超限。对易磨损货件应采取防磨措施,怕湿和易燃货物应采取防湿和防火措施。装车过程中,要严格按照《铁路装卸作业安全技术管理规则》有关规定办理,对货物装载数量和质量要进行检查。对以敞、平车装载的需要加固的货物,轻浮货物和以平车装载的成件货物,车站应制定定型装载和加固方案,按方案装车。装载散堆装货物,货物顶面应予平整。

(4) 装车后,要认真检查车门、车窗、盖、阀关闭状态和装载加固情况。需要填制货车装载清单的,应按规定填制。需要施封的货车,按规定施封。需要插放货车表示牌的货车,应按规定插放。对装载货物的敞车,要检查车门插销、底开门搭扣和篷布苫盖、捆绑情况。篷布不得遮盖车号和货车表示牌。篷布绳索捆绑,不得妨碍车辆手闸和提钩杆。两篷布间的搭头应不小于 500 毫米。绳索、加固铁线的余尾长度应不超过 300 毫米。装载超限、超长、集重货物,应按批准的装载方案检查装载加固情况。对超限货物,还应对照铁路局、分局批准的装载方案,核对装车后尺寸。

(5) 卸车前,认真检查车辆、篷布苫盖、货物装载状态有无异状,施封是否完好。

(6) 卸车时,根据货物运单清点件数,核对标记,检查货物状态。对集装箱货物应检查箱体,核对箱号和封印。严格按照《铁路装卸作业技术管理规则》及有关规定作业,合理使用货位,按规定堆码货物。发现货物有异状,要及时按章处理。

(7) 卸车后,应将车辆清扫干净,关好车门、车窗、阀、盖,检查卸后货物安全距离,清好线路,将篷布按规定折叠整齐,送到指定地点存放。对托运人自备的货车装备物品和加固材料,应妥善保管。

(二)《铁路装卸作业安全技术管理规则》关于装卸的规定

《铁路装卸作业安全技术管理规则》是铁道部颁布的适用于铁路运输的货物和行李包裹的装卸搬运作业的部门规章。凡在车站从事装卸搬运作业的职工及有关的其他人员都必须遵守该规则。

关于铁路装卸搬运作业,该规则第 7 节规定:在装卸搬运作业中应随时注意货物堆码稳定状态,查看货物包装,禁止撕下标签。装车时,由货运员核对车号和货物后,装卸工组才能作业,并要核对件数,做到不错装、不漏装、巧装满载,防止偏重、超重,必要时对易磨损货件采取防磨措施,对怕污染的货物要采取有效隔离措施,棚车装载货件不要挤住车门,长大货物不堵车门,包装不合标准或破损不准装车。卸车时必须由货运员启封或检查后才能开始作业,卸下的货物要件数清楚,码放稳妥,便于清点,发现破损件要通知货运员并单独码放。同时,还要按规定完成附属作业。

第四节 公路装卸搬运法律关系

一、公路装卸搬运法律关系的构成

与铁路装卸搬运法律关系相似,公路装卸搬运法律关系的构成同样由主体、客体及内容3部分组成,是经法律规范调整后在装卸搬运经营人与委托人之间就公路装卸搬运作业行为所产生的各种权利和义务关系的总称。

(一)公路装卸搬运法律关系的主体

根据是否由物流企业自行完成装卸搬运工作的不同,物流企业同样可以以2种不同的法律身份出现:在自行装卸搬运的情况下,物流企业是受托人,即公路装卸搬运经营人,需要自行对装卸搬运质量负责;在转委托他方另行签订装卸搬运作业协议的情况下,物流企业是委托人,在向物流服务合同委托人负责后对装卸搬运经营人享有追偿权。

(二)公路装卸搬运法律关系的客体

作为公路装卸搬运法律关系的客体,公路装卸搬运作业行为一般一次装卸搬运批量不大,可以直接利用装卸作业达到车与物流设备之间的货物过渡,其工作复杂度不及铁路装卸搬运作业,操作亦相对简单。

(三)公路装卸搬运法律关系的内容

与铁路装卸搬运法律关系的内容一样,公路装卸搬运法律关系的内容同样是围绕搬运装卸经营人与委托人在装卸搬运作业行为中的权利与义务所展开,唯一的区别在于前者发生在铁路,后者发生在公路,两者作业场所不同。公路搬运装卸经营人与委托人在平等、自愿,且出于真实意志表示的前提下可以自由约定双方的权利与义务,但必须遵循公路装卸搬运所涉及的相关法律法规,包括《民法通则》《合同法》、《公路法》等法律及《汽车货物运输规则》等部门规章。

二、《汽车货物运输规则》关于公路装卸搬运的规定

《汽车货物运输规则》是交通部颁布的,在中华人民共和国境内从事营业性汽车货物运输及相关的货物装卸搬运、汽车货物运输服务等活动都必须遵守的部门规章。

(一)搬运装卸经营人的权利与义务

(1)委托站场经营人、搬运装卸经营者进行货物搬运装卸作业的,应签订货物搬运装卸合同。

（2）搬运装卸人员应对车厢进行清扫，发现车辆、容器、设备不适合装货要求，应立即通知。

（3）搬运装卸作业应当轻装轻卸，堆码整齐，清点数量，防止混杂、撒漏、破损，严禁有毒、易污染物品与食品混装，危险货物与普通货物混装。对性质不相抵触的货物，可以拼装、分卸。

（4）搬运装卸过程中，发现货物包装破损，搬运装卸人员应及时通知托运人或承运人，并做好记录。

（5）搬运装卸危险货物，按交通部《汽车危险货物运输、装卸作业规程》进行作业。

（6）搬运装卸作业完成后，货物需绑扎苫盖篷布的，搬运装卸人员必须将篷布苫盖严密并绑扎牢固；由承、托运人或委托站场经营人、搬运装卸人员编制有关清单，做好交接记录；并按有关规定施加封志和外贴有关标志。

（7）承、托双方应履行交接手续，包装货物采取件交件收；集装箱重箱及其他施封的货物凭封志交接；散装货物原则上要磅交磅收或采用承、托双方协商的交接方式交接。交接后双方应在有关单证上签字。

（8）货物在搬运装卸中，承运人应当认真核对装车的货物名称、重量、件数是否与运单上记载相符，包装是否完好。包装轻度破损，托运人坚持要装车起运的，应征得承运人的同意，承托双方需做好记录并签章后，方可运输，由此而产生的损失由委托人负责。

（二）委托人的权利与义务

（1）告知货物的真实情况，及时办理检验、检疫、公安和其他公路装卸搬运作业所需的各种手续。

（2）货物交付时，委托人应与搬运装卸经营人应当做好交接工作。对货物的重量和内容有质疑的，均可提出查验与复磅，查验和复磅的费用由责任方负担。

（3）双方约定搬运装卸经营人从第三方接收货物进行作业的，委托人应保证第三方及时交付货物。否则，延期损失由委托人自行承担。

（4）按照约定支付装卸搬运费用。

▶ 案例

搬运中一死三伤，货主获刑

上海市南汇区某文具用品小卖部店主杨某，于春节前向浙江义乌小商品市场订了一箱玩具枪和一箱火药纸。2天后，负责接货的"雪伟仓储服务社"通知杨某货物已到，杨某驾车前往提货。到达后，杨某未告知搬运工搬运的是火药纸。帮助装货的工人在搬运时，装有火药纸的箱子突然爆炸，造成工人沈某被当场炸死，杨某和服务社老板鲍某及另一名工人被炸伤，附近房屋不同程度受损。经过科学鉴定后确认，此次爆炸为含有氯酸钾和磷的玩具枪子弹在装卸时受到摩擦或撞击形成。货主杨某在提货时未告知搬运工货物的真实情况,未提示要注意安全,从而导致发生爆炸致一人死亡的严重后果。日前,杨某被南汇区法院以过失致人死亡罪,判处有期徒刑1年6个月,缓刑1年6个月。

【项目小结】

装卸搬运是物流作业的接口,把物流中的运输、储存、包装等环节连接起来,从而使得物流作业完整而连贯。装卸搬运看似简单,但是不合理的装卸搬运方式不但降低劳动生产率,而且可能损害货物价值,造成法律风险。由于工作对象和工作场所的不同,不同的法律法规对水路、铁路、公路装卸搬运工作提出了不同的要求。

▶▶ 任务导出

任务问题1要点提示:在装卸搬运作业中,通常涉及的当事人有两方:一方是港口经营人,一方是委托人。如果是第三方收货,则还会出现收货人。当然,由于具体行为操作方式和复杂程度不同,还会有其他的参与人,如承运人、货代、担保人等。

任务问题2要点提示:海事法院经审理认为:"华顺"轮原设计为干杂货船,各货舱内底板上铺有木铺板,且舱底多处有每排三座独立的、连接内底板的凸出钢结构件,结构比较特殊,一般不采用此类型船舶装载使用抓斗卸货的货物。华兴船行使用"华顺"轮运载散装煤炭,应该估计到卸载过程中有可能会因舱底特殊结构而使抓斗和舱底木铺板造成损坏,故在卸货之前有义务告知港方,并与港方商定妥善、安全的卸货方式,以避免损害事故的发生。华兴船行未尽上述义务,以致造成事故的发生,应承担第一个抓斗的损坏和因第一个抓斗卸货造成的舱底木铺板的损坏的经济损失。新沙港务公司在卸货前不清楚"华顺"轮舱底结构特殊,按正常的方式进行卸载并无不当,对造成的第一个抓斗损坏和因第一个抓斗卸货造成舱底木铺板损坏不承担责任,但第一个抓斗受损后,新沙港务公司应当谨慎处理,及时查找原因,排除障碍,避免扩大损失。新沙港务公司未尽谨慎之责,在原因尚未查明的情况下贸然更换新的抓斗继续卸载,导致损害事故的再次发生。新沙港务公司应承担第二个抓斗的损坏和因第二个抓斗卸货造成的舱底木铺板的损坏的经济损失。由于第一次事故与第二次事故造成的经济损失无法准确划分,故新沙港务公司与华兴船行应对两次事故造成的经济损失各承担一半的责任。黄埔化工公司为华兴船行的赔偿责任提供了担保,故应对华兴船行的赔付义务承担连带责任。故,依照《中华人民共和国民法通则》第106条第(2)款、第117条第(2)款的规定,判决:一、被告大连华兴船行有限公司赔偿原告广州港新沙港务公司经济损失88 630.50元;二、原告广州港新沙港务公司赔偿被告大连华兴船行有限公司经济损失53 000元。

【能力形成考核】

案例分析

重庆长江轮船公司(简称轮船公司)所属的"江渝3号"轮承运货主魏××榨菜

8210坛,抵达武汉港汉口港埠公司卸货完毕后,发现榨菜破损达1788坛。事后查实,造成这批榨菜破损的原因:一是货主发运的榨菜坛子规格不一,包装陈旧,同时,没有按承运人要求备足2%的空坛以备破损后换装,以致部分破坛混凝土装舱内,造成其他好坛包装霉烂;二是汉口港埠公司的装卸工人未能谨慎卸船和转运,理货人员疏于督促以减少破损率;三是承运船舶的积载与交接有不当之处。货主魏××的损失达人民币34 104元。

问:本案该如何处理?

实训项目:货物装箱前检查

一、训练目标

通过对参观实习中各物流公司或其他物流企业的集装箱进行观察,了解装载货物的集装箱应具备的条件以及在货物进行装箱之前应该做的检查,从而充分认识货物装箱前的检查对避免装卸搬运过程中发生事故的重要性。

二、训练准备

以寝室为单位分组训练。每组5人左右,检查对象为各种集装箱,最好是空箱。时间为一周。

三、训练地点

实训基地或其他物流企业。

四、训练办法

1. 小团队成员召开会议,确定组长以及检查时间、地点和方式。
2. 集装箱外部检查,是否有损伤、变形、破口等异常现象。
3. 集装箱内部检查,查看是否漏水、漏光,是否有污点、水迹等。
4. 箱门检查,箱门是否完好,是否能够270°开启。
5. 查看集装箱是否清洁。
6. 查看集装箱的附属件,检查附属件是否齐备,是否处于正常工作状态中。
7. 对每个成员的检查结果进行汇总并整理成总结报告。

五、考核办法

每组各递交一份检查总结,详细说明检查过程、方法、结果,组内每人的工作情况等,打印或手写均可。教师据此考核打分。

【资料链接】

http://www.docin.com/p-495780643.html 装卸搬运案例

http://www.stbj.com.cn/st/032214237.html 装卸搬运常见法律纠纷汇总

http://china.findlaw.cn/bianhu/xingshianli/92525.html 临时装卸工窃取货物定何罪?

http://www.maxlaw.cn/changshi/wlflal/nwlflysqyal.html 2018年物流法律运输企业案例

项目八
流通加工与配送法律法规

▶ **知识目标**

对流通加工与配送的内容有基本认知,熟练把握加工承揽合同和配送合同签订过程中的各种要求,理解加工承揽合同和配送合同的主要内容,清楚合同双方的权利和义务。

▶ **能力目标**

通过本项目的学习,学生对加工承揽合同及配送合同的相关法律法规能够准确判断和识别。深刻本着为对方提供高价值的商品或服务的思想,按照给定的资料和条件,根据合同的内容、权利方和义务方的权利和义务,熟练、完整地进行加工承揽合同和配送合同的签订。

▶ **任务导入**

承揽合同纠纷

甲公司与乙公司签订承揽合同,约定甲公司为乙公司安装装饰构件,包工包料,材料要经过乙公司确认,在无自然外力破坏的情况下保修4年,合同总价款8万元,在工程验收完毕后6个月内全部付清。该工程于2015年10月10日验收,乙公司仅支付了4万元工程款,剩余4万元一直没有支付,2018年1月甲公司诉至法院,要求乙公司支付4万元的欠款。在庭审中,乙公司主张甲公司的工程存在质量问题,要求减少报酬,乙公司提交照片数份,证明工程存在质量问题,并提出鉴定申请。

任务问题:
1. 甲公司向法院提出的请求,法院是否支持?
2. 如果支持,原因是什么?如果不支持,原因是什么?

流通加工与配送是现代物流系统构架中的重要结构之一。流通加工与配送在现代物流系统中主要担负的任务是提高物流系统对用户的服务水平。此外,流通加工与配送对于物流系统而言还有提高物流效率和使物流活动增值的作用。

第一节　流通加工与配送概述

一、流通加工概述

(一) 流通加工的概念

中华人民共和国国家标准《物流术语》规定，流通加工是物品在生产地到使用地的过程中，根据需要施加包装、分割、计量、分拣、刷标志、拴标签、组装等简单作业的总称。

流通加工是为了提高物流速度和物品的利用率，在物品进入流通领域后，按客户的要求进行的加工活动，即在物品从生产者向消费者流动的过程中，为了促进销售、维护商品质量和提高物流效率，对物品进行一定程度的加工。流通加工通过改变或完善流通对象的形态来实现"桥梁和纽带"的作用，因此流通加工是流通中的一种特殊形式。随着经济增长，国民收入增多，消费者的需求出现多样化，促使在流通领域开展流通加工。目前，在世界许多国家和地区的物流中心或仓库经营中都大量存在流通加工业务，在日本、美国等物流发达国家则更为普遍。

流通与加工的概念本属于不同范畴。加工是改变物质的形状和性质，形成一定产品的活动；而流通则是改变物质的空间状态与时间状态。流通加工则是为了弥补生产过程加工不足，更有效地满足用户或本企业的需要，使产需双方更好的衔接，将这些加工活动放在物流过程中完成，而成为物流的一个组成部分。流通加工是生产加工在流通领域中的延伸，也可以看成流通领域为了更好的服务，在职能方面的扩大。

流通加工者在生产者和消费者之间，起着承上启下的作用。它是把分散的用户需求集中起来，使零星的作业集约化，作为广大终端用户的汇集点发挥作用。

(二) 流通加工的特点

与生产加工相比较，流通加工具有以下特点。

(1) 从加工对象看，流通加工的对象是进入流通过程的商品，具有商品的属性，以此来区别多环节生产加工中的一环。流通加工的对象是商品，而生产加工的对象不是最终产品，而是原材料、零配件或半成品。

(2) 从加工程度看，流通加工大多是简单加工，而不是复杂加工，一般来讲，如果必须进行复杂加工才能形成人们所需的商品，那么，这种复杂加工应该专设生产加工过程。生产过程理应完成大部分加工活动，流通加工则是对生产加工的一种辅助及补充。特别需要指出的是，流通加工绝不是对生产加工的取消或代替。

(3) 从价值观点看，生产加工的目的在于创造价值及使用价值，而流通加工的目的则在于完善其使用价值，并在不做大的改变的情况下提高价值。

(4) 从加工责任人看，流通加工的组织者是从事流通工作的人员，能密切结合流通的需要进行加工活动。从加工单位来看,流通加工由商业或物资流通企业完成,而生产加工则由生产企业完成。

(5) 从加工目的看,商品生产是为交换、为消费而进行的生产,而流通加工的一个重要目的是为了消费(或再生产)所进行的加工,这一点与商品生产有共同之处。但是流通加工有时候也是以自身流通为目的的,纯粹是为流通创造条件,这种为流通所进行的加工与直接为消费进行的加工在目的上是有所区别的,这也是流通加工不同于一般生产加工的特殊之处。

(三) 流通加工在物流中的地位

1. 流通加工有效地完善了流通

流通加工在实现时间效用和场所效用这两个重要功能方面,确实不能与运输和保管相比,因而,流通加工不是物流的主要功能要素。另外,流通加工的普遍性也不能与运输、保管相比,流通加工不是对所有物流活动都是必需的。但这绝不是说流通加工不重要,实际上,它也是不可轻视的,它具有补充、完善、提高与增强的作用,能起到运输、保管等其他功能要素无法起到的作用。所以,流通加工的地位可以描述为提高物流水平,促进流通向现代化发展。

2. 流通加工是物流的重要利润来源

流通加工是一种低投入、高产出的加工方式,往往以简单加工解决大问题。实践中,有的流通加工通过改变商品包装,使商品档次升级而充分实现其价值;有的流通加工可将产品利用率大幅提高30%,甚至更多。这些都是采取一般方法以期提高生产率所难以做到的。实践证明,流通加工提供的利润并不亚于从运输和保管中挖掘的利润,因此我们说流通加工是物流业的重要利润来源。

3. 流通加工在国民经济中也是重要的加工形式

流通加工在整个国民经济的组织和运行方面是一种重要的加工形式,对推动国民经济的发展、完善国民经济的产业结构具有一定的意义。

(四) 流通加工的类型

根据不同的目的,流通加工具有不同的类型。

1. 为适应多样化需要的流通加工

生产部门为了实现高效率、大批量的生产,其产品往往不能完全满足用户的要求。这样,为了满足用户对产品多样化的需要,同时又要保证高效率的大生产,可将生产出来的单一化、标准化的产品进行多样化的改制加工。例如,对钢材卷板的舒展、剪切加工;平板玻璃按需要规格的开片加工;木材改制成枕木、板材、方材等加工。

2. 为方便消费、省力的流通加工

根据下游生产的需要将商品加工成生产直接可用的状态。例如,根据需要将钢材定尺、定型,按要求下料;将木材制成可直接投入使用的各种型材;将水泥制成混凝土拌合料,使用时只需稍加搅拌即可使用等。

3. 为保护产品所进行的流通加工

在物流过程中,为了保护商品的使用价值,延长商品在生产和使用期间的寿命,防止商品在运输、储存、装卸搬运、包装等过程中遭受损失,可以采取稳固、改装、保鲜、冷冻、涂油等方式。例如,水产品、肉类、蛋类的保鲜、保质的冷冻加工、防腐加工等;丝、麻、棉织品的防虫、防霉加工等。还有,如为防止金属材料的锈蚀而进行的喷漆、涂防锈油等措施,运用手工、机械或化学方法除锈;木材的防腐朽、防干裂加工;煤炭的防高温自燃加工;水泥的防潮、防湿加工等。

4. 为弥补生产领域加工不足的流通加工

由于受到各种因素的限制,许多产品在生产领域的加工只能到一定程度,而不能完全实现终极的加工。例如,木材如果在产地完成成材加工或制成木制品的话,就会给运输带来极大的困难,所以,在生产领域只能加工到圆木、板、方材这个程度,进一步的下料、切裁、处理等加工则由流通加工完成;钢铁厂大规模的生产只能按规格生产,以使产品有较强的通用性,从而使生产能有较高的效率,取得较好的效益。

5. 为促进销售的流通加工

流通加工也可以起到促进销售的作用。比如,将过大包装或散装物分装成适合依次销售的小包装的分装加工;将以保护商品为主的运输包装改换成以促进销售为主的销售包装,以起到吸引消费者、促进销售的作用;将蔬菜、肉类洗净切块以满足消费者要求等等。

6. 为提高加工效率的流通加工

许多生产企业的初级加工由于数量有限,加工效率不高。而流通加工以集中加工的形式,解决了单个企业加工效率不高的弊病。它以一家流通加工企业的集中加工代替了若干家生产企业的初级加工,促使生产水平有一定的提高。

7. 为提高物流效率、降低物流损失的流通加工

有些商品本身的形态使之难以进行物流操作,而且商品在运输、装卸搬运过程中极易受损,因此需要进行适当的流通加工加以弥补,从而使物流各环节易于操作,提高物流效率,降低物流损失。例如,造纸用的木材磨成木屑的流通加工,可以极大提高运输工具的装载效率;自行车在消费地区的装配加工可以提高运输效率,降低损失;石油气的液化加工,使很难输送的气态物转变为容易输送的液态物,也可以提高物流效率。

8. 为衔接不同运输方式、使物流更加合理的流通加工

在干线运输和支线运输的结点设置流通加工环节,可以有效解决大批量、低成本、长距离的干线运输与多品种、少批量、多批次的末端运输和集货运输之间的衔接问题。在流通加工点与大生产企业间形成大批量、定点运输的渠道,以流通加工中心为核心,组织对多个用户的配送,也可以在流通加工点将运输包装转换为销售包装,从而有效衔接不同目的的运输方式。比如,散装水泥中转仓库把散装水泥装袋、将大规模散装水泥转化为小规模散装水泥的流通加工,就衔接了水泥厂大批量运输和工

地小批量装运的需要。

9. 生产—流通一体化的流通加工

依靠生产企业和流通企业的联合,或者生产企业涉足流通,或者流通企业涉足生产,形成的对生产与流通加工进行合理分工、合理规划、合理组织,统筹进行生产与流通加工的安排,这就是生产—流通一体化的流通加工形式。这种形式可以促成产品结构及产业结构的调整,充分发挥企业集团的经济技术优势,是目前流通加工领域的新形式。

10. 为实施配送进行的流通加工

这种流通加工形式是配送中心为了实现配送活动,满足客户的需要而对物资进行的加工。例如,混凝土搅拌车可以根据客户的要求,把沙子、水泥、石子、水等各种不同材料按比例要求装入可旋转的罐中。在配送路途中,汽车边行驶边搅拌,到达施工现场后,混凝土已经均匀搅拌好,可以直接投入使用。

（五）与流通加工相关的法律法规

关于流通加工的立法主要表现在加工承揽合同上。与其他物流法律一样,目前,我国还没有单独的流通加工的法律,流通加工企业综合利用现有法律为企业服务才是合理的解决之道。

(1) 调整流通加工市场主体的法律,主要包括公司、企业法律制度。如《公司法》、《公司法细则》、《企业法》以及国家工商总局对公司注册的部门规章等。

(2) 调整流通加工市场行为的法律。调整流通加工市场行为的法律制度有《民法通则》、《合同法》、《票据法》等。调整货物交通运输的法律规范主要有《交通法》及交通部有关货物运输的规章制度等。

(3) 管理流通加工市场秩序的法律。这部分主要包括经济法律法规以及部分行政法规,具体可以分为以下几个方面:

①市场竞争法律规范主要有《反不正当竞争法》、《广告法》等;

②运营管理法律规范主要有《公路法》、《交通安全运营规范》等;

③消费者权益保护法律规范主要有《消费者权益保护法》、《产品质量法》等。

二、配送概述

（一）配送的概念与特点

物流是企业"第三利润源",处于末端物流的配送具有提高物流经济效益,优化、完善物流系统,提高和改善物流服务水平的作用,在物流系统中是一个不可缺少的部分。

配送是在第二次世界大战之后才发展起来的一种物流活动。这个词汇源于日本,《日本工业标准(JIS)物流用语》中将配送定义为将货物从物流据点送交给收货人。

2001年4月,中国国家标准《物流术语》中对配送下的定义是:"在经济合理区域范围内,根据用户要求,对物品进行拣选、加工、包装、分割、组配等作业,并按时送达指定地点的物流活动。"

从配送活动的实施过程上来看,配送包括两个方面的活动:"配"是对货物进行集中、分拣和组配,"送"是以各种不同的方式将货物送至指定地点或用户手中。可以对配送归纳出以下几个特点。

(1) 配送是一种特殊的送货形式。配送是从物流据点到用户之间一种特殊的送货形式。配送的主体是专门经营物流的企业,而不是生产企业;配送进行的是中转送货,而不是直接送货,而一般送货尤其从工厂至用户的送货往往是直达;配送是根据用户的需求,用户需要什么送什么,而不同于一般送货方式,有什么送什么,生产什么送什么。

(2) 配送不同于一般的运输和输送。虽然配送活动的进行有赖于运输,但在整个运输过程中它是处于"二次运输"、"支线运输"、"末端运输"的位置,即最终资源配置,是接近终端客户的配置,是从物流结点至用户的终端运输。

(3) 从服务形式上看,配送是一种"门到门"的服务,是将货物从物流节点一直送到用户指定的地点,这个地点可以是用户的仓库、营业现场、车间甚至生产线的起点。

(4) 配送是一项专业化的工作。以往的送货只是作为推销的一种手段,而配送则是一种专业化的流通分工方式,是大生产、专业化分工在流通领域的反映。在配送过程中大量采用先进的信息技术和各种传输设备及拣选机电设备。这大大提高了商品流转的速度,使物流创造"第三利润"变成了现实。

(5) 配送的空间范围有限性。配送既要满足用户的需要,又要有利于实现配送的经济效益。远距离的物品配送批量小、批次多、规模经济性较差、运力浪费严重、不能实现经济合理性。因此,配送不宜在大范围内实施,通常仅仅局限在一个城市或地区范围内进行。

(二) 配送的类型

(1) 按实施配送的组织者不同可以分为配送中心配送、仓库配送、商店配送、生产企业配送。

(2) 按配送商品的种类和数量不同可以分为单(少)品种大批量配送、多品种少批量配送、配套成套配送。

(3) 按配送时间和数量不同可以分为定时配送、定量配送、定时定量配送、定时定路线配送、即时配送。

(4) 按经营形式不同可以分为销售配送、供应配送、销售—供应一体化配送、代存代供配送。

(三) 配送中心

《中华人民共和国国家标准物流术语》对配送中心定义的规定:配送中心(distribution center)就是从事货物配置(集货、加工、分货、拣选、配货)和组织对用户的送

货,以高水平实现销售和供应服务的现代流通设施。从事配送业务的物流场所和组织,应符合下列条件:

①主要为特定的用户服务;

②配送功能健全;

③完善的信息网络;

④辐射范围小;

⑤多品种,小批量;

⑥以配送为主,储存为辅。

配送中心是集加工、理货、送货等多种功能于一体的物流节点。配送中心是物流中心的一个部分,但由于配送的综合性,配送中心基本包括了所有物流的功能即储存、分拣、集散、衔接、流通加工和信息处理。

【小资料】

　　沃尔玛的年销售额连续三年在福布斯排名冠军,相对于汽车制造、IT、高科技电子等高利润行业,它是一个利润率极低的零售商,能连续三年第一,堪称奇迹。沃尔玛能够迅速增长,并且成为世界500强之首,这些成绩的取得与沃尔玛在节省成本以及在物流运送、配送系统方面的成就是分不开的。沃尔玛把注意力放在物流运输和配送系统方面,使其成为沃尔玛公司的焦点业务。沃尔玛的经营哲学是"以最佳的服务,最低的成本,提供最高质量的服务"。在物流运营过程当中,要尽可能降低成本,让利于消费者,沃尔玛向自己提出了挑战,其中的一个挑战就是要建立一个"无缝点对点"的物流系统,能够为商店和顾客提供最迅速的服务。这种"无缝"的意思是指使整个供应链达到一种非常顺畅的链接。

第二节　加工承揽合同

一、加工承揽合同概述

(一) 加工承揽合同的概念

加工承揽合同是承揽人按照定作人的要求完成工作,交付工作成果,定作人给付报酬的合同。在加工承揽合同中,完成工作并交付成果的一方称承揽人,接受承揽人的工作成果并给付报酬的一方称为定作人。承揽人完成的工作成果称作定作物。承揽活动是人们生产、生活不可缺少的民事活动,诸如加工、定作、修理、印刷等,均与人们的生产、生活息息相关,故承揽合同是现实社会生活中广泛存在的合同类型。

(二) 加工承揽合同的特点

1. 承揽人独立地提供劳务

承揽人以自己的设备、技术和劳动独立地为定作人完成一定的工作,并交付成果。在承揽合同关系中,定作人所注重的是承揽人的人力、技术设备等劳动条件,因为这些劳动条件对工作成果起决定作用,而工作成果的质量决定着定作人的特殊物质利益能够得到保障的程度,所以,承揽人独立为定作人完成一定工作是承揽合同的特点之一。定作人所需要的不是承揽人的单纯劳务,而是其劳务的结果即工作成果,承揽人的劳务体现在其完成的工作成果上,所以说承揽合同是承揽人独立地提供劳务的合同。

2. 标的具有特定性

承揽合同的标的是承揽人完成并交付的工作成果。这一工作成果既可以是体力劳动成果,也可以是脑力劳动成果,但它必须具有特定性,是按照定作人的特定要求,能够满足定作人特殊需要的物或其他财产,同时,它又是承揽人独特的劳动产物。承揽合同的标的物,是不能通过市场大量供应的,而只能由承揽人依定作人的要求通过自己与众不同的劳动技能来完成。

3. 双务、有偿合同

承揽合同一经成立,当事人双方均负有一定义务,双方的义务具有对应性,一方的义务即为他方的权利,所以是双务合同。在承揽合同关系中,承揽人的义务表现为按照定作人的要求完成工作,交付工作成果;定作人的义务是受领该工作成果支付约定的报酬,双方当事人任何一方从另一方取得利益均应支付对等价款,因此,承揽合同为有偿合同。

4. 诺成、不要式合同

承揽合同当事人双方意思表示一致即可成立生效,而不以当事人一方对标的物的实际交付为合同成立生效要件,所以是诺成合同。当事人的意思表示可以采用口头形式,也可以采用书面形式,实践中大量的承揽合同是口头合同,所以承揽合同多数是不要式合同。对于生产上的承揽合同或者需较长时间才能完成的项目,应当采用书面合同形式。

二、加工承揽合同的种类

加工承揽合同主要分为加工合同、定作合同、修缮合同、修理合同、复制合同、测试合同等。

(一) 加工合同

这种合同是由定作人提供原材料或半成品,由承揽人按合同要求进行加工,承揽人按约定收取加工费。主要特点是定作人自己带料,承揽人只收取加工费。在实际生活中,也有由定作人带一部分原材料,由承揽人负责一部分原辅材料,加工的成品作价给定作人。

(二) 定作合同

这种合同是由定作人提出定作物的名称、品种、数量、规格、质量等要求,由承揽人自筹材料进行生产,定作人接收产品并付给约定的报酬。这种合同与加工合同的区别在于定作人不带料,所用原辅材料完全由承揽人负责。

(三) 修缮合同

修缮合同是定作人提出修缮房屋、建筑物、构筑物(水塔、烟囱等)的要求,承揽人按照定作人的要求完成维护修缮任务所签订的合同。这种合同的特点是通过承揽人的工作延续了修缮物的使用价值,承揽人只收取合同中约定的酬金。所需的修缮材料由承揽人支付修缮材料的价款。

(四) 修理合同

承揽方为定作人修复损坏或发生故障的设备、器件或物品,通过修复和保养,使修理物达到正常使用的状态,定作人应向承揽人给付酬金。

(五) 复制合同

复制合同是指承揽人依定作人的要求,将定作人提供的样品重新依样制作若干份,定作人接受复制品并向承揽人支付报酬的合同。

(六) 测试合同

测试合同是指承揽人依定作人的要求,以自己的技术、仪器、设备以及自己的工作,对定作人指定的项目进行测试,并将测试结果交付定作人,定作人接受成果并向承揽人支付报酬的合同。

(七) 其他承揽合同

凡不属以上6种类型的加工承揽合同,均归属这一类。这种合同主要是社会服务组织和个人为企事业单位、机关团体、社会组织或个人完成一定劳务而签订的。其内容可以是脑力劳动的,也可以是体力劳动服务。承揽方根据定作人要求完成一定任务,定作人支付酬金。

三、加工承揽合同的主要内容

合同内容是指合同双方人协商一致的、在合同中加以确定的权利和义务的条款。根据我国《合同法》第252条的规定,加工承揽合同的主要内容包括承揽的标的、数量和质量、报酬、承揽方式等。

(一) 合同的标的

在《加工承揽合同条例》第5条第(1)款中规定"加工承揽的品名或项目"表明标的。标的条款是订立加工承揽合同的基本前提,也是加工承揽合同的目的所在。没有标的,承揽合同关系不能建立。

(二) 数量条款

加工承揽合同中的数量,是在承揽合同中以数字和计量单位衡量定作物的尺度。承揽合同必须写明完成的定作物的数量要求,以及标准的计量单位。在经济活动中,定作物的数字通常是通用的、具有确定含义的。订立合同时当事人应当使用规范的计量标准,即使使用了惯用的"打"、"包"、"堆"等,也要进一步具体明确每打、每包、每堆的实际数量和单位,以避免发生不必要的纠纷。

(三)质量技术条款

质量技术条款应当引起特别重视。加工承揽合同的标的物是具有特定性质的物,因而对承揽人履行合同提出了严格的要求。对加工承揽合同的定作物品或完成工作项目的质量技术要求应在合同中规定得清楚、准确。标的物或项目执行有国家、行业标准的,合同中应写明执行的标准名称、代号、编号;没有国家、行业标准的,可按企业标准执行。上述标准都没有的,定作人应当提供样品、模型或者设计图纸,由双方协商确定标准。属于非标准的定作物,定作人必须提出明确的技术要求或图纸资料和样品。对于样品,双方当事人应共同封存,妥善保管,以作为将来承揽人交付定作物的品质依据。

(四)价款或酬金

本条款是承揽合同的必备条款,因为承揽合同是有偿合同。价款是用来偿付承揽人完成产品或项目所花费原材料和加工费的总和,价款中包括原辅材料、技术、燃料动力、劳务及设备损耗等开支。报酬是指定作人按合同规定向承揽人支付的酬金,仅指加工费。报酬条款应当在合同中明确约定报酬的金额、货币种类、支付期限、支付方式等。在承揽合同中,定作合同、复制合同等通常以价款形式支付报酬;加工合同、修理合同、测试合同等以酬金的形式支付报酬的居多。

(五)履行期限

履行期限条款包括定作人提供材料、技术资料、验收工作成果、接受工作成果和支付报酬的期限,也包括承揽人验收定作人提供的材料、交付工作成果的期限等等。履行期限届满,没有完成履行义务的一方要承担违约责任。实际生活中,履行期限往往主要是指承揽人完成工作并交付工作成果的期限。

(六)履行方式

履行方式条款是加工承揽合同应当明确的内容。加工承揽合同的履行方式就是指定作物的交付方式,表现为是一次性交付还是分期分批交付,是定作人自提还是承揽人送货等。

(七)材料提供

材料提供条款在承揽合同中非常重要,关系到承揽合同的类型。材料提供承揽业务中所需的原材料的全部或部分,可由定作人提供,也可由承揽人提供。承揽合同的双方当事人应首先在合同中明确由谁提供原材料。如果规定原材料由定作人提供,则应明确定作人提供原材料的具体日期;如果规定由承揽人提供,则应约定原材料的单价及总金额,以便将原材料费用和加工费用分别计算,避免交付货款时发生纠纷。

(八)验收标准和验收方法

本条款关系着承揽人完成的工作成果是否达到定作人的要求,也是衡量承揽人工作质量的标准。验收标准是用来确定承揽人交付的工作成果是否达到定作人所要求的质量技术水平,而验收方法则是进行验收的具体做法。验收标准和验收方法关系到工作成果的实用性与安全性,关系到风险责任的转移以及定作人合法权益的保护。因此,承揽合同必须明确规定交付工作成果的验收标准和验收方法,不得随意交付。

四、承揽人的主要权利和义务

(一) 承揽人的主要权利

在加工承揽合同中,承揽人的主要权利为收益权和留置权。按照合同的约定,承揽人有权向定作人收取加工报酬和有关原材料的费用。

加工承揽合同中,定作人往往是在承揽人交付工作成果时才支付报酬。如果定作人不支付报酬或者有关的费用,我国《合同法》规定了承揽人的留置权制度。

承揽人行使留置权时,用于留置的财产必须是承揽人基于承揽合同而合法占有的属于定作人的工作成果、材料以及其他财产。留置财产的前提是定作人不支付合同约定的报酬或材料费等价款。留置的目的是促使定作人支付约定的款项。根据《担保法》第87条的规定,承揽人留置财产后,应当通知定作人履行支付约定款项的义务,定作人逾期仍不履行的,承揽人可以与定作人协议以留置物折价或者拍卖、变卖的方式获得的价款支付约定款项。如果变卖的价款仍不能弥补承揽人所受损失,承揽人有权向定作人追偿不足部分。但在人特别约定承揽人不得留置时,或者留置有悖于社会公德或公共利益的,承揽人的留置权不能成立。此时,应由定作人赔偿承揽人的相应损失。

(二) 承揽人的主要义务

定作人订立承揽合同的目的是为了获得符合其要求的工作成果。承揽人的主要义务就是按照合同约定的质量完成工作,违反该义务,承揽人要承担相应的责任。

1. 按照合同的约定完成主要工作的义务

承揽人应按合同的约定,按照定作人要求的时间、数量、质量和技术条件等完成承揽工作,而且不经定作人的同意不得擅自变更其承揽内容。我国《合同法》第253条规定:①承揽人应当以自己的设备、技术和劳动力完成主要工作,这是承揽人基本的义务,但如果约定由定作人提供设备、技术的则适用于另外约定;②承揽人不经过定作人同意,将其承揽的主要工作交给第三人完成的,属于违约行为,定作人有权利解除合同;③定作人不解除合同的,承揽人有义务就交由第三人完成的工作成果向定作人负责。

2. 承担人要亲自完成主要工作

我国《合同法》规定,承揽人应当以自己的设备、技术和劳动力完成主要工作。"主要工作"可以从两个方面来理解:第一,完成了决定定作物质量部分的工作;第二,完成了大部分或者绝大部分数量的工作。主要工作以外的辅助工作,可以将其交给第三人来完成。但是承揽人将其工作的次要部分转让给第三人时,承揽人与定作人之间的关系并未改变,承揽人应当就该第三人完成的工作成果向定作人负责。在一般情况下,承揽人与接受次要工作的第三人之间成立一个新的承揽关系,即"次承揽",也称为"转包"。承揽人与第三人之间的关系是否为承揽、是否有效,均不影响承揽人对定作人所负担的义务。承揽人与定作人之间的合同效力对于承揽人与第三人之间的合同效力也无影响。

▶ 案例

甲商厦与乙厂签订皮鞋加工合同。合同规定:甲商厦为定作人,由甲商厦提供皮鞋的样式、用料,乙厂负责加工;加工皮鞋5000双,费用共计15万元;所加工的皮鞋必须自签订合同之日起3个月内完成交付。在履行该协议过程中,被告制作皮鞋时出现个别质量问题,造成了被告交货时限的延长。针对出现的质量问题,双方达成补充协议,将交货期限延长,并规定了相应的违约责任。后来,乙厂未经甲商厦同意而擅自将加工的皮鞋2000双转给丙制鞋厂进行加工。合同履行期届满时,乙厂有500双皮鞋未按时交货,原因是丙制鞋厂未完成转交任务。此时甲商厦才得知转加工一事。甲商厦起诉乙厂,要求其承担违约责任。

法院经审理认为:双方当事人针对制作过程中出现的问题订立补充协议,在协议规定的合同履行期限届满时,被告未能按约定时间和数量将所加工皮鞋交付给原告,并且未经甲商厦的同意就擅自转加工,违反了作为承揽人应当以自己的设备、技术、劳动力完成承揽工作的义务,对此被告应承担违约责任。据此,法院判决乙厂应向甲商厦承担继续履行合同、赔偿损失的违约责任。

3. 承揽人应按时交付已完成的工作成果

交付工作成果是承揽人履行的义务,是承揽合同双方当事人的目的得以实现的基本前提。

交付工作成果是指对工作成果占有的转移以及伴随该占有转移而发生的所有权的转移。如果工作成果所需的材料主要或者完全由定作人提供的,工作成果的所有权自然归定作人享有,承揽人交付工作成果仅是完成对工作成果占有的转移;相反,工作成果的所有权归承揽人享有时,承揽人交付工作成果不仅是对工作成果占有的转移,同时也转移了工作成果的所有权。

4. 承揽人在工作中应接受定作人的检查

《合同法》第260条规定,定作人可在承揽人工作期间进行必要的检查,以确定承揽人是否按合同规定和定作人的要求加工、修理定作物或完成承揽项目。如发现承揽人未按合同要求进行工作,定作人有权向其指出并要求改正。承揽人不得无故拒绝定作人的正当检查,不得侵犯定作人的检查权,为其检查设置障碍或采取隐瞒、逃避等行为。当然,定作人行使检查权以不妨碍承揽人的正常工作为限,如果超出此限,则应对所造成的损失负责,对此,当事人可在合同中对定作人检查的时间、方式、次数做出详细规定。

5. 妥善保管定作人提供的材料及完成的工作成果

在承揽合同中完成工作成果的材料既可以由定作人提供也可以由承揽人提供。而完成的工作成果由承揽人负责，并交付给定作人。当完成工作成果的材料由定作人提供，以及当定成的工作成果尚未交付给定作人时，我国《合同法》第265条规定，在合同履行期间，承揽人对定作人提供的材料、设备、包装以及完成的工作成果等负有保管的义务。若由于保管不善，造成上述物品损毁，承揽人应偿付定作人因此造成的损失。

妥善保管的标的物，主要包括定作人提供的材料以及承揽人所完成的工作成果。因保管不善造成材料毁损、灭失的，承揽人应承担损害赔偿责任。因承揽人的过错造成工作成果毁损灭失的，承揽人应承担损害赔偿责任。

6. 承揽人的验收与通知义务

《合同法》第257条规定了承揽人的验收与通知义务，根据这条法律规定，承揽人发现定作人提供的材料不符合约定，或者定作人提供的技术要求和图纸不合理的，应当及时通知定作人。

一般来说，定作人应当对自己提供的原材料及技术资料等负责，法律规定承揽人的通知与验收义务似乎加重了承揽人的负担，但是从效果上来说，规定承揽人的验收与通知义务，可以避免承揽人交付不符合合同约定的工作成果，避免定作人的合同目的落空，符合经济效益最大化原则。其次，承揽人具有一定的专业知识和技术能力，应当并能够承担较多义务。再者，承揽合同的履行需要定作人与承揽人共同合作，相互协助，承揽人对材料及技术资料进行检验，在发现不利情况时，通知定作人符合协作原则。

承揽人承担及时通知义务的前提，是承揽人发现定作人提供的材料不符合约定，或者定作人提供的图纸和技术资料不合理。在这里"发现"是一种客观事实，如果承揽人没有发现问题，则不产生通知义务。因为该条在很大程度上本是为了定作人的利益而设立的，不能对承揽人要求过严。

在承揽人履行了通知义务之后，如果定作人怠于答复或不同意更改原材料、技术要求等，由此给承揽人造成损失的，定作人应承担赔偿责任。承揽人因此不能交付符合合同要求的工作成果的，不承担质量责任。

7. 保密义务

《合同法》第266条规定，承揽人应当按照定作人的要求保守秘密，未经定作人许可，不得留存复制品或者技术资料。该条设定了承揽人的保密义务，保密义务是合同的一种附随义务。《合同法》第60条第(2)款规定，当事人应当遵循诚实信用的原则，根据合同的性质、目的及交易习惯履行通知、协助、保密等义务。强调承揽人的保密义务在承揽合同中非常重要，因为承揽人在为定作人完成工作过程中，会知道定作人的技术秘密、商业秘密或者隐私等。这些秘密对定作人来说具有很大价值，如果承揽人泄露这些秘密，将使定作人受到损失。

定作人可以在承揽合同中,对承揽人的保密义务进行具体约定。承揽人应按照定作人的要求保守秘密。如果合同中没有保密条款,根据《合同法》的规定,承揽人也要依据诚实信用原则,保守定作人的秘密。定作人在履行合同过程中,向承揽人提供的技术资料,承揽人不能留存,承揽人完成的工作成果不能留下复制品,除非经过定作人许可。

承揽人违反了保密义务,定作人可追究承揽人的违约责任,如果合同中约定了违约金,承揽人应支付违约金;如果没有约定违约金,定作人可要求承揽人赔偿损失。另外,承揽人违反保密义务的行为往往会构成侵权,如侵犯定作人的商业秘密或者隐私,定作人也可以选择要求承揽人承担侵权责任。

五、定作人的权利和义务

定作人的权利是与承揽人的义务相对应的,定作人的权利主要有按合同约定受领工作成果的权利、对原材料及约定的工作成果按约定验收的权利和对承揽人进行必要监督的权利。

定作人的义务主要有以下几项。

(1) 定作人应当按照约定提供材料、设计图纸或技术资料的义务。根据《合同法》第 256 条的规定,如果定作人隐瞒材料的缺陷而造成完成的工作成果存在质量问题的,定作人应当承担责任。如果承揽人在合同约定的期限没有收到定作人提供的材料,或接到的材料质量有缺陷造成工作延期等后果的,定作人应承担相应的责任。

▶▶ 案例

甲与某公司签订了房屋装修合同,合同规定:某公司负责对甲的四居室住房进行装修,装修的材料由某公司负责提供。双方当事人对交工时间、装修费用等做了约定,双方还约定对室内的地面采用地板砖铺地。合同签订后,某公司按照约定购买了材料开始工作。不久,甲要求客厅及卧室采用木质地板铺地。某公司表示同意,对已经装修好的客厅及卧室进行改装,但要求甲对木质地板的质量规格提出要求。甲以正在研究讨论为由,迟迟不提供对木质地板的要求。由于甲不提出对木质地板的具体要求,某公司无法开展工作。某公司遂催促甲在 15 日内告知木质地板的要求,甲拒不理睬后,某公司要求解除合同。随后,甲表示歉意,把对木质地板的要求告知了某公司。为了铺设木质地板,某公司对已经装修完的客厅及卧室进行重新装修多支出误工费、材料费等 3 万元。某公司在履行期限届满 10 日后装修完工,要求甲支付改铺木质地板所支出的费用。甲提出某公司未按期完成装修,应承担违约责任,并且只同意按照合同的约定支付装修费,不同意支付改装的费用。双方发生争执,某公司遂向法院起诉,要求法院确认其没有按期完成装修是由甲所致,没有构成违约,并要求甲支付变更合同后多支出的误工费、材料费等费用 1 万元。

法院经审理认为:原、被告签订的装修合同合法有效,当事人应当按照合同的约定履行义务。被告在原告开始工作后,经双方协商对合同的内容进行了变更。但被告在提出变更后,却不履行协助义务即不告知原告对需要更换的木质地板的要求,致使原告未能在合同的履行期限内完成装修,因此,原告没有过错,不应承担违约责任。合同的变更是由于被告对装修合同的内容变更引起的,因此应负担导致原告多支出的费用。法院依据《合同法》第258条、第259条的规定,判决被告向原告支付因变更合同多支付的装修费用3万元。原告由于被告的原因未在合同履行期内完成装修工作,不应承担违约责任。

(2) 定作人的协助义务。所谓定作人的协助义务,是指在承揽合同的履行过程当中,如果承揽工作的完成需要定作人提供帮助的,定作人负有的向承揽人提供必要帮助的义务。只要承揽工作中出现需要定作人协助才能顺利完成的事项,定作人即负有协助的义务。如果依据工作的性质,可以不需要定作人的协助,则定作人即不承担协助义务。

在承揽工作需要定作人协助才能完成而定作人不尽协助义务的,承揽人可以:①催告定作人在合理期限内履行义务,并可以因此顺延履行期限。承揽人如催告定作人在合理期限内履行义务的,承揽人的履行期限应当加上自定作人应履行协助义务时起,至定作人实际履行完毕时止的这段时间,以此来重新确定承揽人的履行期限;②定作人逾期不履行协助义务的,承揽人可以解除合同。需要注意,承揽人只有在催告了定作人在合理期限内履行协助义务,而定作人在该合理期限内未履行相应义务的,承揽人才可以解除承揽合同;③承揽人因此解除合同后,受有损失的,定作人应当承担损害赔偿责任。

(3) 支付报酬的义务。支付报酬是定作人最主要的义务,也是承揽人最主要的权利。依据我国《合同法》第263条规定,定作人须支付的报酬标准,合同中有约定的,按照约定;没有约定或者约定不明确的,可以协议补充;不能达成补充协议的,按照合同有关条款或者交易习惯确定;依据《合同法》第61条的规定仍不能确定的,定作人须在交付工作成果的同时支付报酬。如果承揽人部分交付工作成果,则定作人应按照交付的部分相应支付报酬。定作人支付的报酬,一般应为货币,但当事人另有规定的除外。

(4) 定作人的验收并受领工作成果义务。对承揽人完成并交付的工作成果,定作人应及时检验,对符合约定要求的,应接受该工作成果。如在合同规定的验收期限内未对定作物或项目的质量提出异议,视为定作人已接受合格的定作物或项目。超过约定期限领取定作物的,定作人负受领迟延责任。

六、加工承揽合同的违约责任

(一) 承揽人的违约责任

(1) 未按合同规定的质量交付定作物或完成工作,定作人同意接受的,应当按质论价;不同意接受的,应当负责修整或调换,并承担逾期交付的责任;经过修整或调换后,仍不符合合同规定的,定作人有权拒收,由此造成的损失由承揽人赔偿。

▶ 案例

甲公司与乙厂签订了一份承揽合同,双方约定:由乙厂为甲公司加工"多层塑化模具"套,规格、质量以甲公司提供的图纸为标准,材料费3万元,加工费9000元,甲公司预付材料费1.5万元,其余材料费和加工费在乙厂交货15天后付清。乙厂在订约10天后即将模具加工完成,但在验收时,发现模具有裂痕,不能正常使用,于是甲公司要求乙厂派技术人员进行修理,并酌情减少加工费。乙厂派人修理后,甲公司在验收时又发现模具跑料严重,仍无法正常使用,所以拒绝接受标的物,要求承揽人无偿重作,并承担逾期交付的违约责任,乙厂拒绝重作。双方为此多次协商均未达成协议,于是甲公司向当地法院起诉,要求模具厂无偿重作一套符合约定要求的模具

法院经审理认为:根据《合同法》第262条的规定,承揽人交付的工作成果不符合质量要求的,定作人可以要求承揽人承担修理、重作、减少报酬、赔偿损失等违约责任。在承揽合同中,承揽人负有按照合同约定完成工作成果并交付工作成果的义务。本案的承揽人交付的工作成果存在严重的质量问题,应当承担相应的违约责任,法院遂判决承揽人在10天内无偿重作一套符合约定要求的模具。

(2) 交付定作物或完成工作的数量少于合同规定,定作人仍然需要的,应当照数补齐,补交部分按逾期交付处理;少交部分定作人不再需要的,有权解除合同,因此造成的损失由承揽人赔偿。

(3) 未按合同规定包装定作物,需返修或重新包装的,应当负责返修或重新包装,并承担因此而支付的费用,定作人不要求返修或重新包装而要求赔偿损失的,承揽人应当偿付定作人该不合格包装物低于合格包装物的价值部分。因包装不符合合同规定造成定作物毁损、灭失的,由承揽人赔偿损失。

(4) 逾期交付定作物,应当按照合同规定,向定作人偿付违约金;合同中无具体规定的,应当比照中国人民银行有关延期付款的规定,按逾期交付部分的价款总额计算,向定作人偿付违约金;以酬金计算的,每逾期一天,按逾期交付部分的酬金总额的千分之一偿付违约金。未经定作人同意,提前交付定作物,定作人有权拒收。

(5) 不能交付定作物或完成工作的,应当偿付不能交付定作物或不能完成工作部分价款总值10%~30%或酬金总额20%~60%的违约金。

(6) 由于保管不善致使定作人提供的原材料、设备、包装物及其他物品毁损、灭失的,应当偿付定作人因此造成的损失。

(7) 未按合同规定的办法和期限对定作人提供的原材料进行检验,或经检验发现原材料不符合要求而未按合同规定的期限通知定作人调换、补齐的,由承揽人对工作质量、数量承担责任。

(8) 擅自调换定作人提供的原材料或修理物的零部件,定作人有权拒收,承揽人应赔偿定作人因此造成的损失。如定作人要求重作或重新修理,应当按定作人要求

办理,并承担逾期交付的责任。

(二)定作人的违约责任

(1)中途变更定作物的数量、规格、质量或设计等,应当赔偿承揽人因此造成的损失。

(2)中途废止合同,属承揽人提供原材料的,偿付承揽人的未履行部分价款总值10%~30%的违约金;不属承揽人提供原材料的,偿付承揽人以未履行部分酬金总额20%~60%的违约金。

(3)未按合同规定的时间和要求向承揽人提供原材料、技术资料、包装物等或未完成必要的辅助工作和准备工作,承揽人有权解除合同,定作人应当赔偿承揽人因此而造成的损失;承揽人不要求解除合同的,除交付定作物的日期得以顺延外,定作人应当偿付承揽人停工待料的损失。

(4)超过合同规定期限领取定作物的,除按规定偿付违约金外,还应当承担承揽人实际支付的保管、保养费。定作人超过领取期限6个月不领取定作物的,承揽人有权将定作物变卖,所得价款在扣除报酬、保管、保养费后,退还给定作人;变卖定作物所得少于报酬、保管、保养费时,定作人还应补偿不足部分;如定作物不能变卖,应当赔偿承揽人的损失。

(5)超过合同规定日期付款,应当比照中国人民银行有关延期付款的规定向承揽人偿付违约金,以酬金计算的,每逾期一天,按酬金总额的千分之一偿付违约金。

(6)无故拒绝接收定作物,应当赔偿承揽人因此造成的损失及运输部门的罚款。

(7)变更交付定作物地点或接收单位(人),承担因此而多支出的费用。

七、加工承揽合同的终止

加工承揽合同的终止是指承揽合同中所规定的权利义务关系的消灭。承揽合同的终止依据我国《合同法》的有关规定,可以归纳为以下原因。

(1)因合同解除而终止。具体包括以下几项。

①定作人的任意解除权。定作人可以随时解除承揽合同,造成承揽人损失的,应当赔偿损失。

②承揽合同因一方严重违约而解除,表现在:承揽人未依约按时完成合同工作义务而使其工作于定作人无意义的;承揽人未经定作人同意将承揽合同主要工作转由第三人完成的;定作人的检验监督中发现承揽人工作中存在问题,经向承揽人提出,而承揽人拒不更改的;定作人未尽协助义务,经承揽人通知仍不履行的。以上各种情况出现时,当事人均可行使合同解除权,有损害存在的可同时请求损害赔偿。

(2)因承揽人死亡或丧失完成工作的能力而终止。

(3)因定作人死亡且其继承人不需要该项工作成果而终止。如定作人死亡后,定作人的继承人仍需要承揽人从事承揽工作并要求交付工作成果的,则承揽人应继续完成约定的承揽工作并负责交付工作成果。

（4）因承揽人或定作人被宣告破产而终止。这一终止条件是指承揽人和定作人是法人的情形。终止承揽合同的履行，未受破产宣告的一方当事人可以通过申报债权或登记债务来参与破产财产的分配与清偿，从而保护其合法权益不受侵害。

第三节 配送合同

一、配送合同概述

配送合同是配送人根据客户的要求为客户提供配送服务，客户支付费用的合同。

提供配送服务的一方称为配送人或配送经营人；需求配送活动的一方为客户，客户可以是收货人、发货人、贸易经营人、商品出售人、商品购买人、生产企业等，甚至是物流公司。这类物流公司与卖方或买方签订物流服务合同时，由于自身不具有配送中心，而将配送业务外包给其他具有配送中心的物流企业。

配送合同适用我国《合同法》总则的规定，并就相关问题可参照《合同法》分则中的运输合同、仓储合同、加工承揽合同等。配送合同双方当事人根据约定来实现自己的权利和履行义务。

配送合同的订立方式可以是口头、书面及其他形式，只要双方当事人对配送关系达成一致意见时配送合同就成立，所以配送合同是诺成合同。但由于配送活动具有计划管理性、时间延续性等特点，配送合同最好以书面形式订立，这样便于双方及时、完整地履行合同的义务，便于纠纷的解决有据可依。

二、配送合同的种类

配送合同种类繁多，根据不同性质可以分为不同种类。根据配送物所有权的变化，可以将配送合同分为配送服务合同和销售配送合同。

（一）配送服务合同

它是指配送人接收客户的货物，予以仓储，并按客户的要求对货物进行分拣、加工、包装等作业后，在约定的时间送达约定的地点，由客户支付配送费的合同。

（二）销售配送合同

它是指配送人将配送物的所有权转移给客户，或者说配送人把货物销售给客户，并为客户提供配送服务，由客户同时支付配送费（物品的价款和配送服务费）的合同。

三、配送合同的主要内容

不管配送合同的种类如何繁多，配送合同的主要内容都是大致相同的。配送合同的内容是合同双方当事人约定明确配送人和客户权利和义务关系的主要依据。

（1）双方当事人。配送人与客户的名称或姓名、营业地或住所、联系方式，这是所有合同都必须明确的事项。

（2）配送物。我们也可以把它称为合同的标的物，在合同中必须明确配送物的名称、数量、包装、重量、尺寸体积、性质等。配送物必须是动产。

（3）配送服务项目。这是当事人对履行配送服务的详细约定，包括是否要加工、怎样包装，用什么方式运输，送货的地点和时间等。

（4）当事人的权利和义务。在合同中应明确双方当事人的权利和义务，这样既可以有效实现当事人的权利，又可确保义务的履行。

（5）配送费。配送费是配送人订立合同的目的，合同上应明确计费标准、计费方法，以及费用的支付方法。

（6）合同的期限。合同中应明确合同的起止时间，以及合同是否会延续。

（7）不可抗力和免责条款。不可抗力是指当事人不能预见、不能避免并不能克服的客观情况，如自然灾害、政府行为、社会事件等。当出现不可抗力的情况时违反约定的一方可以不用承担责任。免责条款是双方当事人在合同中约定一定的事由或条件，当违约情况符合约定的事由或条件时，可以免除违约方的违约责任。

（8）违约责任。违约责任是当事人违反合同约定时应承担的责任，在配送合同中可以明确违约金的数额或具体的补救措施。

（9）合同解除的条件。在合同中约定当发生什么事项的时候双方自行解除合同。

（10）纠纷处理。双方当事人发生纠纷时，解决的办法有协商、调解、诉讼或仲裁，双方当事人可以在合同中约定仲裁机构。

▶▶ 案例

吉祥公司（以下称用户）与顺风货物配送中心（以下称配送人）订有销售配送合同，合同约定由配送人组织进货，并按用户的要求对货物进行拣选、加工、包装、分割、组配等作业后，在指定的时间送至用户指定地点，用户支付配送费。在合同履行过程中，先后出现了以下情况：7月10日，用户检查配送货物，发现了漏送事件；9月10日，用户接收货物后第5天发现包装货物不符合合同要求，属于次品。请问此次事件由谁承担责任？

漏送事件应该由配送人承担责任，配送人有义务承担按照合同约定的时间配送货物的义务。包装货物不符合合同约定造成的损失也应该由配送人承担责任，因为配送人负责包装，对于由其原因引起的货损承担责任。

四、配送合同当事人的权利和义务

（一）配送人的权利

（1）收取配送费。配送人有权要求客户支付配送费，这是配送人在合同中最主要的权利,也是订立配送合同的目的所在。

(2) 有权要求客户提供配送货物的权利。在配送服务合同中,客户要求配送人配送的货都是由客户提供时,配送人有权要求客户按约定提供原始货物,如果客户没有按约定提供,以至配送人没有按期送货的,配送人无须承担责任。

(3) 要求客户按时收货的权利。配送人按约定将配送物送至地点时,客户应及时接收货物并办理货物交接手续。客户迟延接收货物造成配送人受损时,应承担赔偿责任。

(4) 要求客户告知的权利。客户应及时告知配送人配送货物的性质、是否是危险品等信息,这样配送人就可采用适当的工具和办法去处理所配送货物。由于客户没有及时通知货物性质的,造成损失时配送人不用承担责任。

(二) 配送人的义务

(1) 配送人应选择合适的配送方式。配送人应采用合适的运输工具、搬运工具、作业工具,并根据客户的要求提出合适的配送方案,减少客户的成本,并保证配送活动过程的安全和及时。

(2) 配送人应按客户的要求提供服务。配送是把货物按客户希望并要求的形态送达指定地点。因此,配送人应保证物品的色彩、大小、形状、重量以及包装等都应符合客户的要求,否则,给客户造成损失的,应承担责任。

(3) 配送人应提供配送单证。配送人在送货时应向收货人提供配送单证。配送单证应一式两联,详细列明配送物品的信息,收货人签署后配送和收货人各持一联。

(4) 告知义务。配送人在履行配送活动过程中,应将物品的情况定期向客户汇报,并对可能影响客户利益的情况及时告知客户,以便及时采取适当的措施防止或减少损失的发生。

(三) 客户的权利和义务

客户的权利和义务与配送人的义务和权利相对应。

(1) 主要义务:①支付配送费,及时向配送人提供所需配送的货物;②及时收取配送物品;③告知物品性质的义务。

(2) 客户的权利:①享有安全、及时配送服务的权利;②签收配送单证的权利;③对物品现状的知情权。

【小资料】

蔬菜配送合同

甲方:委托方

乙方:上海吉州食品有限公司

根据《中华人民共和国合同法》及相关法律规定,双方就农产品配送事宜经共同协商,达成如下协议。

1. 乙方为甲方提供厨房所需的各种农产品配送(即蔬菜、水果、粮油、家禽等农副产品)。

2. 供货期限：自＿＿＿＿年＿＿＿月＿＿＿日至＿＿＿＿年＿＿＿月＿＿＿日，在合作期间双方应本着自愿、公平、互惠互利的原则合作。

一、双方的权利和义务

(一) 甲方的权利和义务

1. 甲方按照配送合同规定监督乙方依法经营、履行合同，做好指导和协调工作。

2. 甲方可对乙方的配送要求、服务水平及卫生情况进行监督，并有权要求乙方及时整改不良之处。

3. 甲方所需商品必须在前一天晚上12点前通过电话或者传真的方式报给乙方，给乙方提供采购依据和时间。

4. 乙方提供的商品经双方协议在当月30日结算确认后，货款在次月的5日前由乙方开发票，甲方必须一次性用现金或者支票付清。

(二) 乙方的权利和义务

1. 乙方应遵守国家和地方有关的环境和卫生标准，严禁供应腐烂变质的食品，确保菜肴的新鲜和卫生。

2. 乙方员工应遵守甲方的规章制度，不得私自携带甲方物品离开。

3. 乙方所有商品价格需每10天报价一次，经甲方同意后方可供应。

4. 乙方的商品必须按甲方所规定的配送时间到货或提前半小时到货，到货后需协助甲方的工作人员过秤进库。

5. 合同期满或中途解除合同，甲方必须在合同终止日一次性结清乙方的所有款项。

二、违约责任

1. 因乙方提供不洁食物造成甲方人员中毒的，经相关部门鉴定封样后，由乙方承担相应的责任。

2. 甲方未按时结清乙方账款的，应承担违约金（比照银行逾期付款处理）。

3. 如乙方因违反合同约定，引起员工不满，甲方有权要求乙方及时整改，如乙方仍不能达到其要求，甲方有权终止合同。

4. 任何一方要终止合同都应提前30天通知对方并协商，如未按规定终止合同的，违约方应承担全部违约责任。

三、争议解决

本合同未尽事宜，双方应协商解决，协商不成时，可向当地人民法院诉讼解决。

本合同自双方盖章签字后生效。合同一式两份，甲、乙双方各执一份。

甲方(盖章)　　　　　　　　　　乙方(盖章)

代　表：　　　　　　　　　　　代　表：

日　期：　　　　　　　　　　　日　期：

【项目小结】

  流通加工与配送是现代物流系统构架中的重要结构之一。流通加工和配送在现代物流系统中主要担负的任务是提高物流系统对用户的服务水平。此外,流通加工与配送对于物流系统而言还有提高物流效率和使物流活动增值的作用。

  本项目首先介绍了流通加工及配送的相关概述,其次对流通加工承揽合同的定义、类型、合同主要条款、承揽人与定作人双方各自的权利和义务都进行了详细的说明,最后,对配送合同的定义、种类、合同主要条款,合同双方当事人各自的权利与义务做出了详细的说明。

▶▶ 任务导出

  任务问题要点提示:本案中,定做人乙公司能否因质量问题向承揽人甲公司主张赔偿请求取决于以下几点。

  首先,关于定作人乙公司提出质量异议的期间。定作人发现承揽人交付的工作成果有质量问题,应及时通知承揽人,在合理的时间内没有通知或者自工作成果完成之日起2年内未通知承揽人的,视为工作成果符合双方约定。但对工作成果有质量保证期间的,不适用该2年的规定。本案中,双方当事人约定了4年的保修期,乙公司在4年内提出质量问题,没有超出约定的保修期,其主张应当得到支持。

  其次,关于承揽人甲公司承担质量责任的方式。本案中,在定作人已经确认材料的情况下,因材料不合格,致使工作成果不合格的,承揽人应当承担责任。因为承揽人相对于定作人,在专业知识及技术能力方面具有一定的优势性,虽然定作人确认了材料,但是承揽人仍应当对材料的选定承担责任。如果因为材料不合格,致使工作成果不合格,承揽人应当承担质量责任。关于承担责任的方式,定作人乙公司可以要求其承担修理、重作、减少报酬、赔偿损失等违约责任。如果工作成果可以进行修理,则承揽人应先承担修理的违约责任。因此,甲公司主张乙公司支付欠款的请求不能得到法院支持。甲公司应对其工作质量问题承担违约责任。律师提醒大家,针对类似情况,当定作人提供的工作质量有问题时,承揽人要承担违约责任。

【能力形成考核】

案例分析

  1. 2018年3月18日,陈某、胡某双方约定,陈某承揽的位于浦东新区金高路1298弄129号的广告制作项目转给胡某做。胡某接受后,自己找地方、购买材料,按照陈某提供的图纸进行制作。2018年3月25日,胡某制作完毕,之后直接送到金高路1298弄129号进行安装。安装过程中,胡某安装工具不够,向陈某借工具。陈某带人带工具赶到现场,并且帮助胡某进行安装。在安装过程中,胡某摔伤,陈某及时将胡某送至医院。后胡某要求陈某赔偿,陈某不同意,故胡某诉至法院。

问:(1)陈某和胡某之间是什么关系？为什么？
(2) 陈某是否要给予胡某赔偿？为什么？

2. 某食品公司与某物流配送服务公司签订了一份长期食品配送合同。一日,配送公司接到食品公司指示,将一批食品送往超市,配送公司用自有车队运输,在运输的途中突然汽车起火,将部分食品烧毁。事后调查,起火原因是因为汽车的问题出现自燃。食品公司随即向配送公司要求赔偿损失。

问:配送公司是否应该赔偿食品公司的经济损失？为什么？

3. 2018 年 4 月 18 日,信达货运部的代表刘方云与西南农机公司在上海签订了一份配送合同书。合同约定川 A16426 号车为信达货运部上海、浙江等地承运鞋底、火花塞和冰柜等货物,目的地是成都,合同还对运费、运输时间等内容做了约定。合同签订后,川 A16426 号车在运输途中发生交通事故,使信达货运部托运的火花塞损失计款 14 680 元,胶合板损失计款 7122 元(其中遗失的胶合板损失 5386.5 元),货损失共计 21 810 元。此后,信达货运部因与西南农机公司协商货损赔偿问题无果,遂提起诉讼。

问:信达货运部向法院提起诉讼能否得到法院的支持？为什么？请阐明理由。

实训项目:模拟签订加工承揽合同

一、训练目标

通过对签订加工承揽合同能力的训练,了解加工承揽业务,认识加工承揽的作用,明确物流企业在加工承揽中应承担的责任,明确合同中承揽人和定作人的权利和义务。

二、训练准备

分组训练。每组 5~10 人。分为甲、乙双方,甲方为物流加工企业,乙方为定作人。双方根据所给资料签订合同。

三、有关资料

第一组:宾馆工作服加工承揽合同

第二组:设备维修合同

第三组:水果罐头加工定作合同

第四组:定作家具合同

四、考核办法

请根据以上资料模拟签订一份加工承揽合同,联系人及电话可自拟,打印或手写均可。教师据此考核打分。

【资料链接】

http://www.jincao.com/fa/09/law09.206.htm 加工承揽合同条例

http://www.66law.cn/domainblog/38735.aspx 承揽合同与买卖合同的区别

http://www.chinalawedu.com/web/208/ca1504084220.shtml　蔬菜配送合同范文

https://wenku.baidu.com/view/5bfd499fa0c7aa00b52acfc789eb172dedb39983.html 家电产品配送合同书范本

项目九
报关与检验检疫法律法规

▶ **知识目标**

熟悉我国口岸管理的基本制度,掌握海关的主要权力以及报关的基本要求,了解进出口货物减免税的条件;掌握进出口商品检验的范围和程序,了解进出境动植物检疫的要求和环节。

▶ **能力目标**

通过本项目的学习,能查阅和运用相关商检法律知识,培养学生结合有关口岸法律法规的理论、方法以及具体情境,分析与解决报关、报检等物流实践中涉及的法律问题的能力。

▶ **任务导入**

大连大窑湾保税港区转关货物通关实现零等待

在大窑湾保税港区办理进口转关的"一票多箱"货物再也不用把货物转到查验场地了,大窑湾保税港区实现了通关全程零等待。

记者在大窑湾海关了解到,为了让在保税港区通关的货物享受到更实惠的通关便利,减轻港内物流压力,大连海关针对保税港区进口转关"一票多箱"的货物采取"卡口施封、逐箱放行"的方法。海关直接在卡口为每个单箱施封放行,当这张报关单涉及的所有集装箱通过卡口后,海关为货主统一办理放行手续。为企业节省了箱子从卡口转到查验场地施封,再转到卡口放行的时间。

中床国际物流集团有限公司是第一个享受"一票多箱"货物通关全程零等待的企业。他们每天在保税港区的转关量达到300~400个标箱。实行"卡口施封、逐箱放行"对像他们一样转关量大的企业最为实惠。中床国际物流集团有限公司副总经理刘宏朝介绍说,那一天,他们在保税港仅用了4个小时就办完了290个标箱的转关手续,顺利地把从德国进口的汽车零配件发往长春一汽物流国际中心。

任务问题:

通过上述案例,海关应如何在保障法律原则的同时,提高出入境的通关效率,来满足现代物流的发展要求?

第一节　我国口岸管理制度

口岸原来的意思是指由国家指定的对外通商的沿海港口。但现在口岸已不仅仅是经济贸易往来（即通商）的商埠，还包括政治、外交、科技、文化、旅游和移民等方面的往来港口；口岸也已不仅仅指设在沿海的港口。随着陆、空交通运输的发展，对外贸易的货物、进出境人员及其行李物品、邮件包裹等，可以通过铁路和航空直达一国腹地。因此，在开展国际联运、国际航空邮包邮件交换业务以及其他有外贸、边贸的地方，国家也设置了口岸。

简单地说，口岸是由国家指定对外往来的门户，是国际货物运输的枢纽。从某种程度上说，它是一种特殊的国际物流结点。

一、地方口岸管理机构职责

为了加强口岸管理工作，口岸所在地的省（区）、市人民政府应由一名主管副省长（副主席）、副市长直接领导口岸管理工作，使口岸管理工作逐步走上正规化、制度化、规范化、现代化，以适应国民经济发展和日益增长的对外贸易、科技交流及人员往来的需要。

根据国务院《地方口岸管理机构职责范围暂行规定》，地方口岸管理委员会、口岸办公室的职责范围如下：

（1）地方口岸管理委员会、口岸办公室是口岸所在地的省（区）、市人民政府直接领导的口岸管理机构，负责管理和协调处理本地区的海、陆、空口岸工作。

（2）负责贯彻执行党中央、国务院有关口岸工作的方针、政策和规定，并根据本地区口岸的具体情况制定实施细则。

（3）主持平衡所管辖口岸的外贸运输计划，检查和贯彻执行经中央平衡下达的运输计划，并加强预报、预测工作。

（4）组织口岸的集疏运工作。组织有关方面签订经济协议。组织路、港、贸的协作配合，加强车、船、货的衔接，加速车船周转和货物集散，保证口岸畅通。

（5）督促检查口岸检查检验单位，按各自的职责和规定，对出入境人员、交通工具、货物和行李物品进行监督管理以及检查、检验、检疫等工作。

（6）负责协调处理口岸各单位（包括外贸运输、船货代理、装卸理货、仓储转运、检查检验、公证鉴定、对外索赔、供应服务、接待宣传等有关单位）之间的矛盾，具有仲裁职能。协调处理口岸各单位矛盾时，应遵循以下几项原则：

①凡属国务院几个部门联合下达的规定，应共同贯彻执行。对于未征得原联合下达部门同意，单方改变规定的，地方口岸管理机构有权不予执行。

②因国务院各主管部门之间的规章制度不一致而造成的争议，地方口岸管理机

构应及时提出处理意见,报国务院口岸领导小组办公室解决。

③地方口岸管理机构对于在工作中发生的涉外问题,必须严格执行请示报告制度。属于口岸各单位不能自行决定的一般的涉外问题,应请示省(自治区、直辖市)有关单位研究处理。属于重大的涉外问题,应连同省(自治区、直辖市)有关单位的意见一起报请国务院主管部门研究处理。对时间非常紧急的重大涉外问题,可以直接请示国务院主管部门并报告省(自治区、直辖市)有关单位。

④口岸各单位在工作中有认识不一致的问题,应遵循国家有关规定,首先协商解决对外问题。如不能协商一致,由地方口岸管理机构或由地方口岸管理机构请示当地人民政府做出决定。

⑤属于协作配合方面的矛盾和纠纷,当地口岸管理机构应及时组织协调,遇有紧急情况有权做出仲裁。

口岸各有关单位对于地方口岸管理机构按上述原则做出的决定,必须执行。

(7) 负责组织口岸各单位对职工进行涉外政策、纪律和加强治安的宣传教育,并会同有关部门对口岸重大涉外问题和严重违反纪律的情况进行检查,提出处理意见。

(8) 检查督促本地区的口岸规划,建设和技术改造配套工作的组织实施,并促使其同步进行。

(9) 按国家关于口岸开放的各项政策和规定,负责一、二类口岸开放或关闭的审查,报批工作,并负责组织落实有关具体事宜。

(10) 开展调查研究,总结交流经验,向上级有关部门反映口岸工作出现的重大矛盾和问题,并提出解决意见。

(11) 承办上级领导部门交办的其他事项。

(12) 本规定适用于一类口岸所在省、市的口岸管理委员会或口岸办公室。二类口岸管理机构的职责范围,可根据当地口岸的具体情况由省(自治区、直辖市)人民政府做出规定。

二、口岸开放的相关规定

(一) 口岸类型

口岸分为一类口岸和二类口岸。

(1) 一类口岸是指由国务院批准开放的口岸(包括中央管理的口岸和由省、自治区、直辖市管理的部分口岸),具体包括:

①对外国籍船舶、飞机、车辆等交通工具开放的海、陆、空客货口岸;

②只允许我国籍船舶、飞机、车辆出入国境的海、陆、空客货口岸;

③允许外国籍船舶进出我国领海内的海面交货点。

(2) 二类口岸是指由省级人民政府批准开放并管理的口岸,具体包括:

①依靠其他口岸派人前往办理出入境检查检验手续的国轮外贸运输装卸点、起运点、交货点;

② 同毗邻国家地方政府之间进行边境小额贸易和人员往来的口岸；
③ 只限边境居民通行的出入境口岸。

（二）口岸开放报批程序

（1）一类口岸：由有关部（局）或港口、码头、车站、机场和通道所在地的省级人民政府会商大军区后，报请国务院批准，同时抄送国务院口岸领导小组、总参谋部和有关主管部门。

（2）二类口岸：由口岸所在地的人民政府征得当地大军区和海军的同意，并会商口岸检查检验等有关单位后，报请省级人民政府批准。批文同时送国务院口岸领导小组和有关主管部门备案。

（三）口岸开放报批资料

（1）对口岸开放进行的可行性研究报告，以及口岸的基本条件、近三年客货运量、经济效益和发展前景的资料。

（2）根据客货运输任务提出的有关检查检验单位、口岸办公室、中国银行等机构设置和人员编制方案。

（3）检查检验场地和办公、生活设施等规划，以及投资预算和资金来源。

（四）口岸开放前的验收

（1）新开放的口岸，在开放前必须对其交通安全设施、通信设施、联检场地、检查检验等单位的机构设置和人员配备，以及办公、生活设施等进行验收。验收合格后，才能宣布开放。

（2）一类口岸由国务院口岸领导小组办公室负责组织验收；二类口岸由所在省、自治区、直辖市口岸办公室或其他主管口岸工作的部门负责组织验收。

（五）临时进出我国非开放区域的审批权限

（1）临时从我国非开放的港口或沿海水域进出的中、外国籍船舶，由交通部审批，并报国务院口岸领导小组备案。报批前应征得军事主管部门和当地人民政府以及有关检查检验单位的同意，并安排好检查检验工作。

（2）临时从我国非开放机场起降的中、外国籍民用飞机，由中国民用航空局征得军事主管部门同意后审批，非民用飞机由军事主管部门审批，并报国务院口岸领导小组备案。报批前应征得当地人民政府和有关检查检验部门的同意，并安排好检查检验工作。

（3）临时从我国非开放的陆地边界区域进出境的中、外国籍车辆和人员，由省级人民政府审批。报批前应征得当地省军区和公安部门的同意，并安排好检查检验工作。

（六）开放口岸检查检验设施建设的资金来源

（1）中央管理的口岸，由中央负责解决；地方管理的口岸，由地方负责解决。

（2）国家新建开放的港口、码头、车站和机场（含军用改为军民合用的机场）等口岸建设项目（包括利用外资和中外合资项目），以及老口岸新建作业区和经济开发区的新港区等项目,所需联检场地应与港口、码头、车站、机场等主体工程统一规划。所需投资包括在主体工程之内。检查检验单位办公、生活土建设施(包括宿舍)的投资,由口岸建设项目的主管部门组织有关单位研究,统一汇总报中华人民共和国国家计划委员会(现更名为中华人民共和国发展和改革委员会)审批。批准后,投资划拨给口岸所在地的省、自治区、直辖市,由地方统一规划,统一设计施工。军用改建为军民合用机场的口岸项目,应事先征得空军或海军同意,如在机场内建设,建设单位可提出要求,由空军或海军统一规划。

(3) 各部(局)直属的原有港口、码头、车站和机场需要对外开放时,所需联检场地,原则上要利用原有建筑设施。如确需扩建、新建,应由港口、码头、车站和机场的主管部门投资建设。检查检验单位的办公、生活土建设施(包括宿舍)的投资,原则上由各自主管部门解决。对确有困难的,国家或地方给予适当补助,由地方统一建设,投资交地方包干使用。

(4) 地方新开口岸,所需联检场地和检查检验单位的办公、生活土建设施(包括宿舍),由地方统一投资,统一建设。

(5) 国际海员俱乐部的建设规划和投资来源,比照(2)、(3)、(4)项规定解决。

(6) 检查检验单位所需的交通工具、仪器设备等,由各自主管部门解决。

(7) 联检场地内,划给检查检验单位的办公和业务用房(包括水、电、市内电话),应由港口、码头、车站和机场(包括军民合用的机场)的经营单位免费提供。

三、口岸卫生控制

(一) 室内外环境的卫生要求

(1) 港容港貌要整洁,国境口岸辖区的道路、铁路、专用线、露天场地不得有垃圾、粪便、污水、污物、纸屑、烟头和痰迹,路面和露天堆货场要全部硬化,道路两侧要树木、花卉、草皮并举,绿化覆盖率要达到10%～20%。国境口岸辖区内不准饲养家畜、家禽。生活垃圾要放在有严密盖子的容器或塑料袋内,并日产日清。仓库、场地的入出境货物要分类堆放,垫高20厘米、离墙50厘米。国境口岸辖区要设立垃圾、污物无害化处理设施。生活、生产中所产生的污水、压舱水,必须无害化处理,不得检出致病菌。

(2) 国境口岸辖区的候船室、候机室、候车室、候检室,应设有痰盂、果皮箱、饮水、洗漱和厕所等卫生设施,地面无痰迹、果皮、纸屑、烟头等污物,窗明几净,四壁无蛛和吊灰。

(3) 国境口岸辖区内的水冲式厕所做到无蝇、无臭味、便池无垢,有洗手设施;无水设施的厕所做到无蝇、无臭味,设三格化粪池,深度在1.5米以上,化粪池设密盖,每周掏运一次,有专人管理,设照明设施。

(4) 室内要求整洁,物放有序,空气清新,符合卫生学指标,卫生设施完善,无病媒昆虫和啮齿动物。

(5) 室内空气的卫生标准要求达到《公共交通等候室卫生标准》GB 9672—1996。

(二) 生活饮用水的卫生要求
(1) 感观性状：清澈透明、无色、无异臭、无异味。
(2) 饮用水的化学成分：有毒化学物质不超过最大容许浓度；无毒化学物质如低镁盐、硬度成分等，其含量不影响饮用和生活使用。
(3) 饮用水要求不含病原菌、病毒、蛔虫卵。
(4) 生活饮用水的卫生标准要求达到《生活饮用水卫生标准》GB 5749—2006。

(三) 污物与垃圾的无害化
(1) 污物的无害化处理。
(2) 垃圾的无害化处理。

四、口岸管理改革创新

(一) 口岸管理创新原则
从口岸的功能、管理目标并结合现状看，口岸管理改革应遵循以下4个创新原则：

1. 一个窗口、并行受理

目前，进出口货物在口岸通关时基本采取串联操作方式，货主或中介机构往往是"进多个门、办一件事"。通过创新，力求使货主或中介机构能够利用一个窗口并行申报，实现"进一个门、办完一件事"。

2. 电子数据、及时审批

目前，进出口货物的口岸通关申报主要采用纸质单证流转，货主或中介机构须安排专人跟踪料理并耗费大量时间才能获得一种审批。通过创新，使申报数据规范化、电子化，以便快速传输、及时审批。

3. 信息互通、资源共享

目前，进出口货主或中介机构在通关申报时，要向不同的查验机构重复提供同样信息，前道查验机构的审批结果不能及时传达给后道查验机构也会延长通关时间。通过创新，建立起口岸互连互通、规范统一的信息平台，可以实现信息资源共享、减少重复劳动。

4. 即时查询、便于监督

通过创新，对于申报错误、遗漏以及审批结果等，进出口货主或中介机构可以在不接触行政工作人员的条件下即时查询、及时补充纠正错漏信息、无缝隙地安排生产经营活动，同时也便于对口岸管理机构行政人员的工作情况实施监督，从源头上预防腐败。

(二) 口岸管理创新措施
1. 统一思想认识

目前，进一步扩大对外开放、大力推进投资与贸易便利化的形势使得创新口岸管理模式日益紧迫,基层和企事业单位要求创新口岸管理模式的呼声不时高涨,建设"电子口岸"技术也没有大的障碍,深圳、广州、上海和镇江在建设"电子口岸"方面已经积累了不少成功经验。之所以未能在更大范围内付诸实施,主要原因在于各方面的思想认识尚待统一,有的寄希望于全省乃至全国范围内统一部署,有的强调以"我"为主建立网站,其他部门可以参与但不能平起平坐;有的担心权利、地位受到挑战;还有的对信息技术不甚了解、心中没底。因此,要推进口岸管理模式创新,必须统一各有关方面的思想认识,进一步增强紧迫感和责任感,将十六大提出的以信息化带动工业化、促进现代化的战略部署尽快落实到口岸管理的实际工作中去,不折不扣地兑现中国加入WTO时所做出的全部许诺。

2. 加强组织协调

口岸管理不但涉及面广、顺序复杂,而且政策性强、专业性强、时效性强,是一项相当复杂的系统工程。因此,加大组织协调的工作力度,是保证模式创新获得胜利的关键。组织层面上,最好采取政府牵头、部门参与的方式,以提高协调的权威性,防止因部门利益之争而影响实施,这也是上海等地在实践中创造的成功经验。操作层面上,最好由信息主管部门统筹技术、规范、平安、维护等网络基础条件,口岸管理和其他相关部门予以配合。实施区域上,可以在全国范围内统一规划、集中推进,这样做的好处是毕其功于一役,便于从一开始就统一技术规范和标准,不走或少走弯路,问题在于组织协调的难度较大,可能久议不决;也可以以省(市、区)为单位先行探索,待条件成熟后再在全国范围内集中整合,这样做的好处是起步难度相对较小,有利于逐步探索和积累经验,问题在于各地的技术规范和标准可能五花八门,从而为将来的集中整合带来障碍。

3. 统筹制定方案

实行口岸管理模式创新,要在口岸日常管理工作既不停顿,又不受干扰或少受干扰的情况下进行,所以必须制定出周密稳妥、切实可行的操作方案,并经科学论证、系统模拟后方可具体实施。首先,国家有关主管部门应及早确定统一的"电子口岸"技术规范和标准,从而为在全国范围内普遍实施奠定必要的技术基础;其次,操作方案应尽可能富有柔性,给具体实施过程中的取舍、调整、修改和完善留有足够的空间;再次,要通过设置专页专户等方式方法,尽量扩大"电子口岸"信息容量,除了申报审批所必需的信息外,还应包括有关法律法规、规章、政策、公告、建议等,特别是操作方案要充分考虑网上操作与现场查验作业的有机衔接,从制度设置上尽量减少环节、简化顺序、节约时间、提高效率。

4. 积极筹措资金

创新口岸管理模式、建设"电子口岸"及其运行过程中的管理与维护,都离不开财力支撑。从法理上讲,口岸管理属于行政行为,因此应由政府财政出资。从现状及惯例考虑,指望所有资金均由财政包下来是不现实的。比较切实可行的是,前期投入以财政资金为主,管理与维护费用则以市场运作为主。

第二节 报关法律法规

一、海关法基本法规

(一) 海关概述

海关是国家主权的象征,体现着国家的权力和意志。《中华人民共和国海关法》(以下简称《海关法》)第2条规定:"中华人民共和国海关是国家的进出关境(以下简称进出境)监督管理机关。海关依照本法和其他有关法律、行政法规,监管进出境的运输工具、货物、行李物品、邮递物品和其他物品(以下简称进出境运输工具、货物、物品),征收关税和其他税、费,查缉走私,并编制海关统计和办理其他海关业务。"该规定明确表述了中国海关的性质与任务。

国务院设立海关总署,统一管理全国海关。国家在对外开放的口岸和海关监管业务集中的地点设立海关。海关的隶属关系,不受行政区划的限制。海关依法独立行使职权,向海关总署负责。

【小资料】

直属海关是指直接由海关总署领导,负责管理一定区域范围内的海关业务的海关;隶属海关是指由直属海关领导,负责办理具体海关业务的海关。

国家实行联合缉私、统一处理、综合治理的缉私体制。海关负责组织、协调、管理查缉走私工作。有关规定由国务院另行制定。

各有关行政执法部门查获的走私案件,应当给予行政处罚的,移送海关依法处理;涉嫌犯罪的,应当移送海关侦查走私犯罪公安机构、地方公安机关依据案件管辖分工和法定程序办理。

【小资料】

西宁海关快速验放藏毯国际展览会首批进境展品

2008年5月8日,西宁海关对参加青海藏毯国际展览会的价值14.61万元的首批进境展品,快速办理了验放手续,并及时解决了展会进口展览品误发口岸问题,受到展会主办方的好评。

在实施具体验放过程中,当得知国外参展商因不熟悉国内口岸信息,误将一批进口展览品发至乌鲁木齐机场的情况后,西宁海关迅速与乌鲁木齐机场海关联系协调,利用虚拟数据进行其他转关模式的业务测试,与乌鲁木齐机场海关成功通过提前报关模式,解决了上程舱单数据核销与二次转关单数据审核放行问题,从而使该批展览品尽快运抵西宁机场。

为切实做好此次展会的通关监管服务工作,西宁海关还提出了疏通转关渠道、宣传通关流程、联系承办单位"三个提前",提供绿色通道、担保放行、快速验放"三种便利",确保现场查验、现场咨询、现场监管"三个到位"的工作要求。

(二)海关的主要权力

(1)检查进出境运输工具,查验进出境货物、物品;对违反《海关法》或者其他有关法律、行政法规的,可以扣留。

(2)查阅进出境人员的证件;查问违反本法或者其他有关法律、行政法规的嫌疑人,调查其违法行为。

(3)查阅、复制与进出境运输工具、货物、物品有关的合同、发票、账册、单据、记录、文件、业务函电、录音录像制品和其他资料;对其中与违反《海关法》或者其他有关法律、行政法规的进出境运输工具、货物、物品有牵连的,可以扣留。

(4)在海关监管区和海关附近沿海沿边规定地区,检查有走私嫌疑的运输工具和有藏匿走私货物、物品嫌疑的场所,检查走私嫌疑人的身体;对有走私嫌疑的运输工具、货物、物品和走私犯罪嫌疑人,经直属海关关长或者其授权的隶属海关关长批准,可以扣留;对走私犯罪嫌疑人,扣留时间不超过24小时,在特殊情况下可以延长至48小时。

(5)在海关监管区和海关附近沿海沿边规定地区以外,海关在调查走私案件时,对有走私嫌疑的运输工具和除公民住处以外的有藏匿走私货物、物品嫌疑的场所,经直属海关关长或者其授权的隶属海关关长批准,可以进行检查,有关当事人应当到场;当事人未到场的,在有见证人在场的情况下,可以进行检查;对其中有证据证明有走私嫌疑的运输工具、货物、物品,可以扣留。

【小资料】

海关监管区是指设立海关的港口、车站、机场、国界孔道、国际邮件互换局(交换站)和其他有海关监管业务的场所,以及虽未设立海关,但是经国务院批准的进出境地点。

(三)报关基本要求

进出境运输工具、货物、物品,必须通过设立海关的地点进境或者出境。在特殊情况下,需要经过未设立海关的地点临时进境或者出境的,必须经国务院或者国务院授权的机关批准,并依照本法规定办理海关手续。

进出口货物,除另有规定的外,可以由进出口货物收发货人自行办理报关纳税手续,也可以由进出口货物收发货人委托海关准予注册登记的报关企业办理报关纳税手续。

进出境物品的所有人可以自行办理报关纳税手续,也可以委托他人办理报关纳税手续。

报关企业接受进出口货物收发货人的委托,以委托人的名义办理报关手续的,应当向海关提交由委托人签署的授权委托书,遵守《海关法》对委托人的各项规定。

报关企业接受进出口货物收发货人的委托,以自己的名义办理报关手续的,应当承担与收发货人相同的法律责任。

进出口货物收发货人、报关企业办理报关手续,必须依法经海关注册登记。报关人员必须依法取得报关从业资格。未依法经海关注册登记的企业和未依法取得报关从业资格的人员,不得从事报关业务。

报关企业和报关人员不得非法代理他人报关,或者超出其业务范围进行报关活动。

(四) 对进出境运输工具的要求

(1) 进出境运输工具到达或者驶离设立海关的地点时,运输工具负责人应当向海关如实申报,交验单证,并接受海关监管和检查。停留在设立海关的地点的进出境运输工具,未经海关同意,不得擅自驶离。

(2) 进出境船舶、火车、航空器到达和驶离时间、停留地点、停留期间更换地点以及装卸货物、物品时间,运输工具负责人或者有关交通运输部门应当事先通知海关。

(3) 运输工具装卸进出境货物、物品或者上下进出境旅客,应当接受海关监管。货物、物品装卸完毕,运输工具负责人应当向海关递交反映实际装卸情况的交接单据和记录。

(4) 海关检查进出境运输工具时,运输工具负责人应当到场,并根据海关的要求开启舱室、房间、车门;有走私嫌疑的,并应当开拆可能藏匿走私货物、物品的部位,搬移货物、物料。海关根据工作需要,可以派员随运输工具执行职务,运输工具负责人应当提供方便。

(五) 对进出境货物的基本要求

(1) 进口货物自进境起到办结海关手续止,出口货物自向海关申报起到出境止,过境、转运和通运货物自进境起到出境止,应当接受海关监管。

【小资料】

进口货物的收货人应当自运输工具申报进境之日起 14 日内,出口货物的发货人,除海关特准的外,应当在货物运抵海关监管区后、装货的 24 小时以前,向海关申报。进口货物的收货人超过前款规定期限向海关申报的,由海关征收滞报金。滞报金的每日征收金额为进口货物完税价格的 0.5‰,起征点为人民币 10 元。

滞报金总额 = 进口货物的完税价格 × 滞报天数 × 0.5‰

进口货物的收货人自运输工具申报进境之日起超过 3 个月未向海关申报的,其进口货物由海关提取依法变卖处理,所得价款在扣除运输、装卸、储存等费用和税款后,尚有余款的,自货物依法变卖之日起 1 年内,经收货人申请,予以发还;其中属于国家对进口有限制性规定,应当提交许可证件,不能提供的,不予发还。逾期无人申请或者不予发还的,上缴国库。

(2) 进口货物的收货人、出口货物的发货人应当向海关如实申报,交验进出口许可证件和有关单证。

▶ **案例**

2018年1月中旬,甲公司以一般贸易方式向某海关申报进口农药一批,总价值人民币50万元。某海关经审查发现,该公司所进口农药属于国家限制进口货物,该公司申报时未提交有关许可证件,其行为违反了《海关法》的有关规定。2018年1月下旬,某海关根据《中华人民共和国海关行政处罚实施条例》第14条的规定,认定该公司的上述行为违反国家进出口管理规定,对该公司处5万元的罚款,同时决定不予放行涉案货物。该公司对海关的行政处罚决定未提出异议,在规定期限内如数缴纳了罚款,并在此后多次向海关申请办理该批货物的通关放行手续。因该公司一直不能提交涉案农药的进口许可证,某海关对其放行申请未予批准。

(3) 除海关特准的外,进出口货物在收发货人缴清税款或者提供担保后,由海关签印放行。

(4) 办理进出口货物的海关申报手续,应当采用纸质报关单和电子数据报关单的形式。

(5) 按照法律、行政法规、国务院或者海关总署规定暂时进口或者暂时出口的货物,应当在6个月内复运出境或者复运进境;在特殊情况下,经海关同意,可以延期。

(6) 经营保税货物的储存、加工、装配、展示、运输、寄售业务和经营免税商店,应当符合海关监管要求,经海关批准,并办理注册手续。

(7) 海关监管货物,未经海关许可,不得开拆、提取、交付、发运、调换、改装、抵押、质押、留置、转让、更换标记、移作他用或者进行其他处置。海关加施的封志,任何人不得擅自开启或者损毁。

【**小资料**】

海关监管货物是指《海关法》第23条所列的进出口货物、过境、转运、通运货物、特定减免税货物,以及暂时进出口货物、保税货物和其他尚未办结海关手续的进出境货物。

(8) 经营海关监管货物仓储业务的企业,应当经海关注册,并按照海关规定,办理收存、交付手续。

(六) 关税

1. 征收关税的对象

征收关税的对象,是准许进出口的货物、进出境物品。进口货物的收货人、出口货物的发货人、进出境物品的所有人,是关税的纳税义务人。

2. 完税价格

进口货物的完税价格包括货物的货价、货物运抵中华人民共和国境内输入地点起卸前的运输及其相关费用、保险费；出口货物的完税价格包括货物的货价、货物运抵中华人民共和国境内输出地点装载前的运输及其相关费用、保险费，但是其中包含的出口关税税额，应当予以扣除。进出境物品的完税价格，由海关依法确定。

3. 减征或免税物品

（1）无商业价值的广告品和货样。

（2）外国政府、国际组织无偿赠送的物资。

（3）在海关放行前遭受损坏或者损失的货物。

（4）规定数额以内的物品。

（5）法律规定减征、免征关税的其他货物、物品。

【小资料】

保税货物是指经海关批准未办理纳税手续进境，在境内储存、加工、装配后复运出境的货物。

暂时进口或者暂时出口的货物，以及特准进口的保税货物，在货物收发货人向海关缴纳相当于税款的保证金或者提供担保后，准予暂时免纳关税。

4. 纳税要求

进出口货物的纳税义务人，应当自海关填发税款缴款书之日起 15 日内缴纳税款；逾期缴纳的，由海关征收滞纳金。纳税义务人、担保人超过 3 个月仍未缴纳的，经直属海关关长或者其授权的隶属海关关长批准，海关可以采取下列强制措施。

（1）书面通知其开户银行或者其他金融机构从其存款中扣缴税款。

（2）将应税货物依法变卖，以变卖所得抵缴税款。

（3）扣留并依法变卖其价值相当于应纳税款的货物或者其他财产，以变卖所得抵缴税款。

（七）走私行为的界定及法律责任

有下列情形之一的，属于走私行为。

（1）运输、携带、邮寄国家禁止或者限制进出境货物、物品或者依法应当缴纳税款的货物、物品进出境的。

（2）未经海关许可并且未缴纳应纳税款、交验有关许可证件，擅自将保税货物、特定减免税货物以及其他海关监管货物、物品、进境的境外运输工具，在境内销售的。

（3）有逃避海关监管，构成走私的其他行为的。

有上述所列行为之一，尚不构成犯罪的，由海关没收走私货物、物品及违法所得，可以并处罚款；专门或者多次用于掩护走私的货物、物品，专门或者多次用于走私的运输工具，予以没收；藏匿走私货物、物品的特制设备，责令拆毁或者没收；有上述所列行为之一，构成犯罪的，依法追究刑事责任。

▶ **案例**

塑胶制品厂擅自转让保税布料案

2018年6月8日晚10时许,海关缉私分局民警根据情报查获一辆货车,车上载有PVC布料16 000千克,现场抓获黄某某等两人,该批布料为新兴塑胶制品厂的保税货物,涉嫌擅自内销,货物价值约人民币13万元。该分局依法于6月9日受理此案,经海关关税部门核定,该批布料偷逃税额人民币3万余元。

经查,新兴塑胶制品厂属独资(港资)企业,主要生产原料是PVC布料等,生产成品是塑胶花。该批布料是该厂以每千克3元的价格卖给李某某,准备运往外地途中被查获的。以上事实由新兴塑胶制品厂法定代表人高某某、采购员王某某、仓管员夏某某、购买方李某某,询问材料,以及发货单、货款等。

2018年7月9日,海关缉私分局以偷逃税额不足立案标准决定对该案不予立案,同时移交海关做行政处理。

7月10日,海关经审查后做立案调查。经查,该批布料是2017年6月进口,2017年9月厂房仓库浸水后受潮变湿,老化变脆,为减少损失,该厂以每千克3元的贱价出售,主观上不具有为牟利而倒卖的走私故意行为。经商检鉴定该批PVC布料确为不合格产品,另外,该厂在执行现有合同进出面上是平衡的。同时该厂解释该批布料当时进口后就因质量和款式等原因而未投入生产,而是在国内购料后生产出口,但对于国内购料的有关发票及账单,该厂称因厂里浸水已丢失。

二、进出口货物减免税

(一)减免税备案

减免税申请人按照有关进出口税收优惠政策的规定申请减免税进出口相关货物,应当在申请办理减免税审批手续前,向主管海关申请办理减免税备案手续,并同时提交下列材料:

(1)《进出口货物减免税备案申请表》;

(2)企业营业执照或者事业单位法人证书、国家机关设立文件、社团登记证书、民办非企业单位登记证书、基金会登记证书等证明材料;

(3)相关政策规定的享受进出口税收优惠政策资格的证明材料;

(4)海关认为需要提供的其他材料。

减免税申请人按照上述规定提交证明材料的,应当交验原件,同时提交加盖减免税申请人有效印章的复印件。海关应当自受理之日起10个工作日内做出是否准予备案的决定。

(二)减免税审批

减免税申请人应当在货物申报进出口前,向主管海关申请办理进出口货物减免税审批手续,并同时提交下列材料:

(1)《进出口货物征免税申请表》。
(2)企业营业执照或者事业单位法人证书、国家机关设立文件、社团登记证书、民办非企业单位登记证书、基金会登记证书等证明材料。
(3)进出口合同、发票以及相关货物的产品情况资料。
(4)相关政策规定的享受进出口税收优惠政策资格的证明材料。
(5)海关认为需要提供的其他材料。

减免税申请人按照上述规定提交证明材料的,应当交验原件,同时提交加盖减免税申请人有效印章的复印件。海关应当自受理减免税审批申请之日起10个工作日内做出是否准予减免税的决定。

有下列情形之一,不能在受理减免税审批申请之日起10个工作日内做出决定的,海关应当书面向减免税申请人说明理由。
(1)政策规定不明确或者涉及其他部门管理职责需要与有关部门进一步协商、核实有关情况的。
(2)需要对货物进行化验、鉴定以确定是否符合减免税政策规定的。
(3)因其他合理原因不能在受理减免税审批申请之日起10个工作日内做出决定的。

减免税申请人申请变更或者撤销已签发的《征免税证明》的,应当在《征免税证明》有效期内向主管海关提出申请,说明理由,并提交相关材料。经审核符合规定的,海关准予变更或者撤销。准予变更的,海关应当在变更完成后签发新的《征免税证明》,并收回原《征免税证明》。准予撤销的,海关应当收回原《征免税证明》。《征免税证明》可以延期一次,延期时间自有效期届满之日起算,延长期限不得超过6个月。海关总署批准的特殊情况除外。

(三)减免税货物的处置

在进口减免税货物的海关监管年限内,未经海关许可,减免税申请人不得擅自将减免税货物转让、抵押、质押、移作他用或者进行其他处置。

在海关监管年限内,减免税申请人将进口减免税货物转让给进口同一货物享受同等减免税优惠待遇的其他单位的,应当按照下列规定办理减免税货物结转手续。
(1)减免税货物的转出申请人持有关单证向转出地主管海关提出申请,转出地主管海关审核同意后,通知转入地主管海关。
(2)减免税货物的转入申请人向转入地主管海关申请办理减免税审批手续。转入地主管海关审核无误后签发《征免税证明》。
(3)转出、转入减免税货物的申请人应分别向各自的主管海关申请办理减免税货物的出口、进口报关手续。转出地主管海关办理转出减免税货物的解除监管手续。结转减免税货物的监管年限应当连续计算。转入地主管海关在剩余监管年限内对结转减免税货物继续实施后续监管。

减免税申请人不得以减免税货物向金融机构以外的公民、法人或者其他组织办理贷款抵押。减免税申请人以减免税货物向境内金融机构办理贷款抵押的,应当向海关提供下列形式的担保。

（1）与货物应缴税款等值的保证金。

（2）境内金融机构提供的相当于货物应缴税款的保函。

（3）减免税申请人、境内金融机构共同向海关提交《进口减免税货物贷款抵押承诺保证书》,书面承诺当减免税申请人抵押贷款无法清偿需要以抵押物抵偿时,抵押人或者抵押权人先补缴海关税款,或者从抵押物的折(变)价款中优先偿付海关税款。

海关同意以进口减免税货物办理贷款抵押的,减免税申请人应当于正式签订抵押合同、贷款合同之日起 30 日内将抵押合同、贷款合同正本或者复印件交海关备案。提交复印件备案的,减免税申请人应当在复印件上标注"与正本核实一致",并予以签章。

（四）减免税货物的管理

除海关总署另有规定外,在海关监管年限内,减免税申请人应当按照海关规定保管、使用进口减免税货物,并依法接受海关监管。进口减免税货物的监管年限为：

①船舶、飞机:8 年；

②机动车辆:6 年；

③其他货物:5 年。

监管年限自货物进口放行之日起计算。

在海关监管年限内,减免税货物应当在主管海关核准的地点使用。需要变更使用地点的,减免税申请人应当向主管海关提出申请,说明理由,经海关批准后方可变更使用地点。

减免税货物需要移出主管海关管辖地使用的,减免税申请人应当事先持有关单证以及需要异地使用的说明材料向主管海关申请办理异地监管手续,经主管海关审核同意并通知转入地海关后,减免税申请人可以将减免税货物运至转入地海关管辖地,转入地海关确认减免税货物情况后进行异地监管。

减免税货物在异地使用结束后,减免税申请人应当及时向转入地海关申请办结异地监管手续,经转入地海关审核同意并通知主管海关后,减免税申请人应当将减免税货物运回主管海关管辖地。

在海关监管年限内,减免税申请人发生分立、合并、股东变更、改制等变更情形的,权利义务承受人应当自营业执照颁发之日起 30 日内,向原减免税申请人的主管海关报告主体变更情况及原减免税申请人进口减免税货物的情况。

在海关监管年限内,因破产、改制或者其他情形导致减免税申请人终止,没有承受人的,原减免税申请人或者其他依法应当承担关税及进口环节海关代征税缴纳义务的主体应当自资产清算之日起 30 日内向主管海关申请办理减免税货物的补缴税款和解除监管手续。

减免税货物因转让或者其他原因需要补征税款的,补税的完税价格以海关审定

的货物原进口时的价格为基础,按照减免税货物已进口时间与监管年限的比例进行折旧,其计算公式如下:

$$补税的完税价格 = 海关审定的货物原进口时的价格 \times \left[1 - \frac{减免税货物已进口时间}{监管年限 \times 12}\right]$$

减免税货物已进口时间自减免税货物的放行之日起按月计算。不足1个月但超过15日的按1个月计算;不超过15日的,不予计算。

减免税申请人将减免税货物移作他用,应当补缴税款的,税款的计算公式为:

$$补缴税款 = 海关审定的货物原进口时的价格 \times 税率 \times \left[1 - \frac{需补缴税款的时间}{监管年限 \times 12 \times 30}\right]$$

上述计算公式中的税率,应当按照《关税条例》的有关规定,采用相应的适用税率;需补缴税款的时间是指减免税货物移作他用的实际时间,按日计算,每日实际生产不满8小时或者超过8小时的均按1日计算。

三、《海关法》规定的一般通关程序

一般通关程序,适用于一般贸易进出口货物、进出境物品和进出境运输工具的通关,由四个环节所组成。①申报:是指运输工具、货物和物品在进境后或出境前,由有关当事人按照《海关法》规定的要求和方式所做的声明。②查验:是指核实货物或物品的性质、原产地、状况、数量和价格是否与报关单所列的相符,对货物或物品进行的实际核查。③征收关税和其他税费。④放行:对于一般贸易的进出口货物和进出境物品来说,放行是指海关准许办理结关手续而由有关人员自行处理的行为,意味着海关监管的终结。但是,对一些特定的进出口货物而言,放行只是说明海关现场监管阶段的结束,并不意味海关监管的终结,通关的过程尚未结束。

▶▶ 案例

2017年11月23日,甲轮船公司(中国)有限公司所属"东方海港"轮(54航次)抵沪停靠A港某路装卸公司码头,甲轮船(中国)有限公司上海分公司(以下简称乙公司)通过某外轮代理公司向海关申报载运进口空集装箱51只。11月28日,丙集装箱有限公司(以下简称丙公司)将集装箱拉至公司堆场。由于重型吊车出现故障,在使用轻型吊车时,发现其中13只集装箱为重箱,难以吊起。乙公司雇佣的一临时工打开其中的一只集装箱查看,发现箱内装满29英寸彩电,该临时工即向丙公司报告。丙公司同乙公司联系后,按乙公司要求将空箱与重箱分开堆放。

次日,乙公司统筹部助理到丙公司堆场,为证实情况,又打开一个集装箱查看,确认均系彩电,该助理当天向公司经理做了汇报。

12月8日,在乙公司一经理授意下,乙公司船务人员将13只集装箱拉回到A港某路装卸公司码头,准备以空箱名义申报配船、离港,但港区坚持认为重箱离港必须向海关申报方可配船,未果。

12月9日,乙公司又将13只集装箱拖至A港外码头,再次准备以空箱名义申报配船、离港。港区集装箱道口在集装箱卡车过地磅时,发现箱重9~11吨不等,且有铅封,系重箱,要求乙公司做出解释。乙公司见无法隐瞒,又谎称内装"公司物料",不需向海关申报。

当天,外码头港区海关接到了"乙公司将13只重箱伪装成空箱出运"的举报。经海关开箱查验,上述集装箱内装2028台松下IC-229彩电,价值约人民币2100余万元。

海关调查中,乙公司坚称上述彩电系日本发货人错发错运,要求海关准予其退运。经海关调查,彩电外包装上印有"中国广州"字样,指运地应是中国境内;又查明,在过境船舶配载图上,13只集装箱分为6只和7只载于船舶左右两侧。据了解,类似载运该批彩电进境的"东方海港"轮这类船舶,如左右两侧载重吨位相差50吨,会造成船舶向重的一侧倾斜,超出船舶航行安全系数。而13只装有彩电的集装箱重约86.2吨,如船方因不明情况将重箱误作空箱配载于船舶同一侧,必然会使船舶严重倾斜,在航行中出现危险。但由于"东方海港"轮系乙总公司所属,故海关不可能就此主观故意取到直接证据。

案发后,海关将案件移送某公安分局。2018年1月19日,本案被退回海关做行政处罚。根据上述事实,经总署批复,A海关根据《中华人民共和国海关法》、《中华人民共和国海关法行政处罚实施条例》,决定以违规定性,科处乙公司罚款人民币50万元,责令其将上述2028台彩电退运出境。

问题:此案中海关的处理是否适当?为什么?

分析:根据《海关法》及各类法规规定,货主对货物的义务与运输工具负责人对运输容具的申报,在动机、目的、危害后果上有所区别,运输工具负责人申报不实处罚可相对略轻,但本案运输人明知集装箱不是空箱,仍坚持向海关按空箱申报,而实际载运了国家重点限制进口物品。种种迹象表明乙公司将上述彩电运输进境是有预谋的,属重大走私嫌疑案。但受事态发展、调查取证条件的限制,故对乙公司定性违规,按申报不实处理。因此本案中海关对当事人科处50万元的罚款,是适当的。

第三节 检验检疫法律法规

一、进出口商品检验

(一)进出口商品检验的类型

商品检验在国际货物买卖的过程中是指对卖方交付或拟予交付的合同货物进行品质、数量和包装鉴定,对某些商品,还包括根据一国法律或政府法令的要求进行的卫生检验和动植物病虫害检疫。

1. 在出口国检验

在出口国检验,又称为装船前或装船时检验,可分为:

(1) 工厂检验。由工厂的检验单位或买方的验收人员在货物出厂前进行检验或验收。在这种条件下,卖方只承担货物在离厂前的责任,运输途中的品质、数量变化的风险,概由买方负担。这对卖方是最为有利的一种选择。

(2) 装船前或装船时检验。出口货物在装船前交由双方约定的机构或人员进行检验,商品的品质、数量以当时的检验结果为准。这就是国际上通常所说的"离岸品质/重量"(shipping weight/quality)。目前,有些散装货物采用传送带或其他机械操作办法装船,其抽样检验和衡量工作一般是在装船时进行。尽管如此,它还没有脱离离岸品质/重量的范畴。

2. 在进口国检验

(1) 卸货时检验。卸货时检验一般是指货物到达目的地卸货后,在约定的时间内进行检验。检验地点可因商品性质的不同而异,一般货物可在码头仓库进行检验,易腐货物通常应于卸货后,在关栈或码头尽快进行检验,并以其检验结果作为货物质量和数量的最后依据。在采用这种检验时,卖方应承担货物在运输途中品质、重量变化的风险,买方有权根据货物到达目的港时的检验结果,在分清卖方、船方和保险公司责任的基础上,对属于卖方应该负责的货损、货差,向卖方提出索赔,或按事先约定的价格调整办法进行调整。

(2) 买方营业处所或最后用户所在地检验。对于一些不便在目的港卸货时检验的货物,例如密封包装,在使用之前打开有损于货物质量或会影响使用的货物,或是规格复杂、精密程度高、需要在一定操作条件下用精密仪器或设备检验的货物,一般不能在卸货地进行检验,需要将检验延迟到用户所在地进行。采用这种检验时,货物的品质和重量(数量)是以用户所在地的检验结果为准。

3. 出口国检验,进口国复验

目前,我国对外签订的买卖合同,大量使用的是货物在装船前进行检验,由卖方凭商检证书连同其他装运单据,交银行议付货款。货物到达目的港后,再由双方约定的机构在约定的时间内,对货物进行复检,如发现货物的品质或数量与合同规定不符,买方有权在规定时效内提出异议。

(二) 进出口商品检验的检验机构

检验机构的选定,涉及由谁实施检验和提出有关证书的问题,关系买卖双方的利益,这一向是检验条款中必须明确的另一个重要问题。在国际贸易中,从事商品检验的机构大致有以下四类。

(1) 卖方或生产制造厂商。

(2) 国家设立的商品检验机构。

(3) 民间独立的公证行或公证人,以及同业公会附设的检验机构。

(4) 买方或使用单位。

（三）商品检验的检验证书

检验证书是检验机构签发的，证明检验结果的书面文件。在我国的进出口实务中，常遇到的检验证书有：检验证明书（inspection certificate）、品质证明书（quality certificate）、分析证明书（certificate of analysis）、重量证明书（weight certificate）、卫生证明书（sanitary certificate）、兽医证明书（veterinary certificate）、植物检疫证明书（plant quarantine certificate）。

在一个买卖合同中，究竟需要什么证书，应根据商品的性质、双方国家在法律上和习惯上的要求以及我国的对外贸易政策，由双方在合同中予以明确。

检验证书具有什么法律效力，可因买卖双方的意愿而异，它既可以是确定合同品质、数量的"最后依据"，也可以只作为"议付单据之一"，究竟如何，需由买卖双方在合同中予以明确。

▶▶ 案例

2016年4月20日，无锡某公司与加拿大富兰克林有限责任公司签订了色织弹力布的售货确认书。据此，无锡某公司于同年6月1日与江阴市周庄润恒布厂（供方，以下简称布厂）签订了购销54 054米T/R色织弹力布，标的额为人民币1 059 184元的合同。合同对质量要求、技术标准、供方对质量负责的条件、验收标准均明确约定："出具商检证书，以商检为标准。"同年7月21日，布厂将生产的191箱53 762米T/R色织弹力布申请江阴出入境检验检疫局（以下称商检局）签发检验证书。该局接受了申请，实施了检验并签发了商检结果为"符合FZ/T 13011—2013标准一等品"，编号为NO.0235757号的出口商品检验换证凭单。得到商检肯定后，无锡某公司于同年9月租船将该货物外运到美国。但因外商提出质量问题拒绝收货，致使这批货物被迫于2017年1月8日从美国返还至无锡，存放于仓库，造成了经济损失。无锡某公司找到布厂承担经济损失。布厂认为，既然商检局经商检已通过放行，经济损失与布厂无任何瓜葛，因此不予理会。无锡某公司遂以商检局为被告提起行政诉讼，认为被告商检局检验时玩忽职守、不负责任，由于失实商检造成公司损失，请求依法撤销被告签发的NO.0235757出口商品换证凭单，并赔偿其经济损失。

无锡市中级人民法院受理后，无锡市纺织产品质量监督测试所对经江阴出入境检验检疫局检验合格后放行出口又被外商退回的货物进行检验，结果为：该货物经抽测，对照FZ/T 13011—2013《色织涤粘混纺布》标准，不符合一等品质量。另查，无锡某公司租船至美国又退回无锡用去海运费、仓储费、搬运费、资金占用利息等共计187 782元。

经调解，无锡市中级人民法院于2018年7月31日做出了（2018）锡行赔字第1号行政赔偿调解书，该行政赔偿调解书确认：

（1）江阴出入境检验检疫局承担无锡某公司经济损失人民币14.5万元；

（2）诉讼费人民币5080元（其中鉴定费人民币5000元）由江阴出入境检验检疫

局负担。

(四)进出口商品检验主要法规

1. 总则

(1) 主管机构。国务院设立进出口商品检验部门(以下简称国家商检部门),主管全国进出口商品检验工作。国家商检部门设在各地的进出口商品检验机构(以下简称商检机构)管理所辖地区的进出口商品检验工作。

商检机构和国家商检部门、商检机构指定的检验机构,依法对进出口商品实施检验。

(2) 管辖范围。国家商检部门根据对外贸易发展的需要,制定、调整并公布《商检机构实施检验的进出口商品种类表》(以下简称《种类表》)。

列入《种类表》的进出口商品和其他法律、行政法规规定须经商检机构检验的进出口商品,必须经过商检机构或者国家商检部门,商检机构指定的检验机构检验。

列入《种类表》的进口商品未经检验的,不准销售、使用;列入《种类表》的出口商品未经检验合格的,不准出口。法律、行政法规规定有强制性标准或者其他必须执行的检验标准的进出口商品,依照法律、行政法规规定的检验标准进行检验;法律、行政法规未规定有强制性标准或者其他必须执行的检验标准的,依照对外贸易合同约定的检验标准进行检验。

(3) 检验内容。商检机构对进出口商品实施检验的内容,包括商品的质量、规格、数量、重量、包装等项目以及是否符合安全、卫生等要求。

2. 进口商品的检验

(1) 必须经商检机构检验的进口商品的收货人,必须向卸货口岸或者到达站的商检机构办理进口商品登记,并在商检机构规定的地点和期限内,向商检机构报验。对列入《种类表》的进口商品,海关凭商检机构在报关单上加盖的印章验放。商检机构应当在对外贸易合同约定的索赔期限内检验完毕,并出具证明。

(2) 必须经商检机构检验以外的进口商品的收货人,发现进口商品质量不合格或者残损、短缺,需要由商检机构出证索赔的,应当向商检机构申请检验出证。

(3) 对重要的进口商品和大型的成套设备,收货人应当依据对外贸易合同约定在出口国装运前进行预检验、监造或者监装,主管部门应当加强监督,商检机构根据需要可以派出检验人员参加。

3. 出口商品的检验

(1) 必须经商检机构检验的出口商品的发货人,应当在商检机构规定的地点和期限内,向商检机构报检。商检机构应当在不延误装运的期限内检验完毕,并出具证明。

对列入《种类表》的出口商品,海关凭商检机构签发的检验证书、放行单或者在报关单上加盖的印章验放。发货人应当在商检机构规定的期限内报运出口,超过期限的,应当重新报检。

(2) 出口危险货物生产包装容器的企业，必须申请商检机构进行包装容器的性能鉴定。生产出口危险货物的企业，必须申请商检机构进行包装容器的使用鉴定。使用未经鉴定或经鉴定不合格的包装容器的危险货物，不准出口。

(3) 对装运出口的易腐烂变质食品的船舱和集装箱，承运人或者装箱单位必须在装货前申请检验。未经检验或经鉴定不合格的，不准装运。

4. 监督管理

(1) 商检机构对《进出口商品检验法》规定必须经商检机构检验的进出口商品以外的进出口商品，可以抽查检验，经抽查检验不合格的，不准出口。

(2) 商检机构可以根据国家商检部门同外国有关机构签订的协议或者接受外国有关机构的委托进行进出口商品质量认证工作，准许在认证合格的进出口商品上使用质量认证标志。

国家商检部门和商检机构根据工作的需要，通过考核，指定符合条件的国内外检验机构承担委托的进出口商品检验工作。国家商检部门和商检机构对其指定或者认可的检验机构的进出口商品检验工作进行监督，可以对其检验的商品抽查检验。

(3) 进出口商品的报检人对商检机构做出的检验结果有异议的，可以向原商检机构或者其上级商检机构以至国家商检部门申请复验，由受理复验的商检机构或者国家商检部门做出复验结论。

(4) 商检机构和其指定的检验机构以及经国家商检部门批准的其他检验机构，可以接受对外贸易关系人或者外国检验机构的委托，办理进出口商品鉴定业务。

【小资料】

进出口商品鉴定业务的范围包括：进出口商品的质量、数量、重量、包装鉴定，海损鉴定，集装箱检验，进口商品的残损鉴定，出口商品的装运技术条件鉴定、货载衡量、产地证明、价值证明以及其他业务。

5. 法律责任

(1) 必须经商检机构检验的进口商品未报经检验而擅自销售或者使用的，对列入《种类表》的和其他法律、行政法规规定必须经商检机构检验的出口商品未报经检验合格而擅自出口的，由商检机构处以罚款；情节严重，造成重大经济损失的，追究刑事责任。

(2) 伪造、变造商检单证、印章、标志、封识、质量认证标志，构成犯罪的，对直接责任人员追究刑事责任；情节轻微的，由商检机构处以罚款。

(3) 当事人对商检机构的处罚决定不服的，可以自收到处罚通知之日起 30 天内，向做出处罚决定的商检机构或者其上级商检机构或者国家商检部门申请复议；对复议决定不服的，可以自收到复议决定书之日起 30 天内，向法院起诉。当事人逾期不申请复议或者不起诉又拒不履行的，由做出处罚决定的商检机构申请法院强制执行。

二、进出境动植物检疫

（一）进出境动植物检疫范围

（1）"动物"是指饲养、野生的活动物，如畜、禽、兽、蛇、龟、鱼、虾、蟹、贝、蚕、蜂等。

（2）"动物产品"是指来源于动物未经加工或者虽经加工但仍有可能传播疫病的产品，如生皮张、毛类、肉类、脏器、油脂、动物水产品、奶制品、蛋类、血液、精液、胚胎、骨、蹄、角等。

（3）"植物"是指栽培植物、野生植物及其种子、种苗及其他繁殖材料等。

（4）"植物产品"是指来源于植物未经加工或者虽经加工但仍有可能传播病虫害的产品，如粮食、豆、棉花、油、麻、烟草、籽仁、干果、鲜果、蔬菜、生药材、木材、饲料等。

（5）"其他检疫物"是指动物疫苗、血清、诊断液、动植物性废弃物等。

（二）进出境动植物检疫主要法规

1. 总则

（1）立法目的。为防止动物传染病、寄生虫病和植物危险性病、虫、杂草以及其他有害生物（以下简称病虫害）传入、传出国境，保护农、林、牧、渔业生产和人体健康，促进对外经济贸易的发展，制定了《进出境动植物检疫法》及其他相关法律法规。

（2）检查范围。

①进境、出境、过境的动植物、动植物产品和其他检疫物。

②装载动植物、动植物产品和其他检疫物的装载容器、包装物、铺垫材料。

③来自动植物疫区的运输工具。

④进境拆解的废旧船舶。

⑤有关法律、行政法规、国际条约规定或者贸易合同约定应当实施进出境动植物检疫的其他货物、物品。

（3）主管机构。国务院农业行政主管部门主管全国进出境动植物检疫工作。

中华人民共和国动植物检疫局（以下简称国家动植物检疫局）统一管理全国进出境动植物检疫工作，收集国内外重大动植物疫情，负责国际进出境动植物检疫的合作与交流。

国家动植物检疫局在对外开放的口岸和进出境动植物检疫业务集中的地点设立的口岸动植物检疫机关，依照《进出境动植物检疫法》和其实施条例的规定，实施进出境动植物检疫。

（4）应急措施。国（境）外发生重大动植物疫情并可能传入中国时，根据情况采取下列紧急预防措施：

①国务院可以对相关边境区域采取控制措施，必要时下令禁止来自动植物疫区的运输工具进境或者封锁有关口岸；

②国务院农业行政主管部门可以公布禁止从动植物疫情流行的国家和地区进境

的动植物、动植物产品和其他检疫物的名录;

③有关口岸动植物检疫机关可以对可能受病虫害污染的《进出境动植物检疫法实施条例》第2条所列进境各物采取紧急检疫处理措施;

④受动植物疫情威胁地区的地方人民政府可以立即组织有关部门制定并实施应急方案,同时向上级人民政府和国家动植物检疫局报告。

邮电、运输部门对重大动植物疫情报告和送检材料应当优先传送。

海关依法配合口岸动植物检疫机关,对进出境动植物、动植物产品和其他检疫物实行监管。具体办法由国务院农业行政主管部门会同海关总署制定。

2. 检疫审批

(1) 输入动物、动物产品和《进出境动植物检疫法》第5条第(1)款所列禁止进境物的检疫审批,由国家动植物检疫局或者其授权的口岸动植物检疫机关负责。

(2) 输入植物种子、种苗及其他繁殖材料的检疫审批,由植物检疫条例规定的机关负责。

(3) 符合下列条件的,方可办理进境检疫审批手续:

①输出国家或者地区无重大动植物疫情;

②符合中国有关动植物检疫法律、法规、规章的规定;

③符合中国与输出国家或者地区签订的有关双边检疫协定(含检疫协议、备忘录等,下同)。

(4) 要求运输动物过境的,货主或者其代理人必须事先向国家动植物检疫局提出书面申请,提交输出国家或者地区政府动植物检疫机关出具的疫情证明、输入国家或者地区政府动植物检疫机关出具的准许该动物进境的证件,并说明拟过境的路线,国家动植物检疫局审查同意后,签发《动物过境许可证》。

(5) 办理进境检疫审批手续后,有下列情况之一的,货主、物主或者其代理人应当重新申请办理检疫审批手续:

①变更进境物的品种或者数量的;

②变更输出国家或者地区的;

③变更进境口岸的;

④超过检疫审批有效期的。

3. 检疫

(1) 物产品和其他检疫物的,货主或者其代理人应当在进境前或者进境时向进境口岸动植物检疫机关报检。

属于调离海关监管区检疫的,运达指定地点时,货主或者其代理人应当通知有关口岸动植物检疫机关。属于转关货物的,货主或者其代理人应当在进境时向进境口岸动植物检疫机关申报;到达指运地时,应当向指运地口岸动植物检疫机关报检。

(2) 输入种畜禽及其精液、胚胎的,应当在进境前30日报检;输入其他动物的,应当在进境前15日报检;输入植物种子、种苗及其他繁殖材料的,应当在进境前7日报检。

动植物性包装物、铺垫材料进境时,货主或者其代理人应当及时向口岸动植物检疫机关申报;动植物检疫机关可以根据具体情况对申报物实施检疫。

【小资料】

动植物性包装物、铺垫材料,是指直接用作包装物、铺垫材料的动物产品和植物、植物产品。

(3) 向口岸动植物检疫机关报检时,应当填写报检单,并提交输出国家或者地区政府动植物检疫机关出具的检疫证书、产地证书和贸易合同、信用证、发票等单证;依法应当办理检疫审批手续的,还应当提交检疫审批单。

无输出国家或者地区政府动植物检疫机关出具的有效检疫证书,或者未依法办理检疫审批手续的,口岸动植物检疫机关可以根据具体情况,作退回或者销毁处理。

(4) 输入的动植物、动植物产品和其他检疫物运达口岸时,检疫人员可以到运输工具上和货物现场实施检疫,核对货、证是否相符,并可以按照规定采取样品。承运人、货主或者其代理人应当向检疫人员提供装载清单和有关资料。

装载动物的运输工具抵达口岸时,上下运输工具或者接近动物的人员,应当接受口岸动植物检疫机关实施的防疫消毒,并执行其采取的其他现场预防措施。

(5) 现场检疫。

①有无疫病的临床症状。发现疑似感染传染病或者已死亡的动物时,在货主或者押运人的配合下查明情况,立即处理。动物的铺垫材料、剩余饲料和排泄物等,由货主或者其代理人在检疫人员的监督下,作除害处理。

②动物产品:检查有无腐败变质现象,容器、包装是否完好。符合要求的,允许卸离运输工具。发现散包、容器破裂的,由货主或者其代理人负责整理完好,方可卸离运输工具。根据情况,对运输工具的有关部位及装载动物产品的容器、外表包装、铺垫材料、被污染场地等进行消毒处理。需要实施实验室检疫的,按照规定采取样品。对易滋生植物害虫或者混藏杂草种子的动物产品,同时实施植物检疫。

③植物、植物产品:检查货物和包装物有无病虫害,并按照规定采取样品。发现病虫害并有扩散可能时,及时对该批货物、运输工具和装卸现场采取必要的防疫措施。对来自动物传染病疫区或者易带动物传染病和寄生虫病病原体并用作动物饲料的植物产品,同时实施动物检疫。

④动植物性包装物、铺垫材料:检查是否携带病虫害、混藏杂草种子、黏带土壤,并按照规定采取样品。

⑤其他检疫物:检查包装是否完好及是否被病虫害污染。发现破损或者被病虫害污染时,作除害处理。

(6) 大宗检疫。对船舶、火车装运的大宗动植物产品,应当就地分层检查;限于港口、车站的存放条件,不能就地检查的,经口岸动植物检疫机关同意,也可以边卸载边疏运,将动植物产品运往指定的地点存放。

在卸货过程中经检疫发现疫情时,应当立即停止卸货,由货主或者其代理人按照口岸动植物检疫机关的要求,对已卸和未卸货物作除害处理,并采取防止疫情扩散的措施;对被病虫害污染的装卸工具和场地,也应当作除害处理。

输入种用大中家畜的,应当在国家动植物检疫局设立的动物隔离检疫场所隔离检疫45日;输入其他动物的,应当在口岸动植物检疫机关指定的动物隔离检疫场所隔离检疫30日。

(7) 检疫合格。输入动植物、动植物产品和其他检疫物,经检疫合格的,由口岸动植物检疫机关在报关单上加盖印章或者签发《检疫放行通知单》;需要调离进境口岸海关监管区检疫的,由进境口岸动植物检疫机关签发《检疫调离通知单》。

货主或者其代理人凭口岸动植物检疫机关在报关单上加盖的印章或者签发的《检疫放行通知单》、《检疫调离通知单》办理报关、运递手续。海关对输入的动植物、动植物产品和其他检疫物,凭口岸动植物检疫机关在报关单上加盖的印章或者签发的《检疫放行通知单》、《检疫调离通知单》验放。

(8) 检疫不合格。输入动植物、动植物产品和其他检疫物,经检疫不合格的,由口岸动植物检疫机关签发《检疫处理通知单》,通知货主或者其代理人在口岸动植物检疫机关的监督和技术指导下,作除害处理;需要对外索赔的,由口岸动植物检疫机关出具检疫证书。

【小资料】

澳抗阳性140只种羊口岸被焚

1992年7月4日,599只澳大利亚羊千里迢迢运到中国口岸,在检疫隔离期,140只被发现为澳抗阳性。

这是星火计划为山东、辽宁、吉林等地的贫困地区购买的种羊,据消息说在出澳境时就检验出14%的澳抗阳性。

澳方要求复检。由于复检需在3个月后施行,且生物指标不稳,也由于在中澳两国制定的检疫条款中没有复检的规定,7月20日,这140只澳抗阳性的种羊全部消失在京郊化制厂。检疫人员这才长长呼出了一口气。

4. 检疫

(1) 其代理人依法办理动植物、动植物产品和其他检疫物的出境报检手续时,应当提供贸易合同或者协议。

对输入国要求中国对向其输出的动植物、动植物产品和其他检疫物的生产、加工、存放单位注册登记的,口岸动植物检疫机关可以实行注册登记,并报国家动植物检疫局备案。

输出动物,出境前需经隔离检疫的,在口岸动植物检疫机关指定的隔离场所检疫。输出植物、动植物产品和其他检疫物的,在仓库或者货场实施检疫;根据需要,也可以在生产、加工过程中实施检疫。

(2) 待检出境植物、动植物产品和其他检疫物，应当数量齐全、包装完好、堆放整齐、唛头标记明显。

(3) 检疫依据：

①家或者地区和中国有关动植物检疫规定；

②双边检疫协定；

③贸易合同中订明的检疫要求。

(4) 经启运地口岸动植物检疫机关检疫合格的动植物、动植物产品和其他检疫物，运达出境口岸时，按照下列规定办理：

①当经出境口岸动植物检疫机关临床检疫或者复检；

②植物、动植物产品和其他检疫物从启运地随原运输工具出境的，由出境口岸动植物检疫机关验证放行；改换运输工具出境的，换证放行；

③物、动植物产品和其他检疫物到达出境口岸后拼装的，因变更输入国家或者地区而有不同检疫要求的，或者超过规定的检疫有效期的，应当重新报检。

5. 检疫

(1) 植物、动植物产品和其他检疫物过境（含转运，下同）的，承运人或者押运人应当持货运单和输出国家或者地区政府动植物检疫机关出具的证书，向进境口岸动植物检疫机关报检；运输动物过境的，还应当同时提交国家动植物检疫局签发的《动物过境许可证》。

(2) 过境动物运达进境口岸时，由进境口岸动植物检疫机关对运输工具、容器的外表进行消毒并对动物进行临床检疫，经检疫合格的，准予过境。进境口岸动植物检疫机关可以派检疫人员监运至出境口岸，出境口岸动植物检疫机关不再检疫。

(3) 装载过境植物、动植物产品和其他检疫物的运输工具和包装物、装载容器必须完好。经口岸动植物检疫机关检查，发现运输工具或者包装物、装载容器有可能造成途中散漏的，承运人或者押运人应当按照口岸动植物检疫机关的要求，采取密封措施；无法采取密封措施的，不准过境。

6. 邮寄物检疫

(1) 寄植物种子、种苗及其他繁殖材料进境，未依法办理检疫审批手续的，由口岸动植物检疫机关作退回或者销毁处理。邮件作退回处理的，由口岸动植物检疫机关在邮件及发递单上批注退回原因；邮件作销毁处理的，由口岸动植物检疫机关签发通知单，通知寄件人。

(2) 携带动植物、动植物产品和其他检疫物进境的，进境时必须向海关申报并接受口岸动植物检疫机关检疫。海关应当将申报或者查获的动植物、动植物产品和其他检疫物及时交由口岸动植物检疫机关检疫。未经检疫的，不得携带进境。

【小资料】

2017年8月12日黄昏，来自新加坡的客机刚刚降落在首都机场停机坪上。两个检查人员便大步走向队列中一位商人，客客气气地将他和行李请出了入关的队伍，叫到标有"中国动植物检疫"工作间的旁边。纸箱慢慢钻进了X光机的灰账。屏幕上显示出箱内物品的几何图案。酒瓶、纸包、杂什物件，还有……屏幕前的青年迅速站起身，将纸箱搬到地板上，递给商人一把刀，温和地说："请打开"。

商人不得已将装绳割断，打开箱子。打开一只鼓鼓的塑料袋，里面是满满一袋黄色的小干鱼苗。小伙子将干鱼苗放在一边，又打开另一只袋子，这是满满一袋翠绿的小尖椒，看来是新加坡的土特产。

检查完毕，他的小鱼和小辣椒，就这样被截获，永远不能下锅了。

（3）携带动物进境的，必须持有输出动物的国家或者地区政府动植物检疫机关出具的检疫证书，经检疫合格后放行；携带犬、猫等宠物进境的，还必须持有疫苗接种证书。

没有检疫证书、疫苗接种证书的，由口岸动植物检疫机关作限期退回或者没收销毁处理。作限期退回处理的，携带人必须在规定的时间内持口岸动植物检疫机关签发的截留凭证，领取并携带出境；逾期不领取的，作自动放弃处理。

携带植物、动植物产品和其他检疫物进境，经现场检疫合格的，当场放行；需要作实验室检疫或隔离检疫的，由口岸动植物检疫机关签发截留凭证。截留检疫合格的，携带人持截留凭证向口岸动植物检疫机关领回；逾期不领回的，作自动放弃处理。

（4）携带、邮寄进境的动植物、动植物产品和其他检疫物，经检疫不合格又无有效方法作除害处理的，作退回或者销毁处理，并签发《检疫处理通知单》交携带人、寄件人。

7. 工具检疫

（1）物检疫机关对来自动植物疫区的船舶、飞机、火车，可以登船、登机、登车实施现场检疫。有关运输工具负责人应当接受检疫人员的询问并在询问记录上签字，提供运行日志和装载货物的情况，开启舱室接受检疫。

口岸动植物检疫机关应当对前款运输工具可能隐藏病虫害的餐车、配餐间、厨房、储藏室、食品舱等动植物产品存放、使用场所和泔水、动植物性废弃物的存放场所以及集装箱箱体等区域或者部位，实施检疫；必要时，作防疫消毒处理。

（2）来自动植物疫区的进境车辆，由口岸动植物检疫机关作防疫消毒处理。装载进境动植物、动植物产品和其他检疫物的车辆，经检疫发现病虫害的，连同货物一并作除害处理。装运供应香港、澳门地区的动物的回空车辆，实施整车防疫消毒。

（3）进境拆解的废旧船舶，由口岸动植物检疫机关实施检疫。发现病虫害的，在口岸动植物检疫机关监督下作除害处理。发现有禁止进境的动植物、动植物产品和其他检疫物的，在口岸动植物检疫机关的监督下作销毁处理。

（4）来自动植物疫区的进境运输工具经检疫或者经消毒处理合格后，运输工具负责人或者其代理人要求出证的，由口岸动植物检疫机关签发《运输工具检疫证书》或者《运输工具消毒证书》。

8. 监督

（1）物检疫局和口岸动植物检疫机关对进出境动植物、动植物产品的生产、加工、存放过程，实行检疫监督制度。

（2）从事进出境动植物检疫熏蒸、消毒处理业务的单位和人员，必须经口岸动植物检疫机关考核合格。

口岸动植物检疫机关对熏蒸、消毒工作进行监督、指导，并负责出具熏蒸、消毒证书。

（3）口岸动植物检疫机关可以根据需要，在机场、港口、车站、仓库、加工厂、农场等生产、加工、存放进出境动植物、动植物产品和其他检疫物的场所实施动植物疫情监测，有关单位应当配合。

未经口岸动植物检疫机关许可，不得移动或者损坏动植物疫情监测器具。

（4）口岸动植物检疫机关根据需要，可以对运载进出境动植物、动植物产品和其他检疫物的运输工具、装载容器加施动植物检疫封识或者标志；未经口岸动植物检疫机关许可，不得开拆或者损毁检疫封识、标志。

动植物检疫封识和标志由国家动植物检疫局统一制发。

9. 责任

（1）口岸动植物检疫机关处5000元以下的罚款：

①未报检或者未依法办理检疫审批手续或者未按检疫审批的规定执行的；

②报检的动植物、动植物产品和其他检疫物与实际不符的。

有上述第②项所列行为，已取得检疫单证的，予以吊销。

（2）有下列违法行为之一的，由口岸动植物检疫机关处3000元以上3万元以下的罚款：

①未经口岸动植物检疫机关许可擅自将进境、过境动植物、动植物产品和其他检疫物卸离运输工具或者运递的；

②擅自调离或者处理在口岸动植物检疫机关指定的隔离场所中隔离检疫的动植物的；

③擅自开拆过境动植物、动植物产品和其他检疫的包装，或者擅自开拆、损毁动植物检疫封识或者标志的；

④擅自抛弃过境动物的尸体、排泄物、铺垫材料或者其他废弃物，或者未按规定处理运输工具上的泔水、动植物性废弃物的。

（3）有下列违法行为之一的，依法追究刑事责任；尚不构成犯罪或者犯罪情节显著轻微依法不需要判处刑罚的，由口岸动植物检疫机关处2万元以上5万元以下的罚款：

①引起重大动植物疫情的;
②伪造、变造动植物检疫单证、印章、标志、封识的。

(4) 从事进出境动植物检疫熏蒸、消毒处理业务的单位和人员,不按照规定进行熏蒸和消毒处理的,口岸动植物检疫机关可以视情节取消其熏蒸、消毒资格。

【小资料】

1."植物种子、种苗及其他繁殖材料"是指栽培、野生的可供繁殖的植物全株或者部分,如植株、苗木(含试管苗)、果实、种子、砧木、接穗、插条、叶片、芽体、块根、块茎、鳞茎、球茎、花粉、细胞培养材料等。

2."装载容器"是指可以多次使用、易受病虫害污染并用于装载进出境货物的容器,如笼、箱、桶、筐等。

3."其他有害生物"是指动物传染病、寄生虫病和植物危险性病、虫、杂草以外的各种危害动植物的生物有机体、病原微生物,以及软体类、啮齿类、螨类、多足虫类动物和危险性病虫的中间寄主、媒介生物等。

4."检疫证书"是指动植物检疫机关出具的关于动植物、动植物产品和其他检疫物健康或者卫生状况的具有法律效力的文件,如《动物检疫证书》、《植物检疫证书》、《动物健康证书》、《兽医卫生证书》、《熏蒸/消毒证书》等。

【项目小结】

口岸是指供人员、货物和交通工具出入国境的港口、机场、车站、通道等。口岸分为一类口岸和二类口岸。国务院《地方口岸管理机构职责范围暂行规定》规定了地方口岸管理委员会、口岸办公室的职责范围。

《海关法》一共包括9大部分,本章重点介绍了海关通关的基本流程和相关的法条。

《进出口商品的检验法》包括总则、进口商品的检验、出口商品的检验、监督管理、法律责任等几部分。《进出境动植物检疫法》包括总则、进境检疫、出境检疫、过境检疫、运输工具检疫等几部分。

▶▶ 任务导出

任务问题要点提示:大窑湾保税港区封关运作以来,大连海关不断探索先进的科学管理模式,充分放开进出境环节物流、监控信息流,针对保税港区出现的各种新问题、新情况,积极帮助企业排忧解难;还通过研究实际情况,不断进行流程再造、减少作业环节,最大限度简化手续、提高效率。大窑湾保税港区在全国率先实行先提货后报关的通关模式,提高了"一线"通关效率。

【能力形成考核】

案例分析

1. 日本 A 公司出售一批电视机给我国香港 B 公司，B 公司又把这批电视机转口售给泰国 C 公司。在 A 公司货物到达香港时，B 公司已发现质量有问题，但 B 公司将这批货物转船直接运往泰国。C 公司收到货物后，经检验，发现货物有严重的缺陷，要求退货。于是 B 公司转向 A 公司提出索赔，但遭 A 公司拒绝。

问：A 公司是否有无权利拒绝？为什么？

2. 李某于 2018 年 5 月 16 日伙同黄某等共 11 名船员，驾驶 22034 号渔船出海捕鱼时，在某港外的海上接载从香港非法运输的 499 箱良友香烟，并议定运费为人民币 2 万元。

问：李某等 11 名船员驾驶的船舶是否为海关监管的运输工具？该船舶应该履行哪些法定义务？该船舶可否载运进出境货物？

实训项目：拟定商品检验合同

一、训练目标

根据买卖双方交易磋商的结果，起草书面合同或成交确认书，从而掌握出口交易合同的形式、合同中主要交易条款和一般性交易条款的内容的拟订以及双方签署合同的过程。

二、训练准备

分组训练。每组 10 人左右，自主分配角色，完成某单国际贸易中买卖双方关于商品检验合同的拟订。

三、训练办法

1. 利用教学软件给出背景资料，即买卖双方交易磋商的情况。
2. 确定交易条件。
3. 介绍书面合同的形式与内容。
（1）约首部分填写。
（2）正文部分撰写，分别起草商品品质条款、数量条款、包装条款、价格条款、交货条款、支付条款以及商检、索赔、不可抗力、仲裁条款。
（3）约尾部分填写。
4. 选择部分有代表性的合同草稿进行点评。

四、考核办法

1. 每组各递交一份书面商品检验合同，打印或手写均可。
2. 能够准确确定交易双方磋商一致的交易条件，作为起草书面合同的依据。
3. 合同格式规范、内容得当、用词准确，合同字迹工整，中英文不限。

【资料链接】

http://samr.aqsiq.gov.cn/ 国家质量监督检验检疫总局

http://www.customs.gov.cn/ 中华人民共和国海关总署

http://www.npc.gov.cn/npc/xinwen/2018-06/12/content-2055875.htm 中华人民共和国进出口商品检验法

项目十
物流中的保险法律法规

▶▶ **知识目标**

掌握保险的基本概念和分类,了解物流过程中所涉及的保险环节,了解保险合同双方当事人的权利和义务;熟悉海运货物保险的险别与除外责任,了解保险理赔索赔以及代位求偿权的应用规则。

▶▶ **能力目标**

通过本项目的学习,学生能根据货物运输实际选择合适的险别,能学会签订保险合同,在物流活动中能够运用保险法的相关规定,解决合同双方的纠纷,保护当事人的合法权益,提升自己的综合职业能力。

▶▶ **任务导入**

辽宁省某制革厂与保险公司于2017年11月签订了企业财产保险合同,将该厂自有的固定资产和流动资产全部投入保险。其中固定资产3 538 633元,流动资产660 000元,投保总金额4 198 633元。保险费15 115.08元,保险期1年。在财产保险合同、保险单及所附的财产明细表中,均写明投保的流动资产包括产成品、原材料和产品,存放在本仓库、车间,并在保险单所附的该制革厂简图中标明了仓库、车间的位置。2018年1月该制革厂与天津一家实业公司签订了由实业公司为该制革厂代销合成内底革合同。该制革厂于2018年3月15日、18日两次向实业公司发运合同内底革共计货款282 300.20元人民币。实业公司将代销合成内底革存放于天津市某仓库内。2018年7月中旬,由于天津市气温连日持续高温,引起该批内底革自燃,全部烧毁。火灾发生后,该制革厂向保险公司提出索赔。保险公司以制革厂设保的标的物被销售转移,保险项目变更,不属赔偿范围为理由,拒绝赔偿。

任务问题:

1. 双方签订的合同是否有效,为什么?
2. 保险公司拒赔理由是否成立,为什么?

第一节 保险法概述

一、保险与保险法概述

(一) 保险的概念和种类

1. 保险的概念

保险是指投保人根据合同约定,向保险人支付保险费,保险人对于合同约定的可能发生的事故因其发生所造成的财产损失承担赔偿保险金责任,或者当被保险人死亡、伤残、疾病或者达到合同约定的年龄、期限时承担给付保险金责任的商业保险行为。

2. 保险的种类

按保险标的划分,保险主要可分为财产保险与人身保险。

(1) 财产保险。财产保险是保险人承保被保险人的以物质财富为内容的损害风险。财产保险可分为财产损失保险、责任保险、保证保险等。

①财产损失保险又称产物保险,是指对物或其他财产利益损害的保险。凡是为被保险人所有或替他人保管,或与他人所共有而由被保险人负责的财产,都可投保财产损失保险。财产损失保险是各种各样的财产损失保险,它以各种不同的物质财富和与之有关的利益作为保险标的。财产损失保险按财产种类的不同细分为企业财产保险、无形财产保险、运输工具保险、货物保险、货物运输保险、家庭财产保险、房屋保险、农业保险等;按危险来源的不同可细分为火灾保险、水灾保险、风灾保险等。

②责任保险是指以被保险人对第三者依法应负的赔偿责任为保险标的的保险,是保险人在被保险人对于第三人应负赔偿责任而受赔偿的请求时,负赔偿责任的一种无形财产保险。这就是说,被保险人因工作中的过失责任,造成他人损失而要赔偿时,由保险人负赔偿责任。比如,工程师、医生、会计师或机关、企业等都可保责任保险。责任保险的目的,即保险人事先为个人或企业承保的保险标的,既不是特定财产,也不是人身,而是被保险人对于第三人应负的赔偿责任。

③保证保险实际上是保险人向权利人所提供的一种担保,在被保证人不履行契约义务、失去信用或有犯罪行为使权利人受到损失时,由保险人负赔偿责任。保证保险主要有忠实保证保险,如保险公司承保雇主因所雇职工偷窃、侵占、挪用等所受损失;契约保证保险,即承保被保证人违约而造成损失;信用保险,即承保因被保证人失掉信用而造成的损失。比如,被保险人利用一个商号的信用向银行贷款,现在这个商号失去信用,银行不再贷款给他,因而造成被保险人的损失。信用保险的被保险人一定是权利人,也就是要求保险人担保对方信用的人。

(2) 人身保险。人身保险是以人身作为保险标的的一种保险,即保险人在被保险人人身伤亡、疾病、养老或保险期满时向被保险人或其受益人给付保险金的保险。

（二）保险法的概念

保险法是调整保险关系的一切法律规范的总称，包括调整保险人与投保人、被保险人以及受益人之间因保险合同的订立、变更、转让、履行、解除及承担法律责任过程中产生的各种权利义务关系，规范保险业主体的设立、变更、消灭过程中产生的各种权利义务关系，以及规范保险业主体内外组织活动过程中产生的各种权利义务关系的法律规范。

保险法有广义和狭义之分。我国广义的保险法所调整的对象是一切社会保障关系，包括保险业法、社会保险法以及保险合同法和保险特别法等在内；狭义的保险法即形式意义上的保险法，专指以保险法命名的法律法规。

（三）保险法的调整对象

保险法的调整对象是指保险法所规范的社会关系，简称保险关系。保险活动涉及的社会关系包括：保险活动当事人之间的关系、保险当事人与保险中介人之间的关系、保险企业之间的关系以及国家对保险业实施监督管理而形成的管理与被管理的关系。概括起来，保险法调整两方面的关系：一是保险法调整政府与保险人、保险中介人之间的关系；二是保险法调整保险当事人之间的关系。

二、保险法的基本原则

保险活动应当遵循的原则，集中体现了保险制度的特征，它不仅是参加保险关系当事人及有关主体间活动的基本准则，而且对保险立法、保险公司法也有现实的指导意义，这些原则主要有最大诚信原则、保险利益原则、近因原则、补偿原则。

（一）最大诚信原则

保险涉及的对象相当广泛，大至人造卫星、核电站、巨型飞机和船舶，小至家庭财产，危险状况形形色色，保险人对保险标的及其危险状况往往所知不多，又不可能以支付巨大费用的代价对每一保险标的的危险状况进行实地调查，而保险的特征之一是保险金支付的不确定性，保险人决定是否接受承保以及采用何种保险费率，全凭投保人的告知。所以，最大诚信原则是维护保险业务正常进行的必不可少的前提条件，它不仅适用于投保人，也适用于保险人。

（二）保险利益原则

保险利益原则也称可保利益原则，是指投保人对保险标的具有法律上认可的、经济上确认的利害关系。保险利益的存在是保险合同生效的要件，它包含两层含义：①对保险标的有保险利益的人才具有投保人的资格；②保险利益是认定保险合同有效的依据。

保险利益原则可以适用下列人员：①本人；②配偶、子女、父母；③配偶、子女、父母以外与投保人有抚养、赡养或者扶养关系的家庭其他成员、近亲属。

▶▶ 案例

德国甲有限责任公司承租中国乙销售有限责任公司一座楼房经营,为预防经营风险,德国甲有限责任公司将此楼房在中国静安保险公司投保500万元。中国静安保险公司同意承保,于是,德国甲有限责任公司交付了1年的保险金。9个月后德国甲有限责任公司结束租赁,将楼房退还给中国乙销售有限责任公司。在保险期的第10个月该楼房发生了火灾,损失300万元。德国甲有限责任公司根据保险合同的约定向中国静安保险公司请求赔偿,并提出保险合同、该楼房受损失的证明等资料。中国静安保险公司经过调查后拒绝承担赔偿责任。

问:1. 该楼房可否投保?

2. 德国甲有限责任公司提出赔偿的请求有没有法律依据?说明理由。

分析:1. 该楼房可以投保。

2. 德国甲有限责任公司提出赔偿的请求没有法律依据。根据保险法的规定,投保人对保险标的应当具有保险利益。投保人对保险标的不具有保险利益的,保险合同无效。德国甲有限责任公司是楼房的承租人,不是所有权人,对该楼房不具有保险利益,因此该保险合同无效。

(三) 近因原则

近因原则是指确定保险人对保险标的的损失是否负保险责任以及负何种保险责任的一条重要原则。保险人按照保险合同中规定的保险责任范围承担保险赔偿责任,这就要求保险人承保危险的发生与保险标的的损害之间必须存在一定的因果关系,承保危险是指保险标的的损害后果。造成保险标的损害的原因可能不止一个,其中必有一个或数个主要的,起决定作用的原因,该原因即近因。在保险合同中,只有近因属于保险责任范围,保险人才承担保险赔偿责任。比如,一个未成年人自己到煤矿矿井中玩耍,结果矿井塌方造成该未成年人受伤。虽然矿井塌方是造成该未成年人受伤的主要原因,但该未成年人进入矿井玩耍乃其监护人疏于管理所致,因此,未成年人的监护人未尽监护之责,才是损害事故发生的近因。

(四) 补偿原则

补偿原则是指在保险事故发生时,被保险人从保险人得到的补偿恰好填补被保险人因事故造成的损失。对被保险人来说,保险标的有损失才给予补偿,补偿以实际损失为最高限,即保险人的补偿恰好能使保险标的恢复到保险事故发生前的状态。

保险损失补偿的范围是保险事故发生时保险标的的实际损失。在财产保险中,最高赔偿以保险标的的保险金额为限,在人身保险中,则以约定保险金额为最高限额。另外还包括施救费用和诉讼费用,以及为确定保险责任范围内的损失所支付的检验、估价、出售等费用。

第二节　保险合同

一、保险合同概述

(一) 保险合同的概念

保险合同是投保人与保险人约定保险权利与义务关系的协议。投保人是指与保险人订立保险合同，并按照保险合同负有支付保险费义务的人。保险人是指与投保人订立保险合同，并承担赔偿或者给付保险金责任的保险公司。

(二) 适用范围

在中华人民共和国境内从事保险活动，适用《保险法》。经营商业保险业务，必须是依照《保险法》设立的保险公司，其他单位和个人不得经营商业保险业务。在中华人民共和国境内的法人和其他组织需要办理境内保险的，应当向中华人民共和国境内的保险公司投保。

(三) 保险合同的当事人

任何合同必须有订立合同的当事人。就保险合同而言，当事人应是保险人与投保人。由于保险合同可以为自己的利益亦可为他人的利益而订立，因此合同除投保人外，有时还有受益人存在。同时，保险合同作为保障合同，其保险的对象是意外危险事故在其财产或身体上发生的人，即被保险人。

1. 保险人

保险人是指根据保险合同收取保险费，当保险事故发生或者约定的保险期限届满时承担赔偿责任或者给付保险金义务的人。

2. 投保人

投保人是指向保险人申请订立保险合同，并负有缴付保险费义务的人。作为投保人应当具备两个要件：一是投保人是向保险人提出订立保险合同要约，并与之订立保险合同的人；二是投保人对财产保险的保险标的必须具有保险利益，而对人身保险必须征得被保险人的同意。

3. 被保险人

被保险人是指保险事故发生时遭受损害或者约定保险期限届满享有保险金请求权的人。作为被保险人应当具有两个要件：一是被保险人是保险事故发生时遭受损失的人，或者在事件出现时需要经济保障的人，或者是事故有可能在其财产或身体上发生的人；二是被保险人是享有保险金赔偿请求权的人。

4. 受益人

受益人是指保险合同中由被保险人指定的享有保险金请求权的人。受益人具有四个特征：一是受益人为享有保险金请求权的人；二是受益人是由被保险人指定的人;三是投保人、被保险人本人可以为受益人,但是投保团体保险的投保人不得为受益人;四是受益人不受行为能力及保险利益的限制。

(四)保险合同的内容

根据《中华人民共和国保险法》(以下简称《保险法》)第19条的规定,保险合同应当包括下列事项。

(1)保险人名称和住所。

(2)投保人、被保险人名称和住所,以及人身保险的受益人的名称和住所。

(3)保险标的。保险标的是指投保人申请投保的财产及其有关利益或者人的寿命和身体。保险标的如为财产及其有关利益,应包括该标的的具体坐落地点,有的还应包括利益关系;保险标的如为人的寿命和身体,应包括被保险人的年龄,有的还应包括被保险人的职业、健康状况等。

(4)保险责任和责任免除。保险责任是指在保险合同中载明的保险人所承担的风险及应承担的经济赔偿或给付责任。责任免除是指保险人对风险责任的限制,明确了保险人不承保的风险及保险人不承担赔偿责任的情况。

(5)保险期间和保险责任开始时间。保险期间是保险人按保险合同的约定为被保险人提供保险保障的有效期间。保险责任开始时间是保险责任期限的起点时间。

(6)保险价值。保险价值是指保险标的在某一特定时期内以金钱估计的价值总额,是确定保险金额和确定损失赔偿的计算基础。在财产保险合同中,保险价值的确定有两种方式:一种是定值保险,一是不定值保险。在人身保险合同中,由于人的身体和寿命无法用金钱衡量,不存在保险价值的问题,只需在保险合同中约定一个保险金额。

(7)保险金额。保险金额是指保险人进行赔偿或者给付保险金最高限额。在财产保险合同中,保险金额不得超过保险标的的实际价值,超过实际价值的,超过部分无效。在人身保险合同中,保险金额由双方当事人自行约定。

(8)保险费以及支付办法。保险费是投保人为取得保障而交付给保险人的费用。保险费包括纯保费和附加保费两部分。纯保费是保险人将自己所承保的风险的概率、以往的赔付率等多方面因素进行科学计算而产生的;附加费是保险人将自己的营业费用、管理费用等项费用摊入保险费而产生的。保险费的支付办法是指约定的支付时间、支付地点、支付方式。支付方式包括是现金支付还是转账付款,是一次付清还是分期付费。

(9)保险金赔偿或者给付办法。保险金赔偿或给付办法是指当保险标的遭遇保险事故而导致经济损失或人身保险合同约定的事故或年龄、期限到来时,被保险人依合同约定向保险人提出索赔,保险人依法律合同或约定的方式、标准或数额进行并向被保险人支付保险金的方法。

(10)违约责任和争议处理。保险合同订立后即产生相应的法律效力,不按照合同的约定完全地、全面地履行合同的,应当承担相应的法律后果和违约责任。对保险合同发生争议,通过友好协商解决,协商不成时,通过仲裁、诉讼方式解决。

(11) 订立合同的年、月、日。

▶ 案例

2018年4月1日,李宪中与久安保险公司签订了保险合同,为自己的一艘船舶保险,保险期为1年。在合同内特别约定:排除原保险条款中关于沉没与倾覆两项保险责任,即如果被保险人因为船舶超载、配备船员不当、违章作业导致沉没和倾覆,保险公司免责。同时,保险公司还降低了保险费率。

2018年9月9日,被保险之船舶在装载运输矿石时沉没,李宪中与其他船员落水失踪。后经打捞未果。李宪中之家属,持港航监督局的沉船证明,向久安保险公司索赔。

久安保险公司认为是由于超载导致船体断裂,最后沉没。但是,保险公司同意以通融赔款方式进行赔偿。双方当事人未能就赔款数额达成一致意见。李宪中家属起诉至法院。

对此,有意见认为:当事人就保险条款不能做出约定,本案约定排除某些保险公司的责任,是显失公平的。

分析:保险公司不能证明船舶的沉没是船舶超载、配备船员不当、违章作业造成的,故保险公司应当承担赔偿责任。

(五) 保险合同双方当事人的权利和义务

1. 投保人的义务

(1) 保险合同成立后,投保人按照约定交付保险费。

(2) 投保人、被保险人或者受益人知道保险事故发生后,应当及时通知保险人。

受益人是指人身保险合同中由被保险人或者投保人指定的享有保险金请求权的人,投保人、被保险人可以为受益人。

2. 保险人的权利和义务

(1) 保险合同成立后,保险人按照约定的时间开始承担保险责任。

(2) 投保人故意隐瞒事实,不履行如实告知义务的,或者因过失未履行如实告知义务,足以影响保险人决定是否同意承保或者提高保险费率的,保险人有权解除保险合同。

(3) 保险合同中规定有关保险人责任免除条款的,保险人在订立保险合同时应当向投保人明确说明,未明确说明的,该条款不产生效力。

(4) 保险人收到被保险人或者受益人的赔偿或者给付保险金的请求后,应当及时做出核定,并将核定结果通知被保险人或者受益人。保险人未及时履行前款规定义务的,除支付保险金外,应当赔偿被保险人或者受益人因此受到的损失。

(5) 保险人或者再保险接受人对在办理保险业务中知道的投保人、被保险人、受益人或者再保险分出人的业务和财产情况及个人隐私,负有保密的义务。

(6) 被保险人或者受益人在未发生保险事故的情况下,谎称发生了保险事故、故意制造保险事故的,保险事故发生后,投保人、被保险人或者受益人以伪造、变造的有关证明、资料或者其他证据,编造虚假的事故原因或者夸大损失程度的,向保险人提出赔偿或者给付保险金的请求的,保险人有权解除保险合同,并不退还保险费。

二、保险合同的订立和履行

(一) 保险合同的订立

1. 保险合同订立的形式

和其他合同一样,保险合同的订立也要经过要约和承诺两个阶段。一般,要约以投保人提出保险要求,即填写以投保单的形式来表示;承诺以保险人同意承保,即接受投保单来表示。保险合同成立以后,应当以保险单、其他保险凭证或者有关书面文件证明。

(1) 投保单。投保单是投保人向保险人申请订阅保险合同的书面要约。

(2) 保险单。保险单是保险合同成立后由保险人向投保人签发的证明保险合同成立的正式书面凭证。

(3) 保险凭证。保险凭证又称小保单,一般不印保险基本条款,实际上是一种简化的保险单。保险凭证一般用于海上货物运输保险。它是以一张合格有效的保险单作依据而签发的,所以在法律上它与一般保险单具有同样的效力。

【小资料】

1384 年在佛罗伦萨诞生了世界上第一份具有现代意义的保险单。到 16 世纪下半叶,英国产生了专门办理保险单的登记事宜,由于国际贸易的货物多数是通过海上运输的,在海上运输途中,船只和货物都有可能由自然灾害和意外事故而造成各种损失,所以要进行保险。因此,海上运输保险单也就成为国际贸易中不可或缺的货运单据之一,由此逐渐形成了海上货物运输保险制度。1667 年,英国便成立了世界上第一家火灾保险公司,近代的火灾保险制度诞生了。海上运输保险和火灾保险,是第三方物流保险在运输和仓储环节的最初起源。

2. 保险合同订立的程序

在我国保险合同的订立一般经过以下几个阶段。

(1) 投保人提出投保申请、填写投保单。

(2) 投保人与保险人商定缴付保险费办法。

(3) 保险人审核并同意承保。

(4) 保险人根据已成立的保险合同向投保人出具保险单或其他保险凭证。保险合同应当以保险单、其他保险凭证或者有关书面文件证明。

(二) 保险合同的履行

保险合同的履行是指保险合同依法成立并生效后,各自承担约定义务满足他方权利实现的整个行为过程。

三、保险合同的变更和终止

(一) 保险合同的变更

保险合同的变更是指保险合同存续期间其主体、内容和效力发生变化。

1. 保险合同主体的变更

保险合同主体的变更主要指保险当事人的变更,即投保人和保险人的变更。

2. 保险合同内容的变更

保险合同内容的变更是指合同中约定事项的变更,包括被保险人地址的变更、保险标的或其坐落地点的变更、保险金额的变更、保险期限的变更等情形。

3. 保险合同效力的变更

保险合同效力的变更主要包括合同的解除和失效。

物流保险合同的解除是指在物流保险合同存续期间,保险合同依法或者依照约定提前终止其效力。

物流保险合同成立后,投保人可以解除保险合同。物流保险合同的解除应当依据法律的规定进行。

对于保险合同的解除,法律规定了一定的限制。例如,对于货物运输保险合同和运输工具航程保险合同,保险责任开始后,合同当事人不得解除合同。

(二) 保险合同的终止

保险合同的终止是指保险合同的法律效力因法定或约定的事由出现而永远消灭。造成保险合同终止的原因主要有以下几种:

(1) 保险合同届满;
(2) 保险事故发生;
(3) 保险人已经履行支付全部保险金的义务;
(4) 保险标的非因保险事故而全部灭失等。

第三节 货物运输保险

一、货物运输保险概述

货物运输保险属于财产保险。根据涉及国家或地区、运输方式、承保的风险范围不同,货物运输保险分为多种形式。

(一) 海洋运输保险

海洋运输保险是以海上运输工具运载的货物为保险标的,保险人承担运输中因遭受自然灾害和意外事故对保险标的造成的损失。在目前的外贸实践中,买卖双方投保海洋运输保险来规避风险已成国际惯例。按承保责任不同,海洋运输保险分为平安险、水渍险、一切险三个基本险种及多个附加险种以供投保人选择。

海洋运输保险具有不同于一般财产险的特点:保险标的通常与海上航行有关;承保风险除了一般陆上风险(如雷电、恶劣气候、火灾、爆炸等)之外,还有大量海上特有风险(如触礁、搁浅、海水进舱等);大多牵涉国际关系,一般属于国际商务活动,或者海上保险的当事人属于不同国家,或者保险事故发生在异国他乡等。

(二) 陆上货物运输保险

陆上货物运输保险(铁路运输、公路运输)分为陆运险和陆运一切险两个基本险种,承保货物在陆上运输过程中由保险责任范围内的事故造成的损失。

(三) 航空货物运输保险

航空货物运输保险分为航空险和航空运输一切险两个基本险种,承保货物在航空运输过程中由保险责任内的事故造成的损失。

(四) 国内航空货物运输保险

国内航空货物运输保险是指在中国大陆(不含港、澳、台地区)以航空运输方式的货物为保险标的的保险,主要承保货物在运输过程中由自然灾害、意外事故以及其他外来原因所致的货物损失。

(五) 国内水路、陆路运输保险

国内水路、陆路货物运输保险是指在中国大陆(不含港、澳、台地区)以水路(包括沿江、沿海和内河运输)、陆路运输方式运输的货物为保险标的,主要承保货物在运输过程中由自然灾害、意外事故以及其他外来原因所致货物的损失。

(六) 邮政包裹保险

本保险分为邮包险和邮包一切险两种。被保险货物遭受损失时,本保险按保险单上订明承保险别的条款规定,负赔偿责任。

1. 邮包险

被保险邮包在运输途中由恶劣气候、雷电、海啸、地震、洪水等自然灾害或由运输工具遭受搁浅、触礁、沉没、碰撞、倾覆、出轨、坠落、失踪,或由失火、爆炸等意外事故所造成的全部或部分损失。被保险人对遭受保险责任内危险的货物采取抢救、防止或减少货损的措施而支付的合理费用,但以不超过该批获救货物的保险金额为限。

2. 邮包一切险

除包括上述邮包险的各项责任外,本保险还负责被保险邮包在运输途中由外来原因所致的全部或部分损失。

二、货物运输保险合同

(一) 货物运输保险合同的概念和分类

货物运输保险合同是指运输过程中,货物作为保险标的,保险人对保险标的因自然灾害或意外事故造成的损失承担赔偿责任而订立的保险合同。按照运输工具不同,货物运输保险合同可分为水路货物运输保险合同、公路货物运输保险合同、铁路货物运输保险合同、航空货物运输保险合同和海洋货物运输保险合同等;按适用范围不同,可以分为国内货物运输保险合同和涉外货物运输保险合同两种;按照保险人承担的责任不同,可以分为基本保险合同和综合保险合同。

(二)货物运输保险合同的特征

1. 以仓至仓确定保险期间

货物运输保险合同普遍采用仓至仓条款,即保险人承担保险责任期间,自被保险货物离开起运地点的仓库或储存所时开始起算至到达目的地收货人的仓库或储存所时终止。如果被保险货物未到达收货人的仓库或储存所,保险人对被保险货物承担保险责任的期限,以被保险货物卸离最后运输工具后的约定期间为限。

2. 约定保险标的的价值

货物运输保险的保险标的的流动性较大,货物运输保险一般采用定值保险的做法,以约定的保险标的的价值来确定保险金额。国内货物运输保险合同保险标的的价值一般通过起运地发票价、目的地成本价或目的地市价来确定。涉外货物运输保险合同保险标的的价值根据不同的价格条件来确定。较为普遍的价格条件有三种:离岸价格、成本加运费价格和到岸价格。

我国《保险法》第50条规定:"货物运输保险合同和运输工具航程保险合同,保险责任开始后,合同当事人不得解除合同。"我国《海商法》也有类似的规定,除合同另外约定外,保险责任开始后,被保险人和保险人均不得解除合同。

(三)货物运输保险合同的保险责任

1. 基本责任

货物运输保险合同的基本责任包括:火灾、爆炸、雷电、冰雹、暴风、暴雨、洪水、破坏性地震、地面突然塌陷所造成的损失;运输工具发生火灾、爆炸、碰撞造成所载被保险货物的损失以及运输工具在危险中发生卸载对所载货物造成的损失以及支付的合理费用;在装货、卸货或转载时发生意外事故所造成的损失;利用船舶运输时,船舶搁浅、触礁、倾覆、沉没或遇到码头坍塌所造成的损失。

2. 附加或特别责任

附加或特别责任分为一切险、单独附加险、综合险和特别附加险四种。

(四)责任免除

货物运输保险合同的责任免除事项包括:被保险人的故意行为或过失;发货人不履行贸易合同规定的责任;保险责任开始前被保险货物早已存在的品质不良和数量短差;被保险货物的自然损耗、市价跌落和本质上的缺陷;货物发生保险责任范围内的损失,根据法律规定或有关约定应由承运人或第三者负责赔偿的部分;战争、军事行动、核辐射或核污染等。

三、国际海洋货物运输保险

(一) 国际海洋货物运输保险的概念

国际海洋货物运输保险是指被保险人(进口商或者出口商)对进行国际运输的货物按照一定的金额向保险人投保一定的险别,并缴纳保险费,保险人在承保收费后,对所承保的货物在运输过程中发生保险责任范围内的自然灾害或者意外事故所致的损失,按照保险单的约定给予补偿。

(二) 国际海洋货物运输保险承保的风险和损失

1. 承保的风险

国际海上货物运输过程中可能遇到各种各样的风险,这些风险大体上可以分为两类:海上风险和外来风险。

(1) 海上风险。海上风险是不可预知的并且为人力所不可抗拒的,与海上运输的特性有着密切的联系,同时也必须不是人的故意行为而造成的。海上风险包括两种:一是自然灾害,如雷电、海啸、地震、洪水或火山爆发等;二是意外事故,如搁浅、触礁、沉没、碰撞、失踪、火灾、爆炸等。

(2) 外来风险。海上风险以外的其他外来原因所造成的风险。它也包括两种:一是一般外来风险,如偷窃、玷污、渗漏、破碎、受热、受潮、串味、生锈、钩损、淡水雨淋、短少和提货不着、短量、碰损等;二是特殊外来风险,如战争、罢工等由于军事、政治、社会等特殊外来原因所造成的风险。

2. 承保的损失

承保的损失是指承保的标的物因发生承保范围内的上述风险而遭到的损失,可以分为全部损失与部分损失两种。

(1) 全部损失。全部损失简称全损。包括实际损失和推定损失两种:①实际全损是指货物全部毁灭或因受损而失去原有用途,或被保险人已无可挽回地丧失了保险标的,或船舶失踪后相当一段时间仍无音信。例如货物随船一起沉没、茶叶受水泡不能再使用、货物被没收等。②推定全损是指货物受损后对货物的修理费用,加上继续运到目的地的费用,估计将超过其运到后的价值,或者被保险人丧失其所有权,要收回这个所有权所需的费用超过保险标的的价值。

对于实际全损,保险人应在承保范围内承担全部赔偿责任。但对于推定全损,则被保险人对这种损失的索赔可以选择作为全损进行赔偿也可以按部分损失进行索赔。如果按实际全损索赔,必须向保险人发出委付通知,否则视为按部分损失进行处理。

【小资料】

货轮在海上航行时,某舱发生火灾,船长命令灌水施救,扑灭火后,发现纸张已烧毁一部分,未烧毁的部分,因灌水后无法使用,只能作为纸浆处理,损失原价值的

80%。另有印花棉布没有烧毁但水渍损失,其水渍损失使该布降价出售,损失该货价值的20%。

问:纸张损失的80%,棉布损失20%,都是部分损失吗?为什么?

分析:从数字上看,一个是80%,另一个是20%,好像都是部分损失,其实不然。根据保险公司的规定,第一种情况,即纸张的损失80%,应属于全部损失;第二种情况下,印花棉布的损失20%,则属于部分损失。这是因为保险业务中的全部损失,分为实际全损和推定全损,在实际全损中有三种情况:一是全部灭失,二是失去使用价值(如水泥变成硬块),三是虽有使用价值,但已丧失原来的使用价值。从第一种情况看,纸张原来应该作为印刷书报或加工成其他成品,现在不行,只能作为纸浆造纸,因此属于实际全损即第三种情况。而印花棉布虽遭水渍,处理之后仍作棉布出售,原来的用途未改变,因此,只能作为部分损失。

(2) 部分损失。部分损失是指除了全部损失以外的一切损失。在海上运输保险中分为三类:共同海损、单独海损与单独费用。

① 共同海损。在海上运输中,船舶、货物遭到共同危险,船方为了共同安全,使同一航行中的财产脱离危险,有意合理地做出特别牺牲或支出的特殊费用。如船舶搁浅时,如果情况紧急,船长雇用驳船把一部分货物部分卸下以减轻船舶载重,并雇用拖船帮助其浮起,雇用驳船和拖船的费用即为共同海损。注意共同海损的成立条件,首先是必须有危及船、货共同安全的危险存在。其次,做出的牺牲和费用是特殊的、直接的,如海上遇到台风,船开往避风港不算特殊。再次,牺牲或费用是人为的,不是意外。最后,该行为是合理的、有效的。对于共同海损所导致的牺牲或费用,一般是以获救船舶或者货物获救部分的价值按比例在所有利害关系的当事人之间进行分摊,因此,共同海损属于部分损失。保险人根据保险单上的有关条款,对共同海损的损失以及保险标的物应承担的共同海损分摊,都应负责予以赔偿。

② 单独海损。海上运输中非任何人的有意行为造成的,只涉及船舶或货物单独一方利益的部分损失。这种损失仅涉及船舶或者货物单独一方的利益,所以只能由受损方自己承担,或者单独向应对损失承担责任的人提起赔偿请求。保险公司对这种损失是否承担赔偿责任取决于当事人投保的险别以及保险单的条款是如何规定的,不能一概而论。

【小资料】

共同海损与单独海损的主要区别

造成海损的原因不同:单独海损是承保风险所直接导致的船、货损失;共同海损则不是承保风险所直接导致的损失,而是为了解除或减轻共同危险人为地造成的一种损失。

承担损失的责任不同:单独海损的损失一般由受损方自行承担;而共同海损的损失,则应由受益的各方按照受益大小的比例共同分摊。

③单独费用。单独费用是指为了防止被保险人的货物因承保范围内的风险遭受损害或灭失而支出的各项费用。单独费用与共同海损不同,单独费用是为了防止货物损失而发生的支出,共同海损则是为了防止危及船舶和货物的整体利益的损失而发生的支出。单独费用只有在保险单承诺承保时才能向保险人取得赔偿。但由于当前许多保险单上载有"诉讼与营救条款",因此这项费用一般都能获得赔偿,如此规定对保险人和被保险人都有好处。

(三)国际海洋货物运输保险的险种

中国人民保险公司所规定的基本险别包括平安险、水渍险和一切险。

1. 平安险

保险公司对下列损失负赔偿责任。

(1) 被保险的货物在运输途中,由恶劣气候、雷电、海啸、地震、洪水等自然灾害造成整批货物的全部损失或推定全损。若被保险的货物用驳船运往或运离海轮时,则第一驳船所装的货物可视作一个整批。

(2) 出于运输工具遭到搁浅、触礁、沉没、互撞,与流冰或其他物体碰撞,以及失火、爆炸等意外事故所造成的货物全部或部分损失。

(3) 在运输工具已经发生搁浅、触礁、沉没、焚毁等意外事故的情况下,货物在此前后又在海上遭受恶劣气候、雷电、海啸等自然灾害所造成的部分损失。

(4) 在装卸或转运时,由一件或数件甚至整批货物落海所造成的全部或部分损失。

(5) 被保险人对遭受承保责任内的危险货物采取抢救、防止或减少货损的措施所支付的合理费用,但以不超过该批被救货物的保险金额为限。

(6) 运输工具遭遇海难后,在避难港由卸货引起的损失及在中途港或避难港由卸货、存仓和运送货物所产生的特殊费用。

(7) 共同海损的牺牲、分摊和救助费用。

运输契约中如订有"船舶互撞责任"条款,则根据该条款规定应由货方偿还船方的损失。

平安险还规定了下列除外责任:①被保险人的故意行为或过失所造成的损失;②属于发货人责任引起的损失;③在保险责任开始前,被保险货物已存在的品质不良或数量短差所造成的损失;④被保险货物的自然损耗、本质缺陷、特性以及市价跌落、运输延迟所造成的损失和费用;⑤属于海洋运输货物战争险条款和货物运输罢工险条款规定的责任范围和除外责任。

2. 水渍险

保险公司除担负上述平安险的各项责任外,还对被保险货物如由于恶劣气候、雷电、海啸、地震、洪水等自然灾害所造成的部分损失负赔偿责任。

3. 一切险

保一切险后,保险公司除担负平安险和水渍险的各项责任外,还对被保险货物在运输途中由于外来原因而遭受的全部或部分损失负赔偿责任。

在海运保险业务中,进出口商除了投保货物的上述基本险别外,还可根据货物的特点和实际需要,酌情再选择若干适当的附加险别。附加险别包括一般附加险和特殊附加险。

一般附加险不能作为一个单一物项目投保,而只能在投保平安险或水渍险的基础上,根据货物的特性和需要加保一种或若干种一般附加险。如加保所有的一般附加险,这就叫投保一切险。可见,一般附加险被包括在一切险的承保范围内,故在投保一切险时,不存在再加保一般附加险的问题。

由于被保险货物的品种繁多,货物的性能和特点各异,而一般外来的风险又多种多样。故一般附加险的种类也很多,其中主要的种类如下。

(1) 偷窃提货不着险:在保险有效期内,保险货物被偷走或窃走,以及货物运抵目的地以后整件未交的损失,由保险公司负责赔偿。

(2) 淡水、雨淋险:货物在运输中,由于淡水、雨水以至雪溶所造成的损失,保险公司都应负责赔偿。淡水包括船上淡水舱、水管漏水等。

(3) 短量险:负责保险货物数量短少和重量的损失。通常包装货物的短少,保险公司必须要查清外包装是否发生异常现象,如破口、破袋、扯缝等。如属散装货物,以剩余装船和卸船重量之间的差额作为计算短量的依据。

(4) 混杂、玷污险:保险货物在运输过程中混进了杂质所造成的损失。例如矿石等混进了泥土、草屑等因而使质量受到影响。此外保险货物和其他物质接触而被玷污所造成的损失。

(5) 渗漏险:在运输过程中,流质、半流质的液体物质同油类物质因为容器损坏而引起的渗漏损失。

(6) 碰损、破碎险:碰损主要是对金属、木质等货物来说的,破碎则主要是对易碎性货物来说的。在运输途中,因为受到震动、颠簸、挤压而造成货物本身的损失以及在运输途中由于装卸野蛮、粗鲁,运输工具的颠震造成货物本身的破裂、断碎的损失。

(7) 串味险:例如,茶叶、香料、药材等在运输途中受到一起堆储的皮革、樟脑等异味的影响使其品质受到损失。

(8) 受热、受潮险:船舶在航行途中,气温骤变,或者船上通风设备失灵等原因使舱内水汽凝结、发潮、发热引起货物的损失。

(9) 钩损险:保险货物在装卸过程中因为使用手钩、吊钩等工具所造成的损失,保险公司在承保该险的情况下,应予赔偿。

(10) 包装破裂险:因为包装破裂造成物资的短少、玷污等损失。此外,对于因保险货物运输过程中续运安全需要而产生的候补包装、调换包装所支付的费用,保险公司也应负责。

(11) 锈损险:保险公司负责保险货物在运输过程中因为生锈造成的损失。不过这种生锈必须在保险期内发生,如果原装时就已生锈,保险公司不负责任。

特殊附加险主要有战争险、罢工险、舱面险、拒收险、交货不到险、黄曲霉素险、进口关税险以及货物出口到港澳地区的存储仓火险责任扩展条款等。其中,战争险和罢工险是当前国际海上保险中普遍适用的特殊附加险。

四、保险索赔与理赔

(一) 索赔

货物在运输途中发生损失,应由具有保险利益的被保险人向保险人或者代理人提出保险索赔。一般,索赔程序如下。

1. 损失通知

被保险人可能在货物运输途中就获悉货物因运输工具发生意外事故受损,也可能在货物到达目的地后提货时或者货物运至仓库储存时才发现货损。无论哪种情况,一旦得知保险标的受损,被保险人就应立即向保险人或其指定代理人发出损失通知。

2. 申请检验

货舱到达目的地时,如果发生短缺,一般只要有短缺证明即可作为损失对待,不需经过检验。货物如果出现残损,被保险人在向保险人或其指定代理人发出损失通知的同时,应申请检验,以确定损失的原因以及损失的程度等。在出口保险中,应由保险单上注明的保险公司在国外的检验代理人进行检验并出具检验报告。进口保险中,则由保险人或其指定代理人和货主以及船方或其代理人进行联合检验或申请商检,并出具检验报告。

3. 提交索赔的必要文件

被保险人在提出索赔时,应向保险人或其有理赔权的代理人提交索赔的必要单证,通常包括以下几项。

①保险单。这是向保险人索赔的基本依据,其中规定了保险人的责任范围和保险金额等内容。

②提单。提单上的某些内容,例如货物的数量、交货时的状况等记载,对确定货物损失是否发生在保险期间有很大作用。

③发票。它是计算保险赔款金额的依据。

④装箱单、重量单。这是运输货物在装运时数量和重量的证明。

⑤货损、货差的证明。它包括在部下的货物有残损或短少时,由港口当局出具的理货单,如残损单、溢短单,这类单据应该由承运人或有关责任方签字认可,还包括责任方出具的货运记录。它既是被保险人向保险人索赔的证据,又是被保险人及保险人向责任方追偿的重要依据。

⑥检验报告。它是保险人核定保险责任以及确定赔款金额的重要依据。

⑦索赔清单。这是由被保险人制作的要求保险人赔偿的清单,其中包括货物的名称、金额以及损失情况的介绍。

(二) 理赔

理赔是指保险人为具体体现保险的经济补偿职能,在保险合同有效期内发生保险事故后进行的处理赔付的专业性工作。保险理赔是保险人的履约行为,是以保险人拥有保险理赔权为其法律基础,同时不排除被保险人的举证责任和权利。保险理赔与索赔是两个既有区别又有联系的法律行为。索赔是理赔的基础,理赔是最终实现索赔的必要程序。

理赔的程序一般为:

1. 查勘检验

查勘检验的目的主要是查清损失的原因、范围和程度;制订施救和救助方案,避免损失的进一步扩大;追查第三者的责任,以利追偿工作。

2. 调查取证

在一般的查勘检验工作不能完全查清损失原因、程度和范围的时候,必须进一步调查取证。保险人根据案件的具体情况可以直接向有关方面进行调查取证,也可以委托代理人、海损理算人、律师或专家进行调查取证工作。

3. 核赔

这是保险人在得到被保险人正式提交的索赔清单和证明损失的材料之后,根据保险合同和被保险人提供的证据材料,结合自己所取得的证据材料核定损失是否属于保险责任以及责任大小的工作,一般包括核定保险责任和赔款计算等。

4. 追赔

保险人依据保险合同赔偿被保险人损失后,被保险人应将有关向第三方索赔的权利转移给保险人。通常,由被保险人签署权益转让书之后,保险人凭权益转让书以及其他文件向第三人进行追偿。追偿不仅降低了保险赔付率,而且也使责任方意识到不能因为有了保险就可以逃脱自己应承担的法律责任,从而减少责任事故的发生。

五、代位与委付

(一) 代位

1. 代位的概念

代位又称代位求偿权,当货物损失是由第三者的过失或疏忽引起时,保险公司向被保险人支付保险赔偿后,享有取代被保险人向第三者进行索赔的权利。代位权的目的在于防止被保险人既从保险人处获得赔偿,又从第三者那里获得赔偿;同时也有利于被保险人迅速获得保险赔偿。

无论是全部损失还是部分损失,只要保险人已经支付了保险赔款,保险人都有权取得代位权。保险人行使该项权利的条件为:

(1) 保险标的所遭受的风险必须属于保险责任范围。

(2) 保险事故的发生应由第三者承担责任。

(3) 保险人必须事先向被保险人履行赔偿责任。

(4) 只在赔偿金额的限度内行使代位权。

(5) 被保险人未放弃对第三者赔偿请求权。

在赔付部分损失的情况下,若追偿金额超过保险金额时,则超过的部分归被保险人所有。

▶▶ 案例

2018 年 7 月 20 日,红星五金有限责任公司与四方航空公司办理了货物托运手续,委托航空公司运 200 台 29 英寸彩色电视机,总货款 60 万元。同日,红星五金有限责任公司又在长安保险公司投保了运输保险,保险金额为 60 万元。红星五金有限责任公司交付了保险费,保险公司出具了保险单。

飞机在降落时,发生机械故障,机身剧烈抖动,致使 200 台电视机全部损坏。红星五金有限责任公司向保险公司索赔,保险公司审查了全部有关材料,确认后,赔付红星五金有限责任公司 60 万元。赔付后,向航空公司提出追偿。四方航空公司拒绝赔付,理由是与保险公司没有任何关系。保险公司起诉,航空公司为被告,红星五金有限责任公司为第三人。

问:保险公司是否有权要求航空公司赔偿?

分析:保险公司有权要求航空公司赔偿。根据《中华人民共和国保险法》第 60 条之规定,"因第三者对保险标的的损害而造成保险事故的,保险人自向被保险人赔偿保险金之日起,在赔偿金额范围内代位行使被保险人对第三者请求赔偿的权利。前款规定的保险事故发生后,被保险人已经从第三者取得损害赔偿的,保险人赔偿保险金时,可以相应扣减被保险人从第三者已取得的赔偿金额。保险人依照第一款行使代位请求赔偿的权利,不影响被保险人就未取得赔偿的部分向第三者请求赔偿的权利。"而本案中,造成保险标的损坏的是四方航空公司,长安保险公司已向被保险人红星五金有限责任公司赔付保险金 60 万元,符合保险法中代位求偿的规定,因此,根据《保险法》的规定,保险公司有权要求航空公司赔偿。

2. 代位求偿权的应用规则

(1) 如果被保险人已经从第三者取得损害赔偿的,保险人赔偿保险金时,可以相应扣减被保险人从第三者处取得的赔偿金额。

(2) 保险人依法向第三者请求赔偿时,不影响被保险人就未取得赔偿的部分向第三者请求赔偿。即被保险标的的保险金额不足弥补其实际损失时,被保险人还可就未能得到保险赔偿的损失请求第三者给予赔偿。

(3) 在保险人向第三者行使代位请求赔偿权利时,被保险人应当向保险人提供必要的文件和其所知道的有关情况。

3. 不能行使代位请求赔偿的情形

(1) 保险事故发生后,保险人未赔偿保险金之前,被保险人放弃对第三者的请求赔偿的权利的。在这种情形下,保险人不能行使代位权,则保险人不承担赔偿保险金的责任,以维护自己合法的利益。

(2)保险人向被保险人赔偿保险金后,被保险人未经保险人同意放弃对第三者请求赔偿的权利的,该行为无效。

(3)由于被保险人的过错致使保险人不能行使代位请求赔偿的权利的,保险人可以相应扣减保险赔偿金,以使被保险人就自己的过错分担部分责任。

(4)在家庭财产保险中,保险人不得对被保险人的家庭成员或者其组成人员行使代位请求赔偿的权利,除非这些成员有故意造成保险事故的行为,以维护家庭经济生活的稳定。

(5)没有代位追偿权的情况。人身保险的被保险人因第三者的行为而发生死亡、伤残或者疾病等保险事故,保险人向被保险人或者受益人给付保险金后,不得享有向第三者追偿的权利。

(二)委付

在推定全损的情况下,被保险人把残存货物的所有权转让给保险公司,请求取得全部保险金额。如果损失是由第三者的过错造成的,保险公司有追偿权,追偿金额超过保险金额的,由保险公司取得。

委付成立的条件:委付必须以保险标的推定全损;必须就保险标的的全部提出要求;必须经保险人承诺方为有效;被保险人必须在法定时间内向保险人提出书面的委付申请;被保险人必须将保险标的的一切权利转让给保险人,并且不得附加条件。

委付是被保险人的单方行为,保险人没有必须接受委付的义务。但委付一经接受则不能撤回。接受委付后,保险人取得残余物的所有权,当损失由第三者过失引起时,同时取得向有过错的第三者代位追偿的权利。如追偿额大于保险人的赔付额,也不必将超出部分退还被保险人。

【小资料】

海洋运输货物保险合同(样本)

一、责任范围

本保险分为平安险、水渍险及一切险三种。被保险货物遭受损失时,本保险按照保险单上订明承保险别的条款规定,负赔偿责任。

(一)平安险

本保险负责赔偿:

1. 被保险货物在运输途中由于恶劣气候、雷电、海啸、地震、洪水自然灾害造成整批货物的全部损失或推定全损。当被保险人要求赔付推定全损时,须将受损货物及其权利委付给保险公司。被保险货物用驳船运往或运离海轮的,每一驳船所装的货物可视作一个整批。

推定全损是指保险货物的实际全损已经不可避免,或者恢复、修复受损货物以及运送货物到原订目的地费用超过该目的地的货物价值。

2. 由于运输工具遭受搁浅、触礁、沉没、互撞、与流冰或其他物体碰撞以及失火、爆炸意外事故造成货物的全部或部分损失。

3. 在运输工具已经发生搁浅、触礁、沉没、焚毁意外事故的情况下,货物在此前后又在海上遭受恶劣气候、雷电、海啸等自然灾害所造成的部分损失。

4. 在装卸或转运时由于一件或数件整件货物落海造成的全部或部分损失。

5. 被保险人对遭受承保责任内危险的货物采取抢救、防止或减少货损的措施而支付的合理费用,但以不超过该批被救货物的保险金额为限。

6. 运输工具遭遇海难后,在避难港由于卸货所引起的损失以及在中途港、避难港由于卸货、存仓以及运送货物所产生的特别费用。

7. 共同海损的牺牲、分摊和救助费用。

8. 运输契约订有"船舶互撞责任"条款,根据该条款规定应由货方偿还船方的损失。

(二) 水渍险

除包括上列平安险的各项责任外,本保险还负责被保险货物由于恶劣气候、雷电、海啸、地震、洪水自然灾害所造成的部分损失。

(三) 一切险

除包括上列平安险和水渍险的各项责任外,本保险还负责被保险货物在运输途中由于外来原因所致的全部或部分损失。

二、除外责任

本保险对下列损失,不负赔偿责任:

(一) 被保险人的故意行为或过失所造成的损失。

(二) 属于发货人责任所引起的损失。

(三) 在保险责任开始前,被保险货物已存在的品质不良或数量短差所造成的损失。

(四) 被保险货物的自然损耗、本质缺陷、特性以及市价跌落、运输延迟所引起的损失或费用。

(五) 本公司海洋运输货物战争险条款和货物运输罢工险条款规定的责任范围和除外责任。

三、责任起讫

(一) 本保险负"仓至仓"责任,自被保险货物运离保险单所载明的起运地仓库或储存处所开始运输时生效,包括正常运输过程中的海上、陆上、内河和驳船运输在内,直至该项货物到达保险单所载明目的地收货人的最后仓库或储存处所或被保险人用作分配、分派或非正常运输的其他储存处所或被保险人用作分配、分派或非正常运输的其他储存处所为止。如未抵达上述仓库或储存处所,则以被保险货物在最后卸载港全部卸离海轮后满60天为止。如在上述60天内被保险货物需转运到非保险单所载明的目的地时,则以该项货物开始转运时终止。

(二)由于被保险人无法控制的运输延迟、绕道、被迫卸货、重行装载、转载或承运人运用运输契约赋予的权限所做的任何航海上的变更或终止运输契约,致使被保险货物运到非保险单所载明目的地时,在被保险人及时将获知的情况通知保险人,并在必要时加缴保险费的情况下,本保险仍继续有效。保险责任按下列规定终止:

1. 被保险货物如在非保险单所载明的目的地出售,保险责任至交货时为止,但不论任何情况,均以被保险货物在卸载港全部卸离海轮后满60天为止。

2. 被保险货物如在上述60天期限内继续运往保险单所载原目的地或其他目的地时,保险责任仍按上述(一)的规定终止。

四、被保险人的义务

被保险人应按照以下规定的应尽义务办理有关事项,如因未履行规定的义务而影响保险人利益时,本公司对有关损失,有权拒绝赔偿。

(一)当被保险货物运抵保险单所载明的目的港(地)以后,被保险人应及时提货,当发现被保险货物遭受任何损失,应即向保险单上所载明的检验、理赔代理人申请检验,如发现被保险货物整件短少或有明显残损痕迹应即向承运人、受托人或有关当局(海关、港务当局等)索取货损货差证明。如果货损货差是由于承运人、受托人或其他有关方面的责任所造成,应以书面方式向他们提出索赔,必要时还须取得延长时效的认证。

(二)对遭受承保责任内危险的货物,被保险人和本公司都可迅速采取合理的抢救措施,防止或减少货物的损失。被保险人采取此项措施,不应视为放弃委付的表示,本公司采取此项措施,也不得视为接受委付的表示。

(三)如遇航程变更或发现保险单所载明的货物、船名或船程有遗漏或错误时,被保险人应在获悉后立即通知保险人并在必要时加缴保险费,本保险才继续有效。

(四)在向保险人索赔时,必须提供下列单证:

保险单正本、提单、发票、装箱单、磅码单、货损货差证明、检验报告及索赔清单。如涉及第三者责任,还须提供向责任方追偿的有关函电及其他必要单证或文件。

(五)在获悉有关运输契约中"船舶互撞责任"条款的实际责任后,应及时通知保险人。

五、索赔期限

本保险索赔时效,从被保险货物在最后卸载港全部卸离海轮后起算,最多不超过两年。

海洋货物运输保险单

发票号码　　　　　　　　　　　　　保险单号次

_____保险公司（以下简称本公司）根据_____（以下简称为被保险人）的要求由被保险人向本公司缴付约定的保险费，按照本保险单保险别和背后所载条款与下列特款承保下边货物运输保险，特立本保险单。

标记

包装及数量

保险货物项目

保险金额

总保险金额：_____

保费_____　费率_____　装载工具_____

开航日期_____　自_____　至_____

承保险别：_____

所保货物，如遇风险，本公司凭本保险单及其有关证件给付赔款。

所保货物，如发生保险单项下负责赔偿的损失或事故，应立即通知本公司下达代理人查勘。

　　　　　　　　　　　　　　　　　　　　　　　_____保险公司

赔款偿付地点_____

出单公司地址_____

营业部_____

【项目小结】

风险是一种形成严重损失的可能性,保险是风险管理的基本方法之一,就投保人而言即转移风险的方法,现代物流的保险策略是对物流风险提供综合统一的保险管理。本模块介绍了保险的四个基本原则、保险合同以及货物运输保险的法律规定。索赔权是投保人从事保险活动最基本、最核心的权利,也是保险作为经济补偿制度的最高体现。通过案例和模拟实训可以使学生进一步理解所学知识,提高学生分析问题和解决问题的能力。

▶▶ 任务导出

任务问题1要点提示:该保险合同有效,双方主体合格故签订的合同有效。意思表示真实,符合保险法的相关规定。

任务问题2要点提示:保险公司拒赔理由成立,理由是,制革厂违反法律规定,擅自变更投保标的物的存放地点,加大标的物自燃起火危险,由此造成的经济损失,应自行承担。

【能力形成考核】

案例分析

1. 2008年10月,上海闻达公司从韩国购买了苏联退役的"明思号"航母,拟对其进行修理改造后向游客开放。2009年5月13日,闻达公司与被告广州芳佛船厂签订了改装合同,委托芳佛船厂修理和改建"明思号"航母。为避免在船舶修理期间发生意外,11月13日,闻达公司向原告深圳平安保险公司投保了船舶一切险及船舶建造险,由该公司就"明思号"航母在修理期间可能发生的风险承担保险责任。

2009年11月3日8时许,"明思号"航母在修理改装期间,突然发生火灾,原因是被告船厂雇请的施工单位操作不当所致。2011年2月28日,原告就"明思号"航母火灾事故向闻达公司支付了保险赔款44.5万元。

同年11月7日,原告向广州海事法院深圳法庭提起诉讼,起诉被告,认为其已赔偿闻达公司因火灾事故遭受的损失,有权向造成火灾事故的责任方进行追偿。

问:原告的主张是否合理?请说明理由。

2. 某货物从天津新港驶往新加坡,在航行途中船舶货舱起火,大火蔓延到机舱,船长为了船、货的共同安全,决定采取紧急措施,往船中灌水灭火。火虽被扑灭,但由于主机受损,无法继续航行,于是船长决定雇用拖轮将货船拖回新港修理。检修后重新驶往新加坡。事后调查,这次事件造成的损失有:①1000箱货烧毁;②300箱货由于灌水灭火受到损失;③主机和部分甲板被烧毁;④拖船费用;⑤额外增加的燃料和船长、船员工资。

问:从上述各项损失性质来看,各属于什么海损?

3. 2017年1月7日,东兴通信股份有限公司(下称托运人或被保险人)通过北京康大货运代理有限公司(下称康大)深圳分公司和美国华盛顿国际速递公司(下称华盛顿速递),承运一批通信设备,自深圳经香港运抵澳门,然后由华盛顿速递代表托运人租赁一架IL—763414型飞机,将货物从澳门空运至东帝汶的包考。康大深圳分公司签发了航空运单,运单抬头为欧亚航空货物运输公司(下称欧亚航空),另外托运人与美国华盛顿速递签订了一份货物运输租赁协议。

2017年1月31日,东帝汶当地时间16时,承运飞机在包考市附近撞山坠毁,机上6名人员全部遇难,上述承运的货物全部毁损。该批货物在中国人民财产保险股份有限公司深圳市分公司(下称保险公司)处投保了货物运输保险,保险公司聘请香港一家公估公司对货物损失进行了公估,并于2017年12月16日向被保险人支付了保险赔款135.3万美元,被保险人向保险公司出具了权益转让书。保险公司向康大及其深圳分公司和华盛顿速递要求赔偿货物损失,均遭拒绝。2018年10月20日,保险公司在广东省深圳市罗湖区人民法院对康大及其深圳分公司提起诉讼,要求两被告赔偿原告货运损失。

问:保险公司能否胜诉?请分析理由。

实训项目:模拟签订一份保险合同

一、训练目标

理解保险合同,掌握签订货物运输保险合同的注意事项,熟悉合同签订时的流程。

二、训练准备

1. 人员准备:每组6~8人,分为保险公司人员、物流企业两方人员。

2. 资料准备:企业有关资料、保险合同样本(海洋货物运输保险合同格式)等。

三、训练方式

采用模拟谈判形式,签订一份保险合同。

四、训练过程

1. 到图书馆或网上查找货物运输财产保险合同模板。

2. 双方讨论货物运输财产保险合同的标的、数量和质量、履行期限、地点和方式、违约责任、相互间的权利和义务等内容。

3. 将讨论内容写进货物运输财产保险合同。

4. 双方在货物运输财产保险合同上签字。

五、考核办法

每组各递交一份保险合同,打印或手写均可,教师据此考核打分。

【资料链接】

http://www.gov.cn/flfg/2009-02/28/content_1246444.htm 《中华人民共和

国保险法》全文

http://www.china-insurance.com/ 中国保险网
http://bx.56888.net/ 全国物流保险平台
http://www.marins.com.cn/ 中国货运保险网

项目十一
物流争议的解决

▶ 知识目标

掌握解决物流争议的基本途径;掌握诉讼的概念,了解诉讼能处理哪些物流方面的争议;掌握诉讼与仲裁的区别。

▶ 能力目标

通过本项目的学习,学会正确选择在物流活动过程中所碰到的物流争议的解决方式,为相关物流企业解决和处理物流争议提供帮助。

▶ 任务导入

2016年7月,石家庄市奥龙健身房与广州市某健身器械公司签订了一份购销合同。合同中的仲裁条款规定:"因履行合同发生的争议,由双方协商解决;无法协商解决的,由仲裁机构仲裁。"2016年9月,双方发生争议,奥龙健身房向其所在地的石家庄仲裁委员会递交了仲裁申请书,但该健身器械公司拒绝答辩。同年11月,双方经过协商,重新签订了一份仲裁协议,并约定将此合同争议提交该健身器械公司所在地的中国广州仲裁委员会仲裁。事后奥龙健身房担心中国广州仲裁委员会实行地方保护主义,偏袒该健身器械公司,故未申请仲裁,而向合同履行地人民法院提起诉讼,且起诉时说明此前约定仲裁的情况,法院受理此案,并向该健身器械公司送达了起诉状副本,该器械公司向法院提交了答辩状。法院经审理判决被告某健身器械公司败诉。被告不服,理由是双方事先有仲裁协议,法院判决无效。

任务问题:
法院的审理是否正确?

第一节　物流争议及其解决的基本途径

一、物流争议概述

(一) 物流争议的概念

现代物流系统包括七大子系统，分别为运输、仓储、包装、装卸搬运、流通加工、配送和信息处理，因而物流活动所涉领域甚广，既包括海上、陆上及空中运输，又包括仓储、包装、装卸搬运、流通加工、配送、物流信息、物流代理、物流保险等环节。物流参与当事人在上述物流活动过程中引起的纠纷和争议统称为物流争议。

随着现代物流的发展，传统的海运企业、港口企业、仓储企业纷纷转型，导致服务方式由过去提供单一的运输、仓储服务转变为提供全方位的物流服务；同时，运输方式也随着集装箱运输的兴起和发展，由单纯的海运越来越多地向多式联运转变。这些经营理念及服务方式的改变，导致争议的内容和形式也有所改变。随着物流企业的增多、物流服务项目的扩展延伸，以及物流经营合同的多环节、宽领域等复杂性，引发了越来越多的物流争议。

有经济活动就必然有纠纷，不同的物流活动，就会有不同内容和形式的纠纷和争议。如，目前，越来越多的生产厂商、制造商将物流外包给专门的物流公司，由这些专门的物流公司提供长期的包装、仓储运输以及配送服务，生产厂商与物流服务商之间就需要通过订立综合的物流服务合同约定服务的期限、服务的具体内容来明确双方的权利和义务，合同的内容可能涉及包装、仓储、运输(海运、空运、铁路运输、公路运输)以及客户信息的反馈等，因而合同纠纷和争议可能出现在某个环节或多个环节上。

(二) 物流争议的特点

1. 物流争议范围广泛

物流争议具有范围广、跨流域、跨时空、跨行业的特点，按照民事诉讼实行的专门管辖、级别管辖和地域管辖，采用诉讼方式解决物流争议容易出现因同一个合同引起的争议由不同地方、不同级别法院管辖的现象，导致管辖权的分散及不确定性，不利于物流争议的及时解决。

2. 物流争议具有专业性、复杂性和技术性

物流争议具有专业性、复杂性和技术性，因而事实判断强于法律判断，需要专业专家、行业专家运用物流行业习惯、惯例加以解决，严格套用证据规则和法律规范不利于物流争议的合理解决。

3. 物流争议案件涉外因素多

物流争议案件涉外因素多，即使在中国法院审理判决，判决结果在外国执行时也

要面临严格的司法审查,往往得不到外国的承认和执行。

二、物流争议解决的基本途径

在物流过程中,由于人为、客观等方面的原因,往往使物流的目的没有达到而经常发生争议,出现争议后,用什么方式去解决,到什么地方去解决,这是物流合同的当事人不得不考虑的问题。如前面所提到的合同,如果在合同中没有约定争议解决的方式和地点,发生纠纷后,就只能采用诉讼的方式解决。由于不同的法院对不同的案件有不同的管辖权(如空运、仓储、公路运输争议等在地方人民法院解决,而海事争议需要到海事法院解决,铁路运输争议在铁路法院解决),这就需要根据争议所发生的环节来选择有管辖权的法院。有时由于争议的多重性质或争议所发生的环节不易确定(如货损不知道发生在哪一运输环节),导致管辖权不易确定,甚至有不同的法院互相推诿的情况发生。

物流争议解决的基本途径大致有以下几种:当事人协商、申请调解、申请仲裁、提起诉讼、其他途径。

第二节　物流争议的调解

一、调解概述

(一) 调解的概念

调解是指双方当事人以外的第三者,以国家法律、法规和政策以及社会公德为依据,对争议双方进行疏导、劝说,促使他们相互谅解,进行协商,自愿达成协议,解决争议的活动。

(二) 调解的类型

在我国,调解的类型很多。因调解的主题不同,调解有人民调解、法院调解、行政调解、仲裁调解等类型。人民调解是在人民调解委员会主持下进行的调解;法院调解在是人民法院主持下进行的调解;行政调解是在基层人民政府或者国家行政机关主持下进行的调解;仲裁调解是在仲裁机构主持下进行的调解。在这几种调解中,法院调解属于诉讼内调解,其他都属于诉讼外调解。

二、调解的相关法律规定

(一) 人民调解

人民调解是一种诉讼外调解的形式,是指在人民调解委员会主持下进行的调解活动。目前,规范人民调解工作的法律依据主要有《中华人民共和国宪法》、《中华人民共和国民事诉讼法》、《人民调解委员会组织条例》以及《人民调解工作若干规定》等法律法规。人民调解委员会是调解民间纠纷的群众性组织。

1. 人民调解委员会的设立形式

人民调解委员会可以采用下列形式设立。

(1) 农村村民委员会、城市(社区)居民委员会设立人民调解委员会。

(2) 乡镇街道设立人民调解委员会。

(3) 企事业单位根据需要设立人民调解委员会。

(4) 根据需要设立区域性、行业性的人民调解委员会。

2. 人民调解委员会调解民事纠纷的原则

人民调解委员会调解民事纠纷,应当遵守下列原则。

(1) 根据法律法规、规章和政策进行调解,法律法规、规章和政策没有明确规定的,依据社会主义道德进行调解。

(2) 在双方当事人自愿平等的基础上进行调整。

(3) 尊重当事人的诉讼权利,不得因未经调解或者调解不成而阻挡当事人向人民法院起诉。

3. 人民调解活动中争议当事人的权利

在人民调解活动中,争议当事人应享有下列权利。

(1) 自主决定接受、不接受或者终止调解。

(2) 要求有关调解人员回避。

(3) 不受压制强迫,表达真实意愿,提出合理要求。

(4) 自愿达成调解协议。

经人民调解委员会调解解决的争议,有民事权利义务内容的,或者当事人要求制作书面调解协议的,应当制作书面调解协议。调解协议没有强制执行力,当事人不履行调解协议或者达成协议后又反悔的,人民调解委员会应当按照不同的情形,分别采取督促当事人履行,再次调解变更原协议内容或者撤销原协议,告知当事人请求基层人民政府处理以及就调解协议的履行、变更、撤销向人民法院起诉等处理方法。根据《最高人民法院关于审理涉及人民调解协议的民事案件的若干规定》,经人民调解委员会调解达成的、有民事权利义务内容,并由双方当事人签字或者盖章的调解协议,具有民事合同性质。当事人应当按照约定履行自己的义务,不得擅自变更或者解除调解协议。

(二) 法院调解

法院调解是诉讼过程中的调解,属于诉讼途径。调解生效后,当事人必须自动履行。如果一方拒绝履行,另一方有权请求人民法院强制执行。法院调解包括调解活动、调解的原则、调解的程序、调解书和调解协议的效力等。法院调解是当事人用于协调解决纠纷、结束诉讼、维护自己的合法权益,审结民事案件、经济纠纷案件的制度。诉讼中的调解是人民法院和当事人进行诉讼的行为,其调解协议经法院确认,即具有法律上的效力。《中华人民共和国民事诉讼法》规定,人民法院审理民事案件,应遵循查明事实、分清是非、自愿与合法的原则,调解不成,应及时判决。法院调解可以由当事人的申请开始,也可以由人民法院依职权主动开始。调解案件时,当事人应当出庭;如果当事人不出庭,可以由经过特别授权的委托代理人到场协商。调解可以由审判员一人主持,也可以由合议庭主持,尽可能就地进行。除法律规定的特殊原因外,一般应当公开调解。在法院调解中,被邀请的单位和个人应当协助人民法院进行调解。在审判人员的主持下,双方当事人自愿协商达成协议,协议内容符合法律规定的,应予批准。调解达成协议,人民法院应当制作调解书。调解书应当写明诉讼请求、案件的事实和调解结果,由审判人员、书记员署名,并加盖人民法院印章,送达双方当事人签收后,即具有法律效力。

(三) 行政调解

行政调解是行政机关主持的调解,调解书由双方当事人签字和调解机关盖章后,双方自觉履行。

行政调解分为以下两种。

(1) 基层人民政府的调解。基层人民政府的调解是指乡、镇人民政府对一般民间纠纷的调解,这是诉讼外调解。

(2) 国家行政机关依照法律规定对某些特定民事纠纷或经济纠纷或劳动纠纷等进行的调解。

(四) 仲裁调解

国内企业签订经济合同双方发生争议,可向合同管理机关申请仲裁。仲裁机构首先进行调解,调解不成再行仲裁。在涉外民商事仲裁实践中,绝大多数案件均可调解解决,不仅受到中外当事人的欢迎,也受到了国际仲裁界的重视。

【小资料】

盛池司法所成功调解一起宅基地纠纷案件

2018年8月23日上午9时,盛池乡百担丘村10队的彭某与张某再次来到盛池司法所,要求盛池司法所帮助他们解决宅基地调换纠纷。

8月15日,张某因为在原宅基地上无法修建新房屋,找到彭某希望彭能调换宅基地给其修建房屋;彭某起始不愿进行调换,经过村社干部多方做工作才同意调换。19日,张某在该调换土地上开始平整土地,后因为迷信要把房屋的方向进行调整,这样一来,张某房子的厕所和猪圈就正对彭某家堂屋,彭某要求张某不得调换房屋的方向,张某不愿,彭某就不愿调换宅基地给张某,因此致使矛盾纠纷复杂化。

两人先后多次来到盛池司法所要求调解此纠纷,盛池司法所也进行了多次调解与协调,并帮助其联系该村社的相关人员妥善处理此事,但是,双方始终不能达成协议。25日是他们来盛池司法所的第五次,在上午9时至下午3时长达6个小时的精心调处下,盛池司法所工作人员利用法律、法规知识和本地风俗习惯,贴心劝导,最终双方自愿达成协议,至此,这件棘手的宅基地调换纠纷就画上了一个圆满的句号。

第三节 民事诉讼法律制度

一、诉讼概述

(一) 诉讼的概念

诉讼是人类社会制止和解决社会冲突的主要手段之一。在西方人的观念中,诉讼是指法庭处理案件与纠纷的活动过程或程序。在中国人的观念中,"诉讼"一词是由"诉"与"讼"两个字组成的,"诉"为叙说、告诉、告发、控告之意,"讼"为争辩是非曲直之意,两个字连用即为向法庭告诉,在法庭上辩冤、争辩是非曲直。过去就"诉讼"一词从法律角度下定义,可以将其简要概括为:诉讼就是国家专门机关在诉讼参与人的参加下,依据法定的权限和程序,解决具体案件的活动。我国制定了具体的诉讼法,为当事人维护自己的合法权益提供了程序上的保障。

(二) 诉讼的种类

由于诉讼要解决的案件的性质不同,诉讼的内容和形式也各不相同。诉讼分为民事诉讼、行政诉讼和刑事诉讼三种。

1. 民事诉讼

民事诉讼是指人民法院在双方当事人和其他诉讼参与人的参加下,审理和解决民事纠纷案件的活动,以及由于这些活动形成的各种关系的总称。诉讼参与人是指除依照法律规定的职权进行诉讼活动的国家专门机关外,依法参与诉讼活动,并享有一定诉讼权利和承担一定诉讼义务的人。诉讼参与人一般包括原告、被告、共同诉讼人、第三人、代理人、辩护人、证人、监护人、勘验人和翻译人员。

2. 行政诉讼

行政诉讼是指公民、法人或其他组织认为行政机关和行政人员的具体行政行为侵犯了其合法利益,依法向人民法院提起诉讼,由人民法院依法作出裁判的活动。

3. 刑事诉讼

刑事诉讼是指人民法院、人民检察院和公安机关(包括国家安全机关),在当事人及其他诉讼参与人的参加下,依照法定程序,为了揭露犯罪、证实犯罪、惩罚犯罪和保障无罪的人不受刑事追究所进行的活动。

二、诉讼法的基本原则和制度

(一) 诉讼法的基本原则

诉讼法的基本原则是贯穿于整个诉讼程序之中,指导司法机关和诉讼参与人进行诉讼活动的基本准则。各类诉讼活动的性质各不相同,各种类型的诉讼法各具特点,但一些共同的原则在诉讼过程中起着普遍的指导作用,成为审判活动的基本规程

与共同的制度。诉讼法的基本原则有:
(1) 司法机关依法独立行使职权的原则;
(2) 以事实为依据,以法律为准绳的原则;
(3) 对一切公民适用法律一律平等的原则;
(4) 公开审判的原则;
(5) 使用本民族语言文字进行诉讼的原则;
(6) 人民检察机关对诉讼活动法律监督的原则。

(二) 诉讼法的制度

1. 合议制度

合议制度是指三名以上的单数审判人员组成合议庭对案件进行审理的制度,是人民法院在审理案件活动中的组织原则。

合议制度是相对于独任制度而言的。独任制度是指由一名审判员独立地对案件进行审理并作出裁判的制度。人民法院审理案件以实行合议制度为原则,以实行独任制度为例外。

2. 回避制度

回避制度是指审判人员和书记员、鉴定人、翻译人员等在承办案件时,如果遇到法定的情形,应自行不参加该案件的审理工作,当事人也有权申请人民法院更换上述人员。回避制度是为了保证案件的公正处理而设立的一种制度,也是人民法院组织诉讼活动的原则。应当回避的人员本人没有自行回避,当事人和他们的法定代理人也没有提出回避申请的,院长或审判委员会应当决定其回避。

3. 两审终审制度

两审终审制度是指一个案件经过两级法院审理就告终结的制度。我国人民法院分为基层人民法院、中级人民法院、高级人民法院和最高人民法院四级。两审终审是指除了最高人民法院第一审判决或裁定就是终审判决和裁定外,当事人不服一审人民法院的裁决,可以在规定期限内向上级人民法院上诉。上一级人民法院对上诉案件所做出的裁决为终审裁决,当事人不得再行上诉。

三、诉讼证据

(一) 诉讼证据的概念和特征

证据是指证明案件事实的一切材料和事实。在现实生活中,人民往往从两种意义上使用"证据"一词:一种是当事人向人民法院提供的或者是人民法院调查收集的但尚未经质证、认证的书证、物证、视听资料等;另一种是法院判决中用来认定事实的书证、物证等。前一种未经审核,是否符合证据的条件尚不能确定,因此,准确的名称应是证据材料。后一种才是确切意义上的证据,可以作为法院判案的根据,这部分证据也称为可定案证据。在通常情况下,使用"证据"一词不做如此区分。可定案证据具备以下三个特征:客观性、相关性、合法性。

合法性也叫证据的许可性,即作为可定案证据的事实和材料必须合法。证据的合法性包括两层含义:①取证的程序合法,一切用违法的方法收集的材料,都不能作为定案的证据。②证据的形式合法,当法律对证据形式、证明方法有特殊要求时,必须符合法律的规定。

(二) 诉讼证据的种类

1. 民事诉讼法规定的证据

(1) 书证。书证是指用文字、符号、图表所记载或表示的内容、含义来证明案件事实的证据。凡是对证明案件事实有意义的具有一定思想内容的书面材料都是书证。书证是诉讼中运用得最为广泛的一种证据。

(2) 物证。物证是指用来证明案件事实的物品与痕迹。物证以其形状、性质、特征及存在的情形等来证明案件事实。对查明案件事实有意义的一切物品与痕迹都是物证。

实践中,勘验现场拍摄的照片,对某些难以移动或易于消失的物品,痕迹复制的模型都是对物证的固定或保全。这些照片和模型本身不是物证,但能够正确反映客观存在的事物,同样可以起到物证的作用。

(3) 视听资料。视听资料是指录有声音或图像,具有再现功能的录音带、录像带、传真资料、微型胶卷、电子计算机软盘等利用科学手段制成的资料。视听资料作为证据的特点是它能够直观、动态、全方面地再现案件事实,可以避免人证、书证在表述和记载案件事实时的不准确性,具有其他证据不可替代的优点,是一种新型、独立的证据形式。但同时,视听资料容易被变造或伪造,因此,在诉讼中应注意辨别视听资料的真伪。

(4) 证人证言。证人是案件当事人以外直接或间接了解案件情况,依法可以出庭做证的人。证人关于他所了解的案件情况向司法机关所做的陈诉就是证人证言。证人证言一般由证人出庭做口头陈诉,但若有不能出庭的正当理由,可以提供书面证言。司法人员也可以要求证人书写证言。书面证言应由证人签名和盖章。

在我国,凡是知道案件情况的人都有做证的义务,一经法院传唤,就应当庭做证。知道案件情况、能够辨别是非、能够正确表述,是取得证人资格的绝对条件。对案件的同一事实,如果有几个人同时知道,他们都可以作为证人,而不能互相代替。证人是由其知道案件事实决定的。只有知道案件事实的人才能作为证人,但知道案件事实的当事人与案件有直接利害关系,就不能作为证人。证人是与案件没有直接利害关系而知道某一案件或某些案件情况的第三人。证人永远是特定的人,既不能由司法机关自由选择和指定,也不能由别人代替或更换。

(5) 当事人陈诉。当事人陈诉是当事人在诉讼中向人民法院所做出的关于案件事实情况的叙述。由于当事人本身是争议法律关系的主体,是直接参与者、行动者,他们对争议法律关系的内容及有关法律事实的真实情况十分清楚,如能如实陈诉,对于人民法院查明案件事实极有帮助。但当事人与案件审理结果有直接的利害关系,为胜诉欲望所驱使,当事人的陈诉往往夹带片面不实的成分,有意无意地强调、夸大对自己有利的事实,淡化、缩小对自己不利的事实,甚至可能向法庭做虚假的陈诉,歪曲或隐瞒事实的真相。当事人陈诉所具有的这两个互相冲突的特点,既使它具有一定的证据价值,又使它的证据价值受到限制。

(6) 鉴定结论。鉴定结论是指鉴定人运用自己的专门知识,根据所提供的案件材料,对案件的专门性问题进行鉴别、分析后做出的结论。

待证事实是否属于专门性问题,是否有必要鉴定,应交哪一个部门鉴定,应由人民法院做出决定。监督部门及其指定的鉴定人有权了解鉴定所需要的材料,在必要时有权询问当事人、证人。在完成鉴定工作后,应当提出书面鉴定结论,并在鉴定书上签字、盖章。在法庭对鉴定结论进行审查时,鉴定人应该按法庭通知陈述鉴定的有关情况,并如实回答当事人、法官对鉴定结论提出的询问。

(7) 勘验笔录。勘验笔录是指法官为查明案件事实,对物证和现场进行勘验情况和勘验结果制作的笔录。

2.《行政诉讼法》规定的证据

《行政诉讼法》规定的证据种类与《民事诉讼法》规定的大致相同,只是增加了现场笔录,并与勘验笔录并列为第 7 种证据。

现场笔录是指行政机关对行政违法行为当场给予处罚或处理而制作的文字记载材料。现场笔录由行政执法人员制作,简要记载违法人姓名、单位、住址、违法事实和所做的处理。笔录制成后应由违法人签字,如有证人的,证人也应在笔录上签字并写明工作单位和住址。

四、法院对物流争议的受理范围及管辖

现实生活中的民事纠纷和行政争议种类繁多、范围广泛、情况复杂,不可能也无必要都由法院通过诉讼程序来解决。我国的行政机关、仲裁机构和有关的社会团体也都承担解决一定范围内民事纠纷和行政争议的任务。然而,哪些民事纠纷和行政争议由人民法院处理,哪些由其他国家机关和社会团体处理,是诉讼中的受案范围所要解决的问题。

诉讼中所讲的受案范围,也称人民法院的主管范围,是指人民法院依照法律规定受理一定范围内的民事案件、行政案件的权限,也就是人民法院与其他国家机关、社会团体之间在解决民事纠纷和行政争议上的分工。受案范围所要解决的问题,从实质上讲,是审判权的问题。凡是属于人民法院主管的民事纠纷和行政争议,只要当事人的起诉符合条件,人民法院就应当受理;否则,即使当事人起诉,人民法院也无权受理。

(一) 民事诉讼的受案范围和管辖

1. 民事诉讼的受案范围

民事诉讼的受案范围是指人民法院在一定范围内对民事案件行使审判权。其范

围主要包括以下几类。

（1）民法调整的财产关系和人身关系发生纠纷的案件，如财产所有权、用益物权、担保物权、债权、著作权、专利权、商标权、人格权、身份权等所发生纠纷的案件。

（2）婚姻法调整的婚姻家庭关系发生纠纷的案件。

（3）商法调整的商事关系发生纠纷的案件。

（4）经济法调整的部分经济关系发生纠纷的案件。

（5）劳动法调整的部分劳动关系发生纠纷的劳动争议案件。

（6）法律规定由法院适用民事诉讼法解决的其他案件。主要包括选举法和民事诉讼法规定的选民资格案件及民事诉讼法规定的宣告失踪案件、宣告死亡案件、认定公民无民事行为能力或限制民事行为能力案件、认定财产无主案件和企业破产案件等。

2. 民事诉讼的管辖

民事诉讼的管辖是指法院系统内部，确定各级法院之间以及同级人民法院之间，受理第一审民事案件的分工和权限。法院依法对某一民事案件进行审判的权限称为管辖权。为了便于当事人进行诉讼，便利法院行使审判权，以最大限度实现公正审判，并权衡各级法院的职能和工作负担，以及在涉外案件中维护国家主权，我国《民事诉讼法》规定，管辖分为级别管辖、地域管辖、专属管辖、移送管辖和指定管辖等。

（1）级别管辖。级别管辖是指划分上下级法院之间受理第一审民事案件的分工和权限的管辖。级别管辖是在法院系统内部对各级法院的分工和权限进行的纵向划分，它解决的是哪些一审案件应当由哪一级法院管辖的问题。

我国《民事诉讼法》对各级法院管辖的第一审民事案件做了原则性的规定：基层人民法院管辖第一审民事案件，但法律另有规定的除外；中级人民法院管辖重大涉外第一审民事案件、在本辖区有重大影响的第一审民事案件，以及最高人民法院确定由中级人民法院管辖的第一审民事案件；高级人民法院管辖在本辖区有重大影响的第一审民事案件；最高法院管辖在全国有重大影响的和认为应当由自己审理的第一审民事案件。

（2）地域管辖。地域管辖是指以地区来划分同级人民法院受理第一审案件的职权范围的管辖。地域管辖是横向的分工，它主要解决的是案件由同级法院中的哪一个具体法院管辖的问题。地域管辖是按照法院管辖区与当事人的隶属关系、诉讼标的或法律事实的隶属关系来确定的。其中，以法院辖区与当事人的隶属关系为标准确定的管辖，适用于一般性的诉讼，称为一般地域管辖；以法院辖区与诉讼标的或法律事实的隶属关系为标准确定的管辖，适用于某些具有一定特殊性的诉讼，称为特殊地域管辖。

（3）专属管辖。专属管辖是法律强制规定某类案件专属于特定法院管辖，其他法院无权管辖、当事人也不得协议变更的管辖。与其他法定管辖相比较，专属管辖具有极强的排他性，完全排除了当事人协议变更及适用一般地域管辖和特殊地域管辖的余地。

(4) 移送管辖和指定管辖。在司法实践中,管辖问题纷繁复杂。民事诉讼法在规定管辖的同时,也规定人民法院可以根据一定的事实和理由,以裁定的方式确定案件的管辖,从而更好地协同各个法院之间的分工和权限。

移送管辖是指法院受理民事案件后,发现自己对案件并无管辖权,依法将案件移送到有管辖权的法院受理。移送管辖是为法院受理案件发现错误时提供一种纠错办法,它只是案件的移送,而不涉及管辖权的转移。指定管辖是指上级法院以裁定方式指定其下级法院对某一案件行使管辖权。

(二) 行政诉讼的受案范围和管辖

行政诉讼是解决行政争议的重要法律制度。行政诉讼的受案范围和管辖是行政诉讼法中重要的两个方面。

1. 行政诉讼的受案范围

行政诉讼的受案范围又称法院的主管范围,是指法院受理并审理行政争议的范围。这一范围,从法院与行政机关的关系而言,是法院对行政机关的哪些行政行为拥有司法审查权;从公民、法人或者其他组织的角度而言,是公民、法人或者其他组织对行政机关的哪些行为不服时可以向法院起诉。

我国《行政诉讼法》规定,公民、法人或者其他组织对下列具体行政行为不服提起的诉讼,人民法院应当受理。

(1) 对行政拘留、罚款、吊销许可证和执照、责令停产停业、没收非法财物等行政处罚不服的。

(2) 对限制人身自由或者对财产的查封、扣押、冻结等行政强制措施不服的。

(3) 认为行政机关侵犯法律规定的经营自主权的,此处的"法律"包括法律法规和行政规章。

(4) 符合法定条件申请行政机关颁发许可证和执照,行政机关拒绝颁发或者不予答复的。

(5) 申请行政机关履行保护人身权、财产权法定职责,行政机关拒绝履行或者不予答复的。

(6) 认为行政机关没有依法发给或没有依法足额地发给抚恤金的。

(7) 行政机关违法要求履行义务的。

(8) 行政机关侵犯其他人身权、财产权的。

(9) 法律规定可以提起诉讼的其他行政案件。

2. 行政诉讼的管辖

行政诉讼管辖包括级别管辖和地域管辖两种。

(1) 级别管辖。级别管辖是指上下级人民法院受理第一审行政案件的分工和权限。级别管辖是从纵向上解决哪些第一审行政案件应由哪一级法院受理和审理的问题。

①基层人民法院管辖除上一级人民法院管辖的第一审行政案件以外的其他第一审行政案件。

②中级人民法院管辖三类行政案件：确认发明专利权的案件和海关处理的案件；对国务院各部门或者省、自治区、直辖市人民政府所做出的具体行政行为提起诉讼的案件；本辖区内重大、复杂的案件。

③高级人民法院管辖本辖区内重大、复杂的第一审行政案件。

④最高人民法院管辖全国范围内重大、复杂的第一审行政案件。

(2) 地域管辖。地域管辖是指同级人民法院之间受理第一审行政案件的分工和权限。主要根据人民法院的辖区与当事人所在地或者与诉讼标的的关系来确定。地域管辖分为一般地域管辖和特殊地域管辖。

①一般地域管辖。一般地域管辖又称普通地域管辖，是指按照最初做出具体行政行为的行政机关所在地确定的管辖。凡是未经复议而直接向人民法院起诉的；或经过复议，复议机关维持原决定的，当事人不服向法院起诉的，由最初做出行政行为的行政机关所在地法院管辖。

②特殊地域管辖。特殊地域管辖有以下几种情况：因不动产提起的行政诉讼，由不动产所在地人民法院管辖；经过复议，复议机关改变原具体行政行为的，由最初做出具体行政行为的行政机关所在地或者由复议机关所在地的人民法院管辖；对限制人身自由的行政强制措施不服提起的行政诉讼，由被告所在地或原告所在地法院管辖，原告可以选择两个或两个以上管辖权的法院中的一个起诉。

五、法院裁决的执行

(1) 发生法律效力的民事判决、裁定，以及刑事判决、裁定中的财产部分由第一审人民法院执行。

(2) 发生法律效力的民事判决、裁定，当事人必须履行。一方拒绝履行的，地方当事人可以向人民法院申请执行，也可以由审判员移送执行员执行。

(3) 申请执行的期限，双方或者一方当事人是公民的为一年，双方是法人或者其他组织的为六个月。从法律文书规定履行期间的最后一日起计算；法律文书规定分期履行的，从规定的每次履行期间的最后一日起计算。

(4) 当事人拒绝履行发生法律效力的判决、裁定、调解书、支付令的，人民法院应向当事人发出执行通知。在执行通知制定的期间被执行人仍不履行的，应当强制执行。

(5) 被告、无独立请求权的第三人经传票传唤，无正当理由拒不到庭，或者未经法庭许可中途退庭的，人民法院可以做出缺席判决。

(6) 原告经传票传唤，无正当理由拒不到庭，或者未经法庭许可中途退庭的，可以按撤销处理；被告反诉的，可以做出缺席判决。

第四节 仲裁

一、仲裁概述

仲裁是指双方对某一事件或问题发生争议时,提请第三者对争议的事实从中调停,并由第三者做出对双方当事人都具有约束力的裁决。公民、法人和其他组织之间因经济合同发生纠纷或因其他财产权益发生纠纷,可向仲裁委员会申请裁决。

实行仲裁制度有利于当事人的团结及巩固发展双方的经济协作关系。因为由仲裁委员会解决争议,比通过法院审判解决争议更容易为双方当事人所接受,双方当事人之间的感情不易发生裂痕。另外,用仲裁方式解决经济争议,手续比较方便,程序比较简单,方法比较灵活,能够更及时地解决经济纠纷。但是,不是所有的经济纠纷都可以申请仲裁。下列纠纷不能申请仲裁。

(1) 婚姻、收养、监护、扶养、继承纠纷。
(2) 依法应当由行政机关处理的行政争议。
(3) 劳动争议和农村集体经济组织内部的农业承包合同纠纷的仲裁,另行规定。

二、仲裁的基本原则

平等主体的公民、法人和其他组织之间发生的合同纠纷和其他财产权益纠纷,当事人应及时协商解决。协商不成时,任何一方均可向国家规定的仲裁机关申请仲裁,也可以直接向人民法院起诉。当事人采用仲裁方式解决纠纷应当遵循以下原则。

(一) 自愿原则

当事人采用仲裁方式解决纠纷,双方应当自愿达成仲裁协议。没有仲裁协议,一方申请仲裁的,仲裁委员会不予受理。当事人达成仲裁协议,一方向人民法院起诉的,人民法院不予受理,但仲裁协议无效的除外。

(二) 以事实为依据,以法律为准绳

仲裁机关对受理的经济纠纷案件,应当在搞清事实的基础上,公平合理地解决纠纷,使裁决具有法律效力,经济活动才能顺利地、有秩序地进行。

(三) 仲裁独立原则

仲裁机关的仲裁依法独立进行,不受行政机关、社会团体和个人的干涉。当事人在适用法律上一律平等,而不能以权代法、徇私枉法。

(四) 一裁终局

仲裁实行一裁终局的制度。裁决做出后,当事人就同一纠纷再申请仲裁或者向人民法院起诉的,仲裁委员会或者人民法院不予受理。裁决被人民法院依法裁定撤销或者不予执行的,当事人就该纠纷可以根据双方重新达成的仲裁协议申请仲裁,也可以向人民法院起诉。

仲裁委员会应当由当事人协议选定。仲裁不实行级别管辖和地域管辖。

三、仲裁机关和仲裁协议

(一)仲裁机关

目前我国对经济合同纠纷和其他财产权益纠纷的仲裁机关有仲裁委员会和仲裁协会。

1. 仲裁委员会

设立仲裁委员会应当经省、自治区、直辖市的司法行政部门登记。仲裁委员会不按行政区划层层设立,由设立仲裁委员会的市人民政府组织有关部门和商会统一组建。仲裁委员会应当具备下列条件。

(1) 有自己的名称、住所和章程。

(2) 有必要的财产。

(3) 有该委员会的组成人员。

(4) 有聘任的仲裁员。

仲裁委员会的章程应当依照仲裁法制定。

仲裁委员会由主任(1人)、副主任(2～4人)和委员(7～11人)组成。仲裁委员会的主任、副主任和委员由法律、经济贸易专家和有实际工作经验的人员担任。仲裁委员会的组成人员中,法律、经济贸易专家不得少于2/3。仲裁委员会应当从公道正派的人员中聘任仲裁员。仲裁员应当符合下列条件之一。

(1) 从事仲裁工作满8年的。

(2) 从事律师工作满8年的。

(3) 曾任法官满8年的。

(4) 从事法律研究、教学工作并具有高级职称的。

(5) 具有法律知识、从事经济贸易等专业工作并具有高级职称或者具有同等专业水平的。

仲裁委员会独立于行政机关,与行政机关没有隶属关系。仲裁委员会之间也没有隶属关系。

2. 仲裁协会

中国仲裁协会是社会团体法人。仲裁委员会是中国仲裁协会的会员。中国仲裁协会的章程由全国会员大会制定。中国仲裁协会是仲裁委员会的自律性组织,根据章程对仲裁委员会及其组成人员、仲裁员的违纪行为进行监督。中国仲裁协会依照我国《仲裁法》和《民事诉讼法》的有关规定制定仲裁规则。

(二)仲裁协议

仲裁协议是指合同中订立的仲裁条款和以其他书面方式在纠纷发生前或者纠纷发生后达成的请求仲裁的协议。

1. 仲裁协议的内容
(1) 请求仲裁的意思表示。
(2) 仲裁事项。
(3) 选定的仲裁委员会。

2. 仲裁协议的无效

有下列情形之一的,仲裁协议无效:约定的仲裁事项超出法律规定的仲裁范围的;无民事行为能力人或者限制民事行为能力人订立仲裁协议的;一方采取胁迫手段,迫使对方订立仲裁协议的。

仲裁协议对仲裁事项或者仲裁委员会没有约定或者约定不明确的,当事人可以补充协议;达不成补充协议的,仲裁协议无效。

仲裁协议独立存在,合同的变更、解除、终止或者无效,不影响仲裁协议的效力。仲裁庭有权确认合同的效力。

当事人对仲裁协议的效力有异议的,可以请求仲裁委员会做出决定或者请求人民法院做出裁定。一方请求仲裁委员会做出裁定,另一方请求人民法院做出裁定的,由人民法院裁定。当事人对仲裁协议的效力有异议,应当在仲裁庭首次开庭前提出。

(三) 仲裁程序

1. 申请和受理

当事人申请仲裁应当符合下列条件:有仲裁协议;有具体的仲裁请求和事实、理由;属于仲裁委员会的受理范围。

当事人申请仲裁,应当向仲裁委员会递交仲裁协议、仲裁申请书及副本。仲裁申请书的内容必须明确、真实,否则会给仲裁机关的仲裁带来困难。如果当事人说了假话,提供伪证,则要负法律责任。

当事人、法定代理人可以委托律师和其他代理人进行仲裁活动。委托律师和其他代理人进行仲裁活动的,应当向仲裁委员会提交授权委托书。仲裁委员会收到仲裁申请书之日起5日内,认为符合受理条件的,应当受理,并通知当事人;认为不符合受理条件的,应当书面通知当事人不予受理,并说明理由。

当事人达成仲裁协议,一方向人民法院起诉未声明有仲裁协议,人民法院受理后,另一方在首次开庭前提交仲裁协议的,人民法院应当驳回起诉,但仲裁协议无效的除外;另一方在首次开庭前未对人民法院受理该案提出异议的,视为放弃仲裁协议,人民法院应当继续审理。

2. 仲裁庭的组成

仲裁庭可以由3名仲裁员或者1名仲裁员组成。由3名仲裁员组成的,设首席仲裁员。当事人约定由3名仲裁员组成仲裁庭的,应当各自选定或者各自委托仲裁委员会主任指定1名仲裁员,第3名仲裁员由当事人共同选定或者共同委托仲裁委员会主任指定。第3名仲裁员是首席仲裁员。当事人约定由1名仲裁员成立仲裁庭的,应当由当事人共同选定或者共同委托仲裁委员会主任指定仲裁员。

仲裁庭组成后,仲裁委员会应当将仲裁庭的组成情况书面通知当事人。

当事人提出回避申请,应当说明理由,在首次开庭前提出。回避事由在首次开庭后知道的,可以在最后一次开庭终结前提出。仲裁员是否回避,由仲裁委员会主任决定;仲裁委员会主任担任仲裁员时,由仲裁委员会集体决定。

仲裁员有《仲裁法》规定的违法行为的,如私自会见当事人、代理人,或者接受当事人、代理人请客送礼的;有索贿受贿、徇私舞弊、枉法裁决行为的,应当依法承担法律责任,仲裁委员会应当将其除名。

3. 开庭和裁决

(1) 开庭。仲裁应当开庭进行,当事人协议不开庭的,仲裁庭可以根据仲裁申请书、答辩书以及其他材料做出裁决。仲裁不公开进行,当事人协议公开的,可以公开进行,但涉及国家秘密的除外。

(2) 和解与调解。当事人申请仲裁后,可以自行和解;达成和解协议的,可以请求仲裁庭根据和解协议做出裁决书,也可以撤回仲裁申请。当事人达成和解协议,撤回仲裁申请后反悔的,可以根据仲裁协议申请仲裁。

仲裁庭在做出裁决前,可以先行调解。当事人自愿调解的,仲裁庭应当调解,调解不成的,应当及时做出裁决。

调解达成协议的,仲裁庭应当制作调解书,或者根据协议的结果制作裁决书。调解书和裁决书具有同等的法律效力。

调解书应当写明仲裁请求和当事人协议的结果。调解书由仲裁员签名,加盖仲裁委员会印章,送达双方当事人。调解书经双方当事人签收后,即发生法律效力。在调解书签收后当事人反悔的,仲裁庭应当及时做出裁决。

(3) 裁决。裁决应当按照多数仲裁员的意见做出,少数仲裁员的不同意见可以记入笔录。仲裁庭不能形成多数意见时,裁决应当按照首席仲裁员的意见做出。

裁决书应当写明仲裁请求、争议事实、裁决理由、裁决结果、仲裁费用的负担和裁决日期。当事人协议不愿写明争议事实和裁决理由的,可以不写。裁决书由仲裁员签名,加盖仲裁委员会印章。对裁决意见持不同意见的仲裁员,可以签名,也可以不签名。

仲裁庭仲裁纠纷时,其中一部分事实已经清楚,可以就该部分先行裁决。

对裁决书中的文字、计算错误或者仲裁庭已经裁决但在裁决书中遗漏的事项,仲裁庭应当补正;当事人自收到裁决书之日起30日内,可以请求仲裁庭补正。

裁决书自做出之日发生法律效力。

四、仲裁裁决的撤销与执行

(一) 仲裁裁决的撤销

当事人提出证据证明裁决有下列情形之一的,可以向仲裁委员会所在地的中级人民法院申请撤销裁决。

(1) 没有仲裁协议的。
(2) 裁决的事项不属于仲裁协议的范围或者仲裁委员会无权仲裁的。
(3) 仲裁庭的组成或者仲裁程序违反法定程序的。
(4) 仲裁所根据的证据是伪造的。
(5) 对方当事人隐瞒了足以影响公正裁决的证据的。
(6) 仲裁员在仲裁该案时有索贿受贿、徇私舞弊、枉法裁决行为的。

人民法院认定该裁决违背社会公共利益的,应当裁定撤销。

当事人申请撤销裁决的,应当自收到裁决书之日起6个月内提出。人民法院应当在受理撤销裁决申请之日起2个月内做出撤销裁决或者驳回申请的裁定。

人民法院受理撤销裁决的申请后,认为可以由仲裁庭重新仲裁的,通知仲裁庭在一定期限内重新仲裁,并裁定中止撤销程序。仲裁庭拒绝重新仲裁的,人民法院应当裁定恢复撤销程序。

(二) 仲裁裁决的执行

当事人应当履行裁决。一方当事人不履行的,另一方当事人可以依照《民事诉讼法》的有关规定向人民法院申请执行,受申请的人民法院应当执行。

被申请人提出证据证明裁决有下列情形之一的,经人民法院组成合议庭审查核实,裁定不予执行。

(1) 当事人在合同中没有订立仲裁条款或者事后没有达成书面仲裁协议的。
(2) 裁决的事项不属于仲裁协议的范围或者仲裁机关无权仲裁的。
(3) 仲裁庭的组成或者仲裁程序违反法定程序的。
(4) 认定事实的主要证据不足的。
(5) 适用法律确有错误的。
(6) 仲裁员在仲裁该案时有贪污受贿、徇私舞弊、枉法裁决行为的。

一方当事人申请执行裁决,另一方当事人申请撤销裁决的,人民法院应当裁定中止执行。

人民法院裁定撤销裁决的,应当裁定终结执行。撤销裁决的申请被裁定驳回的,人民法院应当裁定恢复执行。

法律对仲裁时效有规定的,适用该规定。法律对仲裁时效没有规定的,适用诉讼时效的规定。

【小资料】

诉讼与仲裁的异同

民事诉讼与仲裁的相同点如下:
(1) 都是解决争议的方式;
(2) 都具有程序性。

民事诉讼与仲裁的不同点如下:

（1）解决争议的机构不同。受理民事诉讼的机构是法院，是国家机关；受理仲裁的机构是仲裁委员会，是民间组织；

（2）解决争议的程序不同。受理民事诉讼的机构是不告不理；受理仲裁的机构是必须有双方的仲裁协议；

（3）解决内容不同。民事诉讼解决的争议比较广泛；仲裁只能解决经济案件、财产案件，涉及人身份的一概不管；

（4）民事诉讼实行两审终审，仲裁实行一裁终局；

（5）民事诉讼不如仲裁经济，受理费用相对较高；

（6）民事诉讼一般实行公开审理，除非当事人申请不公开；仲裁是一般不公开，除非当事人申请公开；

（7）民事诉讼的审判员、陪审员不能选择，仲裁的仲裁员可以由双方协商。

第五节　其他解决争议的途径

社会不能依靠法律解决所有纠纷，借助国家行政机关和其他社会团体的力量，建立一套纠纷化解机制，不但是必要的，也是可行的。除了通过调解、诉讼和仲裁以外，其他解决争议的途径主要是指受害人、其他有关人员，请求国家有关行政机关或其他有关单位处理、解决纠纷，主要有投诉、申请裁决、行政复议等。

一、投诉

投诉是指公民就民事、经济、行政等方面的违法、违纪问题，向主管机关、有关群众性组织或其他有关单位反映并要求处理和解决的行为。投诉的内容较多，有因产品存在假冒伪劣等质量问题，向产品质量监督管理部门、工商行政管理部门、中国消费者协会等部门和组织投诉、反映问题、要求处理，甚至要求赔偿的产品质量问题投诉；有因商业经营者不讲商业信誉，坑蒙消费者，而消费者向行业主管部门、工商行政管理部门、中国消费者协会投诉的商业信用问题投诉；有因服务质量方面存在问题，向行业主管部门、有关群众性组织或该工作人员所在单位投诉的服务质量问题投诉；有因国家行政机关及其工作人员在行政管理中违反依法办事、清正廉洁、文明礼貌、便民高效原则，而造成公民损失，而向其上级主管部门、行政监察机关、党的纪律检查部门和国家工作人员所在的机关单位投诉，甚至要求赔偿的行政管理问题投诉；等等。

投诉可以用书面形式，也可以用口头形式。书面形式没有格式上的限制，只需要说明情况、提出要求即可。口头形式既可向有关部门当面陈述，也可以电话投诉。

二、申诉

(一) 申诉的概念

申诉是一个范围很广的概念。当事人对已经发生法律效力的判决、裁定不服,可以向人民法院或人民检察院提出申诉。《民事诉讼法》已把申诉改称为申请再审了,所以可以称之为诉讼上的申诉。非诉讼上的申诉内容很多,包括对行政处罚及党纪、政纪处分不服,而向有关机关、组织、单位提出复查和裁决要求的申诉。因国家机关或国家机关工作人员的违法失职行为而受错误处罚、处分的公民,依法向有关国家机关反映情况,要求解决的申诉,是公民保护自己合法权益的重要方式与途径。

(二) 申诉的特征

申诉具有两个特征。一是公民进行申诉的原因是由于国家机关或国家机关工作人员的违法、失职而受到错误处罚、处分。错误处罚、处分的原因是违法与失职。二是申诉的内容是要求纠正错误处罚、处分决定,目的是保护自己的合法权益。

申诉是法律赋予公民的一项权利,任何机关和个人都不得进行压制或打击报复。公民对国家机关进行申诉的,应该向该国家机关的上级机关或同级国家监察机关提出;对国家工作人员进行申诉的,应该向国家工作人员所在的机关或同级国家监察机关提出。申诉原则上应书写并递交申诉书,但也可以用口头形式。

三、申请裁决

申请裁决所指的裁决不是前面所讲的向仲裁委员会申请的有关合同纠纷及财产权益纠纷的裁决,而是指向行政机关申请的行政裁决。所谓的行政裁决,是指行政主体依照法律授权,对平等主体之间发生的、与行政管理活动密切相关的、特定的民事纠纷(争议)进行审查并做出裁决的具体的行政行为。行政裁决具有以下几个特征。

(1) 行政裁决的主体是法律授权的特定的行政机关。如土地管理部门对农村土地承包纠纷的裁决;公安交警部门对交通肇事的侵权纠纷的裁决;公安派出所对一般的民事纠纷的裁决等。

(2) 行政裁决的对象是特定的民事纠纷。并不是所有的民事纠纷都进行行政裁决,行政裁决只能裁决那些法律规定的与行政管理事项有关的民事纠纷。

(3) 行政裁决是行政主体行使行政裁判权的活动,具有法律权威性。

(4) 行政裁决是一种特殊的具体的行政行为。所谓特殊,一是因为行政裁判权是法律授予的,行政机关只能依法律的授予而实施,而非依宪法或组织法规定的职权主动实施;二是因为行政机关是居间裁决的公断人而非以管理者的身份出现;三是因为对行政裁决不服可依法申请行政复议或提起行政诉讼。

四、行政复议

行政复议是指公民、法人或者其他组织认为行政机关的具体行政行为侵犯其合法权益,按照法定的条件和程序向行政复议机关提出申请,由行政复议机关对引起争议的具体行政行为进行审查并裁决的制度。公民、法人或者其他组织对行政机关的具体行政行为不服时,依照法律规定,有的可以直接向人民法院提起行政诉讼;有的必须先进行行政复议,对复议决定不服才能提起行政诉讼;有的则只能申请行政复议,不能提起行政诉讼。申请行政复议是当事人保护自己合法权益的一种重要手段。

行政复议机关对具体行政行为进行审查,不仅要审查具体行政行为的合法性,还要审查它的合理性,这是行政复议特有的优越性。

【项目小结】

本项目首先叙述了物流争议的概念和特点,然后就物流争议解决的几种途径进行了介绍,同时重点对物流争议解决途径中的调解、仲裁、诉讼及其他途径进行了详细的介绍。

本项目的重点是仲裁,包括仲裁机关、仲裁协议、仲裁庭的组成、仲裁裁决的执行。此外,行政复议的申请;民事诉讼法的基本原则和制度、受案范围和管辖等也是本项目的重点。本项目的难点是民事诉讼法。

▶▶ 任务导出

任务问题要点提示:法院的审理是正确的,被告上诉理由不成立。首先购销合同中的仲裁条款是无效的,因为该仲裁条款未指明具体的仲裁委员会,致使无法履行而无效。而后面双方重新签订的仲裁协议是有效的,因为指明了具体的仲裁委员会。由于仲裁协议有效,就排除了法院的管辖权,奥龙健身房提起诉讼就不正确,但被告未提出管辖权异议,视为法院有管辖权,并且审理和判决都是有效的。

【能力形成考核】

案例分析

1. 赵某因做生意向钱某借了5万元,借款期满后,钱某屡次催要,赵某均说,做生意亏本,要钱没有,要命有一条。一天,钱某又去催要借款,见赵某正与其堂兄商量事情,以为赵某要将自己的一辆客货两用车卖给堂兄。钱某急忙赶到赵某所住地的人民法院报告了这一情况,申请诉前财产保全。

问:(1)人民法院要求钱某提供担保,钱某说手头没钱,所以才急着向赵某催要借款。现在情况紧急,人民法院要是不接受诉前财产保全申请,赵某与其堂兄的买卖做成后,一切都晚了。对此,人民法院应如何处理?

(2)钱某找到了丁某作担保人,人民法院裁定采取财产保全措施。在执行时,张某闻讯赶到,说赵甲曾向张某借了5万元,已将车做了抵押,做了登记,并出示了抵押合同。人民法院能否继续执行?

(3)赵某提出并没有将车卖给堂兄的打算,而是堂兄要租用自己的车到南方拉货。由于人民法院采取财产保全措施,使其丧失了一次挣钱的好机会。半个月过去了,钱某并没有起诉。赵某应如何主张自己的权利?

2. 主要办事机构在 A 县的五环物流公司与主要办事机构在 B 县的四海商贸公司于 C 县签订货物运输合同,并约定:货物交付地在 D 县;若合同的履行发生争议,由原告所在地或者合同签订地的基层法院管辖。现五环物流公司起诉,要求四海商贸公司支付运费。四海商贸公司辩称已将运费交给五环物流公司业务员付某。五环物流公司承认付某是本公司业务员,但认为其无权代理本公司收取运费,且付某也没有将四海商贸公司声称的运费交给本公司。四海商贸公司向法庭出示了盖有五环物流公司印章的授权委托书,证明付某有权代五环物流公司收取运费,但五环物流公司对该授权书的真实性不予认可。根据案情,法院依当事人的申请通知付某参与了诉讼。

问:(1) 对本案享有管辖权的法院包括( )。
A. A 县法院　　B. B 县法院　　C. C 县法院　　D. D 县法院
(2) 本案需要由四海商贸公司承担证明责任的事实包括( )。
A. 四海商贸公司已经将运费交付给了五环物流公司的业务员付某
B. 付某是五环物流公司的业务员
C. 五环物流公司授权付某代理收取运费
D. 付某将收取的运费交到五环物流公司
(3) 根据案情和法律规定,付某参与诉讼,在诉讼中所居地位是( )。
A. 共同原告　　　　　　　B. 共同被告
C. 无独立请求权第三人　　D. 证人

【资料链接】

http://www.docin.com/p-1010273487.html　仲裁法案例

http://www.rmfysszc.gov.cn/　人民法院诉讼资产网

http://china.findlaw.cn/info/wuliu/wlal/　物流案例_物流纠纷-找法网

参 考 文 献

[1] 苏彩.物流法律法规[M].北京:北京理工大学出版社,2012.
[2] 李德才.物流法律法规[M].合肥:安徽大学出版社,2014.
[3] 张冬云.物流法律法规概论与案例[M].北京:清华大学出版社,2011.
[4] 王芸.物流法律法规与实务[M].2版.北京:电子工业出版社,2011.
[5] 方仲民,赵继新.物流法律法规基础[M].北京:机械工业出版社,2011.
[6] 高慧云,关键.物流法律法规知识[M].北京:人民交通出版社,2007.
[7] 李爱华.物流法律法规[M].北京:清华大学出版社,2012.
[8] 罗佩华.物流法律法规[M].北京:清华大学出版社,2008.
[9] 张长青,郑翔.运输合同法[M].北京:清华大学出版社,北京交通大学出版社,2005.
[10] 郭声龙.现代物流法规概论[M].武汉:武汉理工大学出版社,2010.
[11] 赵阳.物流法律法规[M].2版.北京:机械工业出版社,2011.
[12] 王峰,郭晓莉.物流法律法规知识[M].3版.北京:北京理工大学出版社,2015.
[13] 马俊生,王晓阔.配送管理[M].北京:机械工业出版社,2008.
[14] 郑文岭,赵阳.仓储管理[M].北京:机械工业出版社,2008.
[15] 王煜洲.现代仓储与配送运作管理[M].成都:西南财经大学出版社,2006.
[16] 赵德铭.国际海事法学[M].北京:北京大学出版社,2002.
[17] 中国口岸协会.中国口岸与改革开放[M].北京:中国海关出版社,2002.
[18] 罗毅,王清娟.物流装卸搬运设备与技术[M].北京:北京理工大学出版社,2007.
[19] 胡美芬,郏丙贵.物流法规教程[M].北京:电子工业出版社,2006.
[20] 丁兵.论港口经营人的民事法律责任[J].珠江水运,2007(5).
[21] 沈荣耀.物流法规[M].大连:大连理工大学出版社,2007.
[22] 孙宏岭,武文斌.物流包装实务[M].北京:中国物资出版社,2007.
[23] 吴清一.现代物流概论(初级、中级、高级通用)[M].北京:中国物资出版社,2005.
[24] 冯媛媛.运输实务[M].北京:对外经济贸易出版社,2004.